数字资源版权保护丛书

丛书主编 / 刘清堂

本书由华中师范大学出版社提供的出版基金全额资助

湖北省基础教育信息化评测与发展研究

张 屹 杨宗凯 刘清堂 / 编著

華中师範大学出版社

新出图证（鄂）字 10 号

图书在版编目（CIP）数据

湖北省基础教育信息化评测与发展研究/张屹 杨宗凯 刘清堂编著.
—武汉：华中师范大学出版社，2015.11
（数字资源版权保护丛书）
ISBN 978-7-5622-7144-4

Ⅰ.①湖… Ⅱ.①张… ②杨… ③刘 Ⅲ.①基础教育—信息化—研究—湖北省 Ⅳ.①G639.2-39

中国版本图书馆 CIP 数据核字（2015）第 244977 号

湖北省基础教育信息化评测与发展研究
©张 屹 杨宗凯 刘清堂 编著

责任编辑：苏 睿　　**责任校对：**王 炜
封面设计：罗明波
编辑室：学术出版中心　　**电话：**027—67863220
出版发行：华中师范大学出版社
社址：湖北省武汉市珞喻路 152 号　　**邮编：**430079
电话：027—67863040（发行部）　027—67861321（邮购）
传真：027—67863291
网址：http://www.ccnupress.com　　**电子信箱：**hscbs@public.wh.hb.cn
印刷：湖北新华印务有限公司　　**督印：**王兴平
字数：350 千字
开本：710mm×1000mm　1/16　　**印张：**20.75
版次：2015 年 11 月第 1 版　　**印次：**2015 年 11 月第 1 次印刷
定价：49.00 元

欢迎上网查询、购书

主　编　张　屹　杨宗凯　刘清堂

副主编　杨　莉　张　强　周平红

编　委　范福兰　单　颀　白清玉

马静思　刘美娟　刘晓莉

蔡园园　黄鑫睿　邱红婧

谢黎蓉　靳玉晗

前 言

教育信息化是推动教育理念、模式、内容和方法改革和创新的重要手段，是教育现代化的重要标志。以教育信息化带动教育现代化，实现教育跨越式发展，是我国教育事业改革与发展的战略选择。《国家中长期教育改革和发展规划纲要（2010—2020年）》把教育信息化作为实现未来教育改革发展战略目标的重要保障条件，明确提出加快教育信息化进程。《教育信息化十年发展规划（2011—2020年）》指出："用十年左右的时间使我国教育信息化整体上接近国际先进水平，推进教育事业的科学发展。"

基础教育是教育事业的基石，它的快速与均衡发展是我国教育发展的首要任务之一。以信息化促进基础教育现代化、均衡化发展是我国基础教育建设的前瞻性选择。湖北省历来十分重视基础教育信息化的建设与发展，并于2014年1月获批在全国率先开展教育信息化省级试点。目前，湖北省基础教育信息化已具备了一定的基础，基础设施得到较大改善，优质数字教育资源不断丰富，信息技术教学应用不断深入。然而湖北省基础教育信息化仍存在区域、城乡、校际发展水平差距较大，偏远地区学生信息化学习终端配备率较低等问题。《湖北省教育信息化发展规划（2014—2020年）》提出逐步缩小基础教育信息化数字鸿沟、全面提高教学信息化应用水平的发展任务，并即将开展"义务教育校校通、班班通建设工程"、"中小学信息化应用能力工程"等6个基础教育信息化建设与发展工程。但目前湖北省中小学校的信息化发展水平如何？怎样合理配置现有的信息化教学资源以实现其最大效用？如何制定科学的发展规划实现基础教育信息化低投入高效益地发展？在此背景下，我们开展了本次"湖北省基础教育信息化评测与发展研究"项目。

课题组由教育信息化实证测评与发展战略专业研究人员、湖北省电化教育馆工作人员、湖北省部分中小学校校长或信息化负责人组成。经过大量的国内外文献整理分析及多次专家研讨会议，本课题组确立了"湖北省基础教育信息化发展现状调研指标体系"，并编制实证调研问卷，对湖北省内覆盖 14 个市（州）的电教馆和 795 所中小学校开展调研。依据实证数据，本课题组采用探索性结构方程模型（ESEM）、探索性因素分析（EFA）、差异分析、描述统计分析等多种数据挖掘方法，分析湖北省基础教育信息化应用与发展过程中已取得的成就和不足。基于此，课题组采用 SWOT 等战略分析方法，探讨湖北省基础教育信息化未来发展策略。

本书分为六篇共十二章：第一篇为国内外基础教育信息化研究概述（一、二章）：其中，第一章梳理国内外基础教育信息化发展大事纪要；第二章从基础教育信息化评估指标体系、评估方法及模型、发展战略研究、发展趋势等方面综述国内外教育信息化研究现状。第二篇为湖北省基础教育信息化整体发展水平分析（三、四章）：其中，第三章通过构建结构化评估模型实证测量湖北省基础教育信息化应用及人才培养水平；第四章对湖北省基础教育信息化区域、城乡、校际的差异进行分析，并对我国基础教育信息化发展水平进行省际比较分析、基础教育信息化发展水平进行国际比较分析等。第三篇为湖北省小学信息化发展水平分析（五、六章）：其中，第五章测量并比较分析湖北省教学点信息化发展水平；第六章对湖北省小学学校的信息化发展水平进行测量与分析。第四篇为湖北省中学信息化发展水平分析（七、八章）：其中，第七章为湖北省初中学校信息化发展水平的实证测量与分析；第八章测量并分析湖北省高中学校信息化发展水平。第五篇为湖北省中小学教师信息技术应用能力分析（九、十章）：其中，第九章实证评估湖北省中小学教师信息技术应用能力现状；第十章对湖北省、河南省、广西壮族自治区、安徽省等省（自治区）的中小学教师信息技术应用能力水平进行差异分析。第六篇为湖北省基础教育信息化发展战略研究（十一、十二章）：其中，第十一章对美国、新加坡、英国、中国等国家的教育信息化发展战略进行对比分析；第十二章探讨了湖北省基础教育信息化未来发展策略。

本书以教育学、教育技术学、管理学等领域知识为理论基础，以实证调研数据为依据，采用探索性结构方程模型、因子分析、回归分析、聚类分析、差异分析等多种数据统计分析方法，多视角实证评测湖北省基础教育信息化发展水平，是近年来湖北省基础教育信息化建设与应用的真实写照。基于实证研究结果，探讨基础教育信息化发展趋势，分析湖北省基础教育信息化未来发展战略，并提出政策建议。本书可供教育信息化管理人员与决策者、教育信息化从业人员、各级各类学校领导及教师以及电化教育机构的相关人员阅读，也可作为教育技术学、计算机应用等专业学生的参考书。

本研究团队在开展研究活动中，始终得到华中师范大学教育信息技术学院、国家数字化学习工程技术研究中心、基础教育信息技术服务湖北省协同创新中心、信息化与基础教育均衡发展协同创新中心、湖北省电化教育馆、湖北省中小学校的积极配合和大力支持，在此表示诚挚的谢意！本书所衣托的目为：

（1）湖北省协同创新中心项目：“构建湖北省基础教育信息化发展研究平台”（项目编号：XTCX20130001）。

（2）华中师范大学信息化与基础教育均衡发展协同创新中心项目：教育信息化促进湖北省基础教育均衡发展的政策与策略研究（项目编号：14Z92105）。

（3）华中科技大学附属小学合作项目：基于APT教学模型的智慧教室创新应用。

在本书的编撰过程中，尤其感谢祝园、赵佳、贺亚杰、汤丽琼、彭丹凤、徐斌等团队成员的辛劳付出，正是有大家毫不保留的付出，才有今天书稿的面世，正是有大家的精诚合作，才有今天的智慧结晶，正是有大家的齐心协力，才有今天为之骄傲的成果。本书从策划到出版，无不得到华中师范大学出版社的理解与支持，在此我代表研究团队表示深深的谢意！

张　屹

2015年2月于桂子山

目 录

第三篇 湖北省小学信息化发展水平分析

第四篇 湖北省中学信息化发展水平分析

第五篇 湖北省中小学教师信息技术应用能力分析

第六篇 湖北省基础教育信息化发展战略研究

0 引　言

0.1　研究背景及意义

0.1.1　研究背景

教育信息化是指在教育过程中普遍运用信息技术,开发教育资源,优化教育过程,以培养和提高学生的信息素养,促进教育现代化的过程。它有力地推动教育事业的改革与发展，同时也是体现城乡教育公平、促进教育均衡发展、缩小区域与城乡基础教育差异的有效途径之一。纵观世界,教育信息化已成为各国建设人力资源强国、实现经济快速发展的前瞻性战略选择。以教育信息化带动教育现代化,实现教育跨越式发展,是我国教育事业改革与发展的战略选择。《国家中长期教育改革和发展规划纲要(2010—2020年)》明确指出"信息技术对教育发展具有革命性影响,必须予以高度重视",将"加快教育信息基础设施建设"、"加强优质教育资源开发与应用"、"构建国家教育管理信息系统"纳入国家规划。基础教育是我国教育事业的基石,它的快速与均衡发展已成为我国教育发展的首要任务之一。以信息化促进基础教育现代化,实现基础教育快速稳定发展是我国基础教育建设的前瞻性选择。

我国颁发的《教育信息化十年发展规划(2011—2020年)》明确提出了"缩小基础教育数字鸿沟,促进优质教育资源共享"的目标。为响应国家号召,我国各省市纷纷制定其教育信息化发展规划,以实现国家提出的"全面推动中小学数字化校园建设"的要求。经过十几年的发展,我国基础教育信息化发展取得了显著成果,但在基础教育信息化发展的过程中也出现了区域发展不平衡、数字鸿沟大、投入高效益低等问题。我国各省市预计向基础教育信息化建设大量投入财力、物力及人力,但目前各层次学校的信息化水平如何？怎样合理配置现有的信息化教学资源以实现其最大效用？如何制定科学的发展规划实现基础教育信息化低投入高效益地发展？科学全面的评估是基础，依据实证数据研究的规划和政策是解决这些问题的关键。但目前我国教育信息化领域的评估工作尚处于起步阶段，缺乏较完善的教育信息化质量评估框架和方法，影响基础教育信息化的发展和规划。

为探索适合我国的基础教育信息化评估框架和方法，本书以湖北省为例，科学客观评估湖北省基础教育信息化发展现状，深度分析教育信息化发展过程中已取得的成就与存在的不足，以实证研究数据为依据，探讨湖北省基础教育信息化未来发展规划，为我国基础教育信息化的评估与发展策略研究提供借鉴。

0.1.2 研究意义

湖北省作为国家教育信息化唯一试点省份，是我国在全球信息化浪潮下，积极主动迎接教育信息化发展带来的前所未有的机遇和挑战的战略举措。充分把握湖北省基础教育信息化发展水平现状，科学规划未来发展策略，对于提高湖北省基础教育信息化发展与应用水平，全面探索深化基础教育信息化评估新思路和方法，推动基础教育的发展具有重要意义。

1. 为我国各区域基础教育信息化的评估工作提供新思路和方法

本书以湖北省中小学校信息化发展现状评估及中小学教师信息技术应用能力现状调研与分析为例，通过比较分析国内外基础教育信息化实证评估材料，结合湖北省中小学信息化建设现状，研制湖北省中小学校园信息化发展现状的评估框架和指标体系。基于实证调研数据，引用数据挖掘建模方法进行实证分析建模，为我国各区域基础教育信息化的评估工作提供新的实证评估思路和方法。

2. 为湖北省基础教育信息化管理及决策提供实证依据

湖北省基础教育信息化建设已取得了一定的成绩，但如何适应教育信息化的新目标和要求？建立完善的评估指标体系、收集相关的数据，对湖北省中小学信息化发展水平做出客观分析是促使基础教育信息化进一步快速发展的基础。本书在分析湖北省中小学信息化发展水平的基础上，结合国际基础教育信息化发展战略比较分析结果，探索湖北省基础教育信息化发展策略，为湖北省基础教育信息化管理及决策提供实证依据。

3. 丰富我国基础教育信息化评估领域的理论和方法

通过对湖北省中小学校园信息化发展水平的评估,建立其结构化评估模型,形成一套湖北省基础教育信息化实证评价方法。以此为基础探索我国基础教育信息化水平定量分析的普适性方法,结合定性分析方法,形成可推广的经验,丰富我国基础教育信息化领域的实证评估理论和方法。

0.2 研究目的

1. 构建湖北省基础教育信息化发展现状监测评估框架

本书梳理了国内外教育信息化概念框架及监测评估相关文献,通过探索监测评估要素和框架研制湖北省基础教育信息化发展现状评估指标体系。依据实证数据,运用探索性结构方程模型等分析方法验证、筛选评估维度和指标体系,最终形成一套较完整的湖北省基础教育信息化应用现状评估框架。

2. 构建基础教育信息化发展结构化评估模型,探索关键影响因素

本书引用探索性结构方程模型等建模方法拟合实证数据,构建结构化评估模型。在此基础上探究湖北省基础教育信息化发展的关键影响因素,并构建其关联模型,为推动湖北省基础教育信息化实现低投入高效益发展提供依据。

3. 科学评估湖北省基础教育信息化发展现状

本书依据构建的监测评估框架编制调研问卷,联合湖北省电化教育馆,在湖北省选取试点区域作为数据采集点,分别对中小学、教学点及各区域电教站等开展实地调研。依据实证调研数据,采取定量评估与定性评价的方法,从多个角度和维度科学评估湖北省基础教育信息化的应用情况,为决策者提供科学依据。

0.3 研究内容

首先,在大量的文献综述和案例分析的基础上,本书设计了湖北省基础教育信息化发展水平测量指标体系,对省内 14 个市(州)的 795 所中小学进行了问卷调查,获得了湖北省基础教育信息化发展建设和应用的第一手可靠数据;其次,依据教育部颁布的《中小学教师信息技术应用能力标准》编制了《中小学教师信息技术应用能力现状调查问卷》，对湖北省孝感市孝昌县、大悟县、云梦县、孝南区、安陆市、应城市、汉川市7个市(县、区)中小学教师信息技术应用能力现状进行调研。通过对数据进行处理与分析，总结湖北省基础教育信息化发展已取得的成效，分析目前存在的不足，探讨湖北省基础教育信息化未来发展策略，为湖北省基础教育信息化的建设与发展贡献一份力量。全书分为六篇十二章，如图0.3.1所示。

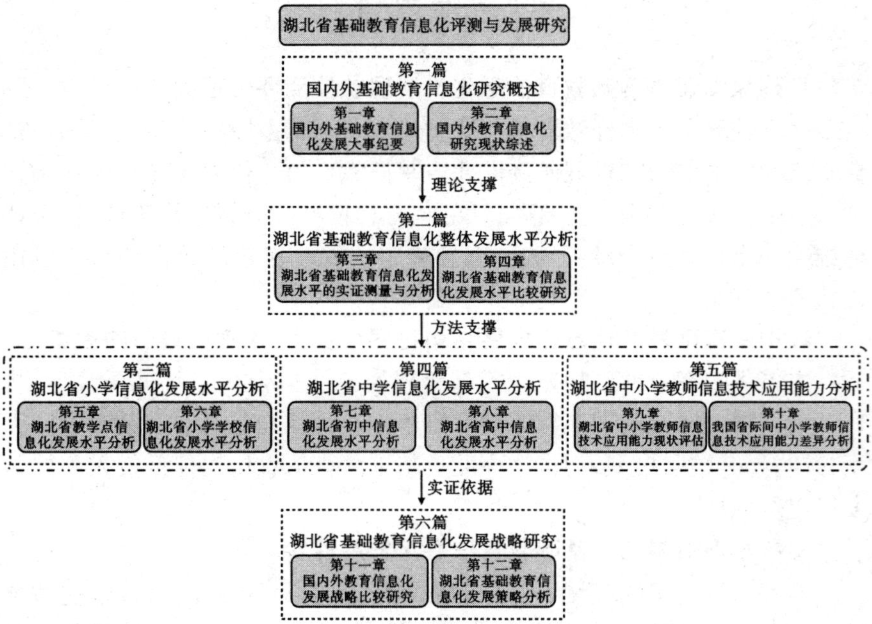

图0.3.1 内容框架图

1. 国内外基础教育信息化发展研究概述(第一篇)

梳理国内外基础教育信息化发展大事纪要，综述国内外教育信息化研究现状，为后期的实证和战略研究提供理论支持。

2. 湖北省基础教育信息化应用及人才培养水平分析(第二篇)

首先构建湖北省基础教育信息化应用及人才培养水平结构化评估模型，依据模型开展实证测量。其次对湖北省城乡、市区、校际的中小学信息化发展水平进行差异分析，并对我国省际基础教育信息化发展水平进行比较分析，同时比较分析与国际基础教育信息化发展水平的差异。

3. 湖北省小学信息化发展水平分析(第三篇)

分别包括湖北省教学点和小学信息化发展水平分析两部分内容:教学点信息化发展水平分析主要包括实证测量、发展现状分析、市区差异分析等内容;小学信息化发展水平分析主要包括实证测量、发展现状分析、市区及城乡差异分析、湖北省与国外小学信息化发展水平比较分析以及我国省际小学信息化发展水平比较分析等内容。

4. 湖北省中学信息化发展水平分析(第四篇)

分别包括湖北省初中和高中信息化发展水平分析两部分内容:初中信息化发展水平分析主要包括实证测量、初中信息化发展现状分析、省际初中信息化发展水平比较分析等内容;高中信息化发展水平分析主要包括高中信息化发展现状分析、湖北省市区高中信息化发展水平的差异分析等内容。

5. 湖北省中小学教师信息技术应用能力分析(第五篇)

主要包括湖北省中小学教师信息技术应用能力现状评估、我国省际中小学教师信息技术应用能力差异分析、我国开展中小学教师信息技术应用能力培训项目的建议三部分内容。首先,从中小学教师应用信息技术改进课堂教学能力现状、应用信息技术改进课堂教学能力达标情况、应用信息技术转变学习方式能力现状、应用信息技术转变学习方式能力达标情况等方面评估湖北省中小学教师信息技术应用能力现状。其次,基于实证数据,对湖北省、河南省、广西壮族自治区、安徽省等省(自治区)的中小学教师信息技术应用能力水平进行差异分析。最后,基于实证研究结果,对上述 4 个省(自治区)开展中小学教师信息技术应用能力培训提出建议。第三、四、五篇主要为湖北省基础教育信息化发展分析中的实证分析部分,其研究结果为后期的战略分析提供实证依据。

6. 湖北省基础教育信息化发展战略研究(第六篇)

主要包括国外教育信息化发展战略概述、我国教育信息化发展战略概述、国内外教育信息化发展战略比较研究、湖北省基础教育信息化发展策略分析四部分内容。首先,从制定的时代背景、研制过程、演变发展、实施效果等方面对美国、新加坡、日本、韩国等发达国家的教育信息化发展战略进行概述分析。其次,对我国的国家教育信息化发展战略以及上海市、江苏省等较发达省市的教育信息化发展战略进行分析。再次,从教育信息化发展战略规划的研制过程、主要内容、实施效果等方面,对国内外教育信息化发展战略进行比较研究并探讨国内外教育信息化发展战略对湖北省基础教育信息化未来发展的经验与启示。最后，基于实证和比较研究结果，采用 SWOT 等战略分析方法，引导各级各类教育行政部门提出湖北省基础教育信息化未来发展本土化策略。

0.4 研究思路及方法

0.4.1 研究思路

1. 国内外相关研究材料分析

本书在分析国内外相关文献的基础上整理归纳国内外基础教育信息化研究发展情况。在国际层面，通过梳理基础教育信息化较发达的国家信息化发展大事纪要，理清国际信息化发展的思路。在国内层面，通过整理基础教育信息化研究现状来探讨目前国内在该领域研究所取得的成效及不足。

2. 编制问卷，实证调研

根据“湖北省基础教育信息化发展现状评估指标体系”设计与预调研情况编制《湖北省基础教育信息化发展现状调研问卷》(中小学校)、《湖北省基础教育信息化发展现状调研问卷》(教学点)和《湖北省基础教育信息化发展现状调研问卷》(电教馆)；基于联合国教科文组织发布的“教师信息和通信技术能力框架”，作为“全国中小学教师信息技术应用能力提升工程”主要专家成员参与编制《中小学教师信息技术应用能力标准》，编制《中小学教师信息技术应用能力现状调查问卷》，对湖北省及其他省市进行调查。此外，本书对《教育统计年鉴》等官方数据进行深入分析。

3. 拟合数据，构建评测模型

采用探索性结构方程模型(ESEM)，拟合实证调研数据，构建湖北省基础教育信息化发展现状结构评估模型。依据评估模型，实证测评湖北省基础教育信息化应用及人才培养水平。

4. 实证评测，差异比较

分别以教学点、小学、初中、高中为评测对象，采用探索性因素分析、聚类分析等方法实证评测其信息化发展现状。依据实证评测结果，探讨湖北省基础教育信息化发展中的特色及不足。最后，对湖北省中小学教师信息技术应用能力情况进行实证测评并探讨区域间的差异。

5. 发展战略研究与分析

比较分析国内外基础教育信息化发展战略,为后期研究作借鉴参考。依据实证评测结果,采用 SWOT 等战略分析方法探讨湖北省基础教育信息化未来发展策略。具体研究思路如图 0.4.1 所示。

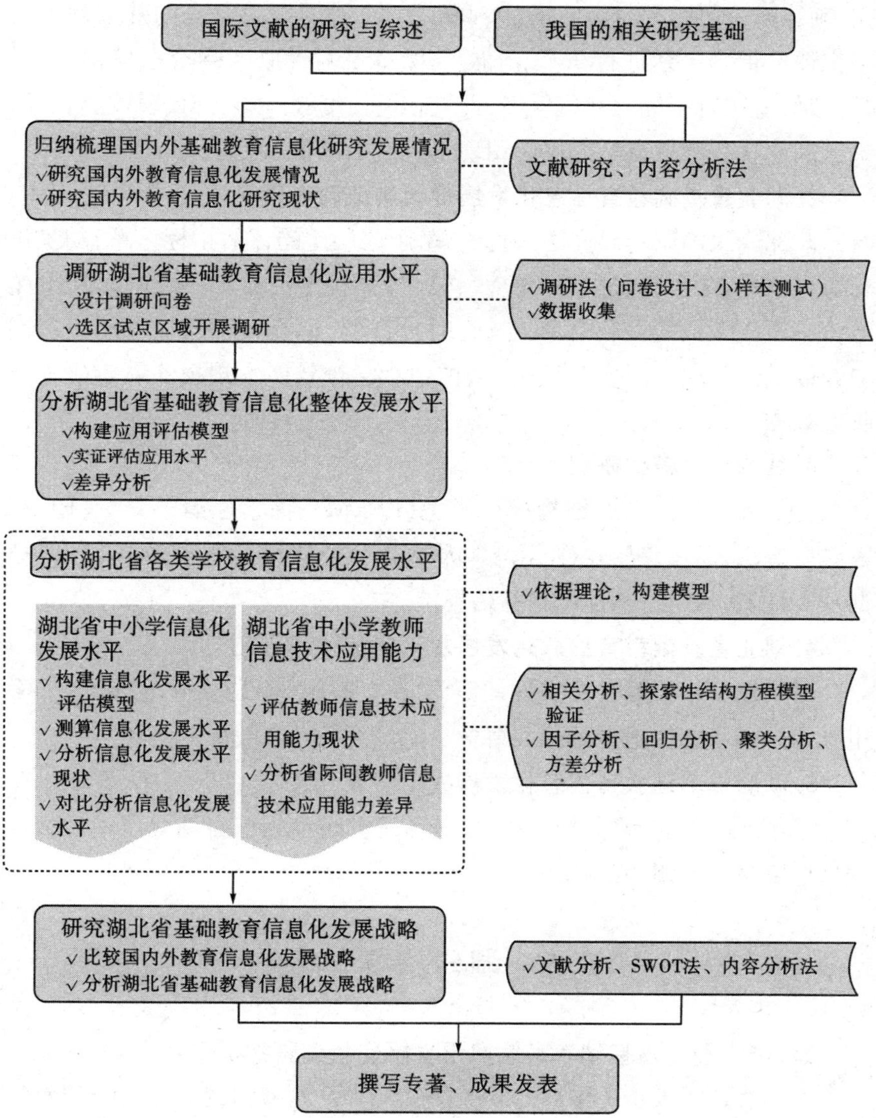

图 0.4.1　研究思路图

0.4.2 研究方法

1. 监测评估指标体系研究

此部分首先分析了国内外相关理论文献，并结合湖北省基础教育信息化监测评估现状，定位研究方向以及研究评估框架；其次，依据评估框架，项目研究将采用文献分析法、调研法等，对国内外已有的基础教育信息化评价指标体系进行研究，开展小规模预调研拟定评价指标体系；最后，搜集专家对指标的评价反馈，遴选相关程度较高的、有代表性的指标，确定湖北省基础教育信息化应用现状评价指标体系。

2. 湖北省基础教育信息化发展现状实地调查研究

此部分采用调查研究法。首先，基于已制定的评估指标体系，初步设计调查问卷；其次，通过电子邮件、访谈等多种方法收集一线教师和电化教育馆工作人员的反馈信息，进一步修订调研问卷；最后，在湖北省范围内选取试点区域，并对 10%～15%的中小学校开展大规模的调查研究并收集数据。

3. 结构评估模型研究

此部分采用探索性结构方程模型(ESEM)、探索性因子分析(EFA)等建模方法，运用建模软件 Mplus 及数据分析软件 SPSS 等拟合理论模型及实证调研数据，构建结构评估模型。

4. 湖北省基础教育信息化发展水平实证评测研究

采用聚类分析等方法实证评测湖北省基础教育信息化发展水平，采用方差分析等方法挖掘基础教育信息化城乡、市区、校际的差异。

5. 湖北省基础教育信息化发展战略研究

采用 SWOT 战略分析方法，基于实证分析结果探讨湖北省基础教育信息化未来发展规划。

0.5 调研指标体系

0.5.1 湖北省基础教育信息化发展现状调研指标体系

本书查阅了大量的国内外相关研究成果及典型案例。如联合国教科文组织 UNESCO 于 2003 年发布的教育信息化绩效指标体系(Performance Indicators for ICT in Education)、世界银行信息技术促进发展项目组(Monitoring and Evaluation of ICT in Education Projects)提出的教育信息化监测评估的核心指标体系、国际教育成果评估组织(International Association for the Evaluation of Educational Achievement,简称 IEA)提出的基础教育信息化评估指标体系、美国 EDUCAUSE 提出的高校信息化自我评估指标体系、韩国基础教育信息化评估指标体系、英国教育传播与技术署 BECTA 提出的学校信息化自我评估框架以及新加坡的 BY(i)TES (Benchmarking Your ICT Practices for Excellence in Schools)自我评估指标体系、中国国务院信息化办公室提出的教育信息化六要素模型等。

在研究国内外大量相关文献及典型案例的基础上,结合一线教师的预调研和多轮专家会议研讨结果,最终确立了信息化应用水平、信息化人才水平、信息化资源建设水平、信息化环境水平、信息化管理水平、保障体制水平 6 大类一级指标及其相应的二级指标。形成了如下的 2 级调研指标体系(见表 0.5.1)。

表 0.5.1　湖北省基础教育信息化发展现状评估指标体系

一级指标	二级指标	指标解释	备注
信息化应用水平	教师使用多媒体设备进行教学课时数占总课时的比例	教师每周使用电子白板、多媒体计算机等信息化设备进行教学的课时比例	反映教师对多媒体设备的使用情况
	教师进行电子备课的频率	教师每周使用计算机进行备课占总备课数的比例	反映教师的电子备课情况
	开展信息化环境下学科项目的教师比例	开展信息化环境下教学研究的教师占全校教师的比例	反映教师的信息化教学研究情况
	学校教师平均每学期参与网络教研情况	教师每学期参加网络教学研究活动的平均次数	
	建有个人博客(或主页)的教师比例	建有个人博客的教师占全校教师的比例	反应教师在课余时间使用网络工具辅助教学的情况
	使用网络工具解决教学问题的教师比例	使用电子邮箱、聊天工具等网络工具解决教学问题的教师比例	

续表

一级指标	二级指标	指标解释	备注
信息化应用水平	学生在校内使用计算机情况	学生平均每周在校内使用计算机的时间	反映学生在校内外使用计算机学习的情况
	学生在校外进行信息化学习的情况	学生平均每周在校外使用计算机进行学习的时间	
	学生利用信息技术完成学习任务的频率	学生平均每周使用学习的信息技术完成任务的次数	
	学校每学期开展信息技术应用活动的次数	学校每学期开展信息技术活动(教学竞赛、示范课)的次数	反映学校信息技术活动的开展情况
	学校网站的更新频率(次/学期)	学校网站每学期更新的次数	反映学校网站的使用情况
	学校的电子邮箱的使用情况	拥有学校电子邮箱的教师数、学生数的比例	反映学校电子邮箱系统的情况
信息化人才能力水平	达到《中小学教师教育技术能力标准》的教师比例	学校达到“标准”的教师比例	反映教师的信息技术专业能力水平
	教师的信息素养	教师的信息技术应用能力(办公信息化、信息化教学能力等)	
	教师接受信息技术能力培训情况	教师每学期参加信息技术能力培训的次数	反映教师参与相关培训的情况
	学生所具备的信息技术能力	学生的平均信息素养(计算机基础知识、应用能力等)	反映学生的平均信息素养水平
	信息技术课程每周课时数(课时/周)	学校每周开设的信息技术课时数	反映学校的信息技术课程开设情况
	学校管理者的平均信息技术能力	学校管理者进行信息化管理的能力	反映学校的信息化管理水平及发展情况
	信息化管理相关培训情况	学校管理者每学期参加相关培训的次数	
	信息技术工作人员的信息技术能力	学校信息技术专职工作人员的能力水平(硬件维护、网络维护等)	学校的信息技术专职人员水平及能力培养
	信息技术工作者每年接受信息技术能力相关培训情况	学校信息技术专职工作人员每学期参加相关培训的次数	

续表

一级指标	二级指标	指标解释	备注
信息化资源水平	学校信息化教学资源总量(GB)	学校现有的信息化教学资源量	反映学校的信息化教学资源建设情况
	学生可使用的信息化学习资源总量(GB)	学生可使用的学校信息化资源数量(比例)	
	学校电子图书资源藏量(GB)	学校存储的电子图书资源量	学校电子图书馆建设情况
	学校拥有的专题课程学习网站数	学校建设的专题网络课程数	反映学校网络课程的建设情况
	在线测试系统	学校在线测试系统中的题目容量	反映学校的在线测试情况
信息化环境水平	生机比、师机比	学生与学生用计算机之比、教师与教师用计算机之比	反映学校的硬件设施环境建设情况
	连接了互联网的计算机比例	连接了互联网的计算机占计算机总数的比例	
	学生与学生用移动终端设备数之比、教师与教师用移动终端设备数之比	学校师生与移动终端设备的比例	
	学校服务器台数	学校的服务器数量	
	装有多媒体设备(液晶投影机)的教室比例	装有多媒体设备的教室占教室总量的比例	反映学校多媒体教室的建设情况
	装有交互式电子白板的教室比例	装有电子白板的教室占教室总量的比例	
	校园网出口总带宽/Mbps	学校校园网络的出口带宽	
	无线网络覆盖范围	无线网络覆盖面积占校园总面积之比	
	连接了互联网的教室比例	连接了互联网的教室占教室总数的比例	

续表

一级指标	二级指标	指标解释	备注
信息化环境水平	学校电子阅览室数量	学校建设有电子阅览室的数量	反映学校的信息化环境建设情况
	校园广播、校园电视台	校园广播(电视台)的建设与应用情况	
	计算机室建设情况	计算机教室占教室总量的比例	
	语音室建设情况	语音室占教室总量比例	
信息化管理水平	信息化管理工作人员数	学校进行信息化管理的人员数	反映学校的信息化管理人员保障
	管理者使用网络管理系统或其他信息系统的频率	管理者每学期使用信息化管理系统的次数	
	学校管理系统数据的更新频率	学校管理系统每学期的更新次数	反映学校信息化管理系统的建设与应用情况
	学校信息化管理系统涉及的管理项目数量	如安全防护系统、家校互通系统、教师管理、学生学籍管理等	
保障体制水平	负责信息化建设的人数	专职负责学校信息化建设的人员数	反映学校对基础教育信息化建设的主观意识和态度
	学校领导对信息化建设的意识	学校领导(校长等)对信息化建设的态度、意识等	
	信息技术课教师人数	信息技术专职教师人数	反映学校的师资队伍建设情况
	阻止学生接触不良信息的措施(种)	如规章制度、监控软件、过滤系统等	反映学校的网络安全保障建设情况
	信息化经费的分配比例	信息化经费在各个维度上的分配比例	反映信息化经费投入情况

0.5.2 湖北省中小学教师信息技术应用能力评价指标体系

在参考联合国教师信息技术能力标准以及英、美等国家教师信息技术应用能力标准的基础上,项目组编制了湖北省中小学教师信息技术应用能力评价指标体系。本指标体系分为2个维度,其中,“教师应用技术改进课堂教学能力”是从理解与态度、技术素养、计划与准备、组织与管理、评估与诊断、学习与发展六个方面进行调研教师应用信息技术改进课堂的教学能力。“教师应用技术转变学习方式能力”则是在前一维度的基础上对教师的信息技术应用能力作更深入地调查，包括技术素养、计划与准备、组织与管理、评估与诊断 4 个维度。具体如表 0.5.2 所示。

表 0.5.2　湖北省中小学教师信息技术应用能力评价指标体系

一级指标 / 二级指标	应用技术改进课堂教学能力		应用技术转变学习方式能力	
	三级指标	指标符号	三级指标	指标符号
理解与态度	我很少与同事讨论如何在课堂中应用信息技术			V(Y)1.1
	我意识到信息技术应用能力是我必须具备的能力，否则会影响到对学生的培养			V(Y)1.2
	我发现学生使用信息通信技术有利于支持以学生为中心的学习			V(Y)1.3
	如果不是公开课的需要，我很少考虑更好地应用信息技术的问题			V(Y)1.4
	我喜欢学习一些信息技术新应用，以使我的日常生活更便利(如网购、网上聊天、网络购票、信息搜索等)			V(Y)1.5
技术素养	我在信息化教学中，经常需要同事(或技术维护人员)帮助我准备好设备	V2.1	我不知道网络是以怎样的方式来支持互动交流、知识创新以及协作共享的	Y2.1
	我能熟练操作教室里配置的多媒体教学设备(如台式电脑、投影仪、实物投影仪、电子白板等)	V2.2	学校在引进新设备或新软件时，校领导通常会选择在我的班级上开展实验或试点	Y2.2
	我经常使用文字处理、演示文稿、电子表格等办公软件来完成我的日常工作	V2.3	在网络环境或移动环境开展教学时，我能灵活使用学习活动管理软件	Y2.3
	我能熟练操作至少一种适用于我任教学科的教学软件、专用工具或移动 APP	V2.4	我了解社会性软件的功能(如博客、维客、播客等)，并尝试使用过	Y2.4
	我能够搜索并获取适用于教学的素材和备课材料	V2.5	我积极应用网络平台(如免费的博客、维客，学校或区域的网络教学平台等)或软件支持学生的自主、合作和探究学习	Y2.5

续表

一级指标 / 二级指标	应用技术改进课堂教学能力		应用技术转变学习方式能力	
	三级指标	指标符号	三级指标	指标符号
技术素养	我能根据教学需要，对网上获得的素材进行加工、整合	V2.6	我已经在课堂上独立应用过课程管理平台（如在Moodle平台中独立发布课程内容，编辑学习活动，开展课堂教学等）	Y2.6
	在我自己的电脑上，我经常会因寻找某个文档而浪费时间	V2.7	我加入学生的网络交流群（如QQ群、百度贴吧、微信群等），并经常与他们交流	Y2.7
	我不确定我上网的习惯是否符合信息安全的要求	V2.8	我经常使用电子邮件、QQ、微信等工具与家长进行沟通	Y2.8
			我会向学生推荐家长或领域专家来帮助他们解决问题	Y2.9
			学生作业涉及引用他人观点、材料时，我会要求他们注意规范地注明引用材料的出处	Y2.10
计划与准备	我能够根据课程目标，选择合适的信息技术手段解决教学问题	V3.1	我能够描述信息技术在思维发展、合作交流、应用创新等学习活动中所能发挥的作用	Y3.1
	针对教学内容的重难点，我能尝试利用信息技术使其变得简单、容易理解	V3.2	我能尝试利用信息技术支持学生自主、合作、探究，可是教学效果并不理想	Y3.2
	我经常在课堂教学中通过信息技术提供形象的图景，帮助学生理解抽象的、微观的知识	V3.3	我在设计技术资源丰富环境下的自主、合作、探究学习活动时，没有发现可参考的设计模式	Y3.3
	我经常在课堂教学中发挥数字资源优势，提供更多可供学习和思考的学习材料，帮助学生扩展思维	V3.4	学生利用我提供的工具开展交流协作时，往往会花很多时间解决技术相关问题	Y3.4

续表

一级指标 / 二级指标	应用技术改进课堂教学能力		应用技术转变学习方式能力	
	三级指标	指标符号	三级指标	指标符号
计划与准备	我倾向于从网上下载自己所需课件，并根据班级学生情况进行适当修改	V3.5	我不知道如何根据学生的差异推荐个性化学习资源	Y3.5
	我经常花大量时间自己制作课件	V3.6	虽然我班级中的每个学生都有终端设备与上网账号，但是经常遇到个别学生访问相关教学平台和工具不能很好地打开学习资源的情况	Y3.6
	我在获取、加工或制作好的数字资源后，习惯性地反思资源是否与教学重点与难点密切相关	V3.7		
	在上课前，我习惯性地将要用到的设备、资源、软件都试一试	V3.8		
	我会做好在教学过程中出现因为设备、资源有问题时的应对方案	V3.9		
组织与管理	我能通过设计问题、提示、布置任务等方式，引导学生有效关注数字资源内容	V4.1	我能运用信息技术手段设计不同形式的教学活动（如游戏、竞赛等），激起学生的兴趣和注意力	Y4.1
	在用多媒体课件呈现教学内容时，我不会让学生持续观看	V4.2	在教学过程中，有时会出现有的学生（或小组）不能获得使用硬件设备或软件资源机会的现象	Y4.2
	在信息化课堂上，我会通过调整设备或师生相对位置来确保每个学生获得良好的视听觉效果观看数字资源	V4.3	我会向学生提供获取学习资源的多种渠道	Y4.3

续表

一级指标 / 二级指标	应用技术改进课堂教学能力		应用技术转变学习方式能力	
	三级指标	指标符号	三级指标	指标符号
组织与管理	当个别学生在课堂上进行技术操作时，我会合理安排其他学生的活动	V4.4	我的学生会使用QQ群、微信群等社交工具建立交流组	Y4.4
	我通常是根据观察和收集学生的课堂反映，对教学进度进行调整	V4.5	我能在网络空间里有针对性地观察和收集学生的行为和反应	Y4.5
	当课堂上出现技术故障时，我能初步判断出现的技术故障是否可以及时解决	V4.6	我对于动态调整学生的自主学习活动缺乏信心	Y4.6
	遇到技术故障时，我会从学生技术能手那里获取支持	V4.7	我能恰当处理学生使用技术过程中出现的不恰当、不文明行为	Y4.7
			我会有意识地培养我班里的学生技术能手	Y4.8
评估与诊断	我会有意识地比对着学习目标设计评价方案	V5.1	我知道过程性评价这个词，但是不知道怎样在教学中实践	Y5.1
	我会利用不同的评价工具(如照相机、摄像机、学习管理平台、量规等)对学生进行形成性评价和结果性评价	V5.2	我能根据学习目标独立改编或开发评价量规	Y5.2
	我能利用评价工具收集学生的学习过程材料(数字化作品等)	V5.3	我使用过在线问卷调查平台、学习管理平台、学生成长记录平台等技术工具，持续性地观察、记录学生的学习情况	Y5.3
	我会有序管理学生学习过程材料，同事经常会借鉴我的文件夹分类和命名方法	V5.4	我能根据学生的学习情况对学生的学习实施有效的干预	Y5.4

续表

一级指标 / 二级指标	应用技术改进课堂教学能力		应用技术转变学习方式能力	
	三级指标	指标符号	三级指标	指标符号
评估与诊断	我会独立运用电子表格或专门的成绩管理软件来统计学生成绩的平均值、名次及变化趋势	V5.5	我使用过学习管理平台等技术工具,收集并整理学生在学习过程中所产生的学习作品、过程性资源或其他阶段性学习信息	Y5.5
	我喜欢用图表或图形(如柱状图、饼图、概念图、思维导图等)来呈现数据分析结果	V5.6	我不知道怎样让学生有效使用自查表、评价量规等评价工具	Y5.6
	我没有使用过答题卡、课堂应答系统或在线测试系统辅助学生练习和测验	V5.7	由于我经常组织学生开展自评互评,学生的评价能力得到了发展,能够把握自己的学习情况	Y5.7
学习与发展	我认为利用信息技术有助于提高我的工作效率			V(Y)6.1
	我经常利用信息技术学习与我所教科目相关的内容			V(Y)6.2
	我经常关注新媒体在教育教学中的应用趋势			V(Y)6.3
	我积极参加专题论坛、网络社区活动等			V(Y)6.4
	我经常利用信息化工具与专家、同行交流经验,获得指导和帮助			V(Y)6.5
	我积极参加信息化教研活动,并应用于日常教学中			V(Y)6.6
	我认为开展信息化相关研究课题有助于我的专业发展			V(Y)6.7
	我非常乐意探索在信息化环境下的教学模式			V(Y)6.8

0.6 调研基本情况

0.6.1 湖北省基础教育信息化发展现状调研

1. 调研样本

受调研的 795 所中小学校中,11.7%位于城市,25.9%位于县镇,62.4%位于农村,如图 0.6.1 所示。

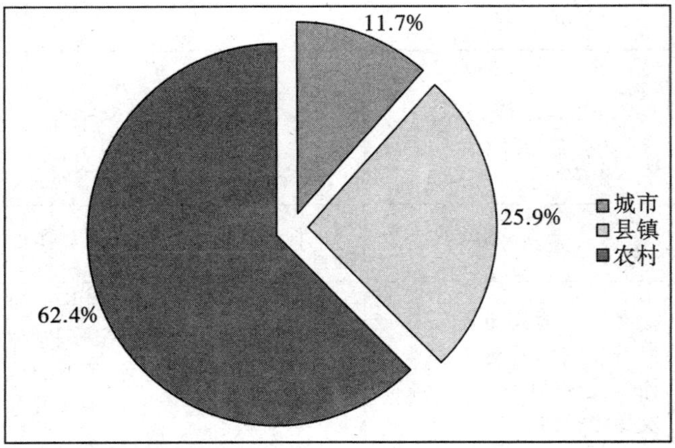

图 0.6.1 调研学校地区分布

教学点占 19.98%，小学 48.85%，初中 27.97%，高中 3.2%，如图 0.6.1 所示。

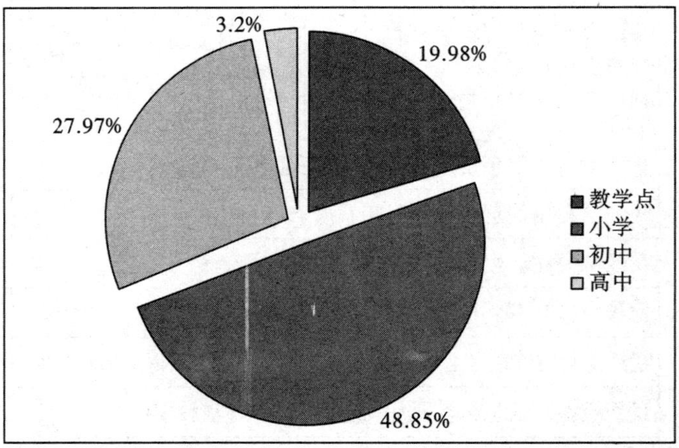

图 0.6.2 调研学校类型

不同类型的学校中，教师人数、学生人数与其他员工人数的基本情况如表 0.6.1 所示。

表 0.6.1 不同类型学校的基本情况

学校性质	学校教师人数	学生人数	其他员工人数
教学点	1 007	11 342	72
小学	18 989	304 928	2 851
初中	17 727	195 129	3 175
高中	4 177	58 326	671
总计	41 900	569 725	6 769

受调研的学校中，不同地理位置的学校中教师人数、学生人数的基本情况如表 0.6.2 所示。

表 0.6.2　不同地理位置学校的基本情况

学校地理位置	学校教师人数	学生人数	其他教职工人数
城市	9 508	138 826	1 441
县镇	15 533	216 309	2 408
农村	16 172	207 653	2 875
总计	41 213	562 788	6 724

对受调研的电教馆分别统计了该地区不同性质的学校数、教师数、学生数，具体如表 0.6.3 所示。

表 0.6.3　调研电教馆基本情况

单位所在市(县)	安陆	掇刀	嘉鱼	京山	松滋	通山	孝南	应城	秭归
教学点学校数	15	0	4	36	10	132	18	6	10
小学学校数	50	15	32	19	48	72	56	43	29
初中学校数	18	3	10	19	22	27	20	19	14
高中学校数	4	1	2	4	6	3	4	4	2
教学点教师数	150	0	26	539	58	319	203	133	40
小学教师数	2 950	611	1 641	1 203	1 250	1 558	2 273	2 232	1 037
初中教师数	1 260	326	872	1 457	2 023	1 023	1 725	1 640	819
高中教师数	750	166	321	755	1250	458	522	646	365
教学点学生数	900	0	79	5 012	1 230	7 235	1 512	430	184
小学学生数	3 500	1 068	15 510	7 625	31 018	38 256	33 010	20 001	13 484
初中学生数	13 000	3 513	8 836	11 913	20 536	14 054	15 302	13 898	7 810
高中学生数	9 500	2 910	3 761	9 331	5 593	5 985	8 981	9 340	4 810

2. 调研过程

本次调研于 2012 年 11 月 20 日正式开始，截至 2012 年 12 月 30 日，经过各方努力，课题组共回收 795 份学校问卷和 13 份电教馆问卷。分别来自鄂州市、恩施土家族苗族自治州(以下简称恩施州)、黄冈市、荆门市、荆州市、潜江市、十堰市、随州市、武汉市、仙桃市、咸宁市、襄阳市、孝感市、宜昌市 14 个市(州)。

0.6.2 中小学教师信息技术应用能力现状

湖北省中小学教师信息技术应用能力现状调研包括三部分内容:基本情况、教师应用技术改进课堂教学能力、教师应用技术转变学习方式能力。

1. 调研样本

在受调研的 414 名教师中,30%的教师来自湖北省,5.3%来自广西壮族自治区,32.6%来自河南省,32.1%来自安徽省,如图 0.6.3 所示。

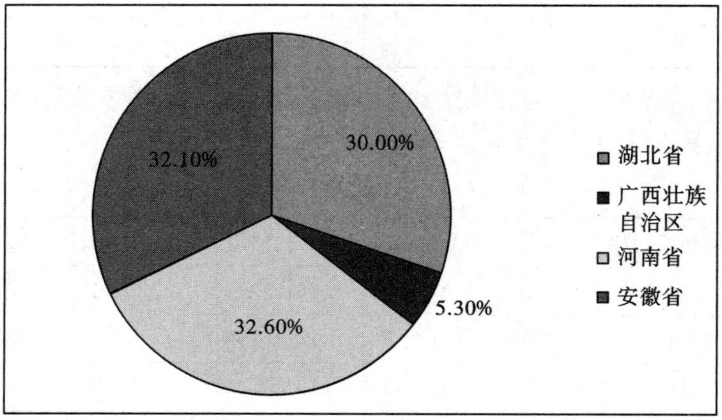

图 0.6.3 调研样本所在省(自治区)分布图

受调研样本中,65%的教师学历为本科,30%为大专,3%为中专,硕士及以上仅为 2%,具体如图 0.6.4 所示。

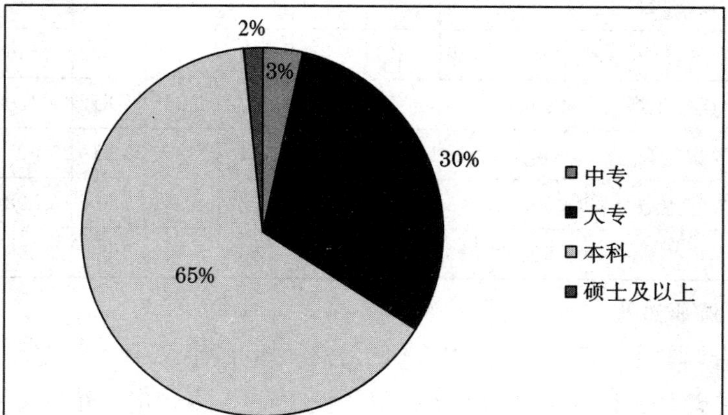

图 0.6.4 调研教师学历分布图

受调研样本中，18%的教师来自城市，21%的教师来自县(区)，35%的教师来自乡镇，26%的教师来自农村，具体如图 0.6.5 所示。

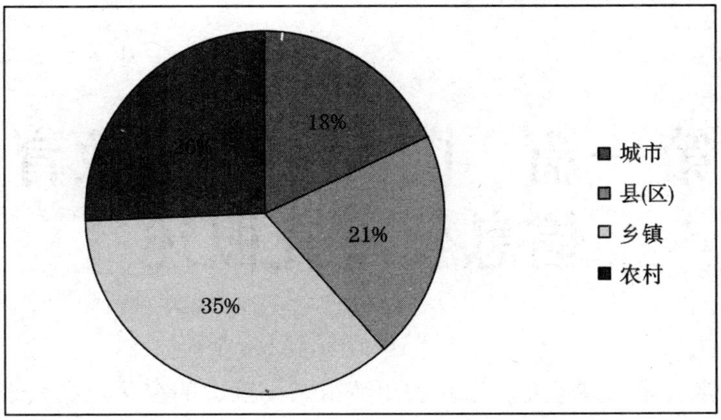

图 0.6.5　调研教师所属地区分布图

受调研样本中，3%的教师来自教学点，50%的教师来自小学，36%的教师来自初中，11%的教师来自高中，具体如图 0.6.6 所示。

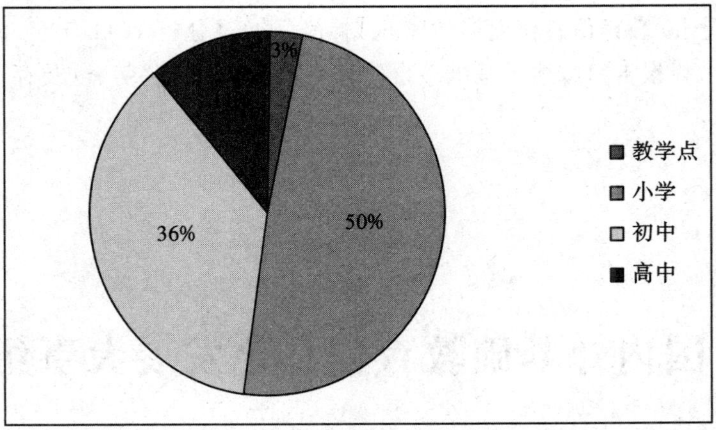

图 0.6.6　调研教师所属学校分布图

2. 调研过程

本次调研于 2014 年 5 月 21 日正式开始，截至 2014 年 7 月 13 日，发放问卷 130 份，经过各方努力，课题组共回收 124 份学校问卷，分别来自湖北省、安徽省、广西壮族自治区、河南省。

第一篇　国内外基础教育信息化研究概述

信息技术的高速发展为社会生活带来了巨大的变化。在教育领域，各国正在开展多种形式的探索，研究教育信息化发展的高效路径。本篇首先梳理了 20 世纪 90 年代以来国内外基础教育信息化领域重要事件，总结各国在基础教育信息化领域的发展历程。同时，对教育信息化的评价指标体系以及教育信息化评估领域的主要研究成果进行总结叙述，并介绍了国际教育信息化发展战略规划，最后通过分析 2011 年至 2014 年的《地平线报告》，叙述了基础教育信息化的未来发展趋势，以及存在的重大挑战。

1　国内外基础教育信息化发展大事纪要

在教育界，信息化发展已经掀起一片浪潮。本章主要概述了国内外基础教育信息化发展的概况。其中，国外部分主要介绍了美国、日本、新加坡、马来西亚在基础教育信息化发展中的重要事件。我国主要针对几个省市介绍了有关基础教育信息化方面的情况，重点是湖北省在基础教育信息化方面的重大事件，为教育信息化发展绘制历史图景。本章内容导图如图 1 所示。

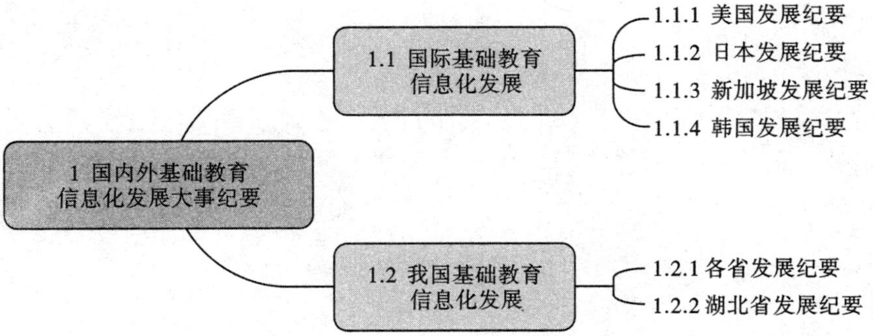

图 1　本章内容导图

1.1 国际基础教育信息化发展大事纪要

在高速发展的信息时代,教育信息化已成为各国建设人力资源强国、实现经济和社会快速发展的前瞻性战略选择。美国、英国、新加坡、日本、韩国等国家较早地察觉到信息技术对于教育的巨大作用,通过颁布实施一系列教育改革政策和教育信息化发展战略,在信息技术基础设施、信息技术与课程整合、数字化学习资源、信息化管理等方面取得了显著的成果,基本实现了教育信息化,并且正在向智慧化、智能化教育的方向发展。了解和学习发达国家的教育信息化发展经验有利于促进我国基础教育信息化快速发展。

1.1.1 美国基础教育信息化大事纪要

美国教育部从 1996 年起,平均每 5 年制定一个国家教育技术规划。美国国家教育技术规划是美国教育信息化发展的纲领性文件,它依据美国国情和教育现状而制定。每个计划中都会提出适应当前教育信息化发展要求的教育系统改革的目标、要求和建议,以适应国家社会发展的需要。美国教育信息化发展历程如图 1.1.1 所示。

1996 年,美国教育部发布了第一个国家教育技术规划《帮助美国学生为 21 世纪做好准备:迎接技术素养的挑战》(Getting America's Students Ready for the 21st Century: Meeting the Technology Literacy Challenge)。规划的主要目标是为每一位美国教师配备能链接因特网的计算机,使学校拥有优质的学习软件和接受过良好培训的教师。

2001 年 1 月,布什总统颁布题为《不让一个孩子掉队》的教育改革法

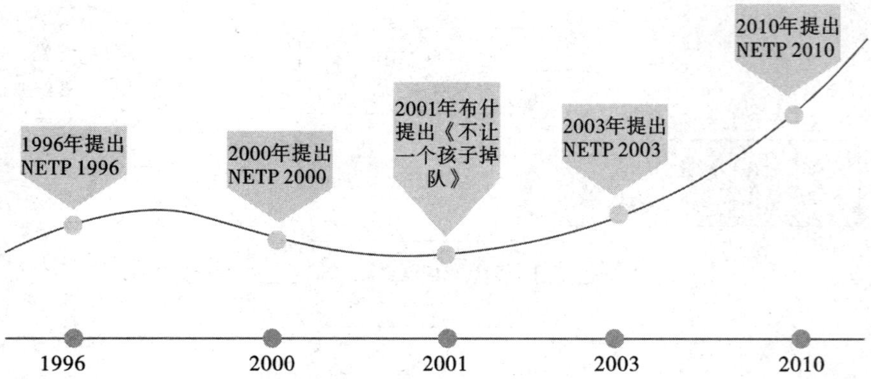

图 1.1.1　美国教育信息化发展历程

案。法案中明确提出，各学校应将技术作为教育教学工具以提高学生的学业水平，为实现 21 世纪美国信息技术的普及目标而努力。法案还进一步明确了新战略的发展方向，从总体上形成以“电子学习构建世界课堂”为核心的美国基础教育信息化发展的新战略体系。

2003 年，美国教育部制定了第三个国家教育技术规划：《迎来美国教育的黄金时代：因特网、法律和学生如何变革教育期望》(Toward A New Golden Age In American Education: How the Internet, the Law and Today's Students Are Revolutionizing Expectations)。其中包含了 7 个战略目标，分别是提升领导能力、考虑革新预算、改进教师培训、支持在线学习和虚拟学校、鼓励使用宽带网、迈向数字内容、整合数据系统。

2010 年，美国教育部发布了第四个国家教育技术规划，即《变革美国教育：技术推动学习》(Transforming American Education: Learning Powered by Technology)。该规划的主要目标是提高大学毕业生的比率，缩小学生之间的成就差距。该规划还提出了“技术支持下的 21 世纪学习模型”，该模型包含学习、评价、教学、基础设施和生产力 5 个要素，并针对这 5 个要素提出了相应的目标。

2012 年 3 月，美国联邦通信委员会和教育部长召集苹果、英特尔等公司举行会议，讨论制定具体措施以应对未来发展的挑战，并计划未来 5 年推动交互式数字课本在全美 K-12 学校的普及和应用。

1.1.2　日本基础教育信息化大事纪要

日本的教育信息化发展取得的引人瞩目的成就依赖于日本政府与全民对教育的重视。早在 20 世纪 80 年代，日本就将“信息化教育”作为其基本国策。经过30年的发展，日本的教育信息化发展程度已处于国际领先水平，为他国的教育信息化发展提供了参考和借鉴。日本教育信息化发展历程如图1.1.2所示。

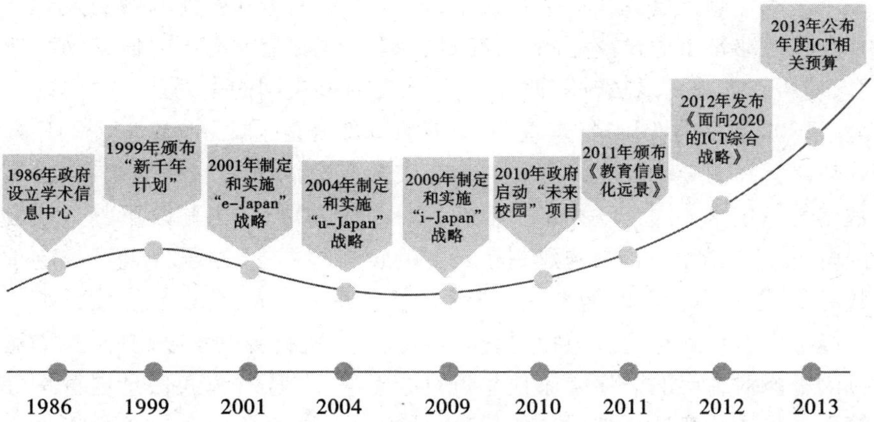

图1.1.2　日本教育信息化发展历程

1986年，日本政府设立了学术信息中心，该中心通过计算机和互联网络与日本高等院校的信息网络中心、图书馆等相互连接，形成了一个全国性、综合性、权威性的学术信息系统中枢机构，从而利用信息技术推动了日本高等教育学术研究的快速发展。

1999年，日本政府为了从容应对新世纪的教育信息化发展的挑战，颁布了“新千年计划”。在该计划中，日本政府提出了教育信息化未来发展的两个阶段目标。第一阶段目标是到2001年日本所有公立小学、中学、高中学校都能够连接到因特网，公立学校教师全部都能有效利用计算机进行教学。第二阶段目标是到2005年，日本所有学校连接因特网，所有教师和学生能够有效利用计算机进行课程教学与学习。

2001年，日本政府设立了以总理大臣为首的“IT战略本部”，确立了“IT立国”的发展战略。同年，日本政府制定和实施了“e-Japan”战略，其宗旨是，使每个国民都能灵活运用IT技术，最大限度地享受IT技术带来的便利，创建知识创造型社会。采取多项措施，如建设超高速互联网实现网络的常时联通、制定电子商务交易规则、实现电子政府、重点培养适应新时代需求的IT人才等，创造宽松的信息环境，使民间企业依循市场经济原理最大限度地发挥自身能力，在5年之内使日本跻身世界最先进国家行列。

2004 年,日本政府公布了新的信息化发展战略——“u-Japan”战略。战略目标是到 2010 年把日本建成一个充满朝气的国家,使所有的日本人,包括儿童和残疾人,都能积极地参与日本社会的活动。通过网络创建一个新的信息社会。在这个社会里,许多经济活动将得到网络的大力支持。该战略希望通过泛在网络,在日本国内形成无所不在的信息网络社会,使所有人都可以随时随地上网,不再受时间空间的束缚。

2009 年 7 月 6 日,日本政府 IT 战略本部制定了《i-Japan 战略 2015》。该战略旨在到 2015 年实现以人为本、安全且充满活力的数字化社会,让数字信息技术如同空气和水一般融入每一个角落,并由此改革整个社会经济,催生出新的活力,构建积极自主的创新型社会。战略由设置“电子政务”、“医疗保健”和“教育人才”三大核心领域组成,其目的是使日本国民能够安全可靠地通过因特网获取各种信息,进行各种手续的申请,如通过因特网对自己的医疗健康信息进行查询等,并且对个人信息进行综合管理。日本政府还计划通过此战略,大力发展以绿色信息技术为代表的环境技术和智能交通系统等重大项目,以此支持日本的中长期经济发展,保持日本信息化产业的竞争力。

2010 年,日本政府启动“未来校园”项目。该项目旨在于 2015 年前,利用平板电脑为所有 6 岁—15 岁的在校生提供电子图书,并于 2020 年前,完成全国范围的普及和应用。同时日本政府还发布了两份有关教育信息化发展的指导性文件,即《教育信息化展望大纲》和《教育信息化指南》。该指南从信息素养、信息技术在学习中的应用、信息技术在特殊教育中的应用、信息化管理、教师支持等方面提出了日本教育信息化的未来发展规划,把日本教育信息化的发展推向了新的高度。

2011 年 4 月,日本文部科学省针对未来 10 年日本基础教育信息化的发展要求,颁布了《教育信息化远景》。8 月 9 日,日本总务省发布了2011 年版的信息通信白皮书,特别指出要实现共生型网络社会,让 ICT 全面渗透到国民生活中,为创建“包容所有人的社会”做出贡献。12 月 24 日,日本总务省公布了 2012 年度预算草案,其中信息化建设的重点是通过 ICT 促进日本复兴,包括五大方面的措施,总预算达 1 147.3 亿日元。

2012 年 7 月 3 日,日本总务省 ICT 基本战略委员会发布了《面向 2020 的 ICT 综合战略(草案)》,提出实现“活跃在 ICT 领域的日本”的目标,设置了五个重点领域,并制定了相应的五大战略和具体措施。同年,日本总务省发布了 2013 年行动计划。在信息化方面,主要以复苏日本为目的,推进"活跃在ICT领域的日本"ICT综合战略。

2013年1月,日本文部科学省公布了2013年度与信息科学技术相关的预算,主要内容包括:(1)构建革命性高性能计算基础设施(HPIC);(2)研发下一代IT基础设施;(3)科学技术振兴机构(JST)的科学技术信息共享与推广业务。

1.1.3 新加坡基础教育信息化大事纪要

早在20世纪70年代末,新加坡政府便察觉到信息技术对于推动国家经济发展的巨大潜力,并于1980年制定了第一个国家信息化战略规划(The National Computerization Plan)。至今,新加坡已发布了六个信息化战略规划。其信息化发展历程如图1.1.3所示。

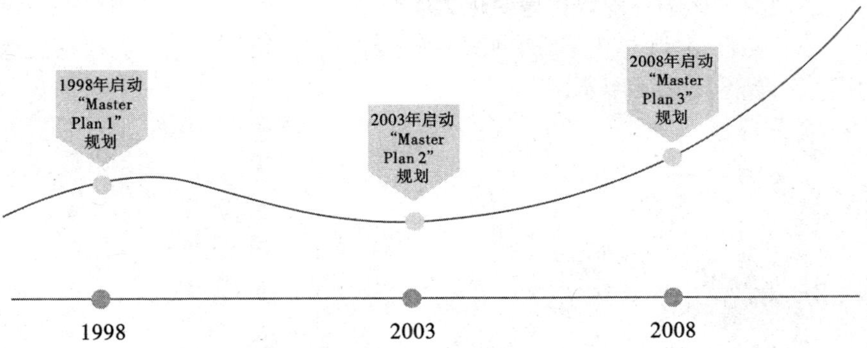

图1.1.3 新加坡信息化发展历程

1997年,新加坡启动了为期5年的教育信息化一期发展规划(Master Plan 1,简称MP1),起止时间是1997年—2002年。其战略目标在于加强学校和外部世界的联系,拓展和丰富学习环境,鼓励创新性思维,促进终身学习,增强社会责任感,推动教育创新,促进教育行政管理能力的提升。MP1还从课程与评估、学习资源、基础设施、教师发展4个方面提出了相应的发展任务。

2003年,新加坡启动了教育信息化二期发展规划(Master Plan 2,简称MP2),起止时间是2003年—2007年。MP2在MP1的建设成果基础上,强调信息技术在教学中的应用以及与课程教学的融合。为此,MP2提出了六大目标:(1)学生能够有效利用信息技术主动学习;(2)使用信息技术加强课程、教学和评价之间的关系;(3)教师能有效利用信息技术促进自身专业发展;(4)学校能够利用信息技术促进学校整体发展;(5)积极开展信息技术的教育应用的相关研究;(6)相关基础设施能保障信息技术的广泛传播和有效使用。

2008 年,新加坡启动了教育信息化三期发展规划(Master Plan 3,简称 MP3),起止时间是 2008 年—2013 年。MP3 提出了四大目标:(1)学习者通过有效使用信息技术,培养自主学习和协作学习能力,并成为有见识、有责任感的信息技术使用者;(2)学校领导者能引导信息技术在教育中的应用,并为师生在教学中使用信息技术创造条件;(3)教师能为学生提供信息化环境下的学习经验,使学生成为自主学习者和协作学习者,并培养学生成为有见识、有责任感的信息技术使用者;(4)信息技术基础设施能支持随时随地、无处不在的学习。与 MP1、MP2 相比,MP3 强调利用信息技术促进学生的自主学习。

1.1.4 韩国基础教育信息化大事纪要

从 20 世纪 80 年代至今,韩国基础教育信息化政策经历了动态的变化过程,如图 1.1.4 所示。

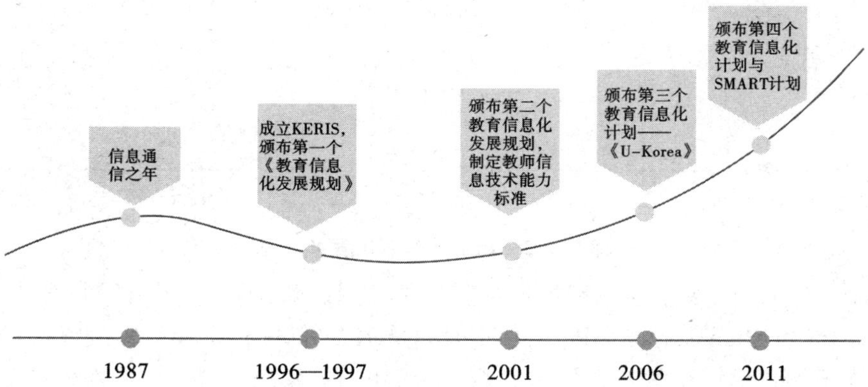

图 1.1.4 韩国教育信息化发展历程

20 世纪 80 年代末之前,韩国实施计算机教育政策。该时期教育信息化的目标为培养计算机领域的专业人才。1987 年 12 月,韩国政府提出了《强化学校计算机教育的方案》。在第 6 次经济社会发展 5 年计划中把 1987 年定为“信息通信之年”。

1996 年,韩国教育部组建韩国教育研究信息院(Korea Education & Research Information Service,KERIS),致力于通过发展数字化学习来培养人力资源,鉴定公众对教育的信心。6 月,韩国政府发表了《信息通信促进基本计划》,该计划明确指出“到 2000 年从国家的层面上重点促进教育信息化的十大课题”。同年,韩国建立了覆盖全国的教育信息服务系统

EDUNET，该系统由韩国教育研究信息院组建和管理，以期为全国的教师、学生、家长提供综合性的教育服务。1997 年，韩国颁布第一个《教育信息化发展规划》。自 1997 年起，韩国每隔 5 年发布一次教育信息化发展规划(Master Plan on ICT Use in Education)。

2001 年至 2005 年，韩国的 Master Plan II 计划开始强调信息技术课程整合。韩国教育人力资源部于 2001 年制定了“教师 ICT 应用能力标准(ISST，ICT Skill Standard for Teacher)”。2002 年 12 月，韩国政府提出“提高高等教育电子化学习综合计划”，旨在建立大学电子化学习支持中心以及行政信息系统。2004 年，韩国发布《E-Learning 支持系统综合开发计划》。2005 年 8 月提出《教育组织信息化安全重点规划》，建立网络教育安全中心。

2006 年，韩国颁布第三个《教育信息化发展规划》——U-Korea，该计划的核心为泛在学习。在 2008 年的“教育信息化促进计划”中，韩国政府投资约 218 亿韩元用于促进高校信息化与数据共享、信息化教育的安全与扩展、高等教育信息化的国际交流与合作等方面。

2011 年，韩国政府在发布其第四个《教育信息化发展规划》的同时还颁布了 SMART 教育计划，重点关注学习环境，特别是智慧教育环境的建设。SMART 教育战略着眼于教育信息化的高层次应用层面。

1.2　我国基础教育信息化发展大事纪要

在全球信息化浪潮的影响下，我国教育信息化经过 20 多年的发展也取得了长足的进步。1993 年的《中国教育改革和发展纲要》和 1995 年颁布的《中华人民共和国教育法》明确了学校教育技术和卫星电视教育等方面的发展方向。自 20 世纪末以来，我国先后颁布了两个教育振兴行动计划，即《面向 21 世纪教育振兴行动计划》与《2003—2007 年教育振兴行动计划》，分别提出实施“现代远程教育工程”、“教育信息化建设工程”和“高素质教师和管理队伍建设工程”，在基础教育信息化建设中发挥了重要的推动作用。2001 年 6 月 8 日，教育部颁布的《基础教育课程改革纲要(试行)》中提出要大力推进信息技术在教学过程中的普遍应用，促进信息技术与学科课程的整合。2010 年，我国政府颁布了《国家中长期教育改革和发展规划纲要(2010—2020 年)》，该纲要明确指出了要“加快教育信息化进程”，提出把教育信息化纳入国家信息化发展整体战略，超前部署教育信息网络。到2020年,基本建成覆盖城乡各级各类学校的教育信息化体系,促进教育内容、教学手段和方法的现代化。2012年,教育部颁布了《教育信息化十年发展规划(2011—2020年)》。该规划表明,我国基础教育信息化的主要任务是缩小地区、城乡和学校之间的信息化差距,促进教育均衡发展。我国教育信息化发展的历程如图1.2.1所示。

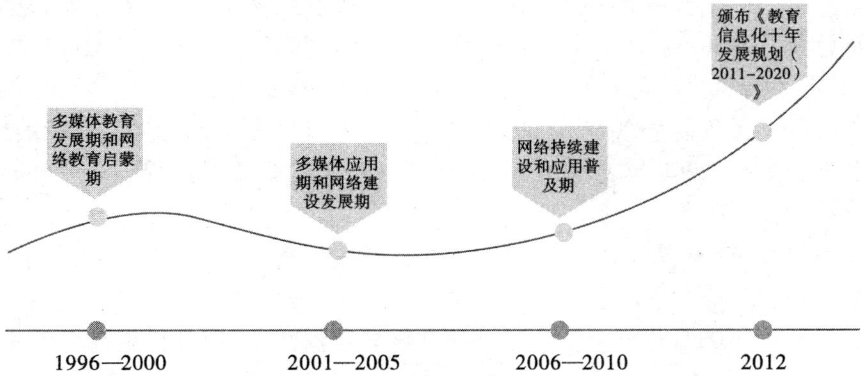

图1.2.1　我国教育信息化发展历程

我国教育信息化经历了以下发展轨迹:"九五"期间是多媒体教学发展期和网络教育启蒙期,"十五"期间是多媒体应用期和网络建设发展期,"十一五"期间则是网络持续建设和应用普及期。纵观我国基础教育信息化的蓬勃发展,在以"教育信息化带动教育现代化"基本理念的指导下,通过启动"校校通"计划,在全国范围内普及中小学信息技术教育;通过开展"农村中小学现代远程教育工程"、"国家基础教育资源建设"项目,缩小城乡基础教育信息化数字鸿沟,促进基础教育均衡发展;通过实施"中小学教师教育技术能力建设"项目,提高教师运用信息技术改善课堂教学的实践能力。"校校通"计划在政府的大力支持下取得了有目共睹的成绩。2008年,教育部明确提出要"积极开展中小学现代远程教育,努力推进'班班通,堂堂用'";与此同时,云计算在教育领域的应用也初见端倪,以"班班通"工程建设、教育云服务平台构建为代表的新一轮信息化建设将我国基础教育信息化推向新的发展阶段。

1.2.1　各省(市)基础教育信息化发展大事纪要

1.浙江省

2011年3月上旬,《浙江省教育信息化"十二五"发展规划》正式颁布。这是全国第一份教育信息化"十二五"专项规划。该规划提出,到

2015 年，浙江省将完成对省内所有教师、教育技术专业人员、校长和教育管理人员的教育技术能力培训，实现省、市、县、校四级网络高速互联互通，全省各级教育行政部门和 90％以上的学校全面实现管理信息化，95％以上的普通中小学校和高等学校教师能够通过网络获取各种资源并有效应用于日常教育教学。

2. 上海市

2012 年，上海市教育委员会印发了《上海市中长期教育改革和发展规划纲要(2010—2020 年)》。该纲要提出，到 2020 年上海市要率先实现教育现代化，率先达到基本建成学习型社会的总体目标。围绕该目标，上海市政府提出了“为了每一个学生的终身发展”，营造“老师总在我身边”的教育信息化愿景。为了实现这个愿景，上海市教育信息化将优先发展基础设施环境，完善上海市教育城域网；以上海市学习网建设为基础，构建优质教育资源共建共享机制；推进教育管理公共服务平台的建设，提高教育管理的服务创新。

2013 年，上海市教育委员会印发了《上海市教育信息化重点工作(2013—2015 年)》的通知。该通知提出：以教育信息化带动教育现代化，促进信息技术与教育教学的深度融合，推进教育信息化应用进入主战场，实现规模化和常态化，促进教育理念和教学模式的深刻变革。

2014 年 5 月 28 日，在上海市教委基础教育处、科技处的领导下，由上海教育杂志社与上海市电教馆联合主办“2014 上海基础教育信息化趋势蓝皮书发布会”，并联合《中国远程教育》杂志等 15 家业界权威媒体，共同推出《上海市基础教育信息化进程蓝皮书》。该蓝皮书旨在明确这场信息化变革中的关键环节，分析上海市教育信息化的现状，面临的挑战和总体趋势，明晰信息技术在未来教育中的应用方向。报告也明确指出了将在近期、中期和长期三个不同时期对教育产生深远影响的技术因素。

3. 海南省、湖南省、辽宁省、江苏省、山东省等

各省的教育厅也纷纷发布了本省的教育信息化“十二五”发展规划。各省市的教育信息化“十二五”规划均对教育信息化发展进行了详细的战略部署，制定了具体的发展任务和实施计划。

此外，全国各省市的电教馆和各级各类教育机构也纷纷响应中央和地方政府的要求，制定了各自的教育信息化发展规划。

1.2.2 湖北省基础教育信息化发展大事纪要

湖北省信息化发展历程如图 1.2.2 所示。

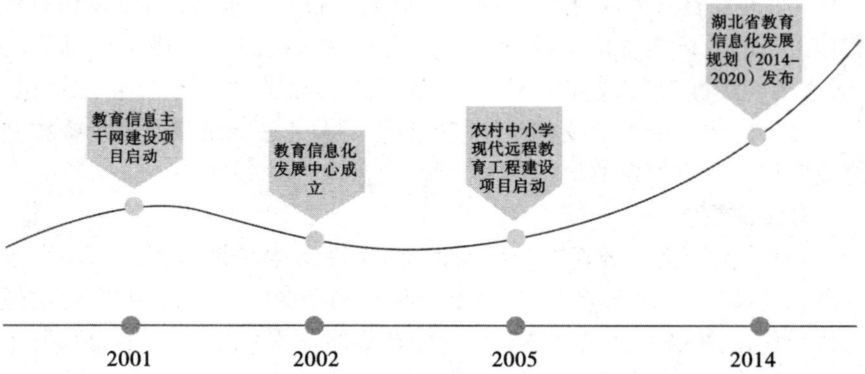

图 1.2.2　湖北省信息化发展历程

2001 年 8 月 14 日，湖北省教育厅下发了《省教育厅关于实施湖北教育信息网主干网市州网络中心（主结点）建设项目的通知》，拟在全省有关市（州）建设湖北教育信息网地区网络中心。

2002 年 2 月 28 日，湖北省教育厅组建成立了专门进行教育信息化建设的直属机构——湖北省教育信息化发展中心，由此，湖北教育信息网主干网建设全面展开。至 2004 年底，湖北教育信息网主干网建设完成。通过重点支持和面上引导，调动县级教育行政部门的积极性，加快县级教育网络中心的建设。结合农村中小学现代远程教育工程，推进了中小学建设校园网和联结互联网的速度。截至 2005 年 6 月底，已有 11 个市（州）建成教育城域网，69 个县、市、区建成教育网络中心，2 300 多所中小学建成校园网，4 000 多所中小学联入互联网。

2005 年，《2005 年湖北省农村中小学现代远程教育工程建设方案》发布，该方案为实施地区（黄冈市、荆州市、宜昌市、十堰市、黄石市、荆门市、咸宁市、仙桃市、潜江市、随州市、神农架林区、武汉市）所有农村小学教学点配备教学光盘播放系统，为高中、城镇初中、城镇小学、农村小学配备卫星教学收视系统，为计算机配备不足 25 台的农村初中配备计算机教室。

2014 年，教育部批复湖北省成为教育信息化国家试点唯一省份。湖北省委、省政府决定将教育信息化作为推进教育强省的战略重点，将其作为今年省政府深化教育综合改革的核心任务之一。同年，湖北省政府审定发布了《湖北省教育信息化发展规划（2014—2020 年）》，总体目标是到 2020 年，使湖北教育信息化整体发展水平进入全国前列。

2 国内外教育信息化研究现状综述

教育信息化已成为各国教育发展的重要课题之一，而教育信息化的研究也逐渐成为教育学界的研究热点。本章主要介绍国内外教育信息化研究的现状，包括教育信息化发展水平的评估指标与方法、国内外教育信息化的发展战略，并根据 2011 年至 2014 年《地平线报告(基教版)》中的主要内容总结基础教育信息化的发展趋势。本章内容导图如图 2 所示。

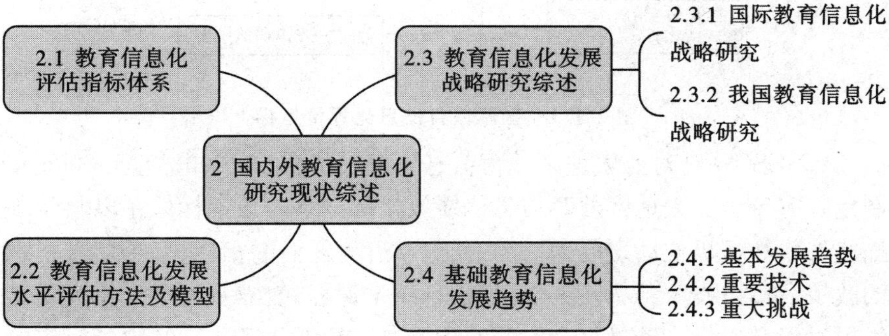

图 2 本章内容导图

2.1 教育信息化评估指标体系

评估指标体系是教育信息化发展评估中的重要基础，构建和完善教育信息化评估指标体系也是各国教育信息化研究中的焦点内容。许多国家及国际组织都研发了教育信息化评估指标体系，其中比较有影响力的有联合国教科文组织 UNESCO 发布的教育信息化绩效指标体系(Performance Indicators for ICT in Education)，国际教育成果评估组织(International Association for the Evaluation of Educational Achievement，简称 IEA)提出的基础教育信息化评估指标体系，韩国基础教育信息化评估指标体系，英国教育传播与技术署 BECTA 提出的学校信息化自我评估框架以及美国的 STaR(School Technology and Readiness)评估量表,如图 2.1.1 所示。

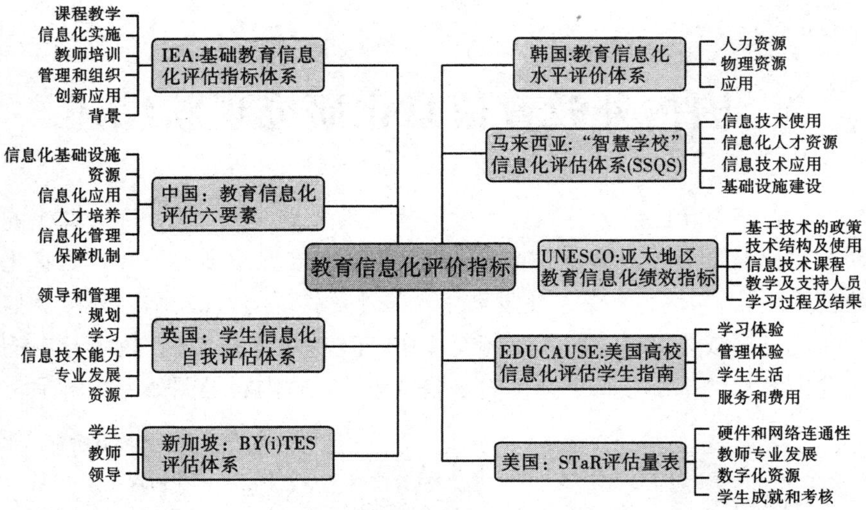

图 2.1.1　国际教育信息化评价指标

UNESCO 针对亚太地区教育信息化发展状况,于 2002 年至 2006 年制定并完善了亚太地区教育信息化绩效指标体系。该指标体系以科学地描述现状和积极推动发展为目的,共包括五大方面的指标:基于信息技术的政策、策略;技术结构及其使用;信息技术课程;教学及教学支持人员和学习过程及成果。针对每个方面的指标,UNESCO 还分别制定了对应的子指标体系。

国际教育成果评估组织(IEA)从课程教学、信息化实施、教师培训、管理和组织、创新应用和背景 6 个维度对基础教育信息化进行评估,形成了基础教育信息化评估指标体系。

美国 EDUCAUSE 公司与 AACRAO 和 NACAC 合作推出了一套美国高校信息化评估学生指南,从帮助学生更好选择大学的角度,对美国大学校园信息技术应用进行评价。该评价体系从学习体验、管理体验、学生生活、服务和费用四个方面提出了 39 个问题,依此来评价美国高校的信息化水平。由于该评价体系的操作性强,已经被多所美国高校引用。

美国教育技术 CEO 论坛开发的 STaR(School Technology and Readiness)评估量表,该评估工具从“硬件和网络连通性”、“教师专业发展”、“数字化资源”、“学生成就和考核”4 个评估维度来衡量地区和学校教育信息化发展水平，该评估量表已经成为美国一些州及学校衡量本单位教育信息化发展水平的标尺。

英国学校信息化自我评估指标(SRF)是学校自我评估指标体系。2010年6月发布的SRF Version 2代替了原始版本，新版本评估框架由6个要素组成：领导和管理、规划、学习、信息技术能力评价、专业发展、资源。每个要素分为不同的方面和水平层次进行具体评估，同时开发了在线工具帮助学校管理自我评估过程。

马来西亚为本国“智慧学校”发展提出的SSQS评价指标体系(Smart School Qualification Standards)主要用来监测信息技术在学校的应用情况。该指标体系主要包含信息技术基本使用情况、信息化人才资源水平、信息技术的应用水平以及相关基础设施的建设情况。

新加坡教育部门为促进ICT在教育中的发展与应用，提出BY(i)TES(Benchmarking Your ICT Practices for Excellence in Schools)指标体系。该指标面对应用ICT促进教学的学校，是一种使学校能够测量自身的ICT建设水平的自我评估工具。该体系包含学生、教师、领导3个评估领域。

为测量中小学ICT的使用情况，确定不同区域、规模、类型的学校之间的数字鸿沟，韩国从人力资源输入、物理资源输入以及信息技术的教育应用3个维度对各个学校进行教育信息化的评估。

我国的教育信息化的评价指标体系主要沿用了国家信息化的六要素评估框架，许多学者也在此基础上对教育信息化的评估指标体系进行了深入的研究。《我国教育信息化建设与应用专题研究报告(2010)》中提出教育信息化的评估主要包括信息化基础设施建设、资源建设、信息化应用、人才培养、信息化管理和保障机制等方面的内容。成江荣等调查我国农村基础教育的信息化发展现状，运用层次分析法建立了包含6个一级指标和20个二级指标在内的农村中小学校信息化绩效评估指标体系。李葆萍等在借鉴教育均衡评估、教育信息化评估等研究基础上构建了义务教育信息化均衡性评价指标体系，包含“教育信息化投入均衡”、“教育信息化基础设施建设均衡”、“教育信息化应用水平均衡”和“教育信息化人才培养均衡”4个一级指标和24个二级指标。

综上所述，国内外的教育信息化评价指标体系绝大部分都兼具定性和定量两种指标类型。在测量维度上，设施、资源、应用、管理是所有指标体系中共有的维度。此外，有些指标体系还包含了“素养”、“人才队伍”、

"信息化主体发展"、"信息化投入"、"保障体系"等其他维度。

2.2 教育信息化发展水平评估方法及模型

评估方法是指在评估过程中确定评估指标权重和搜集、整理、分析与解释评估资料的办法和手段。运用合理的评估方法与评估模型对教育信息化发展水平进行测算能够真实反映当期教育信息化发展现状，为相关政策的制定提供依据。目前，用于测算教育信息化评估指标权重的方法主要有主观赋权法、客观赋权法和组合赋权法，评估模型主要包括 Kirkpatrick 的四级评估方法、考夫曼的五级评估、CIRO 评估模型、CIPP 评估模型、菲力普斯的五级投资回报率模型、CSE 评价模型等。国内外诸多专家学者也在教育信息化评估领域进行了大量的研究。当前，教育信息化发展水平评估的主要方法及模型如表 2.1.1 所示。

表 2.1.1　教育信息化发展水平评估

评估方法	评估模型
数据包络分析法	教育信息化绩效评估模型
因子分析法	EIPO 评价模型
组合矩阵分析法	模糊综合评价模型
层次分析法	CIPP 评估模型
灰色关联分析法	区域教育信息化效益评估模型
……	……

Ali Emrouznejad 等采用数据包络分析法对国际电信联盟 183 个经济体的 ICT 机遇指数进行了测量。M. R. Hanafizadeh 等采用因子分析法、马尔科夫链蒙特卡洛数据插补技术构建信息通信技术基础设施和访问的评价指标体系，测量和分析了不同地理位置、不同经济发展水平的国家在 ICT 基础设施和访问上的数字鸿沟。JaMee Kim 等采用先建立权重标准再由专家进行讨论最终决定不同层次学校学生、教师和家长的评价指标权重的方法，通过组合矩阵分析法对教育信息化水平进行比较分析。谢忠新采用专家咨询法测算学校信息化应用具体测量指标的权重，运用层次分析法确定一级要素的权重。采用模糊综合评价法计算每个维度中具体指标的值，运用加权平均法测算单个学校信息

化应用的综合评价值。杨同伟综合层次分析法和灰色关联分析法筛选指标层次和测算权重。李思寰通过因子分析方法,基于降维思想确定评估维度、关键指标及权重,进行实证研究计算出高校信息化水平得分,并运用聚类分析进行分类分析。田小勇采用"三角分析法"筛选指标,运用模糊综合评判法构建了指标体系和评估系统。

在评估模型方面,目前国外用于项目评估的模型很多,主要有 Kirkpatrick 的四级评估方法、考夫曼的五级评估、CIRO 评估模型、CIPP 评估模型、菲力普斯的五级投资回报率模型、CSE 评价模型等。其中,CIPP 模型能够将形成性评估与总结性评估结合起来,是最适合用于教育信息化项目评估的模型,该模型包含 4 个核心要素,即背景(Context)、输入(Input)、过程(Process)和产品(Product)。另外,焦宝聪等以数据包络分析理论的 CR 模型思想为基础,提出了基于数据包络分析的教育信息化绩效评估模型。谢忠新从系统视角提出了学校信息技术与课程整合 EIPO 评价框架,从保障、输入、过程与方法、成效 4 个方面设计了评价指标与要点,并构建了 EIPO 评价模型。李玉石提出模糊综合评判模型,并进行了信息化评价的实证分析。孔繁世以灰色系统理论为基础建立了定性与定量分析相结合的灰色评估模型,并以河南省高校教育信息化现状为例进行了实证评估。顾小清等结合平衡计分卡理论与美国学校信息化评估模型 STAR 的评估思路,提出区域教育信息化效益评估模型。

总体而言,目前国内对教育信息化水平测评的研究多是理论和方法的探讨及小范围的实证研究,缺少被广泛接受并进行实践验证的评估模型,并且对新趋势和新动向的研究不足,尚无对我国高等教育信息化水平的科学预测研究,对我国教育信息化的决策和政策的改进贡献的力量薄弱。为此,整合一个权威可行的多指标多变量构成的评估体系以测算教育信息化指数,科学合理地监测和评价教育信息化的发展与应用水平是非常有必要的。

2.3 教育信息化发展战略研究综述

2.3.1 国际教育信息化发展战略研究

1. 国际教育信息化发展战略概述

随着信息化社会的高速发展,技术已经逐步深入到社会生活的每个方面。信息化的发展程度已经成为衡量综合国力的一项重要指标。为此，各国对教育领域中的信息化进程提出了相应的教育信息化发展战略。教育信息化发展战略规划是各国基于本国教育发展情况的基础上，结合信息化发展的特点，有针对性地提出的关于教育信息化发展的长期目标，并提出相应的实现途径。美、英、日、韩等教育信息化强国都在不同时期提出了教育信息化发展规划，一些国际组织也针对教育信息化战略规划的制定发表了关于教育信息化发展的指导性文件。

UNESCO 针对教育信息化也制定了相关的行动计划，帮助成员国挖掘 ICT 的最大潜力，以实现高质量的全民教育目标。UNESCO 重点关注政策、监测信息技术对教育的影响、教师对 ICT 移动学习的教学应用、学生的数字化能力和安全意识、开放教育资源等领域。同时，UNESCO 开始致力于将信息通信技术应用于残疾人特殊教育这一项目，使信息化教育能够惠及全社会的所有人群。

美国自进入信息社会以来一直非常重视信息技术在教育领域的发展。美国教育部从 1996 年起，平均每 5 年制定一个国家教育技术计划。1996 年，美国政府颁布了第一个国家教育技术计划，计划中要求全国所有的教师将会得到他们需要的培训，通过培训使他们能够帮助学生学习使用计算机和信息高速公路，同时，所有的教师和学生都可在教室中使用现代化的多媒体计算机，保证每一间教室与信息高速公路相连，而有效的软件和在线学习资源将会是每个学校课程的一个不可分割的部分。2000 年美国政府颁布了第二个国家教育技术计划。针对新的形势，美国政府制定了国家教育技术的五个新目标，主要涉及信息技术基础设施建设、教师教育技术有效运用、学生信息技术能力、技术在教与学中的利用、数字化内容和资源在教与学中的应用。2004 年，学生对技术的熟练掌握促生了新的教育方式，数字化市场也逐渐成熟，美国政府颁布了第三个国家教育技术计划。这个计划并不像前两个计划一样制定了宏伟的目标，而是总结了之前所取得的成绩、学生和教学人员所发生的变化、某些示范学校所进行的教学改革情况，并在报告的末尾给出了技术教育应用的 7 点行动建议，包含了新形势下的许多新思想。2010 年 3 月美国教育部教育技术办公室发布了《国家教育技术规划 2010》(草案)，明确提出在未来 5 年内要借助最前沿的信息技术对 K-16 公立教育系统进行整体性变革。该规划共包含了学习、评估、教学、基础设施、生产力五大部分，如表 2.3.1 所示。

表 2.3.1　美国 2010 年教育技术规划

美国 2010 年教育技术规划	
学习领域	修订学习目标,开发和应用基于技术的、具有移动性的学习资源,利用信息技术促进学习者在 STEM 领域的学习
教学领域	借助于信息技术帮助教学中随时获得各类数据,创建“教师终身发展学习网络”
评估领域	设计、开发和应用及时反馈的评估方法,提高教育者借助信息技术对教学进行改进的能力,对已有的政策法规进行修订
教育生产力领域	使教育系统在时间、资源和人力等方面得到有效利用
基础设施领域	建设“学习型社会”需要广泛的“学习基础设施”

美国《国家教育技术规划 2010》(草案)重点关注为学生提供信息化学习环境,提高教师的信息技术素养,利用信息技术提高教学系统的效率,促进教学系统的持续发展,在保证基础设施建设的基础上创建“学习型社会”。

由美国的 4 个国家教育技术规划的目标与内容可以看出,在 1996 年,教育信息化发展的初期,建设保障技术教育应用的基础设施和对教师进行基本技术能力培训是该时期信息化建设的重点。随着基础设施的逐步完善与技术的飞速发展,在 2000 年,美国政府除继续加大对基础设施的投入外,开始重视将技术应用于教与学的实际实践中,强调技术与教学的结合。2005 年,美国政府开始反思前两个国家教育技术规划的实施情况,充分认识到技术在教育中的应用前景,强调要有效利用技术来促进以学生为中心的教育发展。2010 年,信息技术的发展使得教育成为全球化的信息资源利用和共享,因此,在这个阶段,美国政府开始挖掘技术教育应用的潜能,开发适用于教育的系统或环境,提倡新型的人才培养模式。

英国政府为促进学习者利用技术提高学习效率,于 2008 年提出了“下一代学习运动”的信息化战略,如图 2.3.1 所示。

该战略的实现时间为 2008 年到 2014 年,并先后提出了 2009—2013 年阶段的促进计划和 2010—2013 年阶段的促进计划。战略中确立了整体阶段的四个核心目标,分别是使学习者在学习上具有更大的灵活性和更

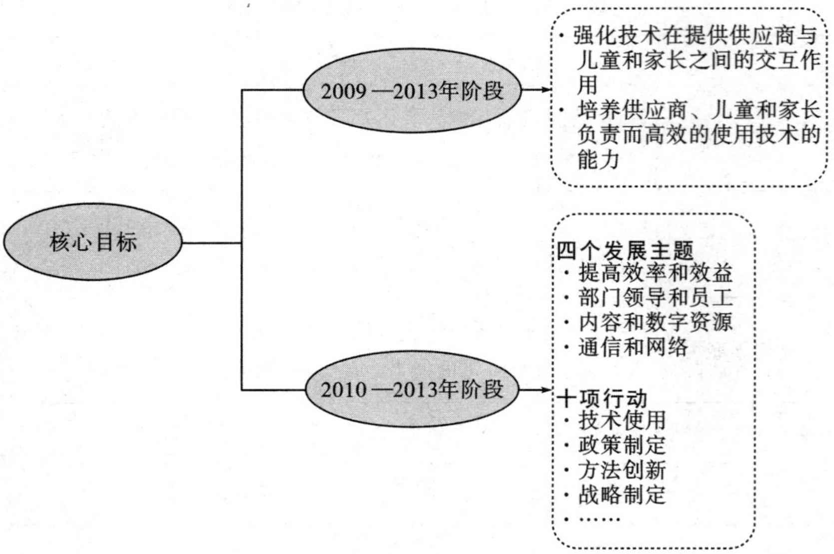

图 2.3.1　英国“下一代学习运动”

多的选择，为学习者提供可定制的、响应性评价，促进参与性学习经验的发展和加强家庭、学校和学习者之间的联系。第一阶段促进计划的主要行动集中于两个领域：强化技术在提高供应商（如学校和教师）与儿童青少年和家长之间的交互的作用，提升核心交互以提高学习效果；培养供应商、儿童、青少年和家长负责而高效地使用技术的能力。第二阶段促进计划中重点确立了四个发展主题：提高效率和效益、部门领导和员工、内容和数字资源、通信和网络，并采取十项行动支持 ICT 在教育领域发挥职能作用。这十项行动主要从技术使用、政策制定、方法创新、战略制定、基础设施建设、对弱势群体的关注以及信息化学习环境的建设这几个方面落实实施。可以看出，英国政府十分重视信息技术运用的效率和效益、数字信息资源与服务的开发运用以及数字化网络通信环境的建设。他们希望通过政策支持、专家指导、各部门协同工作，获得工作效率及效益的整体提高。

日本在进入 21 世纪以后，分别制定了“e-Japan”、“u-Japan”和“i-Japan”三大信息化战略。2001 年，日本政府发布了“e-Japan”战略。在“e-Japan”战略中，日本的核心发展目标是促进信息化基础设施建设以及相关技术的研发，为信息化的发展打下坚实的物质基础。2004 年，日本政府推出了“u-Japan”战略，提出要创造基于信息化的新服务，吸引人们上网，最终建设成为一个无所不在的信息网络社会。2009 年，在“e-Japan”和“u-Japan”的基础上，日本 IT 战略本部发表了“i-Japan”战略，旨在自由地应用信息技术，同时大力发展绿色信息技术。至 2010 年，日本政府文部省发布了《教育信息化指南》，该指南从九个方面描述了学校开展 ICT 教育的必要性、对学生的指导、信息化的推进、信息体制化建设等，如图 2.3.2 所示。

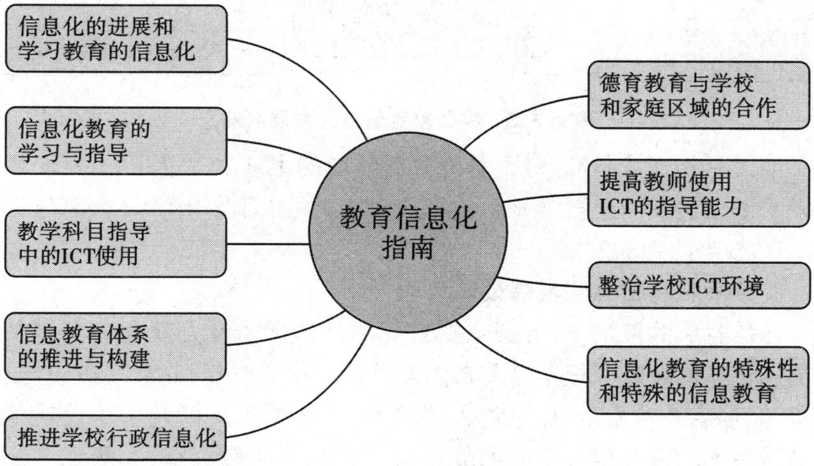

图 2.3.2 日本《教育信息化指南》

由图 2.3.2 可知，这三大规划的重点分别是基础设施的建设、信息化应用与信息化环境。在三大战略实施的同时颁布专门针对教育领域的教育信息化战略规划，从政策上全面保证了信息化进程的推进。

韩国教育学术情报院(Korea Education & Research Information Service, KERIS)将 ICT 在韩国的应用分为五个领域，分别是基础教育、高等教育、教育管理、教育信息全球化和教育信息的保护。在不同的领域韩国政府实施了不同的计划，如“教育网(EDUNET)”计划是在基础教育领域的行动计划，该计划的目标是加强公共教育，将以知识为中心的学习系统转变为以学习活动为中心的教学支持系统，并由此培养学生的创造性思维以及合作解决问题的能力。为达到这一目标，KERIS 指明了行动实施的两大方向，一是基于参与、开放、分享和合作的理念来重组教育信息系统，同时加强基础设施的建设并促进其在教学中的应用；二是建立针对教师的终身管理系统，系统地管理教师的 ICT 教学能力，通过采用网络家庭学习服务(Cyber Home Learning Service)来提高学生的学习效果。围绕这两个行动方向,KERIS 制定了主要任务,如图 2.3.3 所示。

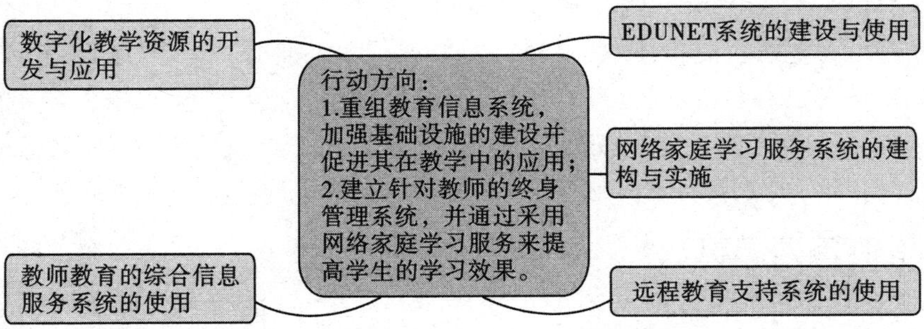

图 2.3.3　韩国教育信息化发展战略

如图可知,韩国政府对于基础教育领域的 ICT 发展及应用方面非常重视基础设施及网络教学平台的建设,并且关注数字化学习资源与教师的 ICT 教学能力的发展。

2. 国际教育信息化发展战略比较

在信息化的浪潮下,各国依据自身的具体国情及发展要求制定了教育信息化发展战略。根据已发布的教育信息化战略规划,从基础设施、学习资源、信息技术教学、信息化人才培养、信息化管理以及学生发展几个维度对各国的教育信息化发展战略目标进行了比较分析,如表 2.3.2 所示;从基础设施、学习资源、信息技术教学、信息化人才培养、信息化管理、学生发展和特殊教育等方面对信息化发展任务进行了对比,如表 2.3.3 所示。

表 2.3.2　各国在教育信息化战略目标方面的比较

基础教育信息化战略目标	国家			
	美国	韩国	日本	英国
基础设施	√	√	√	√
学习资源	√		·	√
信息技术教学	√	√	√	
信息化人才培养	√	√	√	√
信息化管理	√		√	√
学生发展	√		√	

表 2.3.3 各国在教育信息化发展任务方面的比较

基础教育信息化发展任务	国家			
	美国	韩国	日本	英国
基础设施	√	√	√	√
学习资源	√	√	√	√
信息技术教学	√		√	
信息化人才培养	√	√	√	
信息化管理	√	√	√	√
学生发展	√		√	
特殊教育			√	√

表 2.3.2 和表 2.3.3 分别为各国教育信息化战略目标方面以及发展任务方面的比较,综合表 2.3.2 和表 2.3.3 可以看出,国外的教育信息化发展战略都对基础设施建设、教师专业素养的培训、学生能力的培养、数字资源的开发和利用以及管理的信息化这几个方面进行了详细的规划。其中,美国的教育技术发展战略规划全面地从各个方面对美国未来的信息化教育发展进行了战略部署。而韩国则更侧重于建设遍布全国范围内的信息化基础设施,并且将加强教师的信息化能力搬上日程。日本在经过了三大信息化政策之后,已基本在全国范围内建立起了较健全的信息化基础设施,而在新颁布的"i-Japan"政策的指引下,日本政府将目光聚集在培养高信息素养的现代人这一目标上。因此,在教育领域,日本政府从各个领域对信息化教育进行了战略规划,将信息技术充分应用于教育,培养具有信息化素养的日本人。同时,日本、英国与 UNESCO 都开始关注特殊人群的信息化教育问题,力求使教育信息化惠及社会各个阶层的学习者。

2.3.2 国内教育信息化发展战略研究

1. 我国教育信息化发展战略

2010 年,我国颁布了《国家中长期教育改革和发展规划纲要(2010—2020 年)》,该纲要旨在促进教育事业科学发展,全面提高国民素质,加快社会主义现代化进程。在《国家中长期教育改革和发展规划纲要(2010—2020 年)》中明确提出将"加快教育信息化进程"作为保障教育发展的重要措施。指出要加快教育信息基础设施建设,缩小城乡数字化差距,构建先进、高效、实用的数字化教育基础设施；要加强优质教育资源开发与应用，建立开放灵活的教育资源公共服务平台，促进优质教育资源的普及共享，创新网络教学模式，继续推进农村中小学远程教育；要构建国家教育管理信息系统。推进和加快学校、政府教育管理信息化进程，整合各级各类教育管理资源，搭建国家教育管理公共服务平台，提高教育管理现代化水平。《国家中长期教育改革和发展规划纲要(2010—2020 年)》从设施、资源和管理三个方面提出了我国教育信息化发展的主要方向与路线。为达到《国家中长期教育改革和发展规划纲要(2010—2020 年)》中的发展要求，教育部于 2012 年发布了《教育信息化十年发展规划(2011—2020 年)》。《教育信息化十年发展规划(2011—2020 年)》提出，我国教育信息化建设的发展目标是"基本建成人人可享有优质教育资源的信息化学习环境，基本形成学习型社会的信息化支撑服务体系，基本实现宽带网络的全面覆盖，教育管理信息化水平显著提高，信息技术与教育融合发展的水平显著提升"。为实现发展目标，《教育信息化十年发展规划(2011—2020 年)》从八个方面详细部署了我国教育信息化在 10 年内的发展任务，并采取五项行动计划以保证目标的实现。

《教育信息化十年发展规划(2011—2020 年)》从教育的环境建设、基础社会保障、人才培养、信息化应用、信息化管理等各个领域综合制定了发展战略与行动计划，全面领导了我国教育信息化建设的方向与步伐。从总体上来看，基础设施的建设，特别是基础教育阶段的均衡建设，是我国这 10 年内教育信息化发展的重点。

2. 各省市教育信息化发展战略

在《国家中长期教育改革和发展规划纲要(2010—2020 年)》和《教育信息化十年发展规划(2010—2020 年)》的指导下，我国各省市也相继出台了适用于本省的教育信息化发展战略规划。

《北京市长期教育改革和发展规划纲要(2010—2020 年)》中明确指出，要"以教育信息化的发展推进现代化目标的实现"，"构建支撑终身教育和个性化学习的数字化教育服务体系，全面提升首都教育信息化水平"。北京市的规划纲要中要求加强教育信息基础建设；完善数字化教育服务体系，提供个性化、开放式服务的数字化学习服务平台；创新信息化教育与管理方式，深化教育教学改革，鼓励教师探索新型教学模式，同时创新政务管理和校务管理。

上海市制定了《上海市教育信息化"十二五"发展规划》，指出上海市教育信息化将争取到 2015 年,实现教育信息基础设施的全面覆盖和教育信息资源的广泛应用,为每一个受教育者营造"老师总在我身边"的信息化学习环境。从基础设施建设、构建资源共建共享机制、创新教育教学手段和模式、提升师生信息化素养和应用能力、提高教育管理信息化公共服务水平这五个方面着手,以上海市教育城域网提升项目、上海市学习网建设项目、教育共享服务平台建设项目等重点示范项目为依托,全面促进上海市教育信息化的发展进程。在基础设施建设方面,以升级改造上海教科网和"校校通"网络为基础,加快上海市教育光网的基础设施建设,并且实现区域内教育单位的高速互联,同时,注重上海市教育城域网安全防御体系建设。在资源建设方面,推进优质数字化教育资源的开发、积累、融合、共享和服务,建立教育资源共建共享新机制。在教学手段与模式方面,以数字化教学环境建设和学习方式变革实验为抓手,探索新的信息化教育教学模式。在师生信息化素养和应用能力方面,全面深入实施教育技术能力培训计划,推进教师、管理人员的信息化应用能力,提高学生的信息素养水平和有效学习能力。在教育信息化管理方面,推进教育管理公共服务平台建设,构建绩效评价体系,全面提高教育管理水平和公共服务质量。上海市现阶段的信息化发展方向主要是信息化软环境的建设、信息化应用的探索与师生信息化素养培养这几个方面。

《江苏省教育信息化"十二五"发展规划》分别从基础教育、职业教育、高等教育、社会教育四个教育领域对教育信息化进行了规划,主要从设施建设、信息化资源建设、远程教育平台建设、信息化人才建设等层面制定了教育信息化发展的方向。2012 年,根据《江苏省中长期教育改革和发展规划纲要(2010—2020 年)》和《江苏省"十二五"国民经济和社会发展信息化规划》,江苏省制定了《江苏省教育信息化三年行动计划(2013—2015 年)》。计划指出,江苏省 3 年内教育信息化的主要目标是:围绕建网、建库、建队伍、建机制,以"三通两平台"建设为抓手,充分利用信息技术手段改革教学模式、创新学习方式、提升管理水平,国家教育信息化标准达标率达 85%以上,使教育教学资源和基础数据库更加完备,信息技术应用能力建设更加深入,教育信息化基础设施更加优化,教育信息化机制体制更加健全。江苏省从基础教育、职业教育、高等教育、继续教育和教师信息技术能力五个方面制定了相应的发展任务与重点项目。

虽然各国的国情各有不同,但在教育信息化战略制定方面,各国都强调了基础设施建设的重要性,强调信息化教育环境建设的意义。在加强基础设施建设与构建信息化环境的同时，各国都非常重视学生学习能力、教师利用信息技术教学能力的发展。

所不同的是，与国外一些国家的教育信息化战略规划相比，我国更强调教育信息化的均衡发展，缩小数字鸿沟是我国教育信息化发展面临的重要挑战。我们应该在汲取他人优秀经验的同时，从实际出发，落脚于教育信息化的均衡、健康发展，制定出适应当前教育信息化发展需求的战略规划。

2.4 基础教育信息化发展趋势

随着科技的高速发展和各种形态的教育方式的出现，教育信息化的发展会越来越重视各种高新技术在教育领域的使用。《地平线报告》是“新媒体联盟”每年发表的关于教育领域的重要报告，它阐释了未来 5 年内在教育信息化领域的主要趋势、将面临的问题以及会对教育领域产生重大影响的技术。通过分析 2011 年到 2014 年的《地平线报告（基教版）》，总结出信息技术在基础教育领域的应用趋势。

2.4.1 基础教育信息化的基本发展趋势

《地平线报告（基教版）》通过对已有的文章、访谈、报纸、最新研究等文献进行广泛调研，对目前影响基础教育教学、学习和创造性探究的趋势进行分析和排序，得到未来 5 年内基础教育领域的主要发展趋势。2011 年至 2014 年《地平线报告（基教版）》中提到的发展趋势如表 2.4.1 所示。

表 2.4.1 2011 年至 2014 年《地平线报告（基教版）》发展趋势概述

年份	发展趋势
《地平线报告（2011 基教版）》	通过因特网，我们可以轻松获得大量资源，建立各种联系，同时也迫使我们重新考虑作为教育者的角色
	IT 支持越来越去中心化，我们使用的技术不再局限于学校服务器，而更多地借助“云计算”
	科技持续影响着我们的工作、团队协作、沟通和取得成功的方式
	人们希望随时随地都能够工作和学习
	创新和创造力的重要性日益显著

续表

年份	发展趋势
《地平线报告(2012 基教版)》	教育范式正在从传统的面授教学急剧拓展，兼容在线学习、混合式学习、合作学习等方式
	任何学习者都可以凭借网络获得丰富的信息资源和广泛的人际互动交流机会，这一事实促使我们对于教育者自身所承担的角色进行新的思考
	学校开始重新审议并制定网络开放政策，学生带机上学已经日益成为一种事实
	人们希望能够随时随地地工作、学习和研究
	新技术将继续深刻地影响我们的工作、协作、沟通和取得成就的方式
	实施富有挑战性的主动学习将成为课堂教学新的重点
《地平线报告(2013 基教版)》	教育范式正在向包括在线学习、混合学习和协作学习的模式转型
	社交媒体正在日益改变人们互动、发表观点及信息、人际交流的方式
	开放性——开放内容、开放数据、开放资源等概念，以及数据和信息的透明度与易获取的理念——正在成为一种新的价值观
	随着技术成本的降低和基层学区采取更为开放的就学政策，如今学生携带自己的移动设备上学的现象日益普遍
	学生通过因特网获得海量资源和广泛的人际交流机会，促使我们重新思考教育者自身的角色
《地平线报告(2014 基教版)》	重塑教师角色
	追求深度学习
	增强开放教育资源关注度
	增强混合学习设计的应用
	加强直觉技术应用
	重塑学校运行机制

2011 年到 2014 年的《地平线报告(基教版)》中关于教育信息化的发展趋势多次提及了教育者定位、教育范式的变革、移动学习或直觉技术的运用以及开放教育资源。可以看出，基础教育信息化的发展趋势主要集中于信息技术带来的教学模式与学习方式的改变，并由此重新审视教育

者的自我角色。在技术方面,基础教育领域将越来越重视网络社交媒体、移动学习与直觉技术的应用。同时,由于网络、移动技术等带来的便利与共享,开放教育资源将得到越来越多的关注。

2.4.2　基础教育信息化发展进程中的重要技术

《地平线报告(基教版)》根据每年的发展趋势及巨大挑战总结并提出在未来 5 年内会对基础教育领域产生重大影响的技术。依据新媒体联盟 2014 年的《地平线报告(基教版)》中对技术的分类,我们将 4 年来提及的技术主要分为消费者技术、数字化策略、互联网技术、学习技术、可视化技术、使能技术,24 项技术在各个类目下的分布如表 2.4.2。

表 2.4.2　2011 年至 2014 年《地平线报告(基教版)》提及的技术

类目	技术	年份
消费者技术	移动技术	2011
	移动学习设备及其应用程序	2012
	平板电脑	2012
	可穿戴技术	2014
数字化策略	基于游戏的学习	2011
		2012
	游戏和游戏化	2014
互联网技术	云计算	2011
		2013
		2014
	物联网	2014
学习技术	开放内容	2011
		2013
	学习分析	2011
		2013
		2014
	个性化学习环境	2011
	个人学习环境	2012
	移动学习	2013
	虚拟和远程实验室	2013
可视化技术	增强现实	2012
	3D 打印	2013
使能技术	自然用户界面	2012

在《地平线报告(2014)》中指出:

1. 消费者技术(Consumer technologies)

主要是指那些用于休闲和专业用途的技术工具。尽管它们可以作为学习的辅助手段,也很适宜在校园采用,但最初设计它们并不是为了在教育中应用。此外,这些技术之所以进入校园生活,是因为人们在家中或其他场合都在广泛使用。消费者技术主要包括移动技术、移动学习设备及其应用程序、平板电脑和可穿戴设备。

移动技术的定义日新月异,通过移动设备,尤其是智能手机和平板电脑,人们能够非常便捷地获得信息,也可以建立社交网络,掌握特定的学习和生产工具,并利用大量的自定义应用程序。在发达国家,拥有第一部移动设备的学生的年龄正在下降。如上所述,到了初中阶段,几乎每个学生都有一部移动设备。由于移动设备始终处于联网状态,因此汇聚了多种具有教育用途的技术,包括电子书阅读器、注解工具、创作和合成应用及社交网络工具。移动设备方便携带,几乎可以在任何地方连接网络,因此成为存储参考资料和学习体验的理想设备,也是实地工作的通用工具,可用于记录声音、文本或多媒体等观察资料,还可以实时查阅参考资料。移动设备的普及性、便捷性使其在教育中得到了越来越多的重视及应用。

可穿戴技术指的是能够被用户以配饰的形式(例如珠宝首饰、墨镜、背包乃至诸如鞋子或夹克等类型的真实服装)所佩戴的设备。可穿戴技术的优势在于非常便利地将那些可以追踪睡眠、运动、定位、社交媒体的工具整合起来。有效的可穿戴设备会成为人体的一部分,使用户能够舒适地参加日常活动,如查看和回复电子邮件,以及执行其他能够帮助教师和学生保持成效的任务。在基础教育中可穿戴技术最有价值的应用之一是其对增强实地考察和调查的巨大潜力。

2. 数字化策略(Digital strategies)

数字化策略自身并不是一些具体的技术,而是指使用设备和软件来丰富课内外教与学的方法。有效的数字化策略既能用于正式学习,也能用于非正式学习。它们超越了传统的思想和学习活动,创造了一些新的、有意义的、富有21世纪特点的事物,这些都让它们变得极具吸引力。

寓教于乐的教学方式已经逐渐得到教育领域的研究者及实践者的重视,游戏在教学中的使用改变了传统的教学思想,使学习成为一项有趣的体验。游戏化作为新理念使相关思想和配套技术的应用范围更加广泛。这种理念将游戏元素和机制,包括任务、经验点、领导团队、里程碑事件以及奖章等整合到非游戏环境中。游戏化学习环境在实践中可以用情感激励的方式激发学习者参与到学习主题中。

3. 互联网技术(Internet technologies)

包括互联网使用技巧以及关键性的基础设施,让我们同网络的交互更加透明、更加有序、更加便捷。互联网在教育中的应用正在逐渐扩大其影响范围,而近年来,在互联网领域兴起的云计算和物联网技术也将为教育带来新的发展。

所谓"云",指大量用网络连接的计算资源,通常位于区域分布并拥有多余数据资源的数据中心,覆盖整个因特网系统。云计算是在上述数据中心的电脑之间甚至在数据中心之间分发数据、应用程序和计算周期的一系列战略。云计算最大的特点是其低廉的价格及信息共享的功能。学校越来越多地利用功能强大且不断扩张的云计算应用,帮助终端用户完成原本需要通过网上注册、程序安装并且对个人软件包进行维护的任务。

物联网是指通过互联网信息技术在物质领域与信息领域实现物物相连的网络。物联网技术在非正式学习环境中已逐渐开始使用,如博物馆,工作人员通过传感器实时监控油画和古文物的状况。

4. 学习技术(Learning technologies)

包括专门为教育而开发的工具与资源,也可包括在相关策略指导下,经过修改后用于学习的具有其他用途的工具。这个类别所包含的技术正在改变学习的各个方面,无论是正式学习还是非正式学习,让学习变得更易获得,也更个性化。在这些技术中,开放内容、学习分析层多次在《地平线报告》中被提及。

开放内容使用知识共享和其他的许可形式来鼓励人们分享信息、教学法和经验等。除了内容开放、可定制及其不断契合教学等特点之外,开放内容正在借助网络逐步免费。人们不仅仅从材料中吸取知识,而且还获得了发现、评估、解释和资源再利用的能力。无论在发达国家还是发展中国家,开放内容作为一种配置高质量、易获取的教育资源的有效方式,已经获得了全球范围的认可。

学习分析是指在教育领域应用网络分析学习行为。随着大数据时代的挑战日益严峻,教育领域也在着手探索大数据的科学分析,通过收集和分析学生在网上学习活动中交互的大量细节数据,掌握他们的特点,用以指导学习和教学策略。

个性化学习环境指学生自主设计的学习方法,内容多种多样,包括视频、应用程序、游戏、社会媒体工具等,由学生根据各自的学习进度和习惯自主选择。这个名称包含“环境”一词，但所谓个性化学习环境与实体环境或网上空间并不相关，其目的是让学生对自己的学习方式有更多的控制权，教师则制定预期目标，促使学生改善对学习策略的理解和使用。

虚拟和远程实验室是通过网络，使学习者无论身在何处都能访问并使用物理科学实验室的设备和组件。虚拟实验室是一个网络应用，学生可以模拟开展真实实验室的操作，它能让学生在使用真实物理设备前，安全地开展“实验”。无论学生身处何处，通常都可以获得全天候使用虚拟实验室的机会，并可反复开展同一实验。

5. 可视化技术（Visualization technologies）

包括从信息图形化到复杂的视觉数据分析等各种技术。这些技术的共同点在于它们都在挖掘人脑内部快速处理视觉信息、进行模式识别以及在复杂情境中认识规则的能力。这种技术通常会让复杂问题变得简单，为挖掘大数据、探索动态过程提供越来越多的工具与流程。在 2011 年到 2014 年的《地平线报告》中，可视化技术包括增强现实技术与 3D 打印技术。

增强现实技术把真实世界的图像或表象信息叠加，以超越现实的感官体验提供给用户感知实境信息的能力。如历史和科学博物馆极富创意地应用增强现实，让参观者看到现象背后的科学，或者让参观者通过智能手机或平板电脑看到类似几百年前的建筑物。但是，增强现实技术缺乏一定的学校应用实例。

“3D 打印”是一种三维数字形式立体构造物理对象的快速成型技术。3D 打印机通过电子文件创建一个实体模型或者原型样品，通过挤压法处理塑料及其他材料，或应用喷墨方法在很薄的一层材料粉末上喷涂黏合剂。机器制造出的沉淀材料可以非常精确地从下往上、一层一层地构建物体，并能充分地展现大量细节。3D 打印对于教学和学习的一项重要价值体现在，它能够更加真实地呈现特定事物，并让学生获得深刻感知体验，对于那些学校没有的标本或物体更是如此。

6. 使能技术（Enabling technologies）

使能技术是一些能够按照我们对设备与工具的期望，有潜力促其改变的技术。这类技术与学习的联系并没有那么容易建立，但是它能够培育大量的技术创新。使能技术扩展了工具的适用范围，让它们功能更加强大，用途更加宽广，也更加容易使用，如自然用户界面。

自然用户界面允许计算机对人的手势、身体动作、面部表情、声音、语音和其他环境提示给予响应，正在逐步代替通过键盘和鼠标开展的人机/

人际互动。各种技术使自然用户界面与计算设备之间的交互更加直接,通常也很简单甚至不需要任何使用说明。

通过以上分类可以看出,专门为教育所开发的学习技术是基础教育信息化中技术发展的主力军,而在学习技术中,学习分析占据着主要的地位。在未来的基础教育信息化中,学习分析将在诊断学习问题、优化学习效果等方面发挥巨大作用。同时,随着移动设备的广泛普及,移动技术及其应用程序以及移动学习将为基础教育的教学及学习方式产生深远的影响。在互联网技术方面,云计算依旧是最受关注的重要技术且已为教育带来一定的改变。物联网技术也将在未来的发展进程中深刻影响教育信息化的前进方向。

总之,基础教育信息化的发展将会越来越注重技术在教学中的有效使用,使技术不再只是教学内容的承载物,而能够更好地融入学生的学习过程中,充分发挥其优势,提高学习的效果和效率。虽然,现阶段已有许多新兴技术在教育领域崭露头角,但是我们依旧需要面对这些技术的使用带来的困难和挑战。只有直面这些挑战,才能够使技术在教育领域具有生命力,基础教育的信息化发展才能具有生命力。

2.4.3 基础教育信息化的重大挑战

基础教育信息化在发展过程中面临着许多重大挑战,2011 年至 2014 年的《地平线报告(基教版)》对未来 5 年内基础教育信息化进程中需要解决的难题进行了总结,如图 2.4.1 所示。

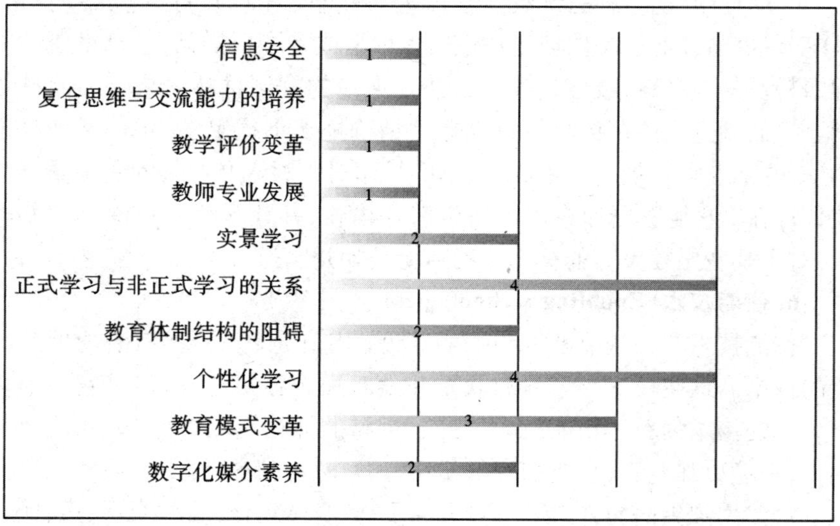

图 2.4.1　2011 年至 2014 年《地平线报告(基教版)》重大挑战

在 2011 年至 2014 年的《地平线报告(基教版)》中,个性化学习、教育模式的变革以及正式学习与非正式学习的关系连续 4 年成为基础教育信息化发展中的重要挑战。

1. 从个性化学习的技术支持到个性化学习的整合

2011 年到 2013 年的《地平线报告(基教版)》连续 3 年提出,技术的发展不能很好地支持学生的个性化学习。社会越来越需要教育回应每一个学生的独特需求,但是技术和实践不能为个性化学习需求提供充分的支持。到 2014 年,由于技术的迅速发展与信息技术与教育的快速融合,使得支持个性化学习所需要的技术可以十分便捷地获得。但如何将技术、环境、教师教学法等进行整合以支持学生寻找自己的策略和步骤来学习,是当前个性化学习提出的新难题。

2. 正式学习与非正式学习的关系

随着技术的高速发展,学生的学习已不再局限于教室之内。2012 年的《地平线报告(基教版)》就指出,为使学生获得真实的生活经验,并从中得到全面的教育,他们就必须同时还参与更多的非正规课堂活动以及课外活动。《地平线报告(基教版)》中多次提及非正式学习以及发生于教室外的学习活动。可以看出,在未来的基础教育信息化的道路中,正确处理正式学习与非正式学习之间的关系是一大重要问题。

3. 新型教学模式对传统教学模式发起挑战

教学模式的改变是信息技术为教育带来的重要变化之一。作为一项重大挑战,新兴的学习模式对传统教育的影响是多方面的。从 2013 年的 MOOC 到现如今越来越强调小班化教学与个性化指导的创新教学方法与思维模式正在不断地向传统教育发起挑战。这些新兴的教育模式需要传统的教育从理念上发生变化。

除以上三个主要挑战外,基础教育信息化领域还将受到师生数字化媒介素养、现有教育体制的阻碍,同时,对实景学习的迫切需求也是挑战之一。而信息技术在日常生活中的渗透与深入在为教育带来全新的发展空间的同时,也出现了新的安全问题。因此,在 2014 年的《地平线报告(基教版)》中,信息安全首次成为基础教育信息化发展所要面临的巨大挑战之一。

第二篇 湖北省基础教育信息化整体发展水平分析

本篇在构建湖北省基础教育信息化应用及人才培养水平评估模型的基础上，对湖北省市区、城乡及校际基础教育信息化应用及人才培养水平进行分析。采用差异分析、对比分析等方法研究湖北省基础教育信息化发展现状及湖北省市区、城乡、校际教育信息化发展水平的差异。同时，从教育信息化发展水平国际、省际的比较分析中总结湖北省教育信息化整体发展中存在的问题并提出政策建议，以促进湖北省基础教育信息化整体发展水平进一步提高。

3 湖北省基础教育信息化发展水平的实证测量与分析

本章主要采用探索性结构方程模型(ESEM)对湖北省基础教育信息化应用及人才培养水平评估模型进行拟合分析，采用聚类分析、差异分析等方法对湖北省 14 个市(州)的基础教育信息化发展现状水平进行综合评估，并针对发展中存在的问题提出了政策建议。本章内容导图如图 3 所示。

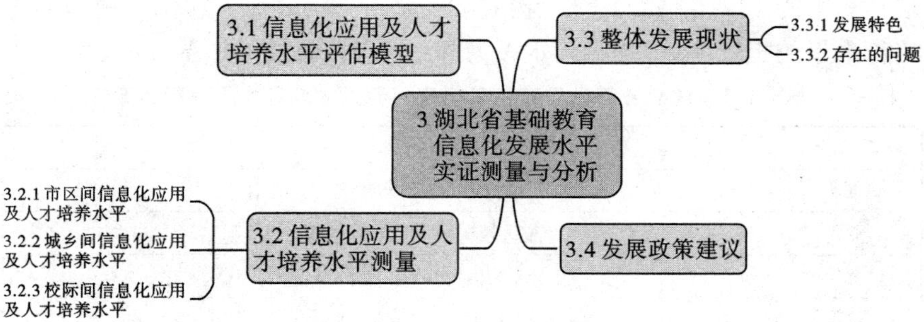

图 3　本章内容导图

3.1　湖北省基础教育信息化应用及人才培养水平评估模型

本书中主要使用了探索性结构方程模型的方法来建构湖北省基础教育信息化应用及人才培养水平评估模型，探究湖北省基础教育信息化应用和人才培养的影响因素，为相关政策制定提供战略意见。

探索性结构方程模型(ESEM)是在测量模型中部分使用了类似于探索性因子分析(EFA)模型的结构方程模型。在 ESEM 中允许同时估计每个指标在各因子上的负荷。作为一种高级统计方法，ESEM 整合了 EFA 和验证性因子分析(CFA)两种因子分析方法的功能和优点，可以灵活地探索因子结构，又可以系统地验证因子模型，为潜变量的关系分析提供更适宜的测量模型。

ESEM 的测量模型包含题目(观测变量或指标)、因子、题目误差，参数包括负荷、因子方差和协方差、题目误差方差和协方差，这与 EFA 和 CFA 相同。对于因子和题目之间的关系的假设，ESEM 的测量模型则与 EFA 和 CFA 有同有异。

传统的 EFA 主要用于探索测量工具或某个概念的因子结构，而 CFA 主要用于验证已有理论或研究提供的因子结构假设。ESEM 整合了 EFA 和 CFA 两种因子分析方法的功能，主要包括探索因子结构、验证因子结构、分析潜变量间关系。

ESEM 的因子分析步骤整体上更接近于传统 CFA，只是在其中增加了传统 EFA 使用的旋转因子的策略。ESEM 分析一般包括如下步骤：模型设定、因子旋转、参数估计、模型评价或比较、解释最优模型。

本书通过文献分析等方法，归纳出反映基础教育信息化应用和人才培养水平的 12 个主要的指标，构成了湖北省基础教育信息化应用和人才培养水平的指标体系，并将其定义为 Y1—Y12，如表 3.1.1 所示。

表 3.1.1　湖北省基础教育信息化应用和人才培养水平指标体系

指标名	指标内容
Y1	电子邮件在教学中的应用
Y2	信息技术在教学准备中的应用
Y3	交互式电子白板设备在教学过程中的应用
Y4	多媒体设备在教学过程中的应用
Y5	与信息技术相关的教学与研究中教师的参与度水平
Y6	与信息技术相关的教师活动
Y7	与信息技术相关的学生活动
Y8	教师的信息技术能力培训
Y9	校长的信息化领导力水平
Y10	教师的信息技术应用能力
Y11	学生的信息技术能力水平
Y12	信息技术管理者的专业素养水平

采用 Mplus 7.0 软件进行数据分析，利用极大似然估计法解释潜在变量。探索性结构方程模型中包含大量可使用的旋转选项，本书中则使用 GEOMIN 旋转方法，如表 3.1.2 所示。

表 3.1.2　学校的 ICT 应用与人才培养水平

潜变量	指标变量	F1	F2	F3
F1	Y4	0.925	0.005	−0.157
	Y3	0.907	−0.204	0.004
	Y2	0.648	0.083	0.036
	Y1	0.487	0.215	−0.008
F2	Y10	0.141	0.808	0.018
	Y9	−0.034	0.796	0.059
	Y12	0.007	0.764	−0.043
	Y11	0.042	0.752	−0.033
F3	Y7	−0.276	0.005	0.744
	Y6	0.001	0.203	0.560
	Y8	0.189	−0.106	0.574
	Y5	0.220	0.033	0.458

根据以上探索性结构方程模型的因子分析结果，我们将因子 F1 命名

为“教学与学习中的信息技术应用”，F2 命名为“信息技术相关人员情况”，F3 为“与信息技术相关的教师与学生活动”。

利用表 3.1.1 和表 3.1.2 可以计算出湖北省基础教育信息化应用及人才培养水平，其测算公式为：

$$F1 = 0.925 \times Y4 + 0.907 \times Y3 + 0.648 \times Y2 + 0.487 \times Y1.$$

$$F2 = 0.808 \times Y10 + 0.796 \times Y9 + 0.764 \times Y12 + 0.752 \times Y11.$$

$$F3 = 0.744 \times Y7 + 0.56 \times Y6 + 0.574 \times Y8 + 0.458 \times Y5.$$

3.2 湖北省基础教育信息化应用及人才培养水平测量

本节主要运用上一节中的测算公式对湖北省 14 个市(州)的信息化应用与人才培养水平进行得分测算，并使用聚类分析的方法探索现阶段湖北省基础教育信息化应用与人才培养水平的现状。

3.2.1 市区基础教育信息化应用及人才培养水平

1. 得分及排名

根据以上 3 个公式，各市(州)的基础教育信息化应用及人才培养水平的标准得分如表 3.2.1 所示。

表 3.2.1　各市(州)基础教育信息化应用及人才培养水平得分

城市	信息技术在教学中的应用水平		学校人员信息技术能力水平		信息技术相关活动	
	得分	排名	得分	排名	得分	排名
鄂州	0.533	6	−0.171	9	0.123	9
恩施	−2.169	14	−2.357	14	−1.743	14
黄冈	−0.707	9	0.105	8	−0.055	10
荆门	0.927	2	0.823	4	0.211	7
荆州	−0.003	7	−0.395	10	−0.177	11
潜江	0.807	3	0.268	6	0.202	8
十堰	0.601	4	−0.617	11	−0.372	13
随州	−1.769	13	0.26	7	−0.255	12
武汉	−0.227	8	2.43	1	0.747	2
仙桃	−1.051	12	0.63	5	0.517	3
咸宁	−0.844	11	−0.865	12	0.389	4
襄阳	−0.747	10	−1.434	13	0.249	6
孝感	0.581	5	1.396	3	1.558	1
宜昌	2.31	1	1.572	2	0.257	5

表 3.2.2 表示了 14 个市(州)信息技术应用和人才培养水平的差异。

表 3.2.2 市(州)信息技术应用和人才培养水平差异

	最小值	最大值	均值	Range	SD	CV
F1	−2.169	2.31	−0.126	4.479	1.189	9.437
F2	−2.357	2.43	0.118	4.787	1.249	10.585
F3	−1.743	1.558	0.118	3.301	0.719	6.093
SD：标准差　CV：变异系数						

如表 3.2.1 及表 3.2.2 所示，F1 的最高值为 2.31，最低值为 −2.169。F2 的最高值与最低值分别为 2.43 和 −2.357。F3 的最高值是 1.558，最低值是 −1.743。通过标准差与变异系数的值可以看出，湖北省各市(州)的信息化应用与人才培养水平存在较大的差异。

2. 聚类分析

图 3.2.1 表示了湖北省 14 个市(州)关于信息化应用及信息化人才培养的聚类分析结果。

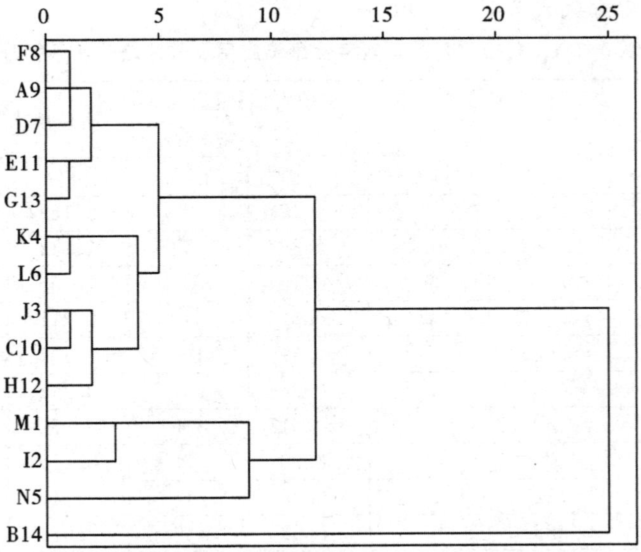

图 3.2.1 湖北省 14 个市(州)信息化应用与人才培养聚类谱系图

根据聚类谱系图，湖北省 14 个市(州)在信息化应用及人才培养方面被分为 3 类。表 3.2.3 表示了聚类分析的结果。

表 3.2.3 14 个市(州)信息化应用与人才培养聚类分析结果

分类	城市
1	武汉,宜昌,孝感
2	潜江,鄂州,荆门,荆州,十堰,咸宁,襄阳,仙桃,黄冈,随州
3	恩施

由以上的聚类分析结果可以看出:

(1)武汉市、孝感市和宜昌市的基础教育信息化应用水平及人才培养水平处于领先位置,3 个潜变量因素得分都位于前列。其中,宜昌市在“教学与学习中的信息技术应用水平”方面排名第 1,武汉市在“信息技术相关人员情况”方面排名第 1。而孝感市则在“与信息技术相关的教师与学生活动”方面排名第 1。3 个市(州)在信息化应用与人才培养的发展方向上各有侧重。

(2)在第 2 类中,仙桃市在“与信息技术相关的教师与学生活动”中的排名仅次于孝感市和武汉市位列第 3,但由于其“教学与学习中的信息化应用”得分较低,故位于第 2 类中。荆门市与潜江市在“教学与学习中的信息技术应用水平”方面排名靠前,但其他两个方面的发展则需要进一步提高。

(3)评估和聚类结果进一步验证了湖北省目前在基础教育信息化发展中的问题,各个市(州)存在一定的不平衡——教育信息化发展内部结构的不平衡。从表 3.2.2 中可以看出,在各个维度的发展水平上,各个市(州)之间存在一定差异。其中差异量最大的为“信息技术相关人员情况”,得分差异达到了 4.78。从得分与排名结果来看,湖北省基础教育信息化建设水平受到当地经济发展的一定影响,但不是唯一的决定性因素,也不是环境越先进、经费投入越多越好,校园信息化整体维度的协调、稳定发展决定了其发展水平。

3.2.2 城乡基础教育信息化应用及人才培养水平

针对受调研的各个学校所处的不同区域,将其分为城镇及农村两个部分。图 3.2.2 表示了城镇与农村信息化应用与人才培养水平的分析结果。

如图 3.2.2 所示,城镇学校与农村学校在信息化应用与人才培养方面存在较大的差距。在“教学与学习中的信息技术应用”这一维度中,城镇学校的平均得分为 0.76,而农村学校的平均得分仅为−0.499。在“信息技术相关人员情况”这一方面,城镇学校的得分为 1.141,比农村学校高出 1.816 分。以上的分析表明,城镇学校信息化应用与人才培养水平远好于农村学校。

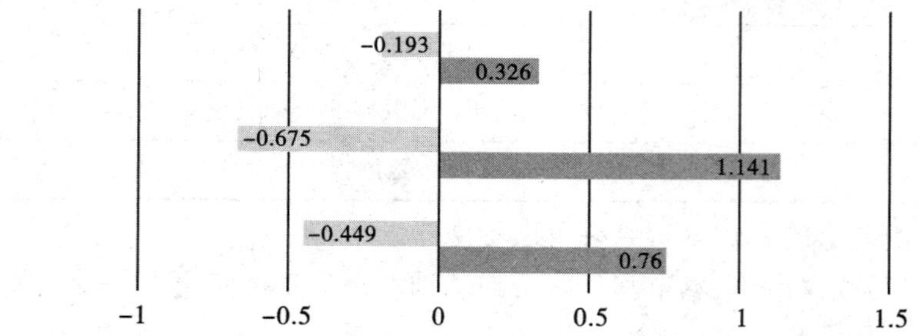

	F1	F2	F3
农村学校	-0.449	-0.675	-0.193
城镇学校	0.760	1.141	0.326

农村学校　城镇学校

图 3.2.2　城镇与农村信息化应用与人才培养水平

3.2.3　校际信息化应用及人才培养水平

将参加调研的各级各类学校分为小学、初中和高中。图 3.2.3 表示了在小学、初中、高中学校中的信息化应用与人才培养水平。

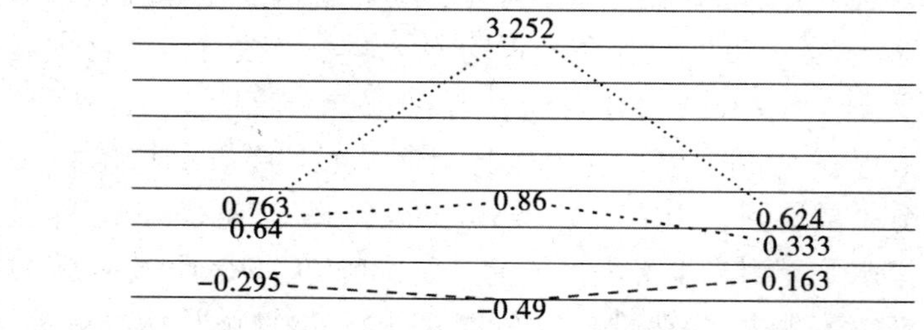

	F1	F2	F3
小学	-0.295	-0.490	-0.163
初中	0.640	0.860	0.333
高中	0.763	3.252	0.624

小学　初中　高中

图 3.2.3　小学、初中、高中学校信息化应用与人才培养水平

如图 3.2.3 所示，小学、初中、高中的信息化应用与人才培养水平存在一定差距。其中，高中学校的得分最高而小学的得分最低。例如在“教学与学习中的信息技术应用”这一维度中，高中学校的平均得分为

0.763,初中为0.64,而小学则仅为−0.295。得分结果表明,湖北省的小学并没有充分将信息技术应用于教学与学习过程中。

3.3　湖北省基础教育信息化整体发展现状

本节在对调研数据进行基本统计分析的基础上,揭示湖北省基础教育信息化发展的现状、特色以及存在的问题,为基础教育信息化发展政策的制定提供实证依据。

3.3.1　湖北省基础教育信息化发展特色

1. 湖北省中小学信息化应用取得一定成效

教育信息化的核心目标是应用信息技术促进教育的改革与发展,实现现代信息技术与教育教学的深度融合。通过数据分析发现,湖北省中小学信息化应用已取得了一定的成效。门户网站已经基本普及,中小学已普遍开设信息技术课程,教师使用计算机备课率较高,信息技术在课堂教学中的应用已逐步铺开,已普遍应用信息化工具辅助教学,信息化教研中教师的参与度较高。

(1)门户网站的建设与应用在高中学校已较为普遍。

校园网站不仅是学校对外宣传的窗口,更重要的是,它为学校的教育教学管理工作搭建了信息化平台。截至2012年底,在所调研的学校中,96%的高中建有门户网站,其更新频率如图3.3.1所示。

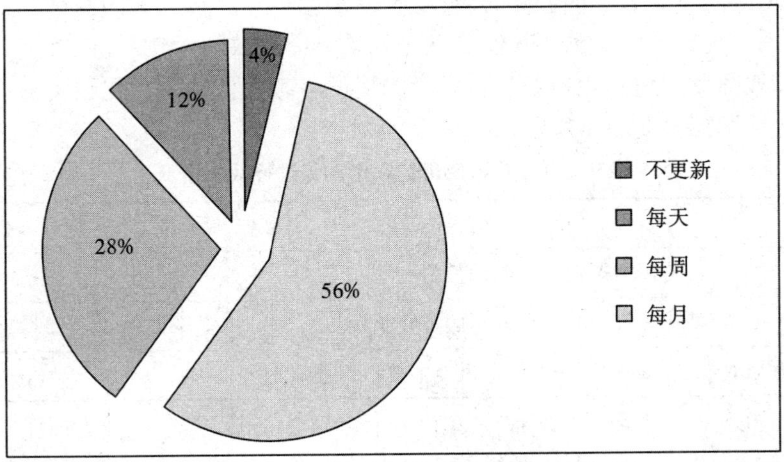

图3.3.1　高中学校门户网站更新情况

如图 3.3.1 所示，在建有网站的高中学校中，仅有 4%的学校不更新，56%的学校每天更新，28%的学校每周更新，12%的学校每月更新。由此可见，门户网站的建设与应用在高中学校已较为普遍。

(2)中小学信息技术课程开设率较高。

信息技术课程对于提高学生的信息技术能力具有重要的意义。在受调研的学校中，已有 72.7%的中小学校开设了信息技术课程，学生每周平均信息技术课程超过了 3 个课时。可见，信息技术课程已逐渐受到各中小学的重视，培养信息化人才也已逐渐成为各个学校的人才培养目标之一。

(3)教师电子备课成为主流。

电子备课作为一种高效便捷的全新备课方式，大大节省了教师备课的时间，提高了办公效率，丰富了课堂教学资源。从数据中可以看出，77.7%的教师采用电子备课方式，其中 97.8%的城市教师采用电子备课。教学资源编辑软件可为教师的备课、教学提供很大的方便，其主要用途为制作演示动画、制作多媒体内容(包含声音和视频)以及制作网络课件。调查显示，49.5%的城市学校为教师提供或指定了专用的教学资源编辑软件，其中 34.1%的教师偏向于使用其制作演示动画，仅有 17.6%的教师使用其制作完整课件。

(4)信息技术在课堂教学中的应用正逐步铺开。

信息技术能够使教师更便捷地打造高效课堂。本次调研主要使用"利用电子白板教学的教师比例"、"使用多媒体计算机教学的教师比例"、"使用电视机、DVD 机等其他信息化设备教学的教师比例"等指标来评估学校教师使用信息化设备进行教学的情况。教师使用信息化设备进行教学的情况如表 3.3.1 所示。

表 3.3.1 教师使用信息化设备进行教学情况

指 标	平均值(%)	标准差(%)
使用电子白板教学的教师比例	42.70	42.46
使用多媒体计算机教学的教师比例	54.95	38.03
使用电视机、DVD 机等其他信息化设备教学的教师比例	43.15	43.05

如表 3.3.1 所示，教师教学中使用多媒体计算机教学的教师比例最高，为 54.95%，使用电视机、DVD 等信息化设备教学的教师比例为 43.15%，使用电子白板教学的教师比例为 42.70%。

(5)已普遍应用信息化工具辅助教学。

随着计算机的普及,信息化工具受到越来越多教师的青睐。在受调研的学校中,77.9%的教师和26.5%的学生拥有电子邮箱,不同类型学校拥有电子邮箱的教师、学生比例如图3.3.2所示。

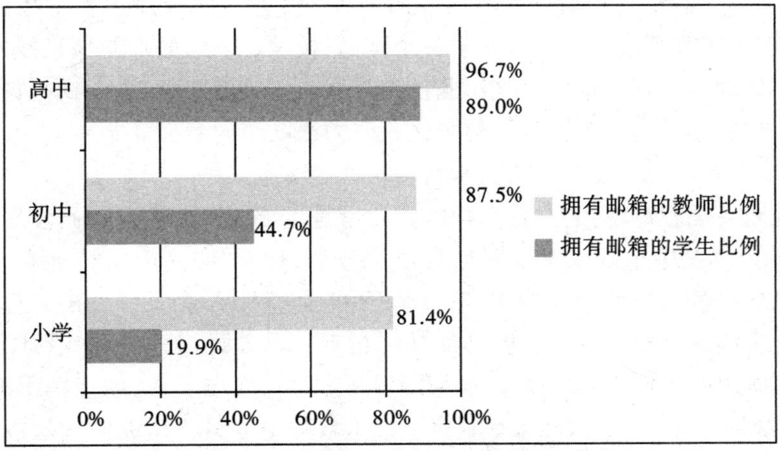

图3.3.2 不同类型学校拥有电子邮箱的教师、学生比例

如图3.3.2所示,小学、初中、高中拥有电子邮箱学生比例分别为19.9%、44.7%和89.0%,小学、初中和高中学校拥有电子邮箱的教师比例均超过了80%,其中高中教师拥有电子邮箱的比例最高,为96.7%。

调查显示,电子邮箱、交流工具(QQ、MSN等)、社交网络(BBS、博客、维基工具、微博等)等信息化工具在中小学中均得到了应用。其中交流工具的使用频率最高,其均值为3.6。电子邮箱使用频率的均值为3.3。使用最少的是社交网络(BBS、博客、维基工具、微博等),其使用频率的均值为2.21,接近较低水平。

(6)信息化教研教师参与度较高。

教学过程中开展教研活动是教学质量的基本保证。在所调研的学校中,91.8%的教师平均每学期都会参与信息化教研,仅有8.2%的教师没有参与过信息化教研,教师每学期参与信息化教研次数的平均值为4.91。可见,教师参与信息化教研的比例较高。

2. 中小学师生信息技术能力得到较大发展

(1)学校教师达到《中小学教师教育技术能力标准》的比例较高。

为促进教师专业能力发展,尽快提高广大教师的信息技术教学能力与素质,2004 年国家教育部正式颁布了《中小学教师教育技术能力标准》。截至 2012 年底,我们对湖北省 795 所学校教师《中小学教师教育技术能力标准》的达标情况进行调查,发现 72.6%的学校教师已达标,说明大多数教师已具备一定的信息技术教学能力。信息技术师资力量日益雄厚,中小学信息化相关活动开展良好;教师信息化培训得到了学校的重视,培训内容基本可以涉及教学各个方面;校长、学生、教师的信息技术能力整体发展良好,51%的学校拥有专职的信息技术教师。以上情况说明,湖北省中小学逐渐意识到了信息化人才力量的重要意义。

(2)专职信息技术师资力量日益雄厚。

要实现教育现代化,信息化师资力量是重要保障。通过调研发现,湖北省 51%的中小学校有专职信息技术教师,100%的高中学校拥有专职信息技术教师。城市学校中,有 87.9%的学校拥有专职信息技术教师。进一步调查专职信息技术教师的学历情况可以发现,信息技术教师具有本科学历的比例为 40.6%,专科及其以下学历为 33.3%,硕士学历教师为 1.6%。由此可以看出,专职信息技术教师中本科学历的比重较高,说明信息技术师资力量逐渐向高学历发展。

(3)高中学校教师的信息技术能力水平较高。

在此次调研中,项目组对中小学教师的信息技术水平进行了调研。经过数据处理并计算均值,发现中小学教师基本上具有了基本的信息技术能力,具体情况如表 3.3.2 所示。

表 3.3.2 教师信息技术能力

指标	学校类型			
	教学点	小学	初中	高中
获取、合理使用信息化教学资源的能力	2.3	3.53	3.87	4.04
利用网络交流的能力	2.21	3.17	3.48	3.76
利用网络参与教研的能力	2.14	3.09	3.5	3.84
使用计算机和网络进行电子备课能力	2.16	3.31	3.62	3.88
对学生进行信息化评价的能力	1.97	2.58	2.86	3.60
正确使用各种信息化教学设备,应对系统中常见错误的能力	1.95	2.59	3.05	3.28
在信息技术环境下进行教学设计的能力	2.02	2.96	3.37	3.64

续表

指　　标	学校类型			
	教学点	小学	初中	高中
使用网络教学平台、博客等信息化工具辅助课堂教学的能力	1.96	2.72	3.12	3.24
利用网络搜索学习资料的能力	1.95	2.65	3.08	4.00
使用网络交流工具(电子邮件、网上讨论等)与同学、教师交流能力	1.89	2.46	3.20	3.84
注:1 表示能力最弱,5 表示能力最强,由 1 到 5 依次表示能力由弱到强。				

从表 3.3.2 可以得出,高中教师各项能力得分均高于其他类型学校,其中,高中教师能力的最低得分是 3.24,教学点教师在各项能力中的最高得分为 2.3。在教师各项能力得分方面,“获取、合理使用信息化教学资源的能力”得分最高,高中学校达到了 4.04 分,说明高中教师的信息技术能力已处于较好的发展水平,教师在获取、合理使用信息化教学资源放面已具有较强的能力。

(4)教师信息技术能力培训逐渐受到重视。

通过调查发现,大多数学校重视教师信息化发展,有 72.9%的学校每学期开展教师信息化相关活动,平均每学期开展 1.44 次。目前,大部分中小学校每学期能够开展教师信息技术培训。调研发现,91%的学校每学期组织教师信息技术培训,学校平均每学期组织教师信息技术培训的次数为 3.67 次。信息技术培训可以促进教师更新教育思想和观念,改变传统的教学模式和方法。参与调查学校的教师信息化培训情况如图 3.3.3 所示。

由图 3.3.3 可以看出,相对于县镇和城市学校,农村学校在各项培训内容中均处于较高的比例。农村学校对视频录像的编辑、多媒体课件制作、网页制作的知识、学校网站的使用、现有设备的使用等进行培训的比例依次为 52.2%、58.4%、65.7%、41.0%、62.3%。从培训内容来看,农村学校主要集中在现有设备的使用和网页制作的知识方面的培训,比例为 21.8%;城市学校教师信息化培训主要集中在对学校网站的应用和其他方面的培训,比例为 19.5%;县镇学校主要集中在视频录像的编辑和学习网站的应用方面的培训。

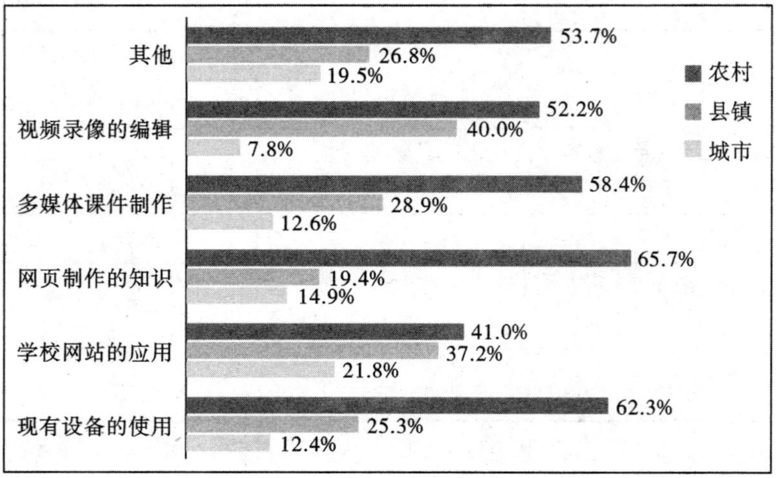

图 3.3.3 学校培训内容情况

(5)高中学生信息技术能力优于其他类型学校。

提升学生的信息素养是实现教育信息化的重要目标之一。本调研从利用网络搜索学习资料的能力、使用网络交流工具与同学、教师交流的能力、能在教师的指导下,应用信息技术灵活开展自主学习、合作学习与探究学习的能力 4 个方面调查学生的信息技术能力,结果如表 3.3.3。

表 3.3.3 学生信息技术能力

指　　标	学校类型			
	教学点	小学	初中	高中
利用网络搜索学习资料的能力	1.95	2.65	3.08	4.00
使用网络交流工具(电子邮件、网上讨论等)与同学、教师交流能力	1.89	2.46	3.2	3.84
能在教师的指导下,应用信息技术灵活开展自主学习、合作学习与探究学习的能力	2.07	2.38	2.84	3.68
利用媒体终端(手机、平板电脑等)随时随地学习的能力	1.64	2.04	2.68	3.44
注:1 表示能力最弱,5 表示能力最强,由 1 到 5 依次表示能力由弱到强。				

从表 3.3.3 可以看出,学生已基本上具备各项信息技术能力。其中,高中学生在各方面的得分均高于其他学段学生,且在平均值之上。表明高中生的信息技术能力已处于较好的发展水平,在各学段学生中处于较高位置。

3. 中小学信息化资源日益充实

信息化资源建设是基础教育信息化发展的关键环节，丰富的、高质量的优质教育资源是教育信息化发展的重要内容。湖北省受调研中小学的信息化资源建设在教学资源量、在线测试题库及课程学习网站等方面已取得了一定成效。

(1)高中学校单位购买的教学资源量较多。

优质教育资源可以充分满足教学方式和学习过程的多样化、社会化和主体化。本书从国家发放、单位购买、自行研发和其他途径的资源量对不同性质学校信息化教学资源建设进行了调查，结果表明，高中的信息化教学资源量最丰富，尤其是单位购买的教学资源远远高于小学、初中和教学点。具体情况如图 3. 3. 4 所示。

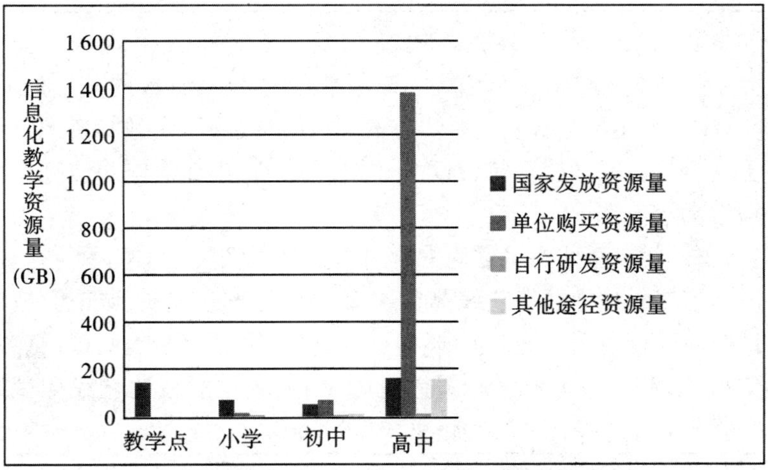

图 3. 3. 4　不同类型学校信息化教学资源量情况

由图 3. 3. 4 可知，不同类型学校信息化资源来源主要集中在国家发放和单位购买两个方面。高中学校在各个来源的教学资源量都是最大的，国家发放 160. 4 GB、单位购买 1 381. 2 GB、自行研发 14. 88 GB、其他途径的教学资源量为 160. 16 GB；教学点的信息化教学资源主要来源于国家发放，为 144. 32 GB，从其他方面获得的资源量与其他学校相比最低，单位购买教学资源量是 3. 55 GB，自行研发教学资源量是 2. 75 GB；小学的国家发放教学资源量是 73. 42 GB，单位购买教学资源量是 15. 76 GB；初中的单位购买教学资源量是 70. 15 GB。不同类型学校在信息化教学资源建设方面差距较大，高中拥有的信息化教学资源最多，单位购买为主要途径。

(2)城市学校信息化教学资源丰富。

通过对湖北省城乡学校的信息化教学资源量进行调查，结果表明城乡学校的信息化教学资源来源都主要集中在国家发放和单位购买两个方面。在信息化教学资源量方面，城市学校的资源量明显多于县镇、农村学校的资源量。如表 3.3.4 所示。

表 3.3.4　城乡学校信息化教学资源量情况

指　　标		地理位置		
		城市	县镇	农村
不同类型资源量(GB)	国家发放资源量	38.70	106.38	85.26
	单位购买资源量	493.34	29.70	11.88
	自行研发资源量	5.81	13.88	3.00
	其他途径资源量	49.34	7.37	3.75

如表 3.3.4 所示，在国家发放资源量方面，县镇学校国家发放量的均值最大，为 106.38 GB；在单位购买资源量方面，城市学校的资源量最高，为 493.34 GB；在自行研发资源量方面，县城学校的研发教学资源量则明显高于城市和农村学校。综合以上数据可看出，城市学校的信息化教学资源拥有量较丰富。

(3)农村学校在线测试题库的学科覆盖范围较广。

湖北省的学校中建有在线测试题库的比例普遍较低，城市学校的在线测试题库建设情况最好，为 13.19%；农村学校拥有在线测试题库的比例最低，为 6.16%。但从学科覆盖范围来看，农村学校的在线测试题库在各个学科的覆盖范围较广，如图 3.3.5 所示。

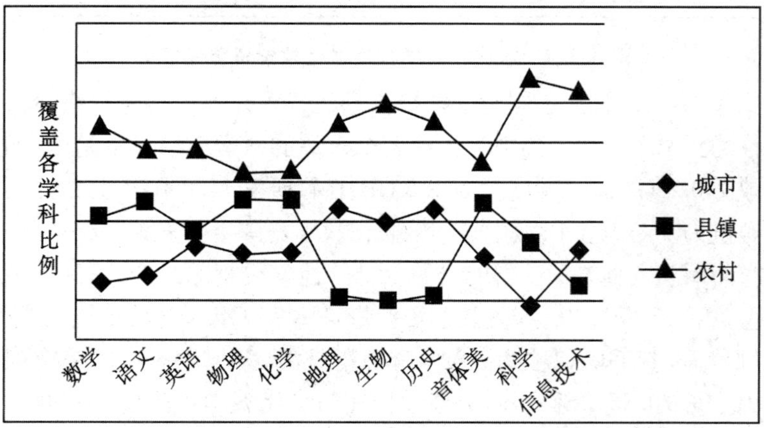

图 3.3.5　学校在线测试题库学科分布情况

由图 3.3.5 可知，农村学校的覆盖学科比率明显高于城市和县镇学校。其中，覆盖率最高的学科为科学，达到 66.67%；城市学校中覆盖率最高的学科为地理和历史，均为 33.33%。

(4)建有课程学习网站的学校中，高中比例较高。

项目组对中小学校的课程学习网站建设情况进行了调研。结果表明，已有 56%的高中学校建有课程学习网站；初中与小学的课程学习网站建设情况差距不大，分别是 39.2%、34.5%；教学点的建设情况最不理想，仅有 2.8%。总体而言，高中学校比较重视网络课程的建设与应用，其课程学习网站的建设已初具规模。

4. 信息化环境建设取得较快发展

近年来，湖北省加快了教育信息化发展步伐，加强全省各级各类学校教育信息化基础设施建设，完善覆盖各校的校园网建设，加快对学校教育信息化基础设施、设备的改造和更新，并取得了一定成效。湖北省在基本实现“校校通”的基础上，进一步加大投入建设“班班通”，已有接近 60%的学校建有“班班通”；高中学校的基础设施、设备建设良好；已有 90%的学校建有 50Mbps 的校园网出口带宽。全省的基础教育信息化环境建设发展较快，取得显著成效。

(1)“班班通”建设达到预期目标。

教育部教育信息化“三通工程”年度任务指标中指出，2013 年“优质资源班班通”要求达到的班级比例为 60%。本次调研表明，湖北省受调研的中小学中建有“班班通”的学校已达到 56.4%，还有很多学校的“班班通”处于建设阶段，基本达到了年度任务指标。从不同类型学校来看，小学、初中、高中建设“班班通”的比例分别为 65.97%、77.06%、60%，而只有 5.06%的教学点建有“班班通”，远远低于其他类型的学校；从学校所在的不同区域来看，城市、县镇、农村建有“班班通”的比例分别为 85.71%、73%、45.06%，农村的“班班通”建设情况相对较薄弱。

“班班通”的设备主要包括计算机、长焦投影仪、短焦投影仪、交互式电子白板、资源库、网络设备、多媒体一体机、交互式背投电视和交互式平板电视。从分析结果看出，计算机和电子白板是“班班通”的主要设备，且在不同类型学校的建设比例相差不大，如图 3.3.6 所示。

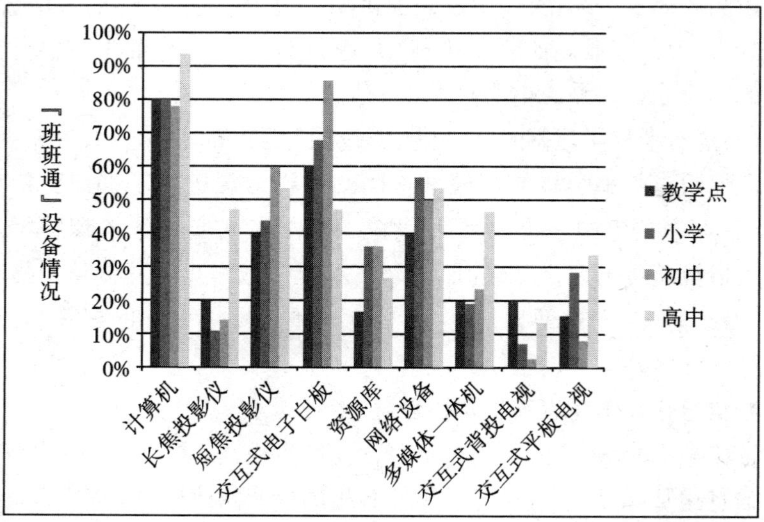

图 3.3.6　不同类型学校“班班通”设备配备情况

由图 3.3.6 可以看出，各学校的“班班通”设备类型丰富，其中计算机和交互式电子白板所占比例最大。高中计算机比例达到 93.33%，初中、小学、教学点计算机建设水平几乎一致，分别为 77.98%、79.52% 和 80%；资源库设备的配备率最低；而教学点的交互式背投电视机设备比例则高于其他类型学校。总体来看，高中的“班班通”设备建设水平高于其他类型学校。

(2)高中学校教师计算机普及率较高，师机比基本达到 1∶1。

基础教育信息化环境建设中，最基础的信息化设备为计算机。湖北省中小学的平均生机比(学生数/学生所用计算机台数)为 28.33∶1，师机比(教师数/教师所用计算机台数)为 2.2∶1。从不同类型学校拥有计算机比例来看，高中学校教师的计算机基本普及，平均每位教师拥有 1 台计算机，初中、小学的师机比分别是 2.5∶1 和 2.57∶1，教学点的师机比为 2.11∶1。高中学校教师计算机配备率较高，初中、小学及教学点的教师计算机普及率有待提高。

(3)高中学校计算机教室拥有率较高，应用多媒体教学软件辅助教学情况良好。

湖北省受调研中小学的计算机教室建设整体水平较好，比较受调研中小学的计算机教室建设情况发现，小学与初中的建设比例相差不大，而高中的计算机教室建设比例已超过 90%，教学点计算机教室建设比例最低,为 44.4%。基于计算机教室的多媒体教学软件在高中学校应用率较高,已达到 72%,对教学起到了一定的辅助作用;初中和小学的应用水平基本一致,分别为 41%和 38%;教学点的多媒体教学软件应用率远远低于其他类型学校,仅有 8.3%。

多媒体教学软件实现的功能主要有屏幕广播、多频道教学、屏幕监视、遥控辅导、电子黑屏、远程开关机、双向对话、多人会话、电子画板、收发文件和电子签到。通过对湖北省不同类型中小学多媒体教学软件实现的功能情况的调查,得到如图 3.3.7 所示的统计结果。

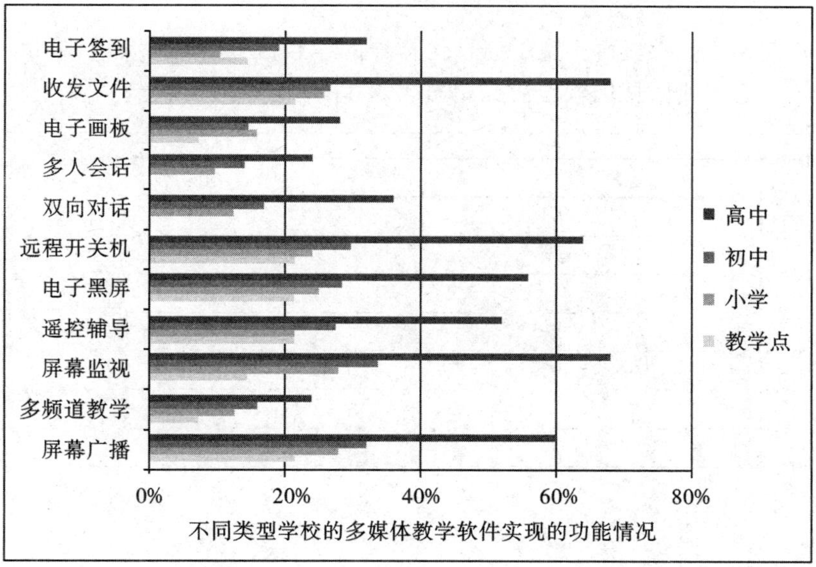

图 3.3.7 多媒体教学软件实现的功能情况

如图 3.3.7 所示,多媒体教学软件的收发文件、远程开关机、屏幕监视、屏幕广播、电子签到等功能在不同类型学校应用比例较大,而高中学校在各种功能上的应用率都高于其他性质学校。

(4)中小学校园网覆盖率逐步提升。

本次调研主要从校园网覆盖情况、出口带宽等方面考察校园网的建设与应用水平。从不同类型学校的校园覆盖率来看,63%的高中学校已覆盖校园网,初中和小学的校园网覆盖率分别是 20%、16%,教学点的校园网覆盖率仅有 1%。在出口带宽方面,湖北省中小学校园网出口总带宽的最大值为 300 M,平均带宽达到了 10.29 M。在建设有校园网的中小学中,94.6%的学校校园网出口带宽介于 1 M~50 M,5.1%的学校带宽介于 51 M～100 M。由此可以看出,带宽在 50 M 以内的学校占了所有学校的绝大部分。

5. 中小学信息化管理能力逐步提升

本书从信息化管理涉及的领域、管理人员的办公情况、校园一卡通、家校互通、学校安全防护系统等方面来调查湖北省中小学的信息化管理现状。湖北省中小学的信息化管理能力已得到逐步提升,但城乡的管理发展水平还存在一定的差异。绝大部分学校已基本普及信息化工具进行办公;34.5%的学校已使用家校互通系统,并且功能较齐全。

(1)农村学校信息化管理水平得到较快发展。

湖北省基础教育实现了信息化管理的学校占 34.9%,城市、县镇、农村学校的各项信息化管理情况如图 3.3.8 所示。

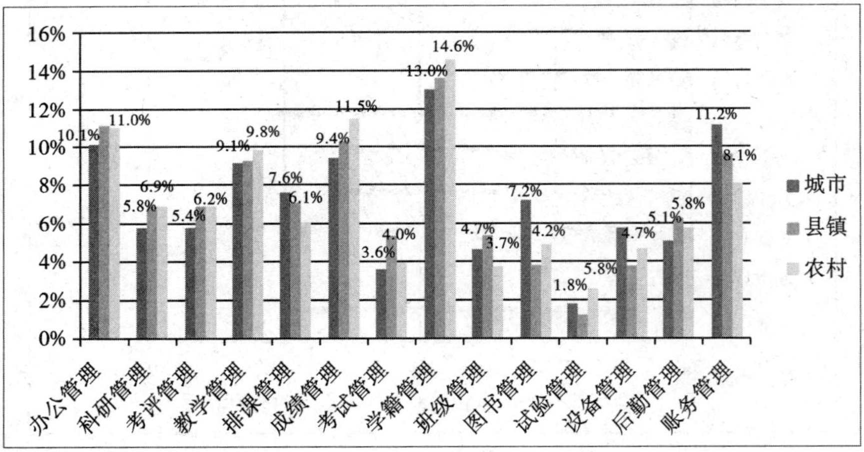

图 3.3.8 不同区域学校信息化管理情况

从图 3.3.8 可以看出,农村学校信息化管理系统功能较齐全,且农村学校信息化管理的总体水平高于城市和县镇学校。在各项信息化管理功能中,各学校学籍管理功能的应用程度最好,城市、县镇、农村的学籍管理比例分别为 13%、13.6%、14.6%。应用程度最差的为试验管理,比例分别为 1.8%、1.3%、2.6%。在这 2 项管理功能中,农村学校均处于较高水平,可以看出农村学校信息化管理水平已得到较快发展。

(2)管理人员信息化办公情况良好。

学校管理人员是否使用信息化工具进行办公及其使用频率是衡量一所学校信息化管理水平的一个重要指标,使用的信息化工具主要包括办公软件、电子邮箱、交流工具以及社交网络,平均使用得分分别为 3.93、3.77、3.75、2.84。基础教育管理人员使用信息化工具进行办公时,办公软件是使用频率最高的,其次是电子邮箱和交流工具,使用最少的是社交网络。

(3)高中学校的校园一卡通系统应用率较高。

“校园一卡通”系统是推进学校信息化管理的重要举措之一。根据学校的不同类型分析湖北省中小学“校园一卡通”的使用情况,得出教学点、小学、初中、高中拥有“校园一卡通”系统的比例依次为 0.6%、11.2%、13.1%、56%,因此高中学校的“校园一卡通”系统建设较为完善。

(4)已实现的家校互通系统功能较齐全。

家校互通系统为家长参与学校教育提供了平台,促进了家长与教师以及其他教职人员之间的合作与交流。家校互通系统主要包括以下 6 种功能:提供家长了解学生在校表现情况、提供家长了解学生作业信息、提供家长与教师间进行互动交流、提供家长实时了解学生出入学校信息、提供家长了解学校通知公告等信息、提供教师了解学生在家表现情况。目前,湖北省实现了家校互通系统的学校占 34.5%。在拥有家校互通系统的学校中,系统具备的功能较齐全,其具体情况如图 3.3.9 所示。

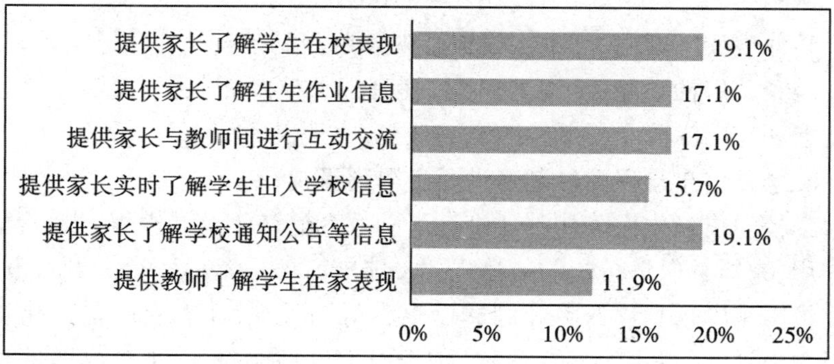

图 3.3.9 学校家校互通功能情况

从图 3.3.9 可以看出,家校互通系统的各种功能均得到了使用。其中,“家长了解学校通知公告”和“了解学生在校表现”这 2 个功能的使用情况最好,均为 19.1%。而家校互通系统实现“为教师提供了解学生在家表现的功能”则最少,为 11.9%。整体来看,家校互通系统各功能基本达到了均衡发展。

(5)高中学校校园安全防护系统得到较好应用。

目前,湖北省实现了校园安全防护系统的学校占 68.5%。其中,

100%的高中学校建有校园安全防护系统。校园安全防护系统主要包括以下 6 种功能：视频监控、电子巡查、出入控制、入侵/消防等紧急报警、紧急广播、校园安防系统总控，高中学校的安全防护系统功能较齐全，包含了校园安全防护系统的所有功能，具体情况如图 3.3.10 所示。

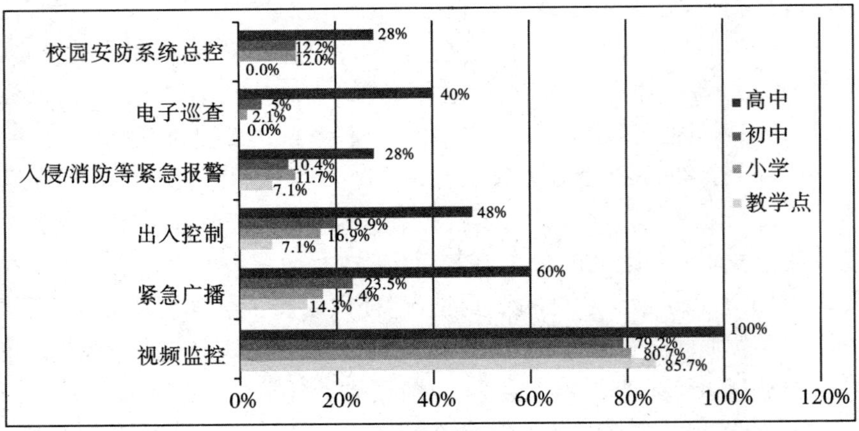

图 3.3.10 高中学校校园安全防护系统应用情况

从图 3.3.10 可以看出，高中学校安全防护系统的各功能应用情况均高于其他学校。其中，高中学校拥有视频监控功能的比例是 100%；其次是校园紧急广播功能，比例为 60%；拥有出入控制和入侵/消防等紧急报警功能和校园安防系统总控的学校最少，比例仅为 28%。

6. 学校信息化保障体制建设逐步得到重视

学校的信息化保障体制建设在基础教育信息化发展进程中起着重要的作用，它能够保证校园的信息化建设能够有条不紊地进行。调查发现，湖北省中小学信息化保障体制建设逐步得到重视，建有专职信息化管理部门的中学比例较高，学校领导的信息化意识逐步提升，城市学校的信息化保障制度日益完善。

(1)建有专职信息化管理部门的中学比例较高。

从统计中可以看出，58.1%的中小学具有专职负责学校信息化建设、规划和管理的工作人员。目前，湖北省 78.2%的中小学建立了学校信息化建设、维护和管理的专职部门。其中，建有专职信息化管理部门的中学比例较高，98.6%的初中学校建有专职信息化管理部门，76.5%的学校具有专职的信息化建设、维护和管理的人员；96%的高中学校有专职信息化管理部门，96%的学校有专职人员。

(2)学校领导的信息化意识逐步提升。

学校领导对信息化建设的重视程度直接影响基础教育信息化项目的推进。调查发现，58.1%的学校有专职负责学校信息化建设、规划和管理的工作人员，其中，10.2%的学校由副校长负责，15.5%的学校由主任负责，5.7%的学校由校长负责，说明学校领导对信息化的建设比较重视。其重视程度的均值为3.63，接近比较重视，校际间信息化建设的重视程度如下表3.3.5所示。

表3.3.5 校际间的领导信息化建设重视度

学校类型	教学点	小学	初中	高中
均值	3.94	3.58	3.50	3.76

由表3.3.5可以看出，不同类型学校对信息化建设的重视程度没有显著差异，教学点重视程度最高，其次为高中，而初中和小学的重视程度相当，但均值均在3.5以上，说明重视程度较高。

(3)城市学校校长信息化领导力较强。

校长作为学校的最高管理者与决策者，其信息化领导力在学校的信息化建设与应用中起到关键作用。本调研从使用网络搜索资源的能力、使用信息化交流工具协调沟通的能力、使用基础教育信息化管理平台管理学校事务的能力、规划与组织校园信息化建设与应用的能力、对学校信息化建设和发展各个方面的评价能力5个方面调查城乡学校校长的信息化领导力，结果如表3.3.6所示。

表3.3.6 城乡学校校长信息化领导力

指　　标	地理位置		
	城市	县镇	农村
使用网络搜索资源的能力	4.35	4.1	3.82
使用信息化交流工具协调沟通的能力	4.22	3.99	3.72
使用基础教育信息化管理平台管理学校事务的能力	3.59	3.36	3.04
规划组织校园信息化建设与应用的能力	3.71	3.48	3.04
对学校信息化建设和发展各个方面的评价能力	3.77	3.58	3.15
注:1表示能力最弱,5表示能力最强,由1到5依次表示能力由弱到强。			

从表 3.3.6 可以看出，城市、县镇、农村在各项信息化领导力中最低得分依次为 3.71、3.36、3.04，均处于中等偏上的水平。城市学校校长的各项领导能力得分均处于最高，其中，使用网络搜索资源的能力最好，达到 4.35，说明城市学校校长信息化领导力较强。

(4)城市学校信息化保障制度日益完善。

信息化保障制度建设是基础教育信息化建设的保证，调查显示城市学校信息化保障制度较完善，如图 3.3.11 所示。

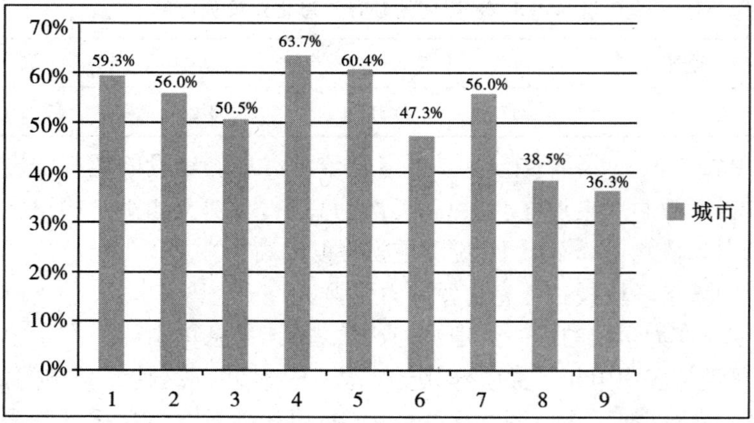

图 3.3.11　城市学校信息化保障制度建设情况

注：1 为明确有校级领导分管基础教育信息化工作；2 为制定学校信息化发展规划，并列入全年工作计划；3 为明确信息化资金投入占学校总投入的比例；4 为定期对校内人员进行信息化培训；5 为制定并执行设备维护与更新管理相关规范；6 为制定并执行应用系统运行与管理相关规范；7 为制定并执行网络与信息安全机制；8 为将信息化工作水平纳入学校内部考评制度；9 为促进信息化发展建立激励机制。

如图 3.3.11 所示，在所调研的城市学校中，59.3%的学校明确有校级领导分管基础教育信息化工作 ，56%的学校制定了学校信息化发展规划，并列入全年工作计划中，50.5%的学校明确规定信息化资金投入占学校总投入的比例，63.7%的学校定期对校内人员进行信息化培训，60.4%的学校制定并执行设备维护与更新管理相关规范，47.3%的学校制定并执行应用系统运行与管理相关规范，56%的学校制定并执行网络与信息安全机制，38.5%的学校将信息化工作水平纳入学校内部考评制度，36.3%的学校建立激励机制促进信息化发展。

3.3.2 湖北省基础教育信息化发展存在的问题

从本次调研的统计数据来看，湖北省基础教育信息化应用已经取得了一定的成效，但是要达到教育部颁发的《教育信息化十年发展规划(2011—2020年)》中提出的发展目标，还存在着一定的差距。归纳起来，湖北省基础教育信息化应用存在着如下主要问题：

1. 教学点信息化应用水平亟待提高

在取得成就的同时我们也发现，教学点信息技术课程开设率不高、信息化工具使用率较低、机房课余时间开放不足、信息化教研参与度不够，其信息化应用水平亟待提高。

(1)教学点信息技术课程开设率较低。

由于教学设备落后、师资力量薄弱、教师信息技术能力不足等因素的限制，使得教学点信息技术课程开课率较低。不同类型学校信息技术课程开设情况如图3.3.12所示。

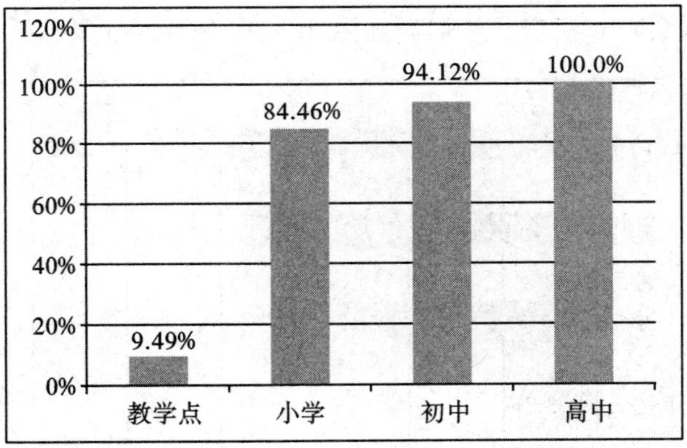

图3.3.12 不同类型学校信息技术课程开设情况

由图3.3.12可以看出，小学、初中、高中开设信息技术课程的比例均超过了80%，高中甚至达到了100%，而教学点的信息技术课程开设仅为9.49%。

(2)教学点信息化工具使用率不高。

信息化工具在教学中运用能够辅助教师教学与学生学习。与其他类型的学校相比较，教学点信息化工具使用率不高，不同类型学校信息化工具使用情况如表3.3.7所示。

表 3.3.7　不同类型学校信息化工具使用频率均值

	电子邮箱	交流工具	社交网络
教学点	2.79	2.80	1.51
小学	3.18	3.61	2.35
初中	3.60	4.15	2.30
高中	3.76	4.20	2.56
注:1 表示频率最低,5 表示频率最高,由 1 到 5 依次表示频率由低到高。			

由表 3.3.7 可以看出,与小学、初中和高中相比,教学点信息化工具的使用频率最低,教学点教师使用 QQ、MSN 等交流工具以及电子邮箱、社交网络辅助教学的频率均值分别为 2.8、2.79 和 1.51,使用频率最低的是社交网络,而小学、初中和高中信息化工具使用率均达到了较高的水平。

(3)教学点机房在课余时间开放不足。

课余时间开放机房可供学生查阅相关学习资料,同时也可以丰富课余生活。与其他类型的学校相比,教学点机房在课余时间开放不足,不同类型学校课余时间机房开放情况如图 3.3.13 所示。

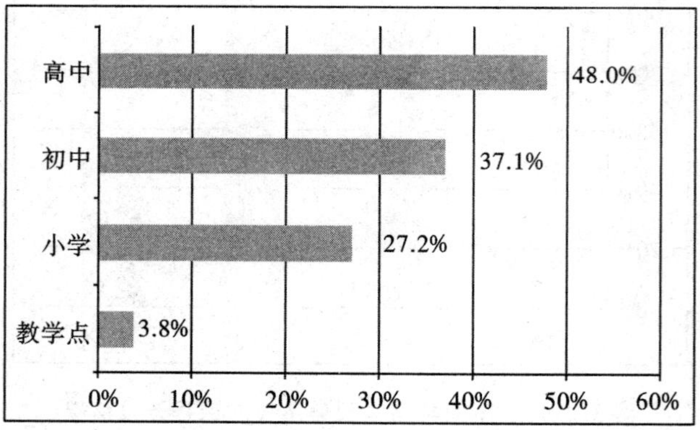

图 3.3.13　课余时间机房对学生开放的学校比例

从图 3.3.13 可知,教学点、小学、初中、高中课余时间机房对学生开放的比例分别为 3.8%、27.2%、37.1%和 48%,教学点在课余时间机房对学生开放的比例最低。

(4)教学点采用信息化评估方式的教师比例较低。

近年来,伴随着对学习过程和结果测量与评价研究的不断增加,相继出现了多种学习测量与评价的新技术与新方法。其中,量规评价、电子档案袋评价、学习契约评价的应用最广、影响最大。调研结果显示,教师通常采用的评价方式为电子档案袋，比例为 56.40%；其次为学习量规，比例为 24.00%；使用最低的是学习契约，比例为 10.70%。不同类型学校采用信息化评估方式的教师比例如图 3.3.14 所示。

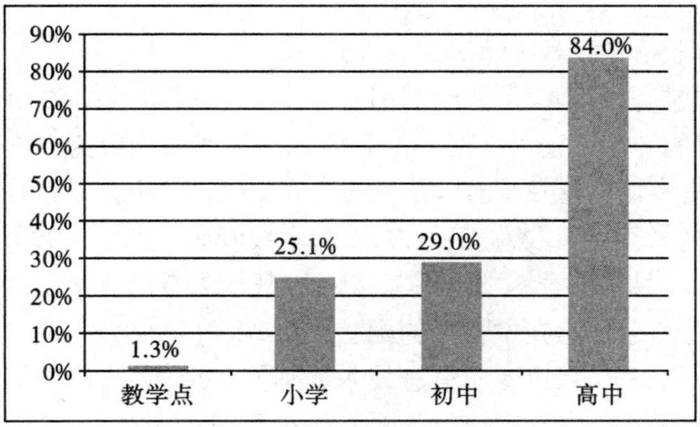

图 3.3.14 不同类型学校采用信息化评价方式的教师比例

从图 3.3.14 的统计结果可以看出，高中采用信息化评估方式的教师比例最高，达到了 84%，其次为初中和小学，比例分别为 29.0% 和 25.1%，教学点采用信息化评价方式的教师比例最低，仅为 1.3%。

2. 农村学校专职信息技术教师力量薄弱，主科教师信息素养有待加强

在受调研的湖北省农村学校中，教师队伍的知识结构、素质和能力不适应教育信息化发展要求，教师培训面临量大、技术更新快、培训力量有限等诸多困难。多数教师刚刚开始进入学习利用信息技术促进教学的阶段，部分教师不了解计算机的基本操作。农村教师尚不具备运用信息技术改革传统教学的教育技术能力，信息素养普遍不高，教师信息技能较低成为应用瓶颈。

(1)农村教师达到《中小学教师教育技术能力标准》的比例较低。

调查显示，农村学校中达到《中小学教师教育技术能力标准》的教师比例为 62.8%，城市学校教师的达标比例为 93.4%，县镇学校教师达到《中小学教师教育技术能力标准》的比例为 86.6%，不同区域学校达到《中小学教师教育技术能力标准》的教师情况存在差异，农村教师达到《中小学教师教育技术能力标准》的比例较低。

(2)信息化活动开展力度较小。

在教育信息化不断发展的过程中，各学校都会举行信息化活动，如教师的信息化教学技能大赛和课件制作大赛等，同时也会开展学生信息化相关的活动。调查结果显示，目前县镇学校每学期开展教师信息化相关活动次数较多，而农村学校开展信息化活动次数最少，均值分别为1.91、1.17。从每学期开展教师信息化相关活动的次数、学生信息化相关活动的次数来看，城市学校和县镇学校稍优于农村学校，农村学校信息化相关活动开展力度还有待加强。

(3)专职信息技术教师比例、学历偏低。

统计数据显示，城市学校中拥有专职信息技术教师的学校比例为91.2%，每所城市学校平均拥有专职信息技术教师人数为2～3人，县镇学校中拥有专职信息技术教师的学校占79.1%，每所县镇学校平均拥有专职信息技术教师人数为3～4人，农村学校专职信息技术教师的比例仅为48.5%，每所农村学校平均拥有专职信息技术教师人数仅为1人。不同类型学校专职信息技术教师的配备失衡，农村学校的专职信息技术教师较稀缺。进一步调查专职信息技术教师的学历情况，将专职信息技术教师学历分为本科及以下、本科、硕士及以上3个等级，结果显示，城市学校与县镇学校专职信息技术教师具有本科学历的人数最多，但是农村中小学专职信息技术教师学历则主要集中在专科及以下水平。

(4)农村教师信息技术应用能力较弱。

信息技术的发展对传统教师提出了挑战，要求教师具有较强的信息技术能力来适应时代的需求。湖北省城乡中小学教师的信息技术能力情况如表3.3.8所示。

表3.3.8　城乡中小学教师信息技术能力情况

指　　标	地理位置		
	城市	县镇	农村
获取、合理使用信息化教学资源的能力	4.3	3.79	3.09
利用网络交流的能力	3.87	3.49	2.79
利用网络参与教研的能力	3.8	3.49	2.73
使用计算机和网络进行电子备课的能力	3.97	3.61	2.88
对学生进行信息化评价的能力	3.15	2.91	2.33
正确使用各种信息化教学设备，应对系统中常见错误的能力	2.91	3.06	2.38
在信息技术环境下进行教学设计的能力	3.52	3.43	2.59
使用网络教学平台、博客等信息化工具辅助课堂教学的能力	3.09	3.1	2.47
注:1表示能力最弱，5表示能力最强，由1到5依次表示能力由弱到强。			

从表3.3.8可以看出，农村教师的各项信息技术能力得分较低，除最大值为3.09外，其他能力均处于中等偏下的水平，然而城市教师的信息

技术能力均值,除最小值为 2.91 外,其他则均处于中等偏上水平。在教师各项信息技术能力中,对学生进行信息化评价的能力最弱,城市、县镇、农村得分依次为 3.15、2.91、2.33。这说明农村教师的信息化能力与城市教师存在一定的差距,对学生进行信息化评价的能力较差。

(5)农村学生信息技术能力水平较低。

随着社会信息化的发展,信息素养日益成为信息社会公民素养不可或缺的组成部分,学生的信息技术能力也是实现教育信息化的重要组成部分。城乡学生信息技术能力情况如表 3.3.9 所示。

表 3.3.9 城乡学生信息技术能力情况

指标	地理位置		
	城市	县镇	农村
利用网络搜索学习资料的能力	3.5	3.09	2.35
使用网络交流工具(电子邮件、网上讨论等)与同学、教师交流的能力	3.43	3.02	2.27
能在教师的指导下,应用信息技术灵活开展自主学习、合作学习与探究学习的能力	3.23	2.84	2.24
利用媒体终端(手机、平板电脑等)随时随地学习的能力	2.69	2.66	1.99
注:1 表示能力最弱,5 表示能力最强,由 1 到 5 依次表示能力由弱到强。			

从表 3.3.9 可以看出,农村学生的信息技术能力中最好的是利用网络搜索学习资料的能力,得分是 2.35。利用媒体终端(手机、平板电脑等)随时随地学习的能力水平最弱,得分为 1.99。在学生所有信息技术能力中,农村学生信息技术能力的各方面均低于城市学生。

3. 不同类型学校信息化资源建设水平不均衡

湖北省中小学信息化资源建设已得到较大改善,部分学校的建设水平已达到领先水平,但是我们也发现不同类型学校资源建设水平不均衡的问题,仍存在提高信息化资源量及其使用频率、丰富数字图书馆资源和建设课程学习网站的需求。

(1)不同类型学校信息化资源建设水平存在差异。

不同类型学校信息化教学资源建设在国家发放、单位购买和其他途径方面存在显著差异。假设信息化教学资源(国家发放资源量、单位购买资源量、自行研发资源量和其他途径资源量)建设情况在不同类型学校无明显差异,对信息化教学资源建设情况进行方差分析的结果如表 3.3.10 所示。

表 3.3.10 不同类型学校信息化教学资源建设情况

	国家发放资源量(GB)		单位购买资源量(GB)		自行研发资源量(GB)		其他途径资源量(GB)	
	平均值	Sig.	平均值	Sig.	平均值	Sig.	平均值	Sig.
教学点	144.32	0.001	3.55	0	2.75	0.541	0.83	0
小学	73.42		15.76		7.04		4.61	
初中	55.11		70.15		6.39		8.35	
高中	160.4		1381.2		14.88		160.16	

由表 3.3.10 可知，国家发放资源量对应的概率 P 值 Sig. $=0.001$，小于显著性概率 $\alpha=0.05$，$P<\alpha$，拒绝原假设，则不同类型学校的国家发放资源量存在显著差异。同理，不同类型学校的单位购买资源量与其他途径资源量存在显著差异。而自行研发资源量对应的概率 P 值 Sig. $=0.541$，大于显著性概率 $\alpha=0.05$，$P>\alpha$；接受原假设，则不同类型学校的自行研发资源量没有显著差异。因此，教学点、小学、初中和高中在国家发放资源量、单位购买资源量和其他途径资源量方面存在显著差异，自行研发资源量没有显著差异。

(2)教学点自主建设信息化教学资源量少，使用频率低。

在信息化教学资源建设方面，教学点的信息化教学资源来源主要是国家发放，为 144.32 GB；单位购买、自主研发等自主建设的信息化教学资源量比较少，分别是 3.55 GB、2.07 GB，远远低于国家发放资源量。教学点的信息化教学资源使用频率比较低，并没有充分利用从各个途径获得的资源，不能使信息化资源的利用率在日常教学中达到最大化，具体情况如表 3.3.11 所示。

表 3.3.11 学校信息化资源建设及资源使用情况

指标		不同类型学校			
		教学点	小学	初中	高中
资源使用频率	国家发放使用频率	3.76	2.73	2.81	2.20
	单位购买使用频率	2.14	2.54	2.88	3.24
	自行研发使用频率	1.95	2.17	2.92	2.29
	其他途径使用频率	2.18	2.08	2.76	2.70

由表 3.3.11 可知,教学点信息化教学资源中,使用频率最多的是国家发放的教学资源,为 3.76,自主研发的校本资源使用率最低。小学使用频率最高的也是国家发放资源,为 2.73;初中、高中使用频率最高的是单位购买资源,使用频率分别为 2.92 和 3.24。

(3)小学及教学点数字图书馆资源较少。

数字图书馆资源是信息化资源的重要组成部分,是学生信息化学习、教师教学与科研所需资料的重要来源。从视音频、图片、文本和电子课件等方面对湖北省中小学数字图书馆资源提供情况进行了调查。结果表明,数字图书馆提供的资源以电子课件和文本资源为主,电子课件平均是 532.1 个,文本资源为 12 744.2 册,而不同类型学校数字图书馆差异比较大,教学点提供的图片资源几乎为零,如表 3.3.12 所示。

表 3.3.12　不同类型学校数字图书馆各类型资源建设情况

	音视频(GB)	图片(GB)	文本(册)	电子课件(个)
教学点	3.22	0.04	15.33	6.63
小学	23.36	7.07	1 5016.83	156.3
初中	28.98	13.11	1 6997.57	1 143.41
高中	54.64	64.8	2 0851.04	4 341.56

从表 3.3.12 可以看出,不同类型学校数字图书馆的资源不同,高中学校在视音频数量、图片、文本和电子课件的资源建设上都是最好的,分别为 54.64 GB、64.8 GB、20 851.04 册、4 341.56 个,初中和小学提供的数字图书馆资源主要以文本资源为主,教学点的数字图书馆资源最少,不同性质学校的数字图书馆的资源在类型和数量上存在差距。

(4)教学点课程学习网站建设薄弱。

课程学习网站的建设有利于教师改变教学模式,开展教学改革,提高学生的积极性,达到更好的教学效果。不同类型学校的课程学习网站建设情况的调查结果显示,教学点的课程学习网站建设比例最低,为 2.8%;高中的课程学习网站建设比例较好,为 56%;初中和小学比例相差不大,分别为 34.5%和 39.2%。教学点在课程学习网站方面比较薄弱。

4. 农村学校及教学点信息化环境落后

信息化环境建设水平关系到信息化资源建设、信息化应用及信息化人才培养等方面,是学校信息化发展的根本。在受调研的中小学中,信息化环境建设水平存在着巨大差异。中学的"班班通"建设、计算机设备、信息化教室建设、校园网建设等情况都明显优于教学点,并且城市学校建设情况普遍优于农村学校。湖北省农村学校及教学点信息化环境配备难以满足教育教学应用的需求,基础设施落后,教学手段陈旧,计算机普及率低,日常运行和维护困难,生均信息化设施拥有量明显较低。

(1)"班班通"覆盖率低,设备配备落后。

本次调研湖北省中小学是否建有"班班通"的结果显示,截至 2012 年底,湖北省已有 56.1%的中小学建成"班班通",还有很多学校的"班班通"处于建设阶段。不同性质学校的"班班通"覆盖情况存在差距,高中、初中、小学的比例分别为 65.4%、75.7%、60%,但是全省的教学点中只有 5.1%建有"班班通",远远落后于中小学的"班班通"覆盖率。另外,我们对 3 区域样本两两分别做独立样本 T 检验分析得到城市与县镇之间、城市与农村之间、县镇与农村之间的显著性概率分别为 0.017、0.00、0.00,均小于 0.05,表明城乡"班班通"覆盖情况存在显著性差异。从中小学所在的不同区域进一步分析湖北省基础教育阶段基础教育信息化"班班通"覆盖情况,具体情况如图 3.3.15 所示。

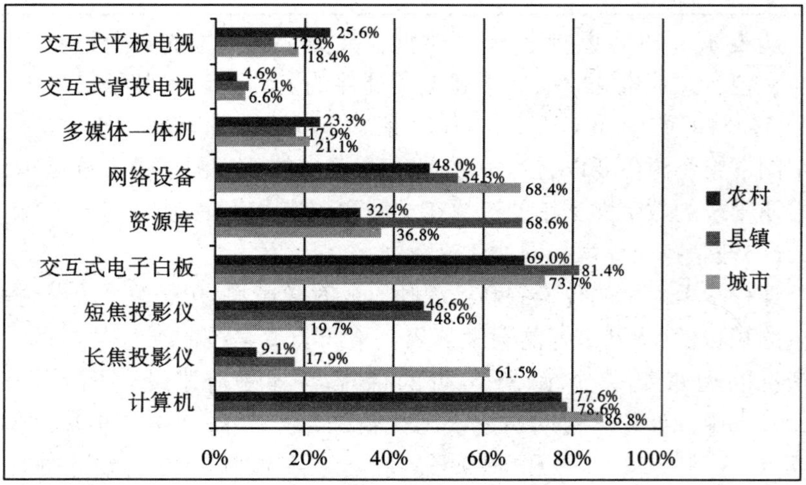

图 3.3.15 城乡学校"班班通"设备配备情况

由图 3.3.15 可知,城乡学校"班班通"设备配备情况存在一定的差异。总体来看,城市学校的各种设备配备比率几乎都高于县镇和农村。

(2)计算机设备配备比例低。

计算机是信息化环境建设中最基本的信息化设备。统计数据显示，目前湖北省中小学平均生机比(学生数/学生所用计算机台数)为 28∶1，平均师机比(教师数/教师使用计算机台数)为 2.2∶1,但是不同类型学校计算机比例差距较大,农村学校学生人均拥有计算机数明显处于平均水平以下,平均 50 名学生拥有 1 台计算机。教学点在计算机设备建设方面与初高中相比较薄弱,农村学校在计算机设备建设方面与城市学校相比较薄弱,因此须加强教学点及农村学校的计算机设备投入。

(3)信息化教室功能建设不齐全且覆盖率低。

信息化教室主要包括计算机教室、装有电子白板的多媒体教室、装有投影幕布的多媒体教室、装有电视的多媒体教室、语音室、电子备课室、电子阅览室、微格教室、数字实验室、录播教室。湖北省受调研的中小学信息化教室建设情况的调查结果如图 3.3.16 所示。

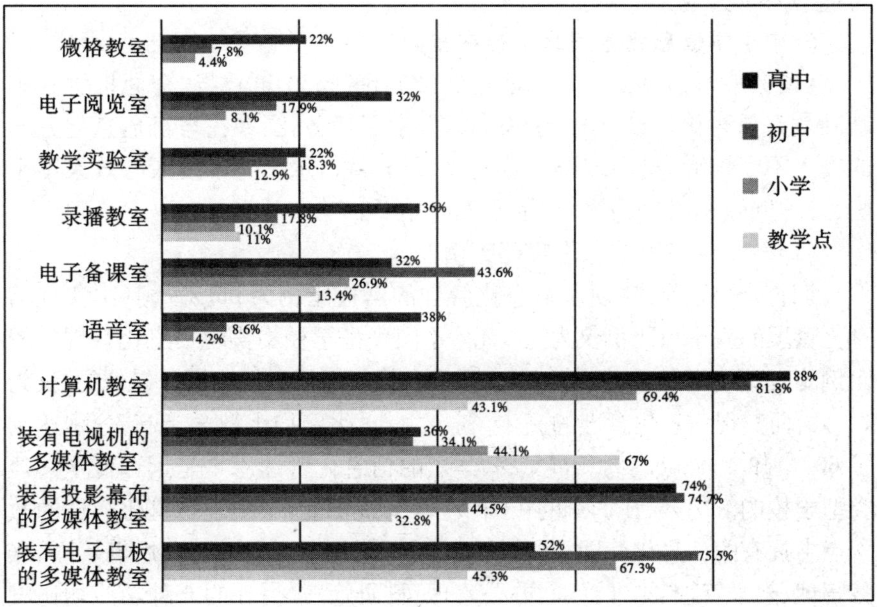

图 3.3.16 信息化教室整体情况

从图 3.3.16 可知,教学点中现有的信息化教室类型主要是电子白板、投影幕布、电视机、计算机教室、备课教室、录播教室,其中比例最高的是装有电视机的多媒体教室,比例为 67%。拥有其他类型教室的比例普遍偏低,最低的为录播教室,仅达 11%。而语音室、实验室、电子阅览室、微格教室等信息化教室则基本没有，为此，教学点在信息化教室建设方面仍需要很大的投入。

(4)校园网建设严重滞后。

在考察中小学校园网建设情况时，主要统计了校园网的出口总带宽和中心服务器两个方面的数据。调查表明，湖北省中小学校园网出口平均带宽达到了 14.8 Mbps，而教学点出口带宽的均值为 0.9 Mbps，远远低于湖北省中小学带宽平均水平。另外，城市中小学的平均出口总带宽为 42 Mbps，县镇均值为 10.9 Mbps，农村均值为 11 Mbps，我们对 3 种区域样本两两分别做独立样本 T 检验分析得到城市与县镇、城市与农村的显著性概率分别为 0.003、0.010，均小于 0.05，而县镇与农村的显著性概率为 0.928，大于 0.05，表明县镇与农村无显著性差异，而城市与县镇及农村均有显著差异。城市中小学中心服务器的均值为 1.19，农村和县镇则较低，分别为 0.48 和 0.65。综上可知，农村学校及教学点校园网建设远远落后于其他学校。

5. 中小学信息化管理水平存在差异

《国家教育信息化十年发展规划(2011—2020 年)》将“全面推进我国基础教育信息化建设”作为未来的首要发展任务，国家在教育信息化方面的投入不断加大，虽已取得显著成效，但教育信息化建设投入与效果不平衡，管理问题相对较为突出，主要表现如下。

(1)教学点实现信息化管理比例低。

调查结果显示，实现了信息化管理的学校比例为 35.2%，其中实现信息化管理的教学点比例仅为 0.3%。不同类型学校中实现信息化管理学校比例的统计结果显示，教学点中实现信息化管理的学校比例是最低的，仅为 1.9%，而实现信息化管理的高中、初中、小学比例均比教学点高，分别达到了 60%、49.3%、38.7%。可见，教学点的信息化管理水平是远远低于其他类型学校的。另外，在调查的 14 种管理系统功能中，实现信息化管理的教学点中拥有的信息化管理系统功能包括学籍管理、班级管理、后勤管理、账务管理、教学管理、排课管理、办公管理、科研管理，另外的 6 种功能均还没有得到实现。因此，教学点信息化管理系统需要进一步完善。

(2)中小学家校互通系统功能不完善。

调查结果显示，拥有家校互通系统的高中、初中和小学在所属类型学校的比例分别为 24%、42.5%、31.7%，而拥有该系统的教学点仅占同类型学校的 1.9%。另外，我们对不同类型学校家校互通系统功能情况进行了比较,结果如图 3.3.17 所示。

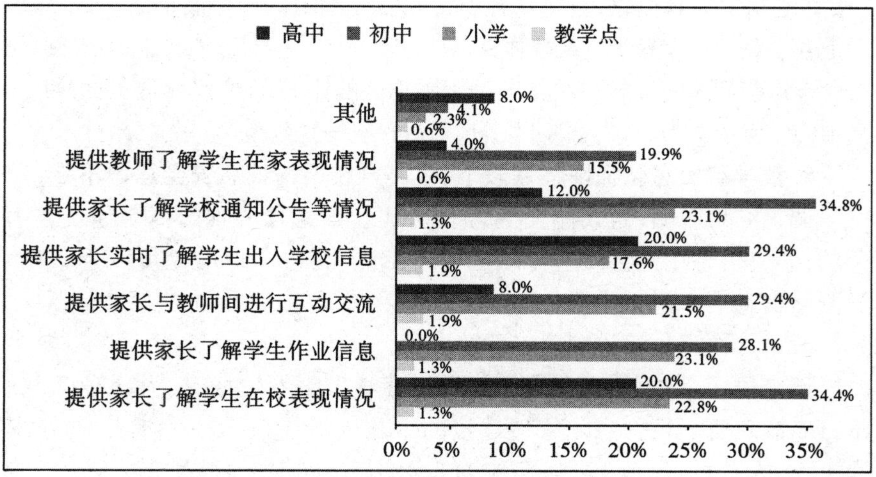

图 3.3.17 不同类型学校家校互通系统功能情况

由图 3.3.17 可知,湖北省中小学整体拥有家校互通系统的功能均不完善。教学点与其他类型学校相比,拥有功能所占的比例是最小的,由此说明教学点的家校互通系统功能很不完善,亟须加强建设。

(3)教学点“校园一卡通”建设薄弱。

拥有“校园一卡通”系统的教学点、小学、初中、高中的比例依次是 0.6%、11.2%、13.1%、56%。高中学校建设“校园一卡通”系统的情况最好,教学点“校园一卡通”系统的比率最低。教学点在“校园一卡通”功能应用方面明显低于城市学校。不同类型学校“校园一卡通”各项功能的情况如表 3.3.13 所示。

表 3.3.13 不同类型学校“校园一卡通”的功能情况

	教学点	小学	初中	高中
学生或教师身份认证	0%	15.4%	15.1%	11.1%
门禁卡	0%	10.8%	11.3%	5.6%
学生电子考勤	0.4%	27.7%	9.4%	16.7%
校园内消费	0%	27.7%	58.5%	55.6%
图书借阅	0%	4.6%	1.9%	5.6%
财务管理	0%	4.6%	3.8%	5.6%

从表 3.3.13 可以看出，湖北省校际“校园一卡通”系统功能实现程度存在一定的差异。总体而言，教学点各项功能的应用比例均是最小值，比较明显的是教学点学校没有学生或教师身份认证、门禁卡、校园内消费、图书借阅、财务管理这些方面的功能。学生电子考勤功能的比例是 0.4%，而小学、初中、高中的比例依次为 27.7%、9.4%、16.7%，存在一定差距。

6. 教学点信息化保障体制较弱，中小学校网络信息安全意识不强

调查结果表明，与其他类型的学校相比较，教学点保障体制建设较为薄弱，学校信息化建设缺乏专职的管理部门、信息化保障制度缺乏，中小学网络信息安全意识不强。

教学点信息化建设缺乏专职管理部门。

调查显示，设立信息化管理部门的教学点比例较低，仅为 8.9%。教学点专职负责学校信息化管理建设的平均人数最低，为 0.13 人，而小学为 1.16 人，初中为 1.49 人，高中为 3.48 人。图 3.3.18 为校际专职负责信息化建设、维护和管理的工作人员的最高职位所占的比例。

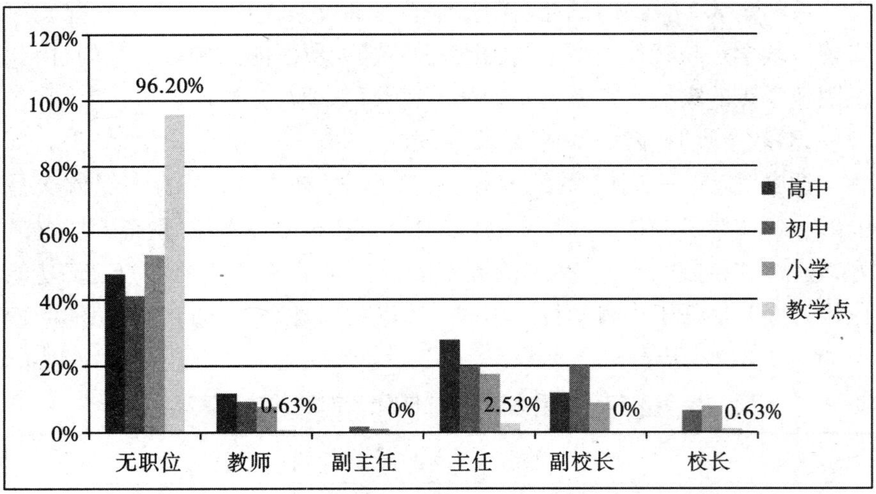

图 3.3.18　不同类型学校专职负责信息化管理的工作人员的最高职位情况

如图 3.3.18 所示，在接受调查的学校中，有 96.2%的教学点，一半左右的小学、初中、高中的专职负责信息化建设、维护和管理的工作人员没有职位，教学点中最高职位为主任的学校所占比例最高，为 2.53%。

(1)教学点信息化保障制度缺乏。

调查显示，教学点信息化保障制度缺乏，不同类型学校信息化保障制度建设情况如表 3.3.14 所示。

表 3.3.14 不同类型学校信息化保障制度建设情况

指标	教学点	小学	初中	高中
明确有校级领导分管基础教育信息化工作	3.8%	45.6%	55.7%	60.0%
制定学校信息化发展规划并列入全年工作计划	3.8%	46.1%	46.6%	36.0%
明确信息化资金投入占学校总投入的比例	1.9%	33.7%	31.7%	40.0%
定期对校内人员进行信息化培训	7.0%	62.2%	59.7%	56.0%
制定并执行设备维护与更新管理相关规范	4.4%	45.6%	48.0%	56.0%
制定并执行应用系统运行与管理相关规范	1.9%	35.5%	37.6%	28.0%
制定并执行网络与信息安全机制	3.2%	31.1%	34.4%	44.0%
将信息化工作水平纳入学校内部考评制度	2.5%	28.2%	29.9%	28.0%
为促进信息化发展建立激励机制	1.3%	25.5%	32.1%	32.0%

由表 3.3.14 可以看出,明确有校级领导分管基础教育信息化工作的教学点比例为 3.8%,而其他类型的学校比例在 50%左右;学校制定学校信息化发展规划并列入全年工作计划的教学点比例仅为 3.8%,表格中的数据充分说明教学点的信息化保障水平较低,没有完善的保障制度促进教学点信息化的发展与应用。

(2)中小学校网络信息安全存在隐患。

网络信息安全建设水平是全省基础教育信息化发展的重要组成部分。调研发现,中小学校的信息安全建设还较为薄弱,其具体的建设情况如图 3.3.19 所示。

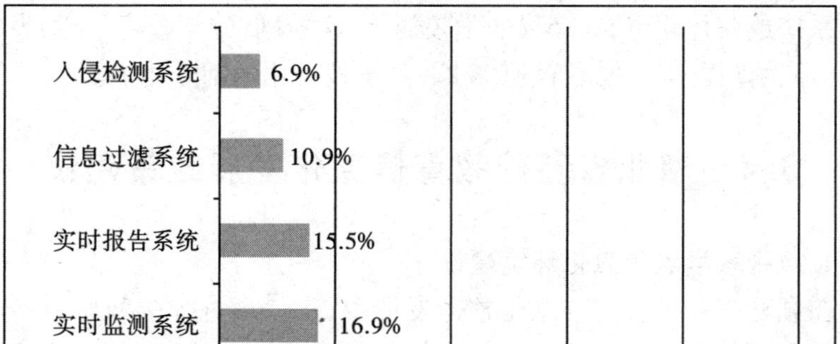

图 3.3.19 学校网络信息安全建设情况

由图 3.3.19 可以看出,28.2%的学校统一提供了网络防病毒系统,16.9%的学校建立了网络运行状态实时监测系统,15.5%的学校建立了网络运行故障实时报告系统,10.9%的学校建立了信息过滤系统,6.9%的学校建立了入侵检测系统。

学校阻止学生接触不良信息的方式大都通过人员的监督,其次是安装过滤软件和通过网站发布消息,很少使用内部专网,其具体的情况如图 3.3.20 所示。

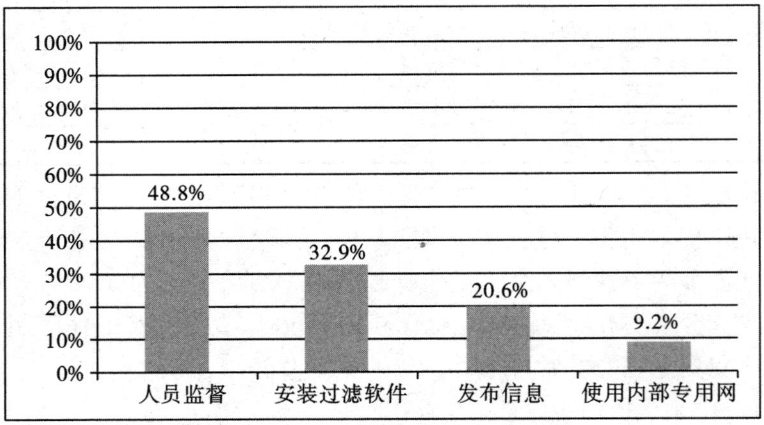

图 3.3.20　学校阻止学生接触不良信息方式的情况

如图 3.3.20 所示,阻止学生接触不良信息的方式中,48.8%的学校是通过人员(教师/家长/学生/其他员工)监督的方式;32.9%学校安装了过滤系统或监控软件;20.6%的学校通过(学校网站/学校告示栏)发布消息,向师生传播学校政策;仅有 9.2%的学校使用内部专用网。

3.4　湖北省基础教育信息化发展政策建议

1. 重视教学点信息化环境建设

在湖北省基础教育信息化整体发展中,应该通过加强教学点教学用房的建设为教学点购置计算机等设备,改善互联网的建设、增加多媒体教室等方式改善教学点的信息化环境。

2. 加强农村中小学教师信息技术能力培训

农村中小学专职信息技术教师力量薄弱,且农村教师尚不具备运用信息技术改革传统教学的教育技术能力,信息素养普遍不高,教师信息技能较低成为农村学校信息化应用瓶颈。在进行中小学教学培训时应该根据农村教师信息技术能力的具体情况,加强师资培训的有效性和针对性。

3. 成立信息化专职管理部门,完善教学点信息化保障体制

中小学普遍缺少信息化管理职位,几乎全部的教学点都没有专职负责信息化建设、维护和管理的工作人员,导致信息化保障体制缺乏。学校在信息化发展的过程中,要成立信息化专职管理部门,促进学校的信息化建设有条理、有组织地发展。

4 湖北省基础教育信息化发展水平比较研究

本章主要对湖北省基础教育信息化发展水平进行差异分析，并对我国基础教育信息化发展水平进行省际比较分析，同时将湖北省基础教育信息化发展水平与国际发展水平进行对比。进一步了解湖北省基础教育信息化发展现状，为相关部门做出决策提供参考。本章内容导图如图 4 所示。

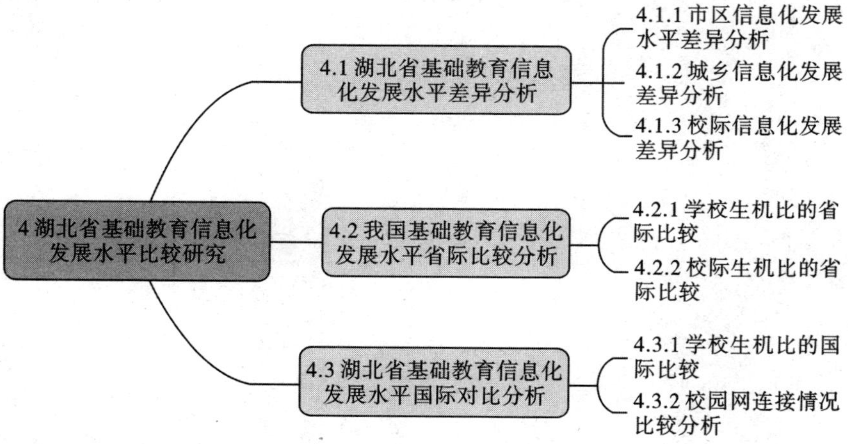

图 4　本章内容导图

4.1 湖北省基础教育信息化发展水平差异分析

本节在了解湖北省基础教育信息化发展现状的基础上，进一步探索湖北省基础教育信息化发展水平的差异情况。首先，对湖北省受调研的 14 个市(州)的基础教育信息化发展水平差异情况进行分析，了解各市(州)信息化均衡建设现状。其次对校际(教学点、小学、初中、高中)信息化发展水平进行差异分析，查看不同类型学校在信息化发展过程中的异同之处。最后对湖北省城乡(城市、县镇、农村间)基础教育信息化发展水平进行分析,阐述湖北省基础教育信息化城乡均衡建设现状。

4.1.1 湖北省基础教育信息化发展水平市区差异分析

主要通过方差分析、测算差异系数等方法,分析14个调研市(州)基础教育信息化发展水平的差异情况。分析结果显示,湖北省基础教育信息化的部分指标实现了市(州)均衡发展,但其他的指标存在着一定的差异。

1. 各市(州)学校教师信息化应用水平不均衡

选取教师使用信息化设备进行教学、备课的比例以及信息化工具使用频率2项指标分析各市(州)学校教师信息化应用水平是否存在差异。运用单因素方差分析推断教师信息化应用水平是否存在差异,分析结果如表4.1.1所示。

表4.1.1 各市(州)学校教师信息化应用水平方差分析结果

指　　标	Sig.
教师使用信息化设备进行教学、备课的比例	0.000
信息化工具使用频率	0.000
注:Sig.值>0.05,没有显著差异;Sig.值<0.05,存在显著差异。	

如表4.1.1所示,关于教师使用信息化设备进行教学、备课的比例以及信息化工具使用频率2个指标的显著性概率Sig.值均为0.000,小于0.05,表明各市(州)学校教师使用信息化设备进行教学、备课的比例以及信息化工具使用频率这2项指标均存在显著差异。分析数据得出,荆门市学校教师使用信息化设备进行教学、备课的比例均值最高,为56.6%;恩施州最低,为29.2%。武汉市中小学校教师对信息化工具的使用频率最高,为3.4;恩施州最低,为1.7。进一步表明各市(州)中小学校的教师信息化应用水平存在一定的差异。

2. 各市(州)学校达到《中小学教师教育技术能力标准》的教师分布不均衡

运用单因素方差分析推断学校达到《中小学教师教育技术能力标准》的教师分布是否存在差异。结果显示,14个市(州)学校达到《中小学教师教育技术能力标准》的教师比例的显著性概率Sig.值为0.000,说明各个市(州)学校达到《中小学教师教育技术能力标准》的教师分布不均衡。其中荆门市学校达到《中小学教师教育技术能力标准》的教师比例最高为

69.1%,恩施州达到《中小学教师教育技术能力标准》的教师比例最低为4.1%,区域存在差异。

3.各市(州)学校教师信息技术培训情况存在差异

选取学校教师信息技术培训次数这一项指标分析14个市(州)学校教师信息技术培训差异情况,该指标的差异系数表示各地区学校教师信息技术培训差异情况。统计结果显示,在被调查的14个市(州)中,学校教师信息技术培训次数整体平均值为3.17,差异系数为2.694,远远大于0.5,极差为256次,极差较大,说明14个市(州)学校教师信息技术培训情况存在显著差别。

4.各市(州)学校基础设施建设水平存在差异

选取学校师机比、生机比、出口总带宽分析这3项指标来分析14个市(州)学校基础设施建设水平差异情况,这3项指标的平均值、标准差、极差以及差异系数表示各地区学校基础设施建设水平差异情况,分析结果如表4.1.2所示。

表4.1.2　各市(州)学校基础设施建设离散程度

指标	平均值	标准差	极差	差异系数
师机比	5.14	10.88	−139.5	2.116
生机比	19.40	67.10	900	3.457
出口总带宽	14.87	90.49	2 000	6.085

注:差异系数又被称为变异系数,用于测量教育发展的相对差异,是指测量指标的标准差与其均值之比。一般的,当差异系数大于0.5时,则表示数据分布不均衡。极差表示一组数据最大值与最小值的差,极差越大,说明数据的离散程度越大。

从表4.1.2可知,目前湖北省整体学校平均生机比为19.4∶1,平均师机比为5∶1,出口带宽均值为14.87 Mbps。生机比、师机比、出口带宽差异系数分别是2.116、3.457、6.085,均远远大于0.5,极差分别为139.75、900和2 000,极差较大,说明各地区在学校基础设施建设方面存在显著差异。其中武汉市中小学校师机比均值为0.9∶1,仙桃市为6.9∶1。荆州市中小学校出口带宽平均为92.7 Mbps,襄阳市为2.81 Mbps。

5.各市(州)学校专职负责学校信息化工作人员分布不均衡

运用单因素方差分析推断14个市(州)学校专职负责学校信息化工作人员的分布是否存在差异。得到14个市(州)专职负责学校信息化工作人员数的显著性概率 Sig. 值为 0.000,说明各市(州)学校专职负责信息化工作人员数存在差异。其中荆州市学校专职负责学校信息化工作人员数平均为 2 人,恩施州专职负责学校信息化工作人员数平均为 0.1 人。

6. 各市(州)学校管理人员信息化办公水平差异较小

选取学校管理人员使用办公软件频率这一项指标分析 14 个市(州)学校管理人员信息化办公差异情况。统计结果显示,在被调查的 14 个市(州)中,学校管理人员使用办公软件频率均值为 3.50,差异系数为 0.283,小于 0.5,相对于其他指标的差异情况来说,14 个市(州)学校管理人员信息化办公水平没有显著差别。

7. 各市(州)学校校长、教师及学生信息技术能力发展较均衡。

选取学校校长、教师及学生信息技术能力这 3 项指标分析各地区学校校长、教师及学生信息技术能力差异情况。通过计算 3 个指标的平均值、标准差、极差以及差异系数测算各市(州)学校校长、教师及学生信息技术能力差异情况,分析结果如表 4.1.3 所示。

表 4.1.3 各市(州)学校校长、教师及学生信息技术能力离散程度

指标	平均值	标准差	极差	差异系数
校长信息技术能力	3.49	1.12	5.00	0.322
教师信息技术能力	2.94	1.11	4.00	0.379
学生信息技术能力	2.49	1.11	4.00	0.447

注:差异系数又被称为变异系数,用于测量教育发展的相对差异,是指测量指标的标准差与其均值之比。一般的,当差异系数大于 0.5 时,则表示数据分布不均衡。极差表示一组数据最大值与最小值的差,极差越大,说明数据的离散程度越大。

从表 4.1.3 可知,被调查的 14 个市(州)学校中,学校校长、教师及学生信息技术能力整体均值分别为 3.49、2.94、2.49,极差值较小。差异系数分别为 0.322、0.379、0.447,小于 0.5,说明 14 个市(州)校长、教师及学生信息技术能力发展较为均衡,差异不大。

8. 各市(州)学校领导对信息化建设工作的重视程度无显著差异

计算得到 14 个市(州)学校领导对信息化建设工作的重视程度的平均值、标准差、极差以及差异系数来测算各市(州)信息化建设重视程度的差异情况。统计结果显示,在被调查的 14 个市(州)中,学校领导对信息化建设工作的重视程度整体平均值为 3.63,差异系数为 0.333,小于 0.5,相对于其他指标的差异情况来说,14 个市(州)学校领导对信息化建设工作的重视程度差异不大。

4.1.2 湖北省基础教育信息化发展水平城乡差异分析

本节主要采用方差分析和两独立样本 T 检验方法分析湖北省城乡(城市、县镇、农村)基础教育信息化发展水平差异情况。依据分析结果，阐述我省基础教育信息化发展中的城乡差异情况。

1. 城乡学校教师信息化应用水平存在显著差异

选取教师使用信息化设备进行教学、备课的比例以及信息化工具使用频率这项指标分析城乡学校教师信息化应用水平是否存在差异。对城市、县镇、农村 3 个地域间教师使用信息化设备进行教学、备课的比例以及信息化工具使用频率进行方差分析，分析结果如表 4.1.4 所示。

表 4.1.4 城乡学校教师信息化应用水平方差分析结果

指　　标	Sig.
教师使用信息化设备进行教学、备课的比例	0.000
信息化工具使用频率	0.000
注：Sig. 值＞0.05，没有显著差异；Sig. 值＜0.05，存在显著差异。	

如表 4.1.4 所示，城市、县镇、农村在关于教师使用信息化设备进行教学、备课的比例以及信息化工具使用频率 2 个指标的显著性概率 Sig. 值均为 0.000，小于 0.05，表明城乡学校教师使用信息化设备进行教学、备课的比例以及信息化工具使用频率存在显著差异。其中城市学校教师使用信息化设备进行教学、备课的比例均值最高为 55.2%，农村学校为 40.2%。关于信息化工具使用情况，城市学校信息化工具使用频率均值为 3.3，农村学校为 2.6。

2. 城市与农村学校教师参与信息化教研情况存在显著差异

对城市与县镇、城市与农村、县镇与农村学校教师参与信息化教研的次数进行独立样本 T 检验，分析结果如表 4.1.5 所示。

表 4.1.5 城乡学校参与信息化教研次数 T 检验结果

	农村	县镇
城市	0.004	0.023
县镇	0.988	1.000
注：Sig. 值＞0.05，无显著差异；Sig. 值＜0.05，存在显著差异。		

由 4.1.5 可知，城市与县镇、城市与农村 Sig. 值均小于 0.05，说明城市学校与县镇、农村学校教师参与信息化教研情况存在显著差异。其中城市学校教师参与信息化教研的次数均值为 7 次，县镇学校为 5.2 次，农村为 4.4 次。县镇与农村之间的 Sig. 值大于 0.05，说明县镇与农村差别不大，无显著差异。

3. 城乡间学校达到《中小学教师教育技术能力标准》的教师分布不均衡

通过对城市与县镇、城市与农村、县镇与农村间学校达到《中小学教师教育技术能力标准》的教师比例进行独立样本 T 检验，分析结果如表 4.1.6所示。

表 4.1.6　城乡学校达到《中小学教师教育技术能力标准》的教师分布 T 检验结果

	农村	县镇
城市	0.006	0.899
县镇	0.006	1.000
注：Sig. 值＞0.05，无显著差异，Sig. 值＜0.05，存在显著差异。		

由表 4.1.6 可知，城市与县镇、城市与农村的 Sig. 值均小于 0.05，表明城乡学校达到《中小学教师教育技术能力标准》的教师比例存在显著差异，达到《中小学教师教育技术能力标准》的教师分布不均衡。其中城市学校达到《中小学教师教育技术能力标准》的教师比例平均为 65.7%，县镇学校为 57.0%，农村最低为 37.9%。城市与县镇的 Sig. 值均大于 0.05，说明城市与县镇学校达到《中小学教师教育技术能力标准》教师比例无差异。

4. 城乡学校教师信息技术培训有差异，其中初中城乡差异最大，高中差异较小

计算城市学校(城市小学、城市初中、城市高中)、县镇学校(县镇教学点、县镇小学、县镇初中、县镇高中)和农村学校(农村教学点、农村小学、农村初中)教师信息技术能力的标准差、极差和差异系数，分析结果如表 4.1.7 所示。

表 4.1.7　城乡学校教师信息技术培训差异情况

	平均值	标准差	极差	差异系数
高中城市、县镇	1.09	0.94	6	0.861
初中城乡	4.76	13.68	256	2.874
小学城乡	3.71	3.81	20	1.027
教学点县镇、农村	2.76	4.00	20	1.449

注:差异系数又被称为变异系数,用于测量教育发展的相对差异,是指测量指标的标准差与其均值之比。一般的,当差异系数大于 0.5 时,则表示数据分布不均衡。极差表示一组数据最大值与最小值的差,极差越大,说明数据的离散程度越大。

由表 4.1.7 可知,高中城市、县镇,初中城乡,小学城乡,教学点县镇、农村学校教师信息技术培训次数平均值有很大差距,差异系数分别为 0.861、2.874、1.027、1.449,均大于 0.5,极差分为 6、256、20、20,说明 4 种类型学校城乡教师信息技术培训情况存在显著差异。其中初中城乡差异系数最大,差异最大。

5. 城乡学校基础设施建设水平存在差异

选取学校师机比、出口总带宽这 2 项指标分析城乡学校基础设施建设水平差异情况,对城市、县镇、农村 3 个地域位置师机比、生机比、出口总带宽进行方差分析,分析结果如表 4.1.8。

表 4.1.8　城乡学校基础设施建设水平单因素方差结果

指标	Sig.
师机比	0.001
出口总带宽	0.010

注:Sig. 值>0.05,没有显著差异;Sig. 值<0.05,存在显著差异

根据表 4.1.8 方差分析结果可知,城市、县镇、农村师机比 Sig. 值为 0.001,小于 0.05,表明城乡学校师机比存在显著差异;城乡出口总带宽 Sig. 值为 0.01,小于 0.05,表明城乡出口总带宽也存在显著性差异。综合以上指标,说明城乡基础设施建设水平存在一定的差距。其中城市学校教师平均每 3 人拥有 1 台计算机,县镇学校教师平均每 7 人拥有 1 台计算机,农村学校教师平均每 5 人拥有 1 台计算机。城市学校出口总带宽均值最高,为 42.1Mbps;农村学校为 11.5Mbps;县镇学校为 10.9Mbps。

6. 城乡学校专职负责信息化工作人员分布不均衡

对城市与县镇、城市与农村、县镇与农村专职负责学校信息化工作人员数进行独立样本 T 检验，分析结果如表 4.1.9 所示。

表 4.1.9 城乡学校专职负责信息化工作人员分布 T 检验结果

	农村	县镇
城市	0.000	0.004
县镇	0.040	1.000
注：Sig. 值＞0.05，无显著差异；Sig. 值＜0.05，存在显著差异。		

由表 4.1.9 可知，城市与县镇、城市与农村的 Sig. 值均小于 0.05，表明城乡学校专职负责学校信息化工作人员数存在显著差异，专职信息化工作人员分布不均衡。其中城市学校专职负责学校信息化工作人员数平均为 2.2 人，县镇学校为 1.4 人，农村平均为 0.8 人。

4.1.3 湖北省基础教育信息化发展水平校际差异分析

校际的差异分析是通过测算差异系数、独立样本 T 检验、方差分析等方法对湖北省教学点、小学、初中和高中信息化发展水平的差异情况进行分析。根据分析结果阐述湖北省校际基础教育信息化发展水平的均衡情况。

1. 教学点与小学、初中、高中学校达到《中小学教师教育技术能力标准》的教师比例存在显著差异

通过对教学点与小学、教学点与初中、教学点与高中、小学与初中、小学与高中达到《中小学教师教育技术能力标准》教师的比例进行独立样本 T 检验，分析结果如表 4.1.10 所示。

表 4.1.10 校际达到《中小学教师教育技术能力标准》教师比例 T 检验结果

	小学	初中	高中
教学点	0.000	0.000	0.000
小学	1.000	0.000	0.009
注：Sig. 值＞0.05，没有显著差异；Sig. 值＜0.05，存在显著差异。			

从表 4.1.10 可知，教学点与小学、初中和高中达到《中小学教师教育技术能力标准》的教师比例对应的显著性水平（Sig. 值）都为 0.000，小于 0.05，表明教学点与小学、初中和高中达到《中小学教师教育技术能力标准》的教师比例存在显著差异。同理，可以得到小学与初中、高中达到《中

小学教师教育技术能力标准》的教师比例也存在显著差异。其中教学点达到《中小学教师教育技术能力标准》的教师比例最低，为 28.4%，小学达到《中小学教师教育技术能力标准》的教师比例最高，为 58.03%。初中和高中达到《中小学教师教育技术能力标准》的教师比例分别为 54.88%和 43.88%。

2. 学校“班班通”设备配备率存在差异

通过测算城市学校（城市小学、城市初中、城市高中）、县镇学校（县镇教学点、县镇小学、县镇初中、县镇高中）和农村学校（农村教学点、农村小学、农村初中）“班班通”设备配备率的差异系数，结果如表 4.1.11 所示。

表 4.1.11 “班班通”设备配备率差异情况

	均值	标准差	极差	差异系数
城市	33.222	22.242	61	0.669
县镇	55.889	38.944	100	0.697
农村	87.444	66.335	210	0.759

注：差异系数又被称为变异系数，用于测量教育发展的相对差异，是指测量指标的标准差与其均值之比。一般的，当差异系数大于 0.5 时，则表示数据分布不均衡。极差表示一组数据最大值与最小值的差，极差越大，说明数据的离散程度越大。

从表 4.1.11 可以看出，城市学校、县镇学校和农村学校“班班通”设备配备率的差异系数分别为 0.669、0.697 和 0.759，均大于 0.5，说明校际“班班通”设备配备率存在差异。城市学校、县镇学校和农村学校的“班班通”设备配备率的极差分别为 61、100 和 210，极差较大，说明衡量校际“班班通”设备配备率的数据离散程度较大。其中，高中学校“班班通”建设比例为 65.97%；初中学校“班班通”建设比例最高，为 77.06%；小学“班班通”建设比例是 60%，而教学点“班班通”建设比例远远低于其他中小学，只有 5.06%。

3. 学校生机比存在差异，城市学校的差距相对较小

通过测算城市学校（城市小学、城市初中、城市高中）、县镇学校（县镇教学点、县镇小学、县镇初中、县镇高中）和农村学校（农村教学点、农村小学、农村初中、农村高中）生机比（学生数与计算机数的比值）的差异系数，如图 4.1.1 所示。

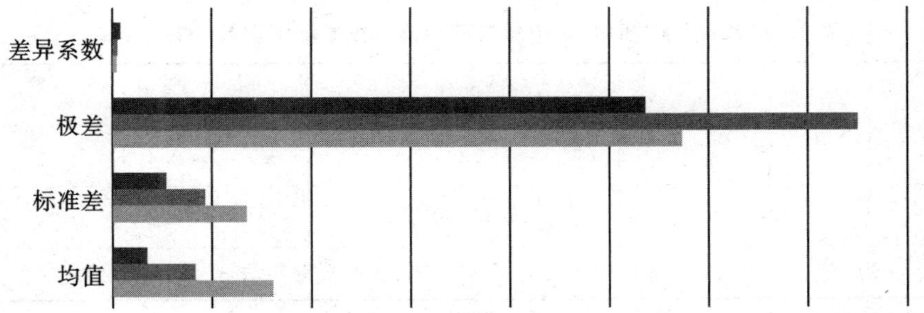

	均值	标准差	极差	差异系数
■农村学校	7.074	11.016	107.5	1.557
■县镇学校	16.762	18.815	150	1.122
■城市学校	32.485	27.022	115	0.832

图 4.1.1 生机比差异情况

注:差异系数又被称为变异系数,用于测量教育发展的相对差异,是指测量指标的标准差与其均值之比。一般的,当差异系数大于 0.5 时,则表示数据分布不均衡。极差表示一组数据最大值与最小值的差,极差越大,说明数据的离散程度越大。

由图 4.1.1 可知,城市学校、县镇学校和农村学校的生机比差异系数分别是 0.832、1.122 和 1.557,均大于 0.5,说明我省生机比建设不均衡。其中城市生机比的差异系数最小,说明城市生机比的差距相对较小,农村生机比差异系数较大,生机比建设差距最大。高中学校生机比最小,为 18.05 ∶ 1;初中学校生机比为 23.47 ∶ 1;小学的生机比为 36.44 ∶ 1,而教学点生机比远远高于其他中小学,是 53.25 ∶ 1。

4. 初中与高中学校达到《中小学教师教育技术能力标准》的教师比例无显著差异

通过对初中与高中学校的达到《中小学教师教育技术能力标准》教师比例进行独立样本 T 检验发现,初中学校与高中学校达到《中小学教师教育技术能力标准》的教师比例对应的 Sig. 值是 0.083,大于 0.05,表明初中与高中达到《中小学教师教育技术能力标准》的教师比例没有显著差异。

5. 教师信息技术培训在中小学受到同等重视

教师信息技术培训有利于提高教师的专业发展水平,提高教学效果。分别对小学与初中、小学与高中,初中与高中教师信息技术培训次数进行独立样本 T 检验,分析结果如表 4.1.12 所示。

表 4.1.12　小学、初中、高中学校教师信息技术培训次数 T 检验结果

	初中	高中
小学	0.271	0.469
初中	1.000	0.244
注:Sig. 值>0.05,没有显著差异;Sig. 值<0.05,存在显著差异		

由表 4.1.12 可知,小学与初中、小学与高中、初中与高中教师信息技术培训次数对应的 Sig. 值分别为 0.271、0.469、0.244,大于 0.05。表明小学与初中、高中在教师信息技术培训次数上没有显著差异。

6. 不同类型学校教师信息技术能力水平得到均衡发展

通过计算城市(城市小学、城市初中、城市高中)、县镇(县镇教学点、县镇小学、县镇初中、县镇高中)和农村(农村教学点、农村小学、农村初中)教师信息技术能力的标准差、极差和差异系数,结果如图 4.1.2 所示。

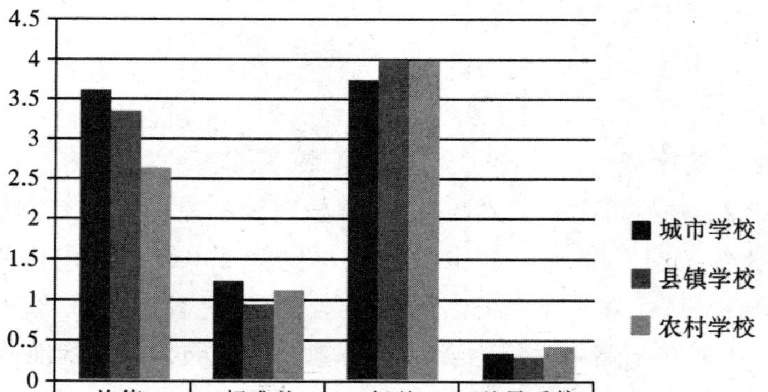

	均值	标准差	极差	差异系数
城市学校	3.609	1.222	3.75	0.339
县镇学校	3.341	0.946	4	0.283
农村学校	2.648	1.101	4	0.416

图 4.1.2　不同类型学校教师信息技术能力差异情况

注:差异系数又被称为变异系数,用于测量教育发展的相对差异,是指测量指标的标准差与其均值之比。一般的,当差异系数大于 0.5 时,则表示数据分布不均衡。极差表示一组数据最大值与最小值的差,极差越大,说明数据的离散程度越大。

从图 4.1.2 可以看出，城市、县镇和农村教师信息技术能力的差异系数分别为 0.339、0.283 和 0.416，均小于 0.5，说明我省教师信息技术能力差距较小，发展较均衡。其中城市教师信息技术能力的差异系数最小，教师信息技术能力水平较均衡。农村教师信息技术能力的差异系数最大，能力水平均衡情况相对较差。

7. 数字图书馆中文本资源、电子课件拥有量校际无显著差异

学校数字图书馆资源的建设情况直接影响着学生拓展学习、教师教学和科研等。通过对小学、初中、高中学校的数字图书馆中各种类型资源建设水平进行方差分析，结果如表 4.1.13 所示。

表 4.1.13 不同类型学校文本资源、电子课件方差分析结果

指标	Sig.
文本资源	0.873
电子课件	0.067
注：Sig. 值＞0.05，没有显著差异；Sig. 值＜0.05，存在显著差异。	

由表 4.1.13 可知，小学、初中、高中学校等校际在数字图书馆的文本资源量、电子课件数量上的 Sig. 值分别为 0.873 和 0.067，大于 0.05。说明校际文本资源量、电子课件数量没有显著差异。

4.2 我国基础教育信息化发展水平省际比较分析

分别从东部地区、中部地区和西部地区各抽取 2 个省份作为代表进行全国的区域性的比较研究，其中东部区域选取浙江省和广东省，中部区域选取山西省和湖北省，西部区域选取云南省和新疆维吾尔自治区，将所选取出来的 6 个省份 2010 年的小学、初中、高中的生机比、师机比进行对比研究。

4.2.1 学校生机比的省际比较

与浙江省、广东省、山西省、云南省、新疆维吾尔自治区的中小学的生机比进行对比，分析湖北省的生机比现状。各省(自治区)具体的生机比分布如图 4.2.1。

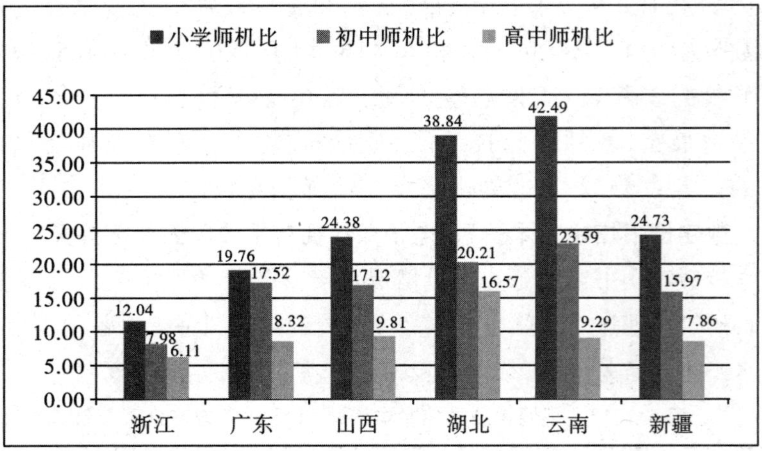

图 4.2.1 各省(自治区)的生机比

从图 4.2.1 可以看出,各省(自治区)小学生机比均处于较高的比例,其后依次是初中、高中。其中,小学生机比中,云南省的比例最高,为 42.49;其次是湖北省,比例为 38.84;比例最低的是浙江省,比例为 12.04;其次是广东省,比例为 19.76。初中学校生机比中,云南省和湖北省的比例较高,分别为 23.59、20.21,得分较低的是浙江省,比例为 7.98。高中学校生机比中,湖北省的比例为 16.57,比例最高;比例最低的是浙江省,为 6.11。由此可得,无论是高中还是初中、小学的生机比,浙江省的比例均是最低的,说明浙江省的生机比具有较好的发展水平;湖北省与浙江省、广东省、山西省、新疆维吾尔自治区存在一定的差距。

4.2.2 师机比的省际比较

与浙江省、广东省、山西省、云南省、新疆维吾尔自治区的中小学的师机比进行对比,通过对比分析,了解湖北省的师机比现状。具体的生机比分布如图 4.2.2。

从图 4.2.2 可以看出,高中师机比中,云南省和湖北省的比例最大,比例分别为 2.28 和 2.11,其次是新疆维吾尔自治区、山西省、广东省、浙江省,比例依次是 1.72、1.62、0.97、0.61。初中学校的师机比中,湖北省和云南省的比例最大,分别为 1.45、1.36,其次是新疆维吾尔自治区、山西省、广东省、浙江省,比例分别为 1.33、1.19、0.93、

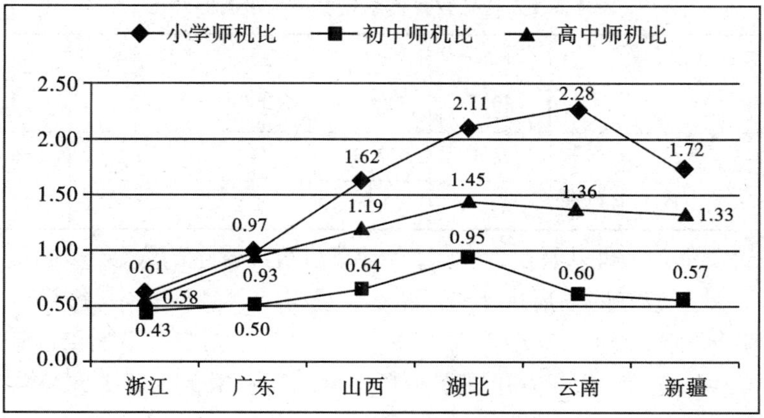

图 4.2.2　各省(自治区)的师机比

0.58。小学师机比中,比例最大的是湖北省,为 0.95,比例最小的是浙江省,为 0.43。由此可知,在高中、初中学校中,湖北省的师机比仅优于云南省,处于较低的发展水平,小学学校中,湖北省的师机比最大,发展较为落后。

4.3　基础教育信息化发展水平国际对比分析

自 2000 年全国中小学信息技术教育工作会议以来,我国的基础教育信息化取得了骄人的成绩。根据《中国教育统计年鉴》中计算机数量和学生数量计算出全国小学和初中阶段生机比的城乡数据差异,结果显示,自 2004 年开始农村中小学生机比均有大幅度的下降,城乡均衡程度不断提高。特别是初中阶段,2006 年开始城乡在生机比指标上达到较高的均衡状态,2007 年以来农村初中甚至超越了城市初中的发展速度,但是小学阶段城乡差异依然显著。我国基础教育信息化取得了阶段性的成果,但国际基础教育信息化发展水平如何?我国与国际基础教育信息化发展水平有无差距?本节进行一定的比较分析研究。

4.3.1　中小学生机比的国际比较

目前湖北省中小学平均生机比为 28∶1,平均师机比为 2.2∶1,湖北省初中和小学生机比情况与韩国、日本、英国、美国的比较如表 4.3.1 所示。

表 4.3.1 基础教育信息化发展水平国际对比

		日本(2005)	英国(2004)	韩国(2002)	美国(2002)	湖北省(2012)
每台计算机对应学生数	小学	9.6	7.5	8.3	5.2	25.6
	初中	6.9	4.9	6.2	4.1	16.4

从表 4.3.1 可以看出,小学每台计算机对应学生的人数,美国最少为 5.2 人,处于较好的发展水平;其后依次是英国、韩国、日本,每台电脑对应的小学生人数为 7.5 人、8.3 人、9.6 人。然而,湖北省小学每台计算机对应学生数是 25.6,与发达国家小学生机比还有很大的差距。初中每台计算机对应学生数中,美国也是发展最好的国家,对应人数为 4.1 人;其后依次是英国、韩国、日本,对应学生数分别为 4.9 人、6.2 人、6.9 人。湖北省初中学校每台计算机对应学生人数为 16.4 人。由此可知,湖北省中小学生用计算机数量存在较大缺口,学校及相关部门应加大投资,为学生增置计算机设备。

4.3.2 校园网连接情况比较分析

日本、英国、美国发达国家的教育信息技术基础设施已经非常先进。其中,尤其以美国的教育信息技术基础设施建设最为先进。在进入因特网的学校百分比例方面,湖北省与日本、英国、美国具体比较情况见表 4.3.2 所示。

表 4.3.2 与日本、英国、美国发达国家的校园网连接情况对比

		日本(2005)	英国(2004)	美国(2002)	湖北省(2012)
进入因特网的学校百分数(%)	小学	99.7	>99	99	94
	初中	99.9	>99	100	90.5

表 4.3.2 统计了近几年来,日本、英国、美国、湖北省的小学和初中校园网建设情况。可以看出,无论小学还是初中,发达国家进入因特网的学校百分比均在 99%以上,说明在发达国家中小学基本上均可以连接互联网。湖北省的小学和初中,进入互联网的学校百分比分别为 94%、90.5%,虽然已经具有很高的水平,但是与发达国家相比还有一定的差距。

第三篇 湖北省小学信息化发展水平分析

本篇基于调查所得数据,主要围绕湖北省教学点及小学信息化发展水平进行分析,探索湖北省教学点及小学信息化发展影响因素,了解湖北省教学点及小学信息化发展现状,比较分析湖北省各市(州)教学点及小学信息化发展水平,对湖北省小学信息化发展水平进行市(州)及城乡的差异分析,对湖北省小学信息化发展水平进行国际比较及省际比较。最后基于教学点及小学信息化发展过程中存在的问题提出几点政策建议,以促进湖北省教学点及小学信息化均衡发展。

5 湖北省教学点信息化发展水平分析

本章主要从信息化应用水平、人才水平、资源建设水平、环境水平、管理水平以及保障体制 6 个方面描述湖北省教学点信息化发展现状,从信息化应用水平、人才水平和环境水平 3 个方面比较分析湖北省各市(州)教学点信息化发展水平,并基于教学点信息化发展过程中存在的问题提出了几点政策建议。本章内容导图如图 5 所示。

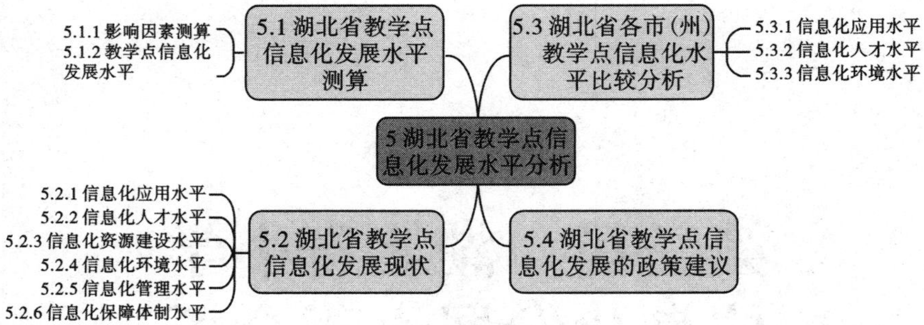

图5　本章内容导图

5.1　湖北省教学点信息化发展水平测算

本节采用因子分析法对湖北省教学点信息化发展的影响因素进行探索,依据计算出来的因子得分,用 SPSS 18.0 统计软件从信息化人才水平、信息化应用水平、保障体制水平以及信息化环境水平 4 个方面对湖北省各市(州)教学点信息化发展水平进行综合排名,并对其排名进行简要分析。

5.1.1　探索湖北省教学点信息化发展影响因素

采用因子分析法对湖北省教学点信息化发展的影响因素进行探索,基于主成分分析法共提取 4 个公因子,包括“信息化人才水平”、“信息化应用水平”、“保障体制水平”和“信息化环境水平”,基本上反映了湖北省教学点信息化发展状况。如表 5.1.1 所示。

表 5.1.1　探索性因子分析结果

一级指标	二级指标	因子载荷
信息化人才水平	教师的信息化教学水平	0.732
	校长信息化领导能力	0.889
	教师信息技术能力	0.832
	学生信息技术能力	0.694
	管理人员信息化办公水平	0.756
信息化应用水平	学生每周使用计算机完成学习任务情况	0.937
	学生每周在课堂上使用计算机情况	0.881
	学生每周在校内课余时间使用计算机学习情况	0.919
	教学资源应用情况	0.514

续表

一级指标	二级指标	因子载荷
保障体制水平	达到《中小学教师教育技术能力标准》的教师比例	0.898
	专职负责学校信息化建设维护管理的工作人员数	0.922
	学校每学期组织的教师信息技术培训的次数	0.527
信息化环境水平	多媒体教室建设情况	0.664
	生机比	0.725
	师机比	0.472

5.1.2 湖北省教学点信息化发展水平

在湖北省受调研的16个调研点中有11个市(州)建有教学点,包括武汉市、鄂州市、黄冈市等地。依据计算出来的因子得分,用SPSS 18.0统计软件计算各市(州)教学点信息化发展水平的综合得分,并根据得分值的高低进行排序,了解教学点在湖北省各市(州)的建设情况,结果如表5.1.2所示。

表5.1.2 各市(州)教学点信息化发展水平得分与排名

市(州)	信息化应用水平		信息化人才水平		保障体制水平		信息化环境水平	
	得分	排名	得分	排名	得分	排名	得分	排名
鄂州	3.15	1	0.50	6	−0.09	6	0.67	3
黄冈	−0.67	9	−0.01	9	4.39	1	0.19	6
武汉	−0.75	10	1.36	1	2.76	2	0.46	4
随州	−0.50	6	1.09	2	0.26	10	2.22	1
潜江	−0.65	8	0.62	4	1.41	3	0.99	2
襄阳	−0.05	3	1.07	3	0.46	5	−0.25	7
十堰	−0.31	5	0.67	5	−0.19	8	0.32	5
咸宁	−0.53	7	0.45	7	−0.23	9	−0.35	10
恩施	0.13	2	−0.63	10	−0.13	7	−0.29	8
荆门	−0.16	4	−0.93	11	0.50	4	−0.31	9
宜昌	−1.12	11	0.20	8	−0.30	11	−0.41	11

从综合排名中可以看出,受调研的湖北省教学点信息化发展水平排名前3的是鄂州市、黄冈市和武汉市。而咸宁市、荆门市和恩施州的教学点信息化发展水平较低,处于全省下游水平。鄂州市教学点的信息化人才水平得分最高,位于全省最前列;随州市教学点的信息化应用水平排名第1,发展较好;黄冈市教学点的保障体制水平位于全省第1名,建设

良好。

用直观的数据图表述表格中的数据如图 5.1.1 所示。

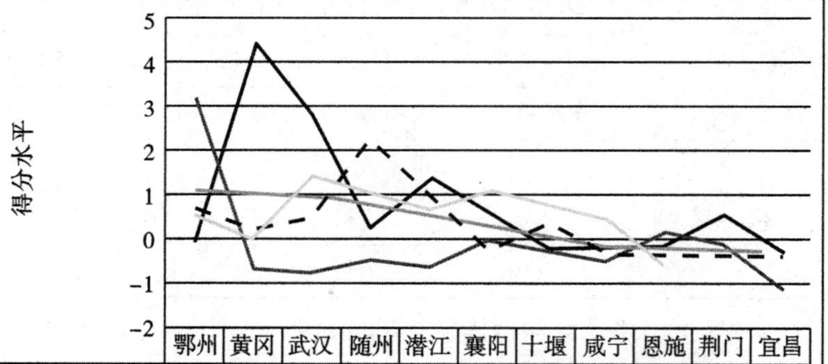

	鄂州	黄冈	武汉	随州	潜江	襄阳	十堰	咸宁	恩施	荆门	宜昌
综合得分	1.06	0.98	0.96	0.77	0.59	0.31	0.12	−0.17	−0.22	−0.23	−0.41
信息化应用	3.15	−0.67	−0.75	−0.50	−0.65	−0.05	−0.31	−0.53	0.13	−0.16	−1.12
信息化人才	0.50	−0.01	1.36	1.09	0.62	1.07	0.67	0.45	−0.63	−0.93	0.20
信息化保障体制	−0.09	4.39	2.76	0.26	1.41	0.46	−0.19	−0.23	−0.13	0.50	−0.30
信息化环境	0.67	0.19	0.46	2.22	0.99	−0.25	0.32	−0.35	−0.29	−0.31	−0.41

图 5.1.1　湖北省各市(州)教学点信息化发展水平得分分布图

从图 5.1.1 中可知,在湖北省内 11 个市(州)的教学点信息化发展水平还是存在一定的差距。差异较大的 2 个维度是保障体制和信息化应用,保障体制水平得分最高达到 4.39,最低为−0.30,信息化应用水平得分最高达到 3.15,最低为−1.12。教学点应采取相应的措施促进信息化发展,缩小建设水平之间的差距,努力达到信息化均衡发展的目标。

5.2　湖北省教学点信息化发展现状

本节主要从信息化应用水平、人才水平、资源建设水平、环境水平、管理水平以及保障体制水平 6 个方面介绍湖北省教学点信息化发展现状。通过调查数据分析总结湖北省教学点信息化发展在这 6 个方面存在的一些问题。

5.2.1　信息化应用水平现状

教育信息化的核心目标是应用信息技术促进教育的改革与发展,实现现代信息技术与教育教学的深度融合。通过数据分析发现,湖北省教学点的信息化发展存在一些问题:教学点信息技术课程开设率较低、机房课余时间开放不足、信息化工具使用率较低、信息化教研参与度不够，其信息化应用水平亟待提高。

1. 信息技术课程开设率较低，机房课余时间开放不足

由于教学设备落后、师资力量薄弱、教师信息技术能力不足等因素的限制，使得教学点信息技术课程开设率较低。调查结果显示，小学、初中、高中开设信息技术课程的比例超过了80%，高中甚至达到了100%，而教学点的信息技术课程开设比例较低，仅为9.49%。另一方面，课余时间开放机房可供学生查阅相关的学习资料，同时也可以丰富学生的课余生活。与其他类型的学校相比较，教学点机房在课余时间开放不足，教学点课余时间机房对学生开放的比例为3.8%，而小学、初中、高中课余时间机房对学生开放的比例分别为27.2%、37.1%和48%，由此可见，教学点机房在课余时间对学生开放的比例最低。

2. 教学点信息化工具使用率较低

信息化工具在教学中运用能够辅助教师教学，同时也能辅助学生学习。与其他类型的学校相比较，教学点信息化工具使用率不高。不同类型学校信息化工具使用情况如表5.2.1所示。

表5.2.1 不同类型学校信息化工具使用频率均值

	电子邮箱	交流工具	社交网络
教学点	2.79	2.80	1.51
小学	3.18	3.61	2.35
初中	3.60	4.15	2.30
高中	3.76	4.20	2.56
注：1表示频率最低，5表示频率最高，由1到5依次表示频率由低到高。			

由表5.2.1可以看出，与小学、初中和高中相比，教学点信息化工具的使用频率最低，教学点教师使用QQ、MSN等交流工具以及电子邮箱、社交网络辅助教学的频率均值分别为2.80、2.79和1.51，使用频率最低的是社交网络，而小学、初中和高中信息化工具使用率均达到了较高的水平。

3. 教学点采用信息化评估方式的教师比例较低

近年来，伴随着对学习过程和结果测量与评价研究的不断增加，相继出现了多种学习测量与评价的新技术与新方法。其中，量规评价、电子档案袋评价、学习契约评价的应用最广、影响最大，堪称其中的代表。调研结果显示，教师通常采用的评价方式为电子档案袋，比例为56.40%；其次为学习量规，比例为24.00%；使用最低的是学习契约，比例为10.70%。不同类型学校采用信息化评估方式的教师比例如图5.2.1所示。

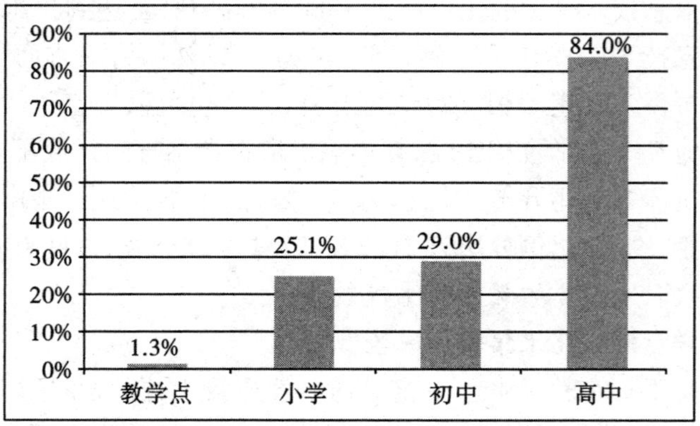

图 5.2.1　不同类型学校采用信息化评价方式的教师比例

从图5.2.1的统计结果可以看出，高中采用信息化评估方式的教师比例最高，达到了84%，其次为初中和小学，比例分别为29.0%和25.1%，教学点采用信息化评价方式的教师比例最低，仅为1.3%。

5.2.2　信息化人才水平现状

调查显示，教学点中教师队伍的知识结构、素质和能力不适应教育信息化发展要求，教师培训面临知识量大、技术更新快、培训力量有限等诸多制约条件。多数教师刚刚开始进入学习利用信息技术促进教学的阶段，还有一批教师对计算机基本操作并不熟练。教学点教师尚不具备运用信息技术改革传统教学的教育技术能力，信息素养普遍不高，教师信息技能较低成为应用瓶颈。

1. 教师达到《中小学教师教育技术能力标准》的比例较低

2004年，我国颁布了《中小学教师教育技术能力标准》，并于2005年启动了“全国中小学教师教育技术能力建设计划项目”，对全国上千万中小学教师开展不同层次的教育技术能力培训、考试与认证。通过调查湖北省中小学教师达到《中小学教师教育技术能力标准》的比例，了解中小学教师的教育技术能力。调查结果表明，教学点达到《中小学教师教育技术能力标准》的教师比例是28.4%，小学和初中学校中达到《中小学教师教育技术能力标准》的教师比例都超过了一半，分别是 58％和 55％，高中学校达到《中小学教师教育技术能力标准》的教师比例为 44％。数据显示不同性质学校达到《中小学教师教育技术能力标准》的教师比例存在差距，小学与初中、高中的比例差距较小，而教学点与小学、中学的比例差距较大，教学点达到《中小学教师教育技术能力标准》的教师比例较低，教师的教育技术能力相对薄弱。

2. 教师信息技术能力培训未受到重视，开展信息化相关活动力度较小

调查结果显示，湖北省中小学中 91％的学校每学期组织教师参加信息技术能力培训，平均每学期组织的培训次数是 3.67 次。而教学点教师信息技术能力培训并未得到大力开展，每学期组织教师信息技术能力培训的平均次数是 1.1 次，远小于湖北省中小学教师信息技术能力培训的平均次数。另外，为了提高师生的信息技术能力，进而促进学校的信息化发展水平，学校会举办一些信息化活动，如信息化教学技能大赛、课件制作大赛、学生动画制作大赛等。调研结果表明，不同性质学校每学期开展信息化相关活动平均次数存在差异，教学点的平均次数明显小于小学与中学，如图 5.2.2 所示。

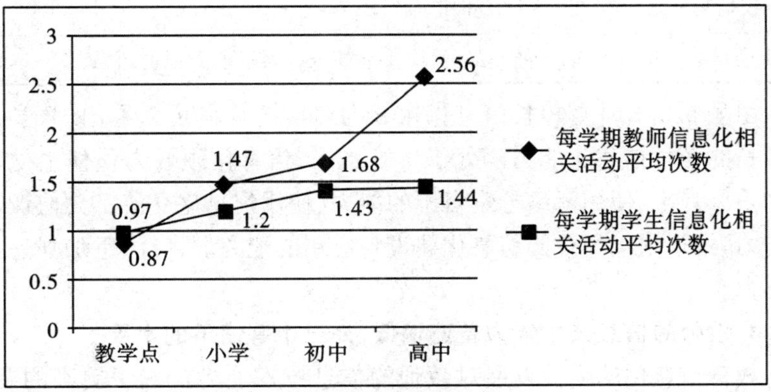

图 5.2.2　不同类型学校每学期开展信息化相关活动情况

从图 5.2.2 中可以看到，不同类型学校每学期开展教师信息化相关活动平均次数的差距较大，平均次数最少的是教学点，为 0.87 次，平均次数最多的是高中，为 2.56 次，小学与初中的平均次数差距较小。然而不同类型学校每学期开展学生信息化相关活动平均次数的变化趋势较弱，差距不大，教学点平均次数为 0.87 次，次数最少，小学、初中和高中的平均次数相差不大。教学点应增加信息化活动的次数，增强师生的信息技术能力，加快信息化发展水平。

3. 校长的信息化领导力处于中等水平

校长的信息技术能力及其信息化领导能力对学校的信息化建设、信息化发展起着关键作用。了解校长的信息技术能力有利于学校的信息化管理和信息化发展。从使用网络搜索资源的能力、使用信息化交流工具协调沟通的能力、使用基础教育信息化管理平台管理学校事务的能力等5个方面调查校长的信息化领导力，教学点学校校长信息技术能力情况如表5.2.2所示。

表5.2.2　教学点学校校长信息化领导力

指　　标	均值
使用网络搜索资源的能力	3.219 2
使用信息化交流工具协调沟通的能力	3.219 2
使用基础教育信息化管理平台管理学校事务的能力	3.013 7
规划组织校园信息化建设与应用的能力	2.856 2
对学校信息化建设和发展各个方面的评价能力	2.883 6
注：1表示能力最弱，5表示能力最强，由1到5依次表示能力由弱到强。	

由表5.2.2计算校长信息化领导力对应的均值可以看出，教学点学校校长的各种信息化能力均处于中等水平，信息化领导力整体上处于中等水平。其中，使用网络搜索资源的能力、使用信息化交流工具协调沟通的能力强，规划组织校园信息化建设与应用的能力弱，应注重加强这方面的能力。

4. 教师的信息技术能力普遍偏低，处于中等偏下的水平

教育信息化的全面发展对教师的信息技术能力提出了更高的要求，要求中小学教师打破传统的授课方式，具备更强的信息技术能力以适应基础教育信息化的快速发展。通过对湖北省中小学教师的信息技术能力进行的调查，结果表明教学点教师的信息技术能力普遍较弱，具体情况如图5.2.3所示。

从图5.2.3可以看出，教学点教师各种信息技术能力对应的均值都处于2到2.5之间，普遍偏低，说明教学点教师的信息技术能力普遍较弱，处于中等偏下水平。小学、初中和高中教师的信息技术能力逐渐增强，高中教师的信息技术能力处于中等偏上水平。其中，获取、合理使用信息化教学资源的能力是教学点、小学、初中和高中教师最强的一种信息技术能力。在其他各种信息技术能力方面，教学点、小学、初中和高中都存在差距，教学点教师信息技术能力整体上低于其他性质学校。

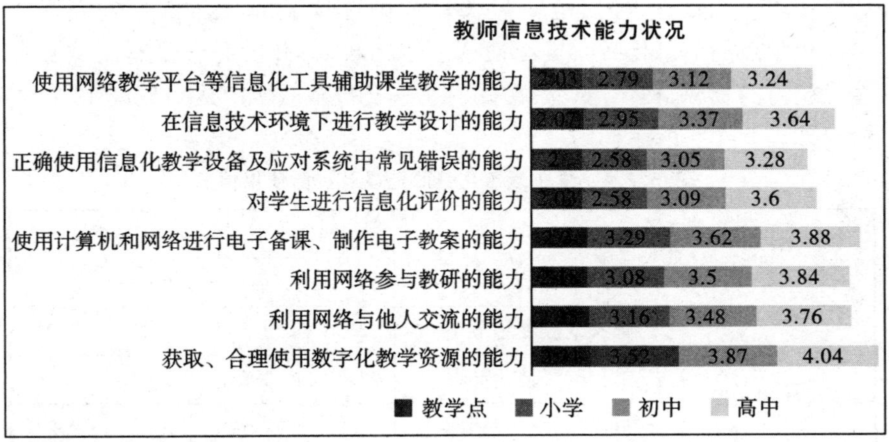

图 5.2.3 不同类型学校教师信息技术能力情况

5. 学生的信息技术能力较弱

提高学生的信息技术能力是基础教育信息化发展的目标之一，也是推动信息化可持续化发展的基础。调查结果表明，教学点学生信息技术能力，包括利用网络搜索学习资料的能力和使用网络交流工具(电子邮件、网上讨论等)与同学、教师交流能力对应的均值都小于 2，处于较低水平，说明教学点学生信息技术能力较弱，如表 5.2.3 所示。

表 5.2.3 教学点学校学生信息技术能力

指　　标	均值
利用网络搜索学习资料的能力	1.95
使用网络交流工具(电子邮件、网上讨论等)与同学、教师交流能力	1.89
注:1 表示能力最弱,5 表示能力最强,由 1 到 5 依次表示能力由弱到强。	

5.2.3 信息化资源建设水平现状

湖北省中小学信息化资源建设已得到较大改善，部分学校的建设水平已达到领先水平，但是我们也发现校际存在资源建设水平不均衡的问题，教学点仍存在提高信息化资源量及其使用频率、丰富数字图书馆资源和建设课程学习网站的强劲需求。

1. 自主建设信息化教学资源量少，使用频率低

在信息化教学资源建设方面，教学点的信息化教学资源来源主要是国家发放资源，为 144.32 GB；单位购买、自主研发等自主建设的信息化教学资源量比较少，分别是 3.55 GB、2.07 GB，远远低于国家发放资源量。教学点的信息化教学资源使用频率比较低，并没有充分利用从各个途径获得的资源，使信息化资源的利用率在日常教学中达到最大化，具体情况如表 5.2.4 所示。

表 5.2.4　学校信息化资源建设及资源使用情况

指　标		教学点	小学	初中	高中
资源使用频率	国家发放使用频率	3.76	2.73	2.81	2.20
	单位购买使用频率	2.14	2.54	2.88	3.24
	自主研发使用频率	1.95	2.17	2.92	2.29
	其他途径使用频率	2.18	2.08	2.76	2.70

注：1 表示频率最低，5 表示频率最高，由 1 到 5 依次表示频率由低到高。

由表 5.2.4 可知，教学点信息化教学资源使用最多的是国家发放的教学资源，使用频率为 3.76，自主研发的校本资源使用率最低；小学使用频率最高的也是国家发放资源，使用频率为 2.73；初中、高中使用频率最高的分别是自主研发的校本资源和单位购买资源，使用频率分别为 2.92 和 3.24。

2. 数字图书馆资源较少，图片资源量几乎为零

数字图书馆资源是信息化资源的重要组成部分，是学生信息化学习、教师进行教学与科研所需资料的重要来源。从视音频、图片、文本和电子课件等方面对湖北省中小学数字图书馆资源提供情况进行的调查来看，数字图书馆提供的资源以电子课件和文本资源为主，电子课件平均是 532.1 个，文本资源为 12 744.2 册，而不同类型学校数字图书馆差异比较大，教学点提供的图片资源几乎为零，如表 5.2.5 所示。

表 5.2.5　不同类型学校的数字图书馆各类型资源建设情况

	音视频(GB)	图片(GB)	文本(册)	电子课件(个)
教学点	3.22	0.04	15.33	6.63
小学	23.36	7.07	15 016.83	156.3
初中	28.98	13.11	16 997.57	1 143.41
高中	54.64	64.8	20 851.04	4 341.56

从表 5.2.5 可以看出，不同类型学校的数字图书馆的资源不同，高中学校在视音频数量、图片、文本和电子课件的资源建设上都是最好的，分别为 54.64 GB、64.8 GB、20 851.04 册、4 341.56 个；初中和小学提供的数字图书馆资源主要以文本资源为主；教学点的数字图书馆提供资源最少，说明各个学校的数字图书馆提供的资源在类型和数量上存在差距。

3. 课程学习网站建设薄弱

课程学习网站的建设有利于教师改变教学模式，开展教学改革，提高学生的积极性，达到更好的教学效果，是一种有效的信息化教学方法。不同类型学校的课程学习网站建设情况的调查显示，教学点的课程学习网站建设比例最低，为 2.8%，高中的课程学习网站建设比较好，为 56%，初中和小学比例相差不大，分别为 34.5%和 39.2%。说明教学点在课程学习网站方面比较薄弱，需要加强这方面的建设以促进教学。

5.2.4　信息化环境水平现状

信息化环境水平关系到信息化资源建设、信息化应用及信息化人才水平等各方面，是学校信息化发展的根本。在受调研的中小学中，信息化环境水平存在着巨大差异，中小学的“班班通”建设、计算机设备、信息化教室建设、校园网建设等情况都明显优于教学点，教学点信息化环境配备难以满足教育教学应用的需求，基础设施落后，教学手段陈旧，计算机普及率低，日常运行和维护困难，生均信息化设施拥有量明显较低。

1.“班班通”覆盖率低，设备配备落后

本次调研湖北省中小学是否建有“班班通”的结果显示，截至 2012 年底，湖北省已有 56.1%的中小学建成“班班通”，还有很多学校的“班班通”处于建设阶段。不同类型学校的“班班通”覆盖情况存在差距，高中、初中、小学的比例分别为 65.4%、75.7%、60%，但是全省的教学点中只有 5.1%建有“班班通”，远远落后于中小学的“班班通”覆盖率。

2. 计算机设备配备比例低

计算机是信息化环境建设中最基本的信息化设备，统计数据显示，目前湖北省中小学平均生机比（学生数/学生所用计算机台数）为28∶1，平均师机比（教师数/教师使用计算机台数）为2.2∶1，但是不同类型学校计算机比例差距较大，高中学校几乎每位老师都拥有1台计算机；而农村学校学生人均拥有计算机数明显处于平均水平以下，平均50名学生拥有1台计算机，农村学校师机比也比较低。由此可见，教学点在计算机设备建设方面与初、高中相比较薄弱，农村学校在计算机设备建设方面与城市学校相比较薄弱，因此须加强教学点及农村学校的计算机设备投入。

3. 信息化教室功能建设不齐全，装有电视机的多媒体教室所占比例最高

信息化教室主要包括计算机教室、装有电子白板的多媒体教室、装有投影幕布的多媒体教室、装有电视的多媒体教室、语音室、电子备课室、电子阅览室、微格教室、数字实验室、录播教室。湖北省受调研中小学信息化教室建设情况的调查结果如图5.2.4所示。

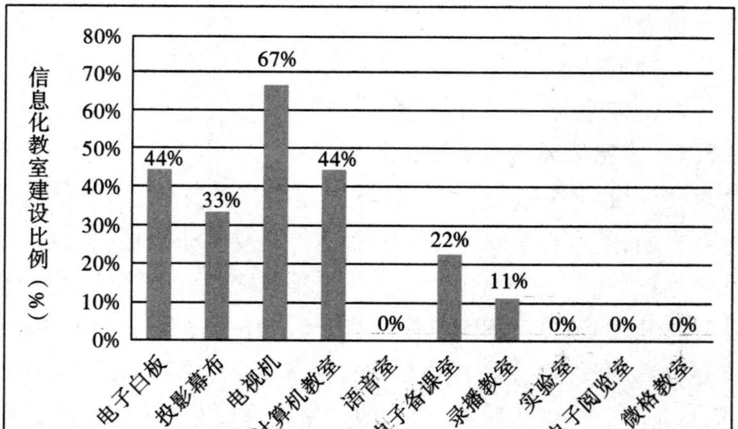

图5.2.4 教学点信息化教室情况

从图5.2.4可知，教学点中现有的信息化教室类型主要是电子白板、投影幕布、电视机、计算机教室、备课教室、录播教室，其中比例最高的是装有电视机的多媒体教室，比例为67%，拥有其他类型教室的比例普遍偏低，最低的为录播教室，仅为11%。而语音室、实验室、电子阅览室、微格教室等信息化教室基本没有,为此,教学点在信息化教室建设方面仍需要很大的投入。

4. 校园网建设严重滞后

在考察中小学校园网建设情况时,主要统计了校园网的出口总带宽和中心服务器两个方面的数据。调查表明,仅有1%的教学点学校建有校园网,而高中、初中和小学建有校园网的比例分别是63%、20%和16%。此外,湖北省中小学校园网出口平均带宽达到了14.8 Mbps,而教学点出口带宽的均值为0.9 Mbps,远远低于湖北省中小学带宽平均水平。由此可以看出,教学点的校园网建设情况十分不理想,与普通中小学的建设情况相差较大。

5.2.5 信息化管理水平现状

《国家教育信息化十年发展规划(2011—2020)》将“全面推进我国基础教育信息化建设”作为未来的首要发展任务,国家在教育信息化方面的投入不断加大,虽已取得显著成效,但教育信息化建设投入与效果不平衡,教学点管理问题相对较为突出,主要表现如下。

1. 实现信息化管理比例低

调查结果显示,湖北省中小学实现了信息化管理的学校比例为35.2%,其中实现信息化管理的教学点比例仅为0.3%,并且不同性质学校中实现信息化管理学校的比例的统计结果显示,教学点中实现信息化管理的学校比例是最低的,仅为1.9%,而实现信息化管理的高中、初中、小学比例均比教学点高,分别达到了60%、49.3%、38.7%。可见,教学点的信息化管理水平远远低于其他类型学校。另外,在调查的14种管理系统中,实现信息化管理的教学点中拥有的信息化管理系统包括学籍管理、班级管理、后勤管理、账务管理、教学管理、排课管理、办公管理、科研管理,另外的6种管理系统均还没有得到实现。因此,教学点信息化管理系统需要进一步完善。

2. 家校互通系统功能不完善

调查结果显示,拥有家校互通系统的高中、初中和小学在所属类型学校的比例分别为24%、42.5%、31.7%,而拥有该系统的教学点仅占同类型学校的1.9%。另外,我们对教学点家校互通系统的功能情况进行了分析,结果如图5.2.5所示。

湖北省中小学整体拥有家校互通系统的功能均不完善。由图5.2.5可知,教学点与其他类型学校相比,拥有功能所占的比例是最小的,由此

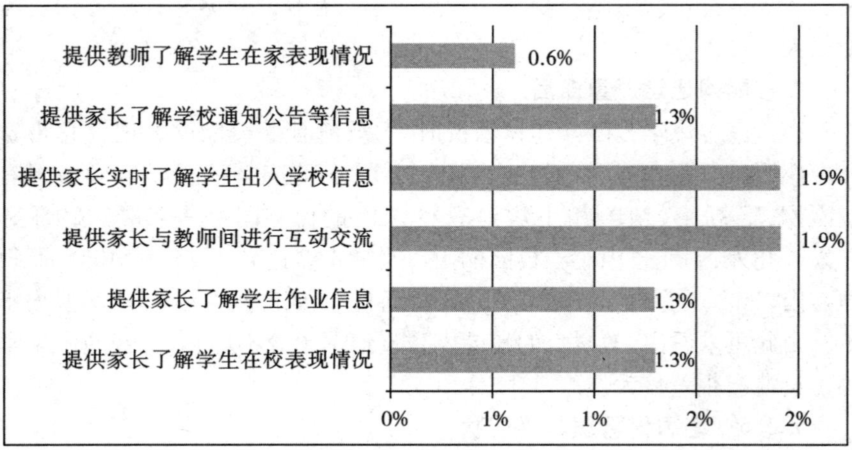

图 5.2.5　教学点家校互通系统功能情况

说明教学点的家校互通系统功能很不完善，亟须加强建设。

3.“校园一卡通”建设薄弱

调查学校是否有“校园一卡通”系统时，拥有“校园一卡通”系统情况中教学点、小学、初中、高中的比例依次是 0.6%、11.2%、13.1%、56%，高中学校建设“校园一卡通”系统的情况最好，教学点“校园一卡通”系统的比率最低，教学点在“校园一卡通”功能上明显低于其他类型学校。不同类型的学校“校园一卡通”各项功能的情况如表 5.2.6 所示。

表 5.2.6　不同类型的学校“校园一卡通”的功能情况

	教学点	小学	初中	高中
学生或教师身份认证	0%	15.4%	15.1%	11.1%
门禁卡	0%	10.8%	11.3%	5.6%
学生电子考勤	0.4%	27.7%	9.4%	16.7%
校园内消费	0%	27.7%	58.5%	55.6%
图书借阅	0%	4.6%	1.9%	5.6%
财务管理	0%	4.6%	3.8%	5.6%

从表 5.2.6 可以看出，湖北省基础教育不同类型的学校“校园一卡通”系统实现程度存在一定的差异，总体来说，各项功能教学点均是最

小值，比较明显的是教学点学校没有学生或教师身份认证、门禁卡、校园内消费、图书借阅、财务管理这些方面的功能。学生电子考勤功能的比例是 0.4%，而小学、初中、高中的比例依次为 27.7%、9.4%、16.7%，教学点也存在一定差距。说明教学点学校的“校园一卡通”建设情况较弱。

5.2.6 信息化保障体制水平现状

调查结果表明，与其他类型的学校相比较教学点保障体制建设较为薄弱，存在学校信息化建设缺乏专职的管理部门、信息化保障制度缺乏等问题。

1. 信息化建设缺乏专职管理部门

调查显示设立信息化管理部门的教学点比例较低，仅为 8.9%，有专职人员的教学点比例为 8.2%。教学点专职负责学校信息化管理建设的平均人数最低，平均为 0.13 人，小学为 1.16 人，初中为 1.49 人，高中为 3.48 人。图 5.2.6 为不同类型学校专职负责信息化建设、维护和管理的工作人员的最高职位所占的比例。

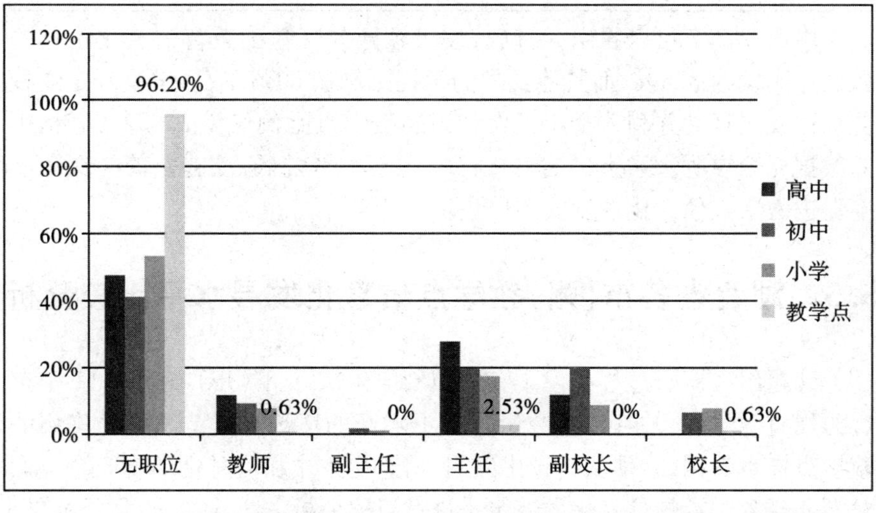

图 5.2.6 不同类型学校专职负责信息化管理的工作人员的最高职位情况

如图 5.2.6 所示，在接受调查的学校中，有 96.2%的教学点、一半左右的小学、初中、高中专职负责信息化建设、维护和管理的工作人员没有职位，教学点中最高职位为主任的学校所占比例最高，为 2.53%。

2. 信息化保障制度缺乏

调查显示，教学点信息化保障制度缺乏，不同类型学校信息化保障制度建设情况如表 5.2.7 所示。

表 5.2.7 不同类型学校信息化保障制度建设情况

指　　标	教学点	小学	初中	高中
明确有校级领导分管基础教育信息化工作	3.8%	45.6%	55.7%	60.0%
制定学校信息化发展规划并列入全年工作计划	3.8%	46.1%	46.6%	36.0%
明确信息化资金投入占学校总投入的比例	1.9%	33.7%	31.7%	40.0%
定期对校内人员进行信息化培训	7.0%	62.2%	59.7%	56.0%
制定并执行设备维护与更新管理相关规范	4.4%	45.6%	48.0%	56.0%
制定并执行应用系统运行与管理相关规范	1.9%	35.5%	37.6%	28.0%
制定并执行网络与信息安全机制	3.2%	31.1%	34.4%	44.0%
将信息化工作水平纳入学校内部考评制度	2.5%	28.2%	29.9%	28.0%
为促进信息化发展建立激励机制	1.3%	25.5%	32.1%	32.0%

由表 5.2.7 可以看出，明确有校级领导分管基础教育信息化工作的教学点比例为 3.8%，而其他类型的学校比例在 50%左右；学校制定学校信息化发展规划并列入全年工作计划的教学点比例仅为 3.8%。表格中的数据充分说明教学点的信息化保障体制水平较低，没有完善的保障制度促进教学点信息化的发展与应用。

5.3 湖北省各市(州)教学点信息化发展水平比较分析

课题组在调研过程中发现，在所调研的 14 个市(州)中只有 11 个市(州)建有教学点，并且存在数量分布不均衡的情况。本节通过收集到的教学点样本数据，分别从信息化应用、信息化人才和信息化环境 3 个方面对湖北省教学点的信息化发展水平进行对比分析。

5.3.1 信息化应用水平比较分析

信息化应用是整个信息化建设的外在体现，也是衡量信息化发展的重要依据。下面从信息技术课开设情况、信息化设备备课、教学情况、信息化工具辅助教学情况和信息化教研情况等方面对湖北省各市(州)教学点的信息化应用水平进行对比分析。

1. 信息技术课程情况

信息技术课程是提高学生信息技术能力的重要手段，也是信息化应用的具体体现。湖北省各个市(州)的教学点信息技术课程开设情况如图 5.3.1 所示。

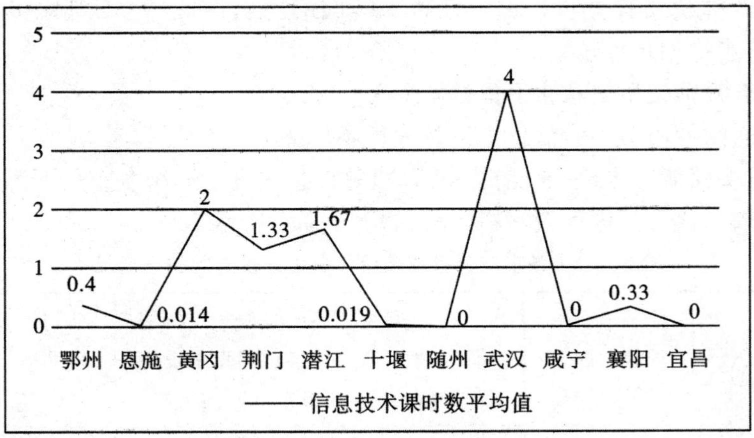

图 5.3.1　湖北省各市(州)教学点信息技术课程情况

如图 5.3.1 中所示，湖北省各市(州)中教学点平均每周开设信息技术课时数最多的是武汉市，平均为 4.0 个课时，其次是黄冈市，平均为 2.0 个课时，最少的是随州市和咸宁市、宜昌市，为 0 课时。

2. 教师使用计算机备课情况

如今计算机备课已经成为教师备课的重要方式，调查结果表明，湖北省各个市(州)教学点的教师使用计算机进行备课的比例存在差距，如图 5.3.2 所示。

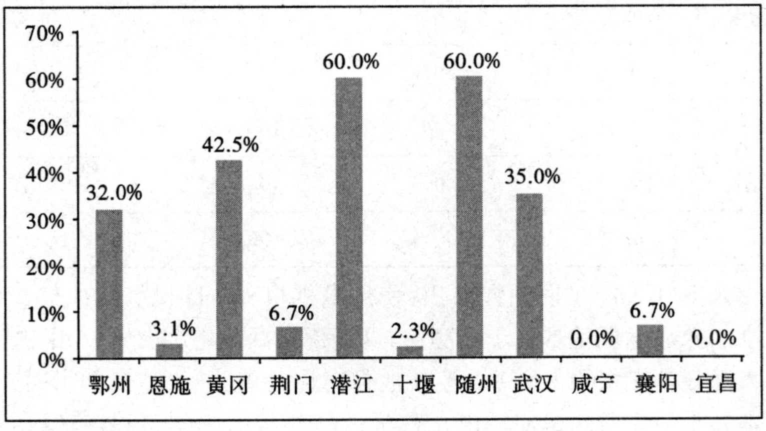

图 5.3.2　各市(州)教学点教师使用计算机备课占总备课时间的比例情况

从图 5.3.2 中可知，湖北省 11 个市(州)的教学点教师使用计算机备课占总备课时间的比例情况差距较大，其中潜江市和随州市的教学点教师使用计算机备课占总备课时间的比例最高，达到 60%，而咸宁市的教学点教师使用计算机备课占总备课时间的比例最低，为 0，其余 8 个市(州)，水平相差也较大。

3. 教师使用信息化设备教学情况

教师使用不同的信息化设备进行不同内容的课程教学，从使用电子白板、多媒体计算机、电视机、DVD 机等信息化设备分析各市(州)教学点使用信息化设备进行教学的情况，如表 5.3.1 所示。

表 5.3.1 各市(州)教师使用信息化设备进行教学情况

	使用电子白板教学的教师比例	使用多媒体计算机教学的教师比例	使用电视机、DVD 机等其他信息化设备教学的教师比例	使用多媒体辅助教学的课程比例
鄂州	0.0%	86.0%	100.0%	38.0%
恩施	1.6%	13.8%	92.6%	18.3%
黄冈	10.5%	47.5%	50.0%	57.5%
荆门	6.7%	40.0%	56.7%	43.3%
潜江	0.0%	33.3%	83.3%	43.3%
十堰	1.0%	29.9%	96.5%	32.4%
随州	0.0%	0.0%	50.0%	0.0%
武汉	80%	0.0%	0.0%	53.0%
咸宁	0.0%	25.0%	100.0%	52.5%
襄阳	16.7%	45.0%	100.0%	35.8%
宜昌	0.0%	10.0%	96.0%	14.0%

由表 5.3.1 中可以明显看出，使用电视机、DVD 机等其他信息化设备教学的教师比例基本处于最高值，这就说明湖北省 11 个市(州)教学点教师大部分都在使用 DVD 机等其他信息化设备进行教学。而表 5.3.1 中基本处于最低值的是使用电子白板教学的教师比例，也就意味着这个方面是使用最少的，基本处于中间水平的是使用多媒体计算机教学的教

师比例和使用多媒体辅助教学的课程比例。从教学点使用信息化设备进行教学的情况可以看出，教学点信息化设备建设整体上比较落后，应用水平较低。

4. 教师参与信息化教研情况

开展信息化教研活动有利于提高教师的信息技术能力，促进学校的信息化应用水平。湖北省各市(州)教学点教师参与信息化教研的情况如图5.3.3所示。

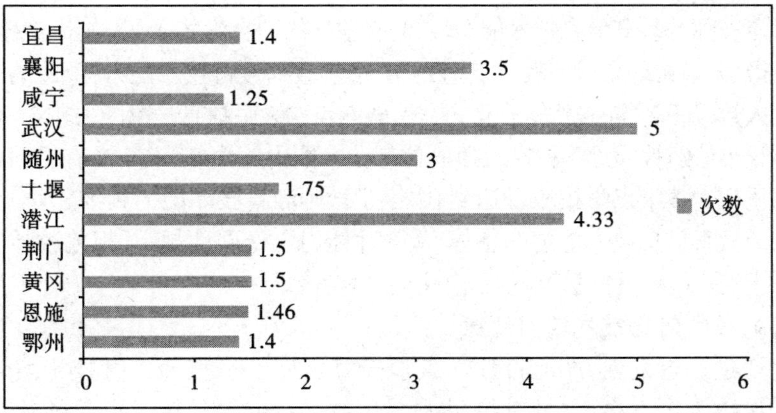

图5.3.3 各市(州)教学点教师每学期参与信息化教研的平均次数

从图5.3.3中可以看出，武汉市教学点的教师每学期参与信息化教研的次数最高，平均达到每学期5次，而咸宁市则是最低的，教师平均每个学期参与信息化教研的次数仅有1.25次，也就意味着每个学期基本只有1到2次这样的信息化教研。

5.3.2 信息化人才水平比较分析

信息化人才是整个信息化建设的核心，是结合信息化环境与资源建设和信息化应用的枢纽。良好的信息化人才有利于信息化发展。下面从教师达到《中小学教师教育技术能力标准》、教师信息技术培训情况、学校教职工与学生的信息化能力现状3个方面对湖北省各市(州)教学点的信息化人才水平进行对比分析。

1. 达到《中小学教师教育技术能力标准》的教师情况

调查结果表明湖北省教学点达到《中小学教师教育技术能力标准》的教师比例是28.4%，通过分析各市(州)教学点达到《中小学教师教育技术能力标准》的教师平均数，了解各市(州)达到《中小学教师教育技术能力标准》的教师情况，结果如表 5.3.2 所示。

表 5.3.2　各市(州)教学点达到《中小学教师教育技术能力标准》教师情况

	鄂州	恩施	黄冈	荆门	潜江	十堰	随州	武汉	咸宁	襄阳	宜昌
达标的平均人数	1.20	0.00	50.0	5.00	20.33	0.38	6.00	44.00	0.00	2.50	0.20

从表 5.3.2 可以看出，各市(州)教学点达到《中小学教师教育技术能力标准》的教师平均数存在较大差距。其中，武汉市、黄冈市的教学点达到《中小学教师教育技术能力标准》的教师平均人数较高，分别是 44 和 50，说明该市(州)教学点教师的教育信息技术能力较强，有较好的信息素养；而恩施州、咸宁市、宜昌市、十堰市等市(州)教学点达到《中小学教师教育技术能力标准》的教师平均人数几乎为零，说明这几个市(州)教学点的教师信息技术能力较弱，也反映了该市(州)教学点学校对教师的信息技术能力关注度不够，没有受到校领导的重视。教学点学校应以达到《中小学教师教育技术能力标准》为一个衡量教师教育信息技术能力的指标，从教师能力上作硬性规定，规范教师的信息技术能力，从而提高学校的信息化人才培养水平。

2. 教师信息技术培训情况

通过调查发现，湖北省教学点学校每学期组织教师信息技术培训的平均次数为 1.1 次，并没有得到大力开展。各市(州)教学点教师的信息技术能力培训情况如图 5.3.4 所示。

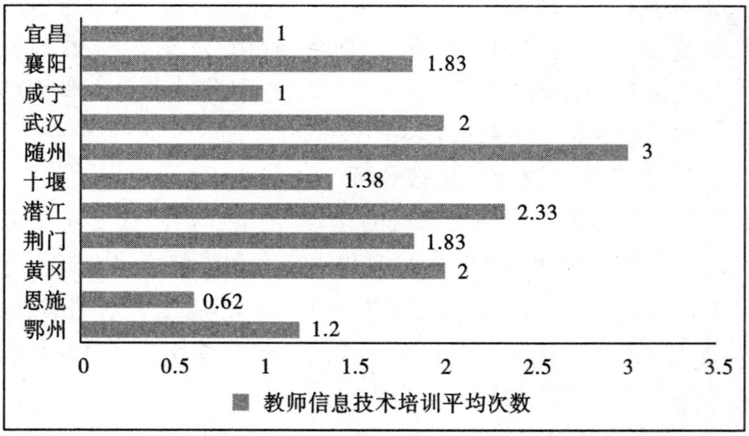

图 5.3.4　湖北省各市(州)教学点教师信息技术培训情况

由图 5.3.4 可知湖北省各市(州)教学点学校每学期组织教师信息技术培训的平均次数都比较低。其中，随州市、潜江市、武汉市和黄冈市的教学点教师信息技术培训次数都不小于 2 次，高于其他市（州）；而恩施州、宜昌市、咸宁市和鄂州市等市（州）的教学点每学期组织教师信息技术培训次数都较低，基本为 1 次。教师信息技术培训情况能反映学校对教师信息技术能力的重视程度，由此可以看出湖北省各市（州）教学点并没有重视教师的信息技术能力，这不利于教师专业发展，也不利于学校的信息化人才水平发展。

3. 学校教职工与学生的信息化能力现状

在此次教学点信息化人才水平的调研过程中，对各市（州）教学点学校教职工与学生的信息化能力进行了调查，包括校长信息化领导能力、教师信息技术能力和学生的信息技术能力。校长的信息化领导能力包括使用网络搜索资源的能力、使用信息化交流工具协调沟通的能力、使用信息化管理平台管理学校事务的能力、规划组织校园信息化建设与应用的能力、对学校信息化建设和发展各个方面的评价能力；教师的信息技术能力从获取并合理使用信息化教学资源的能力、利用网络交流的能力、利用网络参与教研的能力、使用计算机和网络进行电子备课能力、对学生进行信息化评价的能力、正确使用各种信息化教学设备，应对系统中常见错误的能力、在信息技术环境下进行教学设计的能力、使用网络教学平台、博客等信息化工具辅助课堂教学的能力等方面进行评价；学生的信息技术能力从利用网络搜索学习资料的能力、使用网络交流工具（电子邮件、网上讨论等）与同学、教师交流能力等方面进行评价。各市（州）教学点教职工与学生的信息化能力现状如表 5.3.3 所示。

表 5.3.3　各市（州）教学点教职工与学生的信息化能力情况

	校长的信息化领导能力	教师的信息技术能力	学生的信息技术能力
鄂州	4.28	2.20	1.60
恩施	2.10	1.50	1.28
黄冈	3.70	2.31	2.75
荆门	2.07	1.58	1.42
潜江	3.53	3.21	2.00
十堰	3.53	2.45	1.50
随州	5.00	3.25	1.00
武汉	5.00	2.87	3.25
咸宁	2.90	2.34	2.90
襄阳	3.67	2.75	2.08
宜昌	3.28	1.78	1.45
注：1 表示能力最弱，5 表示能力最强，由 1 到 5 依次表示能力由弱到强。			

为了更为直观地显示湖北省各市(州)教学点教职工与学生的信息化能力现状,将表 5.3.3 中的数据以图的形式展现,如图 5.3.5 所示。

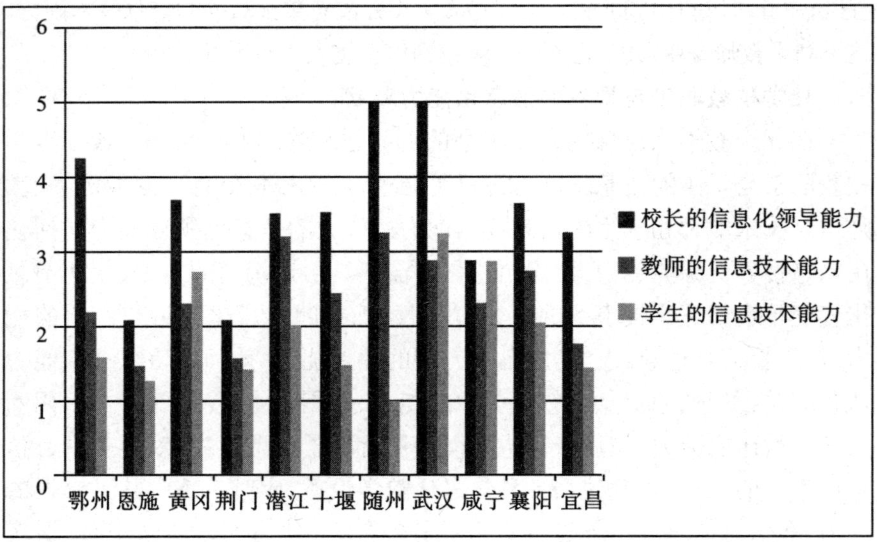

图 5.3.5　各市(州)教学点教职工与学生的信息化能力情况

从图 5.3.5 可以看出,武汉市教学点的校长、教师和学生的信息化能力总体上略好于其他市(州)教学点,尤其是学生的信息技术能力是所有市(州)教学点最强的。随州市教学点的教师信息技术能力是所有市(州)中最好的,整体上略低于武汉市,但其学生的信息技术能力却是所有市(州)中水平最低的,说明随州市教学点的信息化状况存在较大的差距。恩施州教学点校长、教师和学生的信息化能力水平是所有市(州)中最低的,信息化能力没有得到较好的发展。通过采取一系列的措施,比如开展信息化相关活动、组织教师信息技术能力培训等来促进校长、教师和学生的信息化能力,有利于学校的信息化人才水平提高。同时,也要注重缩小各市(州)教学点在信息化能力建设方面的差距,实现均衡发展。

5.3.3　信息化环境水平比较分析

信息化环境建设是信息化发展的基石,从生机比(学生数/学生所用计算机台数)和师机比(教师数/教师所用计算机台数) 2 个指标衡量各市(州)教学点信息化环境建设水平,结果如表 5.3.4 所示。

表 5.3.4 各市(州)教学点生机比、师机比情况

	鄂州	恩施	黄冈	荆门	潜江	十堰	随州	武汉	咸宁	襄阳	宜昌
生机比	21.95	37.60	45.12	30.02	19.02	31.51	66.11	16.18	27.06	29.32	37.04
师机比	3.24	4.75	0.10	2.58	5.12	3.85	1.60	1.52	6.17	4.95	2.45

生机比和师机比的数值越小,说明每一个学生和教师所拥有的计算机台数越多,计算机设备建设情况相应就越好。由表 5.3.4 可知,武汉市、潜江市和鄂州市的教学点生机比数值较小,说明这三个地区的学生计算机拥有量较多;黄冈市、武汉市和随州市的教学点师机比较小,教师拥有的计算机数量较多。总体来说,武汉市的教学点信息化环境建设水平高于其他市(州)的教学点信息化环境建设水平。同时,也发现有些市(州)的生机比、师机比数值不均衡,比如随州市的师机比远小于其他市(州),但其生机比却是最大的,是建设状况最不好的市(州)。因此,教学点在信息化环境建设方面应注重各市(州)间的差异,缩小差距,努力实现各市(州)教学点信息化环境建设均衡发展。

5.4 湖北省教学点信息化发展的政策建议

基于前三节对湖北省教学点信息化发展水平的现状分析,本节主要针对发展中存在的问题提出几点政策建议。

1. 关注薄弱学校和教学点的发展,建立学校教育联盟

“学校教育联盟”的建立可以让优秀学校的教师资源以“配送制”的方式对薄弱学校和教学点进行支援,而薄弱学校和教学点又可以将自己的特色带入优秀学校,为其提供特色“教育内容”,实现双赢。

2. 各地政府推出本土化政策,形成以中心学校为中心带动薄弱学校的资源应用模式

通过开发和整合适应本地薄弱学校的教材版本和课堂教学内容需求的信息化教育资源,为农村教学点配备数字教育资源接收和播放设备,配送优质数字教育资源,组织开展教学点教师信息技术应用能力培训,利用教学应用资源开展教学,切实提高教学点教育质量。形成以中心学校为中心,组织教学点应用数字化设备和教育资源开展教学,逐步实现教学点与中心学校之间的同步教学,最终达到基础教育信息化实现均衡发展。

3. 改革教学点教师编制机制，加强薄弱学校师资队伍建设

适当地放宽农村学校教师编制，形成以班级为单位对教学点进行教师资源配置的模式，加强师资队伍建设。此外，通过岗位补贴、评聘调配优先等优惠政策吸引优秀的师范毕业生或年轻教师到教学点工作，并形成长效机制。定期组织教学点教师到县域内中心校、完小等学校进行参观学习，实现优秀教师共享的目的，进而减轻教学点教师的工作压力，提高教学质量，促进信息化发展。

6　湖北省小学信息化发展水平分析

本章通过对湖北省小学信息化整体发展水平进行测算,探索影响湖北省小学信息化发展的主要因素,了解湖北省小学信息化发展现状,对湖北省小学信息化发展水平进行市(州)及城乡的差异分析,对湖北省小学信息化发展水平进行国际比较与省际比较,从这些比较中发现湖北省小学信息化发展存在的问题,并针对问题提出相应的建议,本章内容导图如图 6 所示。

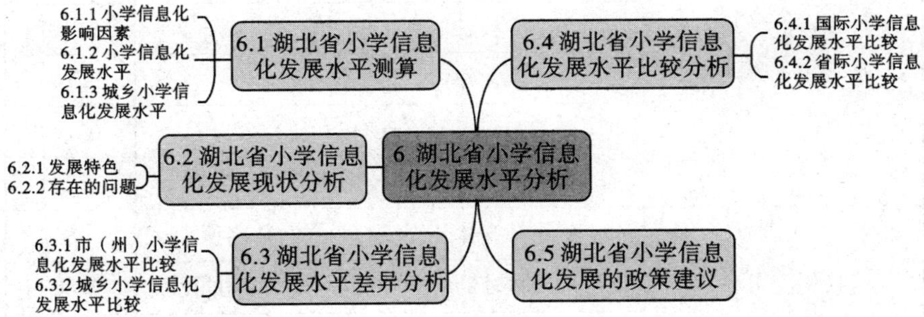

图 6　本章内容导图

6.1　湖北省小学信息化发展水平测算

本节在受调研的湖北省小学中抽取部分样本进行因子分析,对湖北省小学信息化发展的影响因素进行探索,得到影响湖北省小学信息化发展的主要因子为:“信息化能力”、“信息化应用”、“信息化管理与保障”、“信息化环境”。根据 4 个因子计算各市(州)小学信息化发展的影响因子得分,从而考察湖北省小学信息化发展水平及各方面发展现状的优势与不足。最后,采用组间平均连锁距离的层次聚类方法进行聚类分析,根据聚类分析的结果总结湖北省小学信息化发展的特点。

6.1.1 探索湖北省小学信息化发展影响因素

在受调研的湖北省小学样本中抽取 200 个进行因子分析，对湖北省小学信息化发展的影响因素进行探索。基于主成分分析法共提取 4 个公因子。因子结果表明 KMO 度量值为 0.879(大于 0.8)，Bartlett 球形度检验统计值的显著性概率是 0.000(小于 0.01)说明该样本适合做因子分析。4 个公因子可以解释的累积方差达到了 66.105%(大于 60%)，基本包含了全部指标的大部分信息，利用方差极大法对指标进行因子载荷旋转，得到旋转成分矩阵，进而对 4 个公因子命名解释，分别为"信息化能力"、"信息化应用"、"信息化管理与保障"、"信息化环境"。由此可以得出湖北省小学信息化发展探索性影响因素成分表，如表 6.1.1 所示。

表 6.1.1 探索性因子分析结果

一级指标	二级指标	因子载荷
信息化人才水平	教师信息技术能力	0.823
	校长信息化领导能力	0.794
	教师信息化教学水平	0.769
	管理人员信息化办公能力	0.769
	学生信息技术能力	0.721
信息化应用水平	使用多媒体计算机教学的教师比例	0.817
	使用多媒体辅助教学的课程占总课程的比例	0.808
	使用电子白板教学的教师比例	0.797
信息化管理与保障水平	安全防护系统	0.788
	阻止接触不良信息	0.733
	信息化保障制度	0.605
	数字化管理系统建设水平	0.605
信息化环境水平	数字化资源总量	0.775
	可用的数字化教学资源建设水平	0.686
	中心服务器数量	0.660

6.1.2 湖北省小学信息化发展水平

根据上一节计算的探索性因子分析结果，在 SPSS 18.0 中采用描述统计方法计算影响各市小学信息化发展的因子得分，从而考察调研小学信息化发展水平及各方面发展现状的优势与不足，结果如表 6.1.2 所示。

表 6.1.2 各市小学得分与排名

市	信息化能力		信息化应用		信息化管理与保障		信息化环境	
	得分	排名	得分	排名	得分	排名	得分	排名
宜昌	0.302	3	1.001	1	0.970	1	−0.225	6
荆门	0.118	5	0.391	2	0.236	5	0.452	1
武汉	0.859	1	−0.936	12	0.813	2	−0.273	7
潜江	−0.104	8	0.355	4	−0.205	8	−0.095	5
孝感	0.149	4	0.244	5	−0.105	7	−0.483	11
鄂州	0.337	2	0.389	3	−0.935	13	−0.280	8
黄冈	−0.135	9	−0.050	8	−0.436	12	0.233	2
仙桃	−0.461	11	−0.283	9	0.801	3	−0.589	12
十堰	−0.548	13	−0.005	7	0.096	6	0.029	4
襄阳	−0.335	10	0.013	6	−0.285	9	0.058	3
随州	0.114	6	−0.808	11	−0.377	11	−0.302	9
咸宁	−0.048	7	−0.640	10	−0.365	10	−0.425	10
荆州	−0.505	12	−1.079	13	0.607	4	−0.622	13

用直观的数据图表述表格中的数据如图 6.1.1 所示。

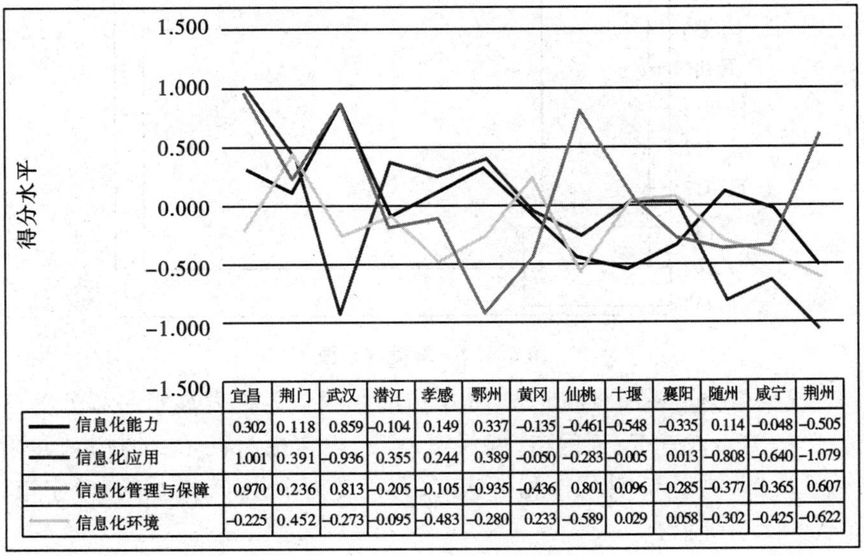

图 6.1.1 湖北省各市小学信息化发展水平得分分布图

从图 6.1.1 中可知,在湖北省内 13 个市的小学中,在各个维度的发展水平上,各个市之间存在差异。差异较大的 2 个维度是信息化应用和信息化管理与保障,信息化应用水平最高得分达到 1.001,最低为 −1.079。信息化管理与保障水平最高得分是 0.970,最低为 −0.935。同时,通过分析数据可以从表中清晰地看出各市小学在信息化某个维度建设水平的差距,有利于采取相应措施缩小差距,达到各市小学信息化均衡发展。从得分与排名结果来看,小学信息化发展水平受到当地经济发展的一定影响,但不是唯一的决定性因素,也不是环境越先进、经费投入越多越好,信息化建设整体维度的协调、稳定发展决定了其发展水平。

根据表 6.1.2 中显示的潜变量得分,计算欧式距离,采用组间平均连锁距离的层次聚类方法,用 SPSS 18.0 软件进行聚类分析,通过程序计算,得到图 6.1.2 所示的聚类谱系图。

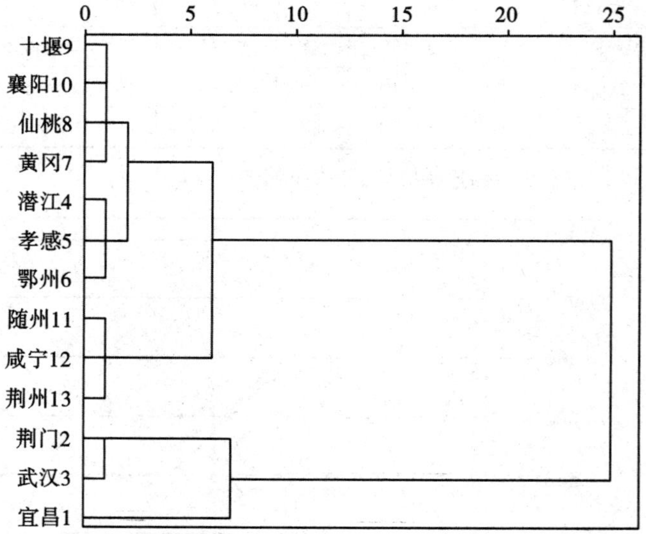

图 6.1.2 聚类谱系图

根据聚类谱系图将湖北省 13 个市的小学信息化发展水平划分为三类:第一类为宜昌市、荆门市、武汉市;第二类包括潜江市、仙桃市、襄阳市、十堰市、鄂州市、黄冈市和孝感市;第三类为荆州市、随州市、咸宁市,如表 6.1.3 所示。

表 6.1.3 聚类分析结果

类别	市(州)
1	宜昌、荆门、武汉
2	潜江、仙桃、襄阳、十堰、鄂州、黄冈、孝感
3	荆州、随州、咸宁

根据 13 个市的小学信息化发展水平得分情况和聚类结果,可看到湖北省小学信息化发展的特点:

(1)宜昌市的小学信息化发展水平处于领先位置,其信息化应用、信息化管理与保障计算得分排在第一位,荆门市、武汉等市排在其后。(2)在信息化能力水平上,得分最高的为武汉市,但由于其信息化应用得分较低,其综合得分排在各项都比较稳定的荆门市之后。在信息化应用水平上,荆门市仅排在宜昌市之后,同样,由于信息化管理与保障得分较低,其综合得分也被排在第 2 位。由此可看出各个市在小学信息化建设中须保持各项维度的平稳发展,并不是硬件环境或某个单一方面决定一切。(3)评估和聚类结果进一步验证了湖北省目前基础教育信息化在发展中的问题,各个市存在一定的教育信息化发展内部结构的不平衡。

6.1.3 不同区域小学信息化发展水平

从城市、县镇、农村三大区域来看,调研的 13 个市所呈现的湖北省小学信息化发展水平,如图 6.1.3 所示。

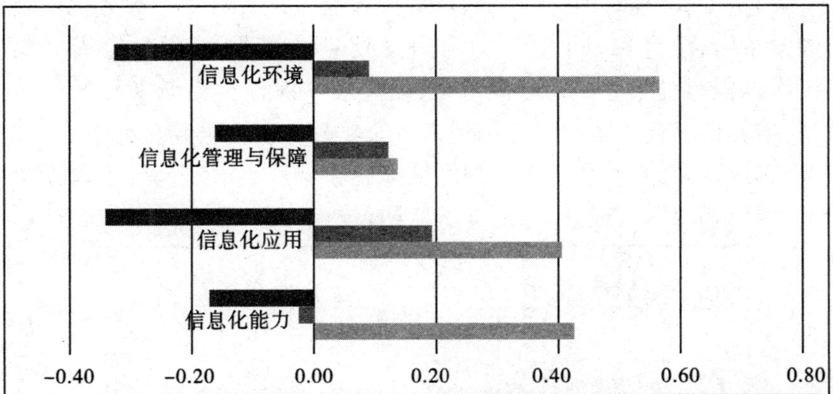

	信息化环境	信息化应用	信息化管理与保障	信息化环境
■ 农村	-0.17	-0.34	-0.16	-0.33
■ 县镇	-0.03	0.19	0.12	0.09
■ 城市	0.43	0.40	0.14	0.56

图 6.1.3 不同区域小学信息化发展水平

由表 6.1.3 可看到，城市、县镇、农村三个不同的区域小学信息化发展水平依然存在较大的差异，城市和农村之间的差距较大，特别是在信息化应用和信息化环境两个方面的差距最大。从整体来说，城市小学在各个层面的信息化发展水平都比较稳定，需要加强其信息化建设并完善保障体制；农村小学信息化环境建设与人才培养应作为教育信息化的工作重点，在投资建设的同时提升其信息化应用水平。

6.2 湖北省小学信息化发展现状分析

通过基本描述统计方法，从信息化应用水平、信息化人才水平、信息化资源建设水平、信息化环境水平、信息化管理水平、保障体制水平这 6 个维度着手，对湖北省小学信息化发展水平进行现状分析，分析结果表明，湖北省小学信息化发展在一些方面取得了较好成绩，在另一些方面还有待发展。

6.2.1 湖北省小学信息化发展特色

小学作为基础教育体系的基石，其教育信息化发展水平对整个基础教育体系起着重要作用，也是基础教育信息化发展的根本。通过对湖北省小学的教育信息化发展的调研，发现湖北省小学的信息化发展在一些地方取得了较好的成绩，具体内容如下。

1. 城市小学信息技术课程开设率较高

信息技术课程对提高学生的信息技术能力具有重要的意义。在受调研的学校中，已有 84.5％的小学开设了信息技术课程，学生每周平均信息技术课程超过了 3 个课时。可见，信息技术课程已逐渐受到各小学的重视，培养信息化人才也已逐渐进入各个学校的人才培养目标中。

从城市、县镇、农村三大不同区域来比较城乡小学信息技术课程开设情况，城市相对情况最好，如图 6.2.1 所示。

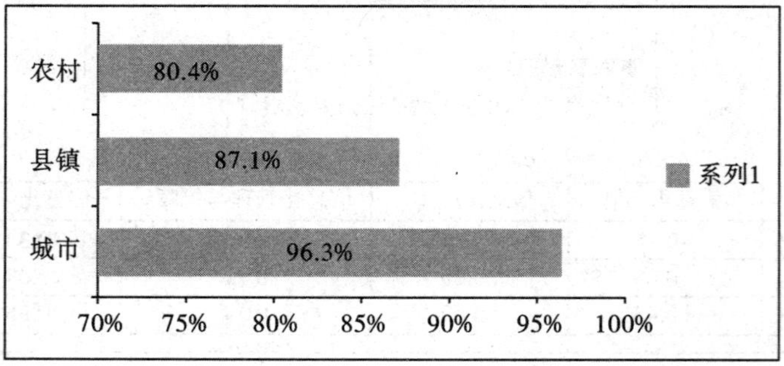

图 6.2.1 城乡小学信息技术课程开设情况

如图 6.2.1 所示，城市有 96.3%的小学开设有信息技术课程，农村相对而言最少，但开设有信息技术课程的学校也达到了 80.4%。

2. 多媒体计算机是教师使用的主要信息化教学设备

对湖北省 14 个市(州)的教师使用信息化设备进行教学采用对比分析，得到各市(州)的小学教师使用计算机备课占总备课时间的比例情况，如图 6.2.2 所示。

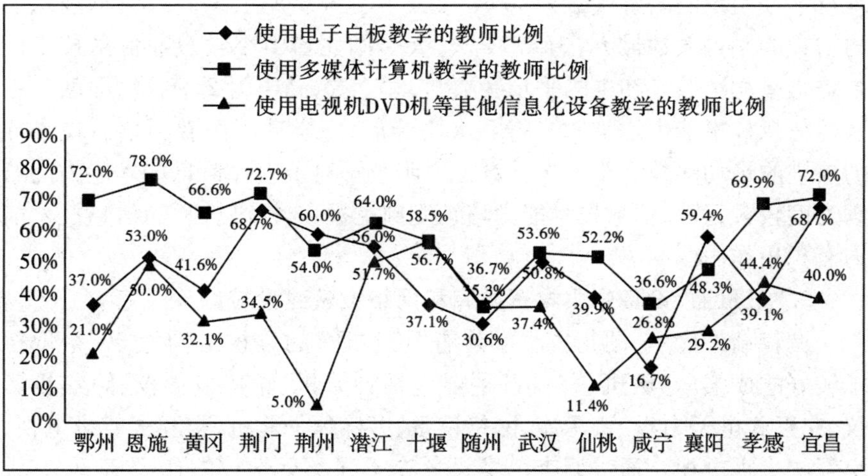

图 6.2.2　各市(州)小学教师使用计算机设备进行教学的比例

由图 6.2.2 中可以明显看出，使用多媒体计算机教学的教师比例这条线基本处于最高位置，这说明湖北省 14 个市(州)小学教师中大部分都在使用多媒体计算机进行教学，而图中基本处于最低位置的折线是使用电视机、DVD 机等其他信息化设备教学的教师比例，意味着使用电视机、DVD 机等其他信息化设备教学的教师相对而言较少，使用电子白板教学的教师比例基本处于中间水平。

3. 达到《中小学教师教育技术能力标准》的教师比例较高

通过调查湖北省中小学教师达到《中小学教师教育技术能力标准》的比例，了解中小学教师的教育技术能力。调查结果表明，达到《中小学教师教育技术能力标准》的情况为：小学教师的比例是 58%，初中学校和高中学校教师的比例分别是 55%和 44%，教学点教师的比例是 28.4%。数据显示，小学达到《中小学教师教育技术能力标准》的教师比例最高，说明教师的教育技术能力较强，数据也表明了不同类型学校达到《中小学教师教育技术能力标准》的教师比例存在差距，小学与初中、高中的比例差距较小，而教学点与小学、中学的差距较大，教学点达到《中小学教师教育技术能力标准》的教师比例较低，教师的教育技术能力相对薄弱。

4. 教师信息技术能力培训受到重视

教育机构及学校等组织开展的教师信息技术能力培训是广大中小学教师提高自身信息技术能力、培养信息素养的有效途径。调查结果表明，湖北省中小学中 91%的学校每学期组织教师参加信息技术能力培训，平均每学期组织的培训次数是 3.67 次。小学每学期组织教师信息技术能力培训的平均次数最大，为 4.74 次，大于湖北省中小学教师信息技术能力培训平均次数。初中的平均次数为 3.70 次，高中为 2.76 次，而教学点教师信息技术能力培训并未得到大力开展，每学期组织教师信息技术能力培训的平均次数为 1.1 次。数据说明小学对于教师信息技术能力的培训力度较大，教师信息技术能力培训受到重视，对提高教师的信息技术能力有积极作用。

5. "班班通"设备中小学资源库和网络设备建设较好

调查结果显示，湖北省小学建有"班班通"的学校比例为 60%，取得了较好的成绩。"班班通"设备主要包括计算机、长焦投影仪、短焦投影仪、交互式电子白板、资源库、网络设备、多媒体一体机、交互式背投电视、交互式平板电视。通过调查各类设备在不同类型学校的建设情况，结果表明，湖北省小学的"班班通"设备中，资源库和网络设备的建设比例高于其他类型学校，如图 6.2.3 所示。

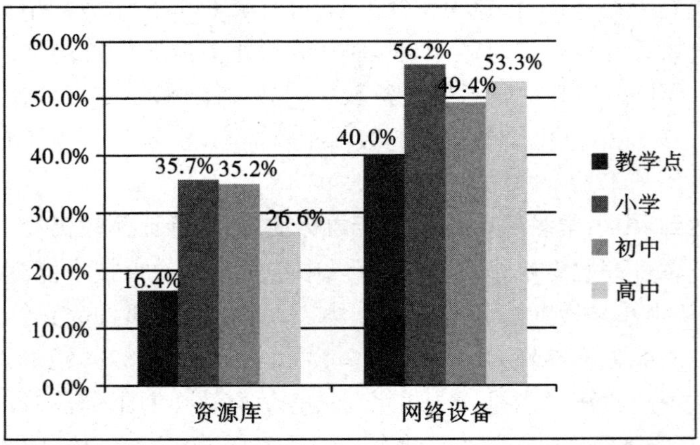

图 6.2.3　不同类型学校资源库和网络设备配备情况

6. 信息化管理功能中小学教学管理和设备管理建设较完善

调研结果表明，湖北省实现了信息化管理的中小学占全体学校的35.2%，而小学的比例是38.7%，建设情况相对较好。信息化管理主要包括办公管理、科研管理、考评管理、教学管理、排课管理、成绩管理、考试管理、学籍管理、班级管理、图书管理、实验管理、设备管理、后勤管理、账务管理等。不同类型学校实现的信息化管理系统比例存在差距，其中，小学在教学管理和设备管理实现信息化所占的比例较高于其他类型学校，具体情况如图6.2.4所示。

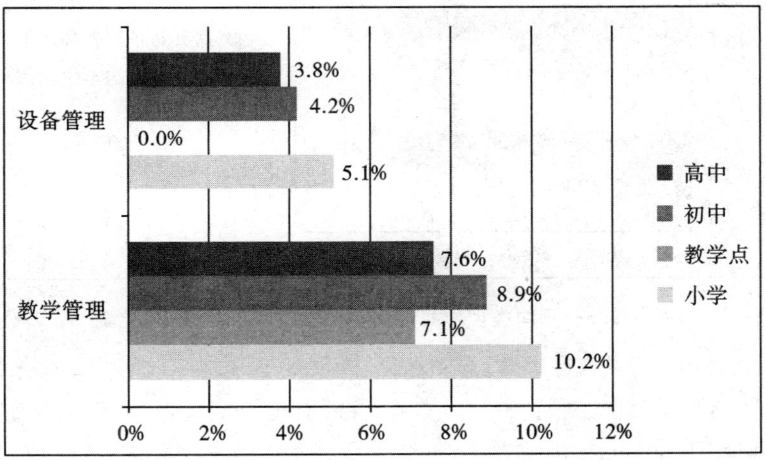

图6.2.4 信息化管理系统情况

由图6.2.4可看出，在被调查的14种信息化管理功能中，小学在教学管理和设备管理功能的建设上略高于高中、初中和教学点，得到了良好的发展，有利于提高办公管理效率，对学校信息化管理的实现有积极作用。

6.2.2 湖北省小学信息化发展存在的问题

通过分析湖北省小学信息化建设现状我们可以看出，小学在信息化应用、人才培养等各方面都取得了一定的成绩，信息化发展水平也取得了进步。但与此同时我们也发现，小学在信息化资源、信息化管理等方面也存在一些问题。通过分析小学信息化发展中存在的问题，了解小学与其他性质学校之间的差距，进行针对性的建设，努力缩小差距，实现信息化均衡发展。

1. 信息化工具辅助教学未得到普遍应用

随着计算机的普及,信息化工具受到越来越多教师的青睐。在受调研的学校中,77.9%的教师和26.5%的学生拥有电子邮箱,不同类型学校拥有电子邮箱的教师、学生比例如图6.2.5所示。

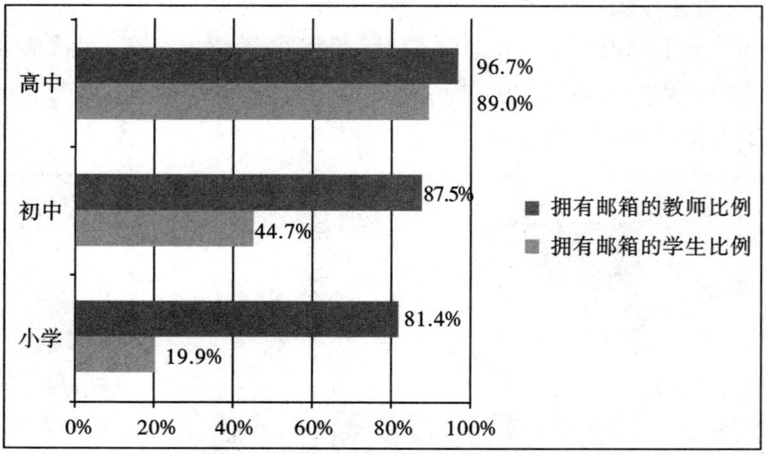

图6.2.5 不同类型学校拥有电子邮箱的教师、学生比例

由图6.2.5可知,小学、初中、高中拥有电子邮箱学生比例分别为19.9%、44.7%和89.0%,小学、初中和高中学校拥有电子邮箱的教师比例均超过了80%,其中高中教师拥有电子邮箱的比例最高,为96.7%。小学在电子邮箱拥有比例方面都低于初中和高中,说明在小学中,信息化工具在日常教学中未得到普遍应用,应加强建设,注重信息化工具与教学整合的有力开展。

2. 教师的信息技术能力较低,基本处于中等水平

教育信息化的全面发展对教师的信息技术能力提出了更高的要求,要求中小学教师打破传统的授课方式,具备更强的信息技术能力以适应基础教育信息化的快速发展。在对湖北省中小学教师的信息技术能力进行的调查表明,小学教师的信息技术能力普遍较弱,具体情况如图6.2.6所示。

从图6.2.6可以看出,小学教师所具备的信息技术能力大部分对应的均值处于3以下,处于中等以下水平,只有少部分能力处于中等偏上水平。初中和高中教师的信息技术能力逐渐增强,高中教师的信息技术能力处于中等偏上水平。其中,获取、合理使用信息化教学资源的能力是中

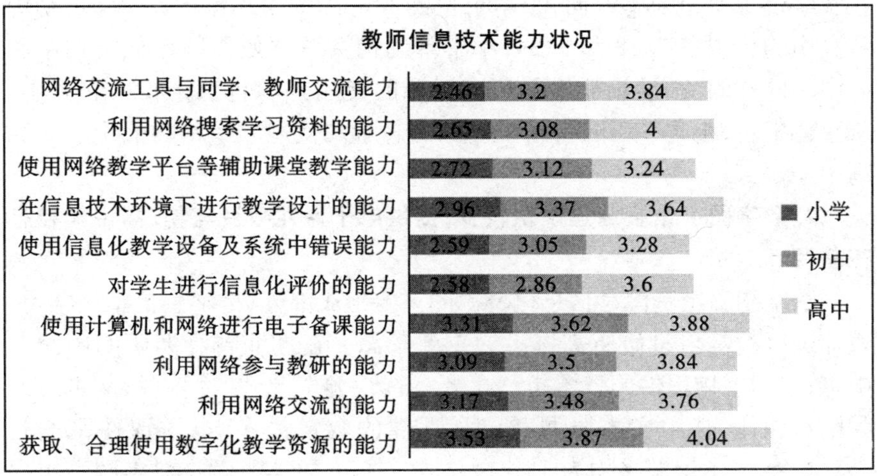

图 6.2.6 不同类型学校教师信息技术能力情况

小学教师掌握的最好的一种信息技术能力。在其他各种信息技术能力方面,小学、初中和高中都存在差距,小学教师信息技术能力水平整体上低于其他类型学校。

3. 单位购买和其他途径获取资源少,使用频率低

信息化教学资源是促进教师进行信息化教学的有力工具,在教学中使用教学资源可以改变教师的教学模式,丰富课堂活动,提高学生学习的积极性和主动性。对不同类型学校的信息化资源建设状况进行的调查显示,小学在单位购买资源和其他途径获取资源的资源量和使用频率上都低于初中和高中,具体情况如表 6.2.1 所示。

表 6.2.1 不同类型学校信息化教学资源建设情况

	小学		初中		高中	
	资源量(GB)	使用频率	资源量(GB)	使用频率	资源量(GB)	使用频率
单位购买	15.76	2.54	70.15	2.88	1 381.2	3.24
其他途径	4.61	2.08	8.35	2.76	160.16	2.7
注:1 表示频率低,5 表示频率高,由 1 到 5 依次表示频率由低到高。						

如表 6.2.1 所示,在教学资源量方面,小学的单位购买资源量是 15.76 GB,初中和高中的单位购买资源量分别是 70.15 GB 和 1 381.2 GB,可以看出,小学的单位购买资源量远远低于初中和高中。同理,在通过其他途径获取的资源量上,小学的资源量也低于初中和高中。

在教学资源使用频率方面，小学单位购买资源的使用频率是 2.54，初中和高中的分别是 2.88 和 3.24，小学单位购买资源使用频率低于初中和高中。同样的，小学其他途径获取资源的使用频率也低于初中和高中。从整体来看，小学单位购买教学资源的总量和使用频率都略低于初中和高中。

4. 数字图书馆资源建设量较少，提供电子课件数目与初、高中学校存在差距

数字图书馆资源是信息化资源的重要组成部分，是学生信息化学习、教师进行教学与科研所需资料的重要来源。在湖北省受调研的中小学中，数字图书馆提供的资源类型主要有音视频资源、图片资源、文本资源和电子课件，其中文本资源和电子课件的数量最多，电子课件平均是 532.1 个，文本资源平均为 12 744.2 册。而不同类型学校数字图书馆提供不同类型资源的数量差异比较大，小学数字图书馆提供的各类资源数量都小于初中和高中，如表 6.2.2 所示。

表 6.2.2　不同类型学校的数字图书馆各类型资源建设情况

	音视频(GB)	图片(GB)	文本(册)	电子课件(个)
小学	23.36	7.07	15 016.83	156.3
初中	28.98	13.11	16 997.57	1 143.41
高中	54.64	64.80	20 851.04	4 341.56

从表 6.2.2 可以看出，高中学校在音视频数量、图片、文本和电子课件的资源建设上均是最好的，分别为 54.64 GB、64.8 GB、20 851.04 册、4 341.56 个，初中和小学提供的数字图书馆资源主要以文本资源为主，小学数字图书馆提供的电子课件数目是 156.3 个，远少于初中和高中的电子课件建设数目。从总体上来看，小学在各类资源的建设量上都少于初中和高中，说明小学可提供给教师教学、学生学习的数字化资料相对匮乏，并不能满足师生的需求，也拉大了小学与初中和高中间数字化资源建设的差距。

5. 校园网建设未得到较好的普及

学校的校园网站不仅可以被学校用来对外进行宣传，更主要的是它给学校的教育教学管理工作创建了一个信息化的先进平台。截至 2012 年底，在所调研的学校中，有 37.6%的小学建有校园网，其更新频率如图 6.2.7 所示。

由图 6.2.7 可看出，在建有校园网的小学中，仅有 9.8%的学校每天

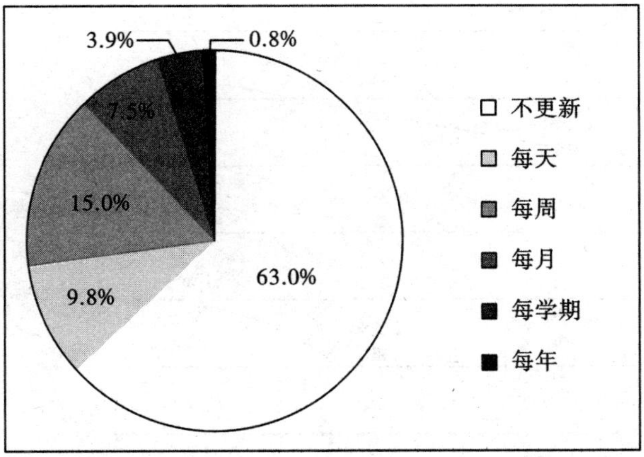

图 6.2.7　小学门户网站更新情况

更新，63%的学校不更新，15%的学校每周更新，7.5%的学校每月更新，由此可见，门户网站的建设与应用在小学尚未得到较好的普及。

从城市、县镇、农村三大不同区域来比较城乡小学校园网建设情况，县镇相对建设量最大，具体情况如图 6.2.8 所示。

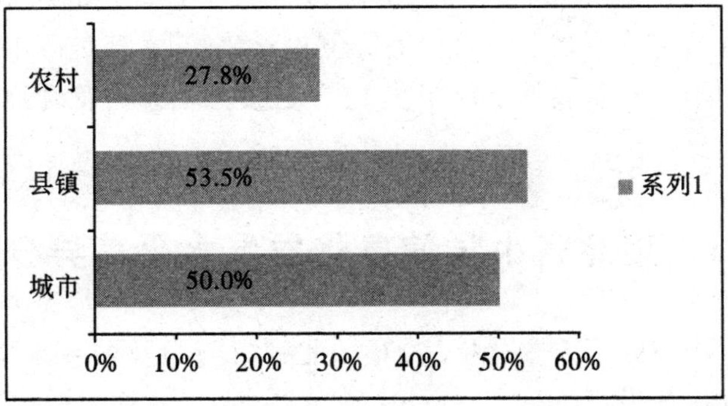

图 6.2.8　城乡小学校园网建设情况

由图 6.2.8 可知，县镇有 53.5%的小学建设有门户网站，城市略少于县镇，达到一半的建设量。农村最少，仅占 27.8%。

6. 考试管理、实验管理等信息化管理功能建设不完善

调研结果表明，湖北省小学在已经实现的信息化管理功能中有些管理功能已取得了较好的成绩，如教学管理、设备管理等。但同时有一些管理功能的建设并不完善，如考试管理、实验管理和财务管理等。具体情况如图 6.2.9 所示。

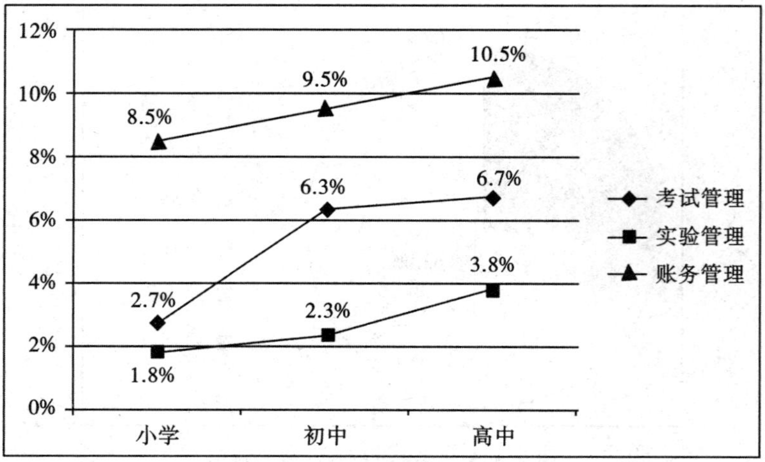

图 6.2.9 信息化管理系统情况

由图 6.2.9 可知，在中小学运用信息化手段进行财务管理的比例相对最高，其次是考试管理，最弱的是实验管理。但在这 3 种信息化管理功能中，小学的建设状况与初中和高中相比均相对最弱，实现账务管理信息化的比例是 8.5%，考试管理的比例是 2.7%，实验管理的比例是 1.8%。初中和高中实现管理功能信息化的比例相对较好，尤其是高中，其建设情况都高于初中和小学。基于此状况，小学应加强信息化管理建设，使管理基本实现信息化。

6.3 湖北省小学信息化发展水平差异分析

本节采用单因素方差分析法，对湖北省市（州）及城乡小学信息化发展水平差异情况进行分析。

6.3.1 湖北省小学信息化发展水平市（州）差异分析

本节主要采用单因素方差分析法，对湖北省的 14 个市（州）小学信息化发展水平差异情况进行分析。依据分析结果，阐述我省小学信息化发展中的市（州）均衡情况。

1. 市（州）使用多媒体计算机教学的教师比例存在显著差异

对 14 个市（州）教师使用多媒体计算机进行教学的频率进行单因素方差分析，其显著性概率 Sig. 值为 0.000，小于 0.05，表明市（州）学校教师使用多媒体计算机进行教学的比例存在显著差异。

2. 市(州)教师获取、合理使用信息化教学资源的能力以及信息化环境下进行教学设计的能力存在差异

选取获取、合理使用信息化教学资源的能力以及信息化环境下进行教学设计的能力进行单因素方差分析,两者的显著性概率 Sig. 值均为 0.000,小于 0.05,说明 14 个市(州)学校教师信息技术培训情况存在显著差别。

3. 市(州)学生的信息技术能力存在显著差异

选取利用网络搜索资料的能力;使用网络交流工具(电子邮件、网上讨论等)与同学、教师交流的能力;能在教师的指导下,应用信息技术灵活开展自主学习、合作学习与探究学习的能力 3 个指标进行单因素方差分析,分析结果如表 6.3.1 所示。

表 6.3.1 市(州)学生信息技术能力差异情况

指　　标	Sig.
利用网络搜索资料的能力	0.000
使用网络交流工具(电子邮件、网上讨论等)与同学、教师交流的能力	0.013
能在教师的指导下,应用信息技术灵活开展自主学习、合作学习与探究学习的能力	0.000
注:Sig. 值＞0.05,没有显著差异;Sig. 值＜0.05,存在显著差异	

从表 6.3.1 可知,显著性概率 Sig. 值分别为:0.000、0.013、0.000,均小于 0.05,说明 14 个市(州)学生的信息技术能力存在显著差异。

4. 市(州)学校领导对信息化建设工作的满意程度存在显著差异

对 14 个市(州)学校领导对信息化建设工作的满意程度进行单因素方差分析,学校领导对信息化建设工作的满意程度的显著性概率 Sig. 值为 0.000,小于 0.05,表明学校领导对信息化建设工作的满意程度存在显著差异。

5. 市(州)学校拥有课程学习网站建设情况得到了均衡发展

对 14 个市(州)学校拥有课程学习网站的数量进行单因素方差分析,该指标的显著性概率 Sig. 值为 0.955,大于 0.05,表明市(州)学校拥有课程学习网站建设情况得到了均衡发展。

6. 市(州)教师对学生进行信息化评价的能力以及使用网络教学平台、博客等信息化工具辅助课堂教学的能力比较均衡

使用单因素方差分析,分析市(州)教师对学生进行信息化评价的能力以及使用网络教学平台、博客等信息化工具辅助课堂教学的能力，教师对学生进行信息化评价的能力的显著性概率 Sig. 值为 0.058，使用网络教学平台、博客等信息化工具辅助课堂教学的能力为 0.048，两者都接近 0.05，说明 14 个市(州)教师对学生进行信息化评价的能力以及使用网络教学平台、博客等信息化工具辅助课堂教学的能力比较均衡。

6.3.2　湖北省小学信息化发展水平城乡差异分析

本节主要采用单因素方差分析法，对湖北省城乡(城市、县镇、农村)小学信息化发展水平差异情况进行分析。依据分析结果，阐述我省小学信息化发展中的城乡均衡情况。

1. 城乡信息化应用水平存在显著差异

对城市、县镇、农村不同区域教师使用计算机备课占总备课时间的比例以及最近一学年采用多媒体辅助教学的课程占总课程的比例进行单因素方差分析。城市、县镇、农村在关于教师计算机备课占总备课的时间比例以及最近一学年采用多媒体辅助教学的课程占总课程的比例两个指标的显著性概率 Sig. 值分别为 0.001 和 0.000，均小于 0.05，表明城乡学校教师计算机备课占总备课的时间比例以及最近一学年采用多媒体辅助教学的课程占总课程的比例存在显著差异。

2. 城乡校长的信息化领导力存在显著差异

对不同区域的校长信息化领导力的各个指标进行单因素方差分析，结果如表 6.3.2 所示。

表 6.3.2　城乡校长信息化领导力进行差异分析结果

指　　标	Sig.
使用信息化管理平台管理学校事务的能力	0.000
规划、组织校园信息化建设与应用的能力	0.001
对学校信息化建设与发展各个方面评价的能力	0.005
注：Sig. 值＞0.05，没有显著差异；Sig. 值＜0.05，存在显著差异	

由表 6.3.2 可知，城乡在关于校长使用信息化管理平台管理学校事务的能力，规划、组织校园信息化建设与应用的能力，对学校信息化建设与发展各个方面评价的能力这 3 个指标的显著性概率 Sig. 值分别为 0.000、0.001、0.005，均小于 0.05，因此，城乡校长信息化领导力存在显著差异。

3. 城乡教师信息技术能力存在显著差异

对城乡教师信息技术能力进行单因素方差分析，结果如表 6.3.3 所示。

表 6.3.3　城乡教师信息技术能力差异分析结果

指　　标	Sig.
利用网络与学生、家长、同事、教学管理人员交流的能力	0.000
利用网络参与教研的能力	0.000
使用计算机和网络进行电子备课，制作电子档案的能力	0.000
对学生进行信息化评价的能力	0.000
在信息技术环境下进行教学设计的能力	0.000
注：Sig. 值＞0.05，没有显著差异；Sig. 值＜0.05，存在显著差异	

由表 6.3.3 可以看出，城乡教师利用网络与学生、家长、同事、教学管理人员交流的能力，利用网络参与教研的能力，使用计算机和网络进行电子备课，制作电子档案的能力，对学生进行信息化评价的能力，在信息技术环境下进行教学设计的能力这 5 个方面的能力的显著性概率 Sig. 值均为 0.000，小于 0.05，因此可知，城乡教师信息技术能力不均衡，存在显著差异。

4. 城乡学生的信息技术能力存在显著差异

对城乡学生信息技术能力各个指标进行单因素方差分析，结果如表 6.3.4 所示。

表 6.3.4　城乡学生信息技术能力差异分析结果

指　　标	Sig.
利用网络搜索学习资料的能力	0.000
使用网络交流工具与同学、教师交流的能力	0.000
能在教师的指导下，应用信息技术灵活开展自主学习、合作学习与探究学习的能力	0.000
利用媒体终端随时随地学习的能力	0.000
注：Sig. 值＞0.05，没有显著差异；Sig. 值＜0.05，存在显著差异	

由表 6.3.4 可知，城乡学生利用网络搜索学习资料的能力，使用网络

交流工具与同学、教师交流的能力,能在教师的指导下,应用信息技术灵活开展自主学习、合作学习与探究学习的能力,利用媒体终端随时随地学习的能力这4个方面的能力显著性概率 Sig. 值均为0.000,小于0.05,由此可知,城乡学生信息技术能力存在显著差异。

5. 城乡目前学校负责规划、建设和管理校园信息化的部门存在显著差异

对不同区域目前学校负责规划、建设和管理校园信息化的部门进行单因素方差分析,其 Sig. 值为0.034,小于0.05,因此可知,城乡目前学校负责规划、建设和管理校园信息化的部门存在显著差异。

6. 城乡学校每学期组织信息化相关活动的次数无显著差异

对学校每学期开展教师和学生信息化相关活动的次数进行单因素方差分析,其 Sig. 值分别为0.670和0.462,均大于显著性概率水平0.05,因此城乡学校每学期组织的教师和学生信息化相关活动的次数无显著差异。

7. 城乡学校拥有课程学习网站的数量无显著差异

对城市、县镇、农村学校拥有课程学习网站的数量进行单因素方差分析,其 Sig. 值为0.671,大于0.05,由此可以看出,城乡学校拥有课程学习网站的数量无显著差异。

8. 城乡校长对信息化建设工作的重视程度无显著差异

对城乡校长对信息化建设工作的重视程度进行单因素方差分析,其 Sig. 值为0.838,大于0.05,由此可以看出,城乡校长对信息化建设工作的重视程度无显著差异。

6.4 湖北省小学信息化发展水平比较分析

本节通过查阅资料,采用比较分析法,对湖北省小学信息化发展水平进行国际比较及省际比较。

6.4.1 湖北省小学信息化发展水平国际比较分析

信息化基础设施是教育信息化的基本条件,美国、英国、日本、韩国、新加坡等发达国家在教育信息化的发展过程中均投入了巨资为中小学校配置计算机并且接入互联网,提高信息化基础设施标准,普及计算机网络技术,营造信息化学习环境。

湖北省小学校园的生机比和联网率与美国、英国、日本、韩国、新加坡等国家的比较如表 6.4.1 所示,由表可知,湖北省的小学计算机数量与美国、英国、日本、韩国和新加坡等发达国家相比差距都比较大。

表 6.4.1 湖北省与美国、英国、日本、韩国、新加坡等国小学生机比、联网率对比

	湖北省	美国	英国	日本	韩国	新加坡
生机比	36.44	4.1	8	9.6	8	2
联网率%	55.71	100	>99	>99.9	100	100
宽带接入联网率%	50.7	97	27	81	—	100
无线接入联网率%	8.7	45	16	—	—	—
注:美国、日本为 2005 年数据,英国、韩国为 2003 年数据,新加坡为 2002 年数据,湖北省为 2012 年数据。						

由表 6.4.1 可见,在学校宽带接入联网率方面,湖北省与美国、英国、日本、韩国、新加坡等国水平相差较小,已经有一半以上实现学校宽带联通互联网。另外,国外的数据大多同时显示了接入互联网的计算机生机比和教室的比例,并且列出了宽带接入的比率,这一点主要是因为计算机的应用在当前非常重要的一点是对于网络信息资源的应用,而带宽对于很多网络应用来说至关重要,美国、英国等国的数据还都显示了学校无线接入互联网的比率,这也是学校在网络设施建设方面值得注意的方向。

6.4.2 湖北省小学信息化发展水平省际比较分析

1. 湖北省与全国小学信息化环境建设水平比较分析

近年来,湖北省加快了教育信息化发展步伐,加强全省各级各类学校教育信息化基础设施建设,完善覆盖各校的校园网建设,加速对小学基础设施和设备的改造与更新,并取得了一定成绩。全省的基础教育信息化环境建设发展较快,取得显著效果。基础教育信息化环境建设最基础的信息化设备为计算机,湖北省小学中平均生机比(学生数/学生所用计算机台数)为 36.44 : 1,师机比(教师人数/教师所用计算机台数)为 2.57 : 1,生机比和师机比的数值越小,就说明每一个学生和教师所拥有的计算机台数也越多,计算机设备建设情况相应就越好。将湖北省小学生机比发展情况与全国小学平均生机比发展情况进行对比,得到结果如表 6.4.2 所示。

表 6.4.2　湖北省与全国小学平均生机比发展趋势对比

年份	湖北		全国	
	生机比	师机比	生机比	师机比
2003	55.83	2.47	43.64	2.13
2004	47.39	2.21	35.33	1.77
2005	37.69	1.89	29.61	1.52
2006	33.58	1.80	26.54	1.38
2007	32.22	1.78	24.82	1.32
2008	32.41	1.81	23.37	1.27
2009	40.12	2.21	26.16	1.46
2010	38.84	2.11	24.18	1.37

从表 6.4.2 中的数据可以看出，湖北省小学生机比和师机比水平都在全国平均水平之下。2003 年，湖北省生机比是 55.83，全国平均是 43.64，到 2010 年，湖北省生机比为 38.84，全国平均是 24.18，湖北一直处于全国平均水平之下。另外，师机比 2003 年湖北省是 2.47，全国平均是 2.13，到 2010 年湖北省是 2.11，全国平均是 1.37，湖北省师机比低于全国水平，而且发展速度也不如全国平均发展速度，说明湖北省小学计算机建设情况有待提高。

2. 湖北省与外省小学信息化环境建设水平比较分析

分别从东部地区、中部地区和西部地区各抽取 2 个省份作为代表来进行全国的区域性比较研究，其中东部区域选取浙江省和广东省，中部区域选取山西省和湖北省，西部区域选取云南省和新疆维吾尔自治区，将选取出来的 6 个省份的生机比进行对比研究，比较分析结果如图 6.4.1 所示。

由图 6.4.1 可以明显地看出，我国小学的计算机建设取得了很大成就，小学整体生机比逐年下降，表明学生平均用计算机数量在逐年提高。东部区域省份与中西部区域省份差异较大，相比较，东部地区小学计算机建设水平最高，2003 年东部区域的浙江省和广东省生机比分别为 22.4

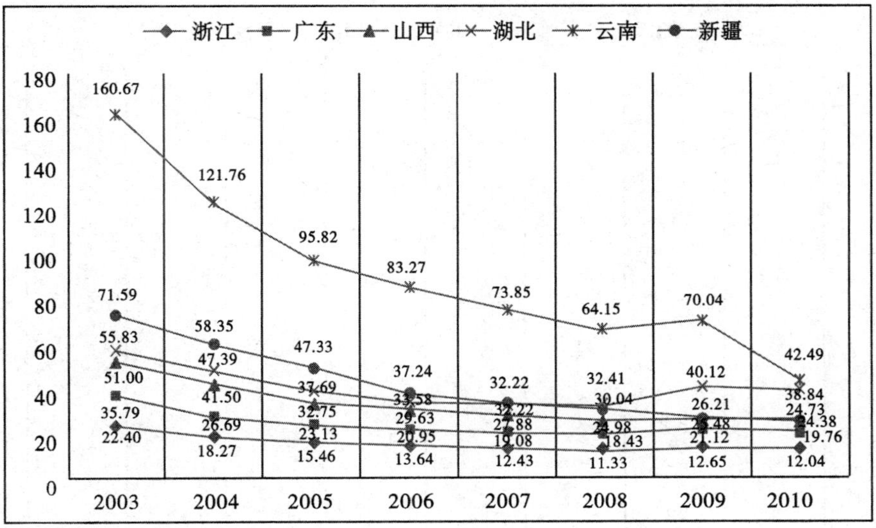

图 6.4.1 东、中、西部区域的省份生机比发展趋势对比

和 35.79，到 2010 年，浙江省和广东省生机比分别降到了 12.04 和 19.76。而西部地区的新疆维吾尔自治区和云南省在 2003 年时生机比分别是 71.59 和 160.67，从数值上看，这 2 个省份小学计算机配置水平很低，2010 年的生机比才分别达到 24.73 和 42.49。中部地区的山西省和湖北省的生机比则处于中间水平，2003 年分别为 51 和 55.83，到 2010 年生机比分别降至 24.38 和 38.84。对比东部、中部和西部数值容易看出，东部一直处于高水平，不过地区间的差距在逐渐缩小，中部地区发展水平好于西部地区，但是西部发展迅猛，有赶超中部地区的趋势，表明这几年西部地区的生机比发展快于中部。

将所选取出来的 6 个省份的师机比进行对比研究，比较分析结果如图 6.4.2 所示。

从图 6.4.2 中可知，全国小学师机比整体呈逐年下降趋势，表明教师平均用计算机数量在逐年提高，全国的师机比与生机比的发展趋势相一致。东部地区的教师用计算机的建设水平高于中部地区和西部地区，2003 年东部地区的浙江省和广东省师机比分别是 1.05 和 1.36，说明东部地区小学基本达到 1 名教师就可以配备 1 台计算机，中部地区的山西省和湖北省师机比分别为 2.64 和 2.47，西部地区的新疆维吾尔自治区和云南省师机比分别为 4.14 和 8.06，到 2010 年，东部地区的浙江省和广

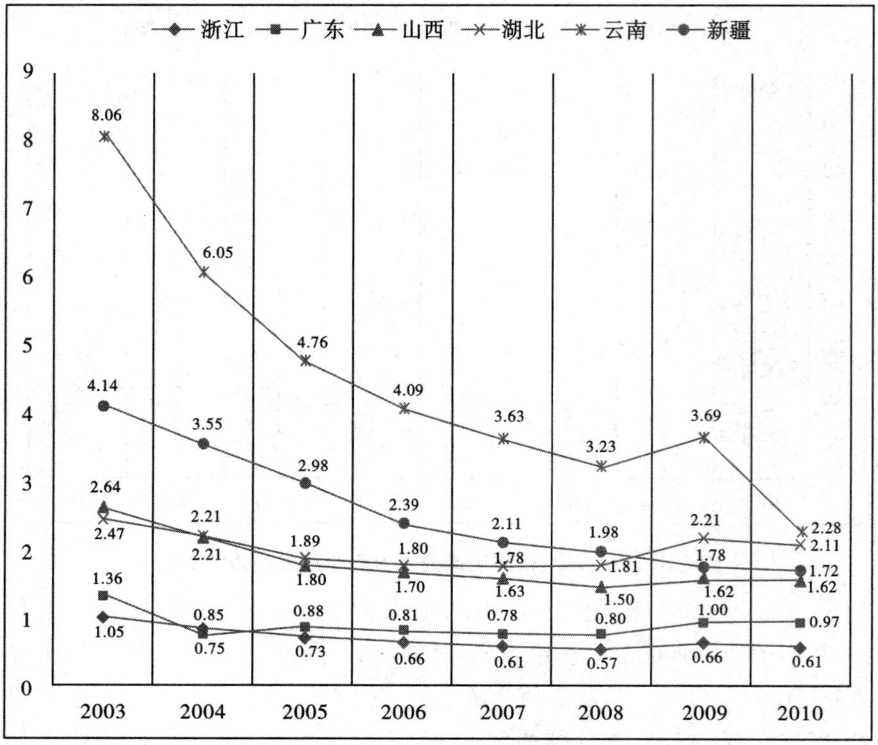

图 6.4.2　东部、中部、西部区域的省份师机比发展趋势对比

东省师机比已经分别发展到 0.61 和 0.97，中部地区的山西省和湖北省师机比则分别降至 1.62 和 2.11，西部地区的新疆维吾尔自治区和云南省也分别降至 1.72 和 2.28，西部地区数值已经接近于中部地区数值，总体来说全国计算机建设得到很大的改善。

3. 湖北省与陕西省小学信息化应用水平比较分析

与陕西省小学信息化应用水平进行对比，分析陕西省和湖北省信息化应用现状。主要从小学学校网站建设情况、信息技术课程情况两方面进行考察。

从学校网站建设情况看，在湖北省所调研的建有网站的小学占 37.6%，查阅文献得知陕西省建有网站的小学占 21%，由此可以看出，相对陕西省，湖北省建有校园网的小学比例更大。从信息技术课程情况看，统计湖北省与陕西省开设信息技术课程的情况得到结果如表 6.4.3 所示。

表 6.4.3　湖北省与陕西省小学开设信息技术课程对比情况

	湖北	陕西
开设率%	84.5	78
周学时	>3	1

从表 6.4.3 中可知，湖北省有 84.5%的小学开设了信息技术课程，并且学生每周平均信息技术课程超过了 3 个课时，陕西省开设了信息技术课程的小学占 78%，略低于湖北省的比例，另外陕西省的周学时只有 1 个课时，学时数方面同样也低于湖北省。

4. 湖北省与湖南省小学信息化人才培养水平对比分析

作为学校信息化的重要保证，教师拥有举足轻重的地位。将湖北省的信息化人才培养水平与教育信息化水平较高的湖南省进行对比，探究 2 个省之间存在的差异和距离，才能进一步明确自己所处的阶段，发现问题，从而提出解决方案迎头赶上。

从教师信息化能力培训情况看，湖北省有 96.1%的小学每学期都组织开展教师信息技术培训。查阅文献得知，截至 2007 年，湖南省的小学中只有 65%的学校真正地实施了一系列措施来保障教师的教育技术培训。

从教师信息技术能力情况看，教师进行信息化教学的基础是对信息技术的掌握，当前教师专业发展的核心因素就是其对信息技术的掌握，所以研究教师信息技术能力是深入了解教师的专业发展必不可少的环节。在信息技术迅猛发展的当今，网络社会工具教研等的应用是信息化背景下教师专业发展的重要途径与平台，教师的信息技术能力极大地影响着其自身的教学效果。对湖南省和湖北省教师的信息技术能力进行调查，结果分别如表 6.4.4、表 6.4.5 所示。

表 6.4.4　湖南省小学教师信息技术能力

类别	熟练程度		
	好	一般	差
搜索、下载与教学内容相关的教学资源的能力	23%	59%	19%
归类、整理、保存相关的教学资源的能力	19%	69%	12%
自己拍摄相关的教学资源的能力	32%	56%	12%
根据教学需要，截取、播放相关的资源片段的能力	23%	57%	20%
将所需的视音频、文字、图片等资源进行组合的能力	15%	53%	32%
在教学过程中播放组合好的教学资源的能力	17%	63%	20%
均值	21.5%	59.5%	19.2%

从表 6.4.4 中可以看出，湖南省小学教师的信息技术能力有一半以上还处于中等水平，即有 59.5%的教师信息技术能力停留在“一般”，达到“好”的教师有 21.5%，相对“差”(19.2%)的比例要大一些。

表 6.4.5　湖北省小学教师信息技术能力

类别	熟练程度		
	好	一般	差
获取、合理使用信息化教学资源的能力	54.7%	25%	20.3%
利用网络交流的能力	39.3%	33.3%	27%
利用网络参与教研的能力	37.7%	32%	30.2%
使用计算机和网络进行电子备课的能力	47.9%	25.5%	26.5%
对学生进行信息化评价的能力	24.5%	30.2%	45.3%
正确使用各种信息化教学设备，应对系统中常见错误的能力	20.9%	34.9%	44.3%
在信息技术环境下进行教学设计的能力	34.4%	32%	33.6%
使用网络教学平台、博客等信息化工具辅助课堂教学的能力	24.1%	34.3%	41.4%
均值	35.4%	30.9%	33.6%

由表 6.4.5 中可看出，湖北省小学教师的信息技术能力分布比较均衡，“好”、“一般”和“差”这 3 个等级的比例相差不多，基本都维持在 30%多。不过，表现为“好”的相对来说比例较高，达到 35.4%。用更加直观的图来表现如图 6.4.3 所示。

从图 6.4.3 中就可以明显看出，湖南省与湖北省在小学教师信息技术能力方面的对比情况，更加直观形象地展示出其优劣情况。

5. 湖北省与福建省小学信息化管理水平对比分析

从上文的描述中可知，湖北省小学信息化管理水平虽不及中学，但也取得了一定的成绩，在取得成绩的基础上，同样需要与外面的世界进行对比，才能知道自身的优势和不足，查阅相关文献，可知湖北省与外省的差距。

截至 2011 年福建省小学实现信息化管理的学校占 65.39%，其中城市小学实现信息化管理的学校比例高达 86.38%。截至 2012 年湖北省小学实现信息化管理的学校占 38.70%，其中城市小学实现信息化管理的学校比例为 42.6%。由此可以看出，湖北省小学信息化管理水平亟待提高，究竟该如何提高湖北省小学信息化管理水平，应首先考虑其影响因

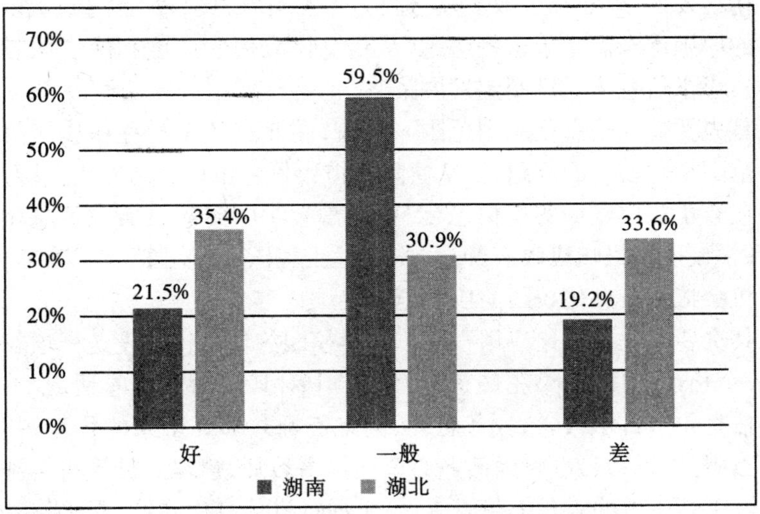

图 6.4.3 湖南省和湖北省小学教师信息化能力对比

素有哪些。

6.5 湖北省小学信息化发展的政策建议

通过前面几节对湖北省小学信息化发展水平的测评,了解了湖北省小学信息化发展现状。对湖北省小学信息化发展水平进行市(州)及城乡差异分析,对湖北省小学信息化发展水平进行国际比较及省际比较,发现了湖北省小学信息化发展中存在的问题,针对这些问题,提出相应的建议,以促进湖北省小学信息化的进一步发展。

1. 建立健全省、市、县、校四级教育信息化工作体系

教育信息化作为一项庞大的工程,迫切需要一套完善的工作体系进行支持。需城乡互动,促进教育信息化应用水平的均衡发展。湖北省小学数量庞大,由于区域经济发展的不均衡,致使不同地域的小学信息化建设存在很大的差异,需要统筹规划,才能缩小不同地域的差异。以重点学校的校园网和地区城域网为中心,加强规划的规范性、协调性和方向性,联合组织各学校共同建设区域教育信息资源库,既可以避免重复,又能在资源共享的基础上形成自己的特色和优势。

2. 全面提升湖北省小学信息化应用广度和深度

信息化应用是实施小学校园信息化的最终落脚点,信息化校园要实现可持续发展,就必须要改变以“建”为主的指导思想,并且回归到以“用”为本的原则上来。基于这些考虑,从信息化应用的广度和深度两方面为湖北省小学信息化建设制定发展策略。

首先要扩大信息化应用范围。目前,湖北省各小学存在校园信息化应用范围相对较窄的问题,要从实际上扩大信息化校园的应用范围,不仅需要在教学管理领域实现信息化,在日常教学中更应该实现信息化。另外,各学校应积极响应政府开展的“农远工程”、“校校通工程”等项目,并借此机会扩大信息化校园的应用范围。

其次要深化信息化应用程度。小学校园的信息化建设是一项长期规划,一个长远工程,如果在日常教育教学中对其浅尝辄止的话,就不会体验到信息化给日常教学、教务管理、网络资源共享等带来的优势,并势必将会阻碍其可持续发展,因而务必全面提高教师、管理人员等与实施信息化校园密切相关的人员的信息素养,全面推进信息化开展,深化信息化应用程度。

3. 扩大专职信息技术教师比例,提高教师信息素养

要实现教育现代化,信息化师资力量是保障。统计湖北省所调研的小学相关数据,拥有专职信息技术教师的学校只有一半,也就意味着湖北省还有将近一半的小学并没有专门的信息技术教师,而一个学校的信息化水平和信息化发展很大程度上是依赖专职信息技术教师的能力水平,若学校教师团队建设中没有基本的专职信息技术教师,连基本的信息化力量支撑都不存在,又谈何发展校园的信息化,因此,湖北省小学的信息化人才还有待提高,通过学校的专职信息技术教师带动整个学校教师的信息素养。

4. 丰富信息技术培训类型,提升教师整体信息能力水平

当前,湖北省大部分小学已经开始重视教师信息化发展,其中,96.1%的小学每学期组织教师开展信息技术培训,并且学校平均每学期组织教师信息技术培训的次数为 4.76 次,从这 2 个数据可以很明显地看出,湖北省小学基本上都开展了教师信息技术能力培训的活动,并且每个学期开展的次数也不低,平均有将近 5 次,也就意味着平均每个月都会开展 1 次教师信息技术能力培训,这是学校重视教师信息化能力水平发展的表现。但是从培训内容来看,小学主要集中在现有设备的使用和多媒体课件制作这两个方面的培训,而其他方面的培训则相对较少,如学校网站的应用、网页制作以及视频录像的编辑等方面,如果学校只一味在意教师在现有设备的使用和多媒体课件制作这两个方面能力水平的提高,而忽视其他方面能力水平的提升,则对于教师自身和整个学校都是非常不利的。首先,对于教师本身而言,其信息技术知识会比较狭隘,教师信息技术能力不能全面发展;其次,对于整个学校来说,其信息化发展也会受阻,无法全面进步。

5.从校领导信息化能力入手,促进湖北省小学信息化管理水平

通过对湖北省小学信息化管理水平现状的分析以及与福建省小学信息化校园管理水平的对比,对湖北省小学信息化管理给出了如下三点建议:

(1)构建学校信息化发展愿景,提升校长信息化环境下的沟通能力及评价能力。校长从宏观方面提升对学校信息化建设和发展各个方面的评价能力,从微观方面加强使用信息化交流工具进行协调沟通的能力。

(2)搭建数据资源共享平台,提高教师信息化环境下教学教研能力。教师要从获取并合理利用信息化资源,到利用计算机网络与教学相关人员交流,再到电子备课方面提高自身的能力。

(3)创建校园信息化“教育影院”,加强学生信息化环境下的交流能力。注重学生加强使用网络交流工具与同学和教师交流的能力,并积极参与。

第四篇　湖北省中学信息化发展水平分析

本篇主要对湖北省初中及高中信息化发展水平进行现状分析，主要介绍湖北省初中及高中在信息化发展过程中的发展特色及存在的问题。基于实证数据评测湖北省初中信息化发展现状，将湖北省初中的信息化发展现状与我国其他省市进行对比分析；对湖北省各市（州）高中进行调研，从信息化应用水平、人才水平、环境水平以及保障体制水平四个方面对湖北省各市（州）高中信息化发展水平进行对比分析。最后，基于初中及高中信息化发展现状及发展过程中存在的问题提出几点政策建议。

7　湖北省初中信息化发展水平分析

本章主要介绍湖北省各市（州）的初中在信息化建设方面的现状、特点以及在发展中的主要问题。使用因子分析及聚类分析的方法，探索影响湖北省初中信息化建设的主要影响因素以及各市（州）在初中信息化发展中的综合情况。然后，运用比较分析的方法，将湖北省初中的信息化发展情况与其他省市进行比较，分析湖北省在初中信息化发展中的主要问题。最后，依据现状及存在的问题提出政策建议。本章内容导图如图 7 所示。

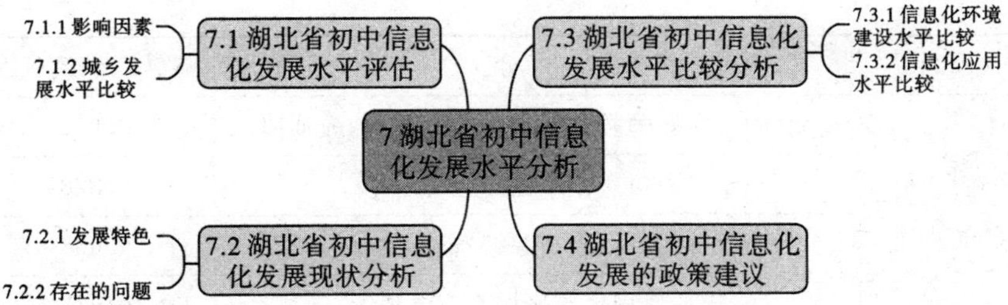

图 7　本章内容导图

7.1　湖北省初中信息化整体发展水平评估

采用探索性因子方法对湖北省初中信息化发展的影响因素进行分析,并对各市(州)的结果进行排名与比较,了解湖北省初中信息化发展的整体水平。

7.1.1　探索湖北省初中信息化发展影响因素

在受调研的湖北省初中样本中抽取部分数据进行因子分析,因子结果表明 KMO 度量值为 0.826(大于 0.8),Bartlett 球形度检验统计值的显著性概率是 0.000(小于 0.01),说明该数据适合做因子分析,同时提取 4 个公因子可以解释的累积方差达到了 72.63%(大于 60%),基本包含了全部指标的大部分信息。利用方差极大法对指标进行因子载荷旋转,得到旋转成分矩阵,进而对 4 个公因子命名解释,由此可以得出湖北省初中信息化发展探索性影响因素成分表,见表 7.1.1。

表 7.1.1　探索性因子分析结果

共同因子	成　分	旋转因子载荷量
信息化人才水平	校长的信息化领导力水平	0.790
	学生的信息技术能力水平	0.767
	教师的信息技术能力水平	0.759
	管理人员的信息化办公水平	0.669
信息化环境建设水平	近 3 年更新的计算机台数	0.903
	连接了局域网的计算机台数	0.903
	连接了互联网的计算机台数	0.878

续表

共同因子	成　分	旋转因子载荷量
教师信息化教学水平	达到《中小学教师教育技术能力标准》的教师情况	0.832
	专职信息技术教师教学水平	0.828
	教师使用教学资源编辑软件情况	0.688
	教师使用信息化评价方式情况	0.628
信息化应用水平	电子白板在教学中的应用情况	0.861
	电子备课情况	0.832
	多媒体设备在教学中的应用情况	0.648

根据以上旋转因子载荷，算出各市在4个因子上的得分情况并排名，如表7.1.2所示。

表7.1.2　各市得分及排名情况

城市	信息化能力水平	排名	信息化环境建设水平	排名	教师信息技术能力水平	排名	信息化应用水平	排名
宜昌	0.30	4	0.60	3	0.14	2	1.03	1
荆门	0.45	3	0.63	2	−0.18	7	0.27	4
武汉	0.77	1	0.88	1	−0.05	5	−0.72	12
孝感	−0.29	9	−0.11	7	1.07	1	0.09	5
黄冈	0.18	6	0.22	4	−0.02	4	−0.62	10
潜江	−0.38	10	−0.02	6	−0.09	6	0.50	3
十堰	0.02	7	−0.35	9	−0.34	10	0.53	2
仙桃	−0.49	13	0.01	5	0.06	3	−0.20	9
鄂州	0.56	2	−0.54	12	−0.31	9	−0.76	13
咸宁	−0.20	8	−0.29	8	−0.44	11	−0.12	7
随州	0.18	5	−0.76	13	−0.46	12	−0.20	8
荆州	−0.48	12	−0.4894	11	−0.30	8	−0.03	6
襄阳	−0.40	11	−0.489	10	−0.69	13	−0.70	11

从表 7.1.2 中可以看出,在信息化能力方面,武汉市、鄂州市、荆门市分别位列前 3 名,表明这 3 个市的信息化相关人员的能力水平处于较高的水平,而潜江市、襄阳市和荆州市在该因子上的得分较低,需要加强对信息化相关人员的能力培养。在信息化环境建设方面,武汉市、荆门市、宜昌市分列一、二、三名,说明这 3 个市的信息化环境建设现状较好,对信息化环境的建设相对重视,而荆州市、鄂州市和随州市在信息化环境建设方面则有待改善。在教师信息技术能力水平方面,得分较高的有孝感市、宜昌市和仙桃市,说明这 3 个市的信息化教师达标情况较好,而咸宁市、随州市和襄阳市则需加强。在信息化应用方面,得分较高的有宜昌市、十堰市和潜江市,而得分较低的则包括襄阳市、武汉市和鄂州市,其中,武汉市虽然具备较好的信息化建设水平,但在信息化应用方面则应受到更多的重视与改进。

依据各市的得分情况进行聚类分析,如图 7.1.1 所示。

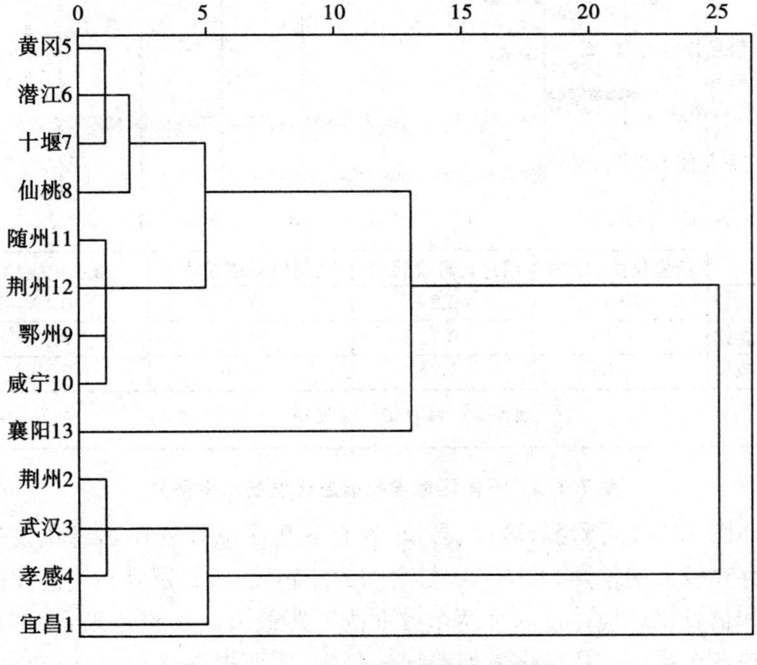

图 7.1.1 湖北省初中聚类谱系图

如图 7.1.1 所示,湖北省各市的初中的信息化综合情况可分为三类,如表 7.1.2。

表 7.1.3　湖北省初中聚类表

分类	城市
1	荆门、武汉、孝感、宜昌
2	黄冈、潜江、十堰、仙桃、随州、荆州、鄂州、咸宁
3	襄阳

从聚类分析的结果可以看出，荆门市、武汉市、孝感市和宜昌市的初中信息化发展位于前列，而襄阳市则处于较差的位置。襄阳市应加快初中的信息化发展进程。

7.1.2　城乡初中信息化发展水平比较

从城市、县镇、农村三大区域来看，调研的 13 个市所呈现的湖北省初中信息化发展现状，如图 7.1.2 所示。

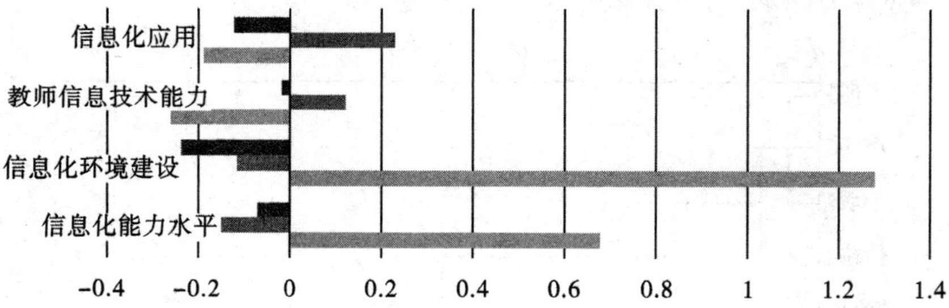

	信息化能力水平	信息化环境建设	教师信息技术能力	信息化应用
■农村	-0.07	-0.24	-0.02	-0.12
■县镇	-0.15	-0.12	0.12	0.23
■城市	0.68	1.28	-0.26	-0.19

■农村　■县镇　■城市

图 7.1.2　不同区域学校信息化发展水平得分

由图 7.1.2 可看到，城市、县镇、农村三个区域在初中信息化发展中依然存在较大的差异，城市与农村之间的差距较大，特别是在信息化能力水平和信息化环境建设水平两个方面的差距最大。从整体来看，城市的初中在各个层面的信息化发展都比较稳定，需要提高其信息化应用水平与教师的信息技术能力；农村的初中信息化发展应作为基础教育信息化的工作重点，在投资建设的同时提升其信息化应用水平。

7.2 湖北省初中信息化发展现状分析

通过分析湖北省初中的信息化调研数据，采用基本统计分析的方法，可以看出湖北省初中的信息化发展的主要特色及存在的问题。

7.2.1 湖北省初中信息化发展特色

1. 初中学校已普遍开设信息技术课

信息技术课程在提高学生的信息技术能力上具有重要的意义。在被调研的学校中，93.9%的初中学校开设了信息技术课。可见，信息技术课程已基本受到初中学校的重视，培养信息化人才也已逐渐纳入学校的人才培养目标中。

2. 教师电子备课成为主流

电子备课作为一种高效便捷的全新备课方式，大大节省了教师备课的时间，提高了办公效率，丰富了课堂教学的资源。从统计结果可以看出，93.5%的初中学校教师采用电子备课。

3. "班班通"建设超过预期目标

教育部教育信息化"三通工程"年度任务指标中指出，2013 年"优质资源班班通"要求达到的班级比例为 60%。湖北省小学、初中、高中建设"班班通"的比例分别为 65.97%、77.06%、60%，初中学校"班班通"建设比例最高，超过了预期的目标。

"班班通"的设备主要包括：计算机、长焦投影仪、短焦投影仪、交互式电子白板、资源库、网络设备、多媒体一体机、交互式背投电视、交互式平板电视。表 7.2.1 为不同类型学校交互式电子白板和短焦投影仪的建设情况。

表 7.2.1 不同类型学校交互式电子白板和短焦投影仪的建设情况

"班班通"设备	教学点	小学	初中	高中
短焦投影仪(%)	40	43.37	60.12	53.33
交互式电子白板(%)	60	67.87	85.71	46.67

从分析结果看，初中交互式电子白板和短焦投影仪的比例最高，分别为 85.71%和 60.12%。

4. 在线测试题库比例较高

网络技术越来越广泛地应用于教育领域，也给无纸化考试带来了新的契机。在线测试题库可以利用网络随时随地对学生进行考试,简化传统考试的过程。为此,我们对学校是否有在线测试题目进行调查,并对在线测试题库覆盖的学科进行统计,如图 7.2.1 所示。

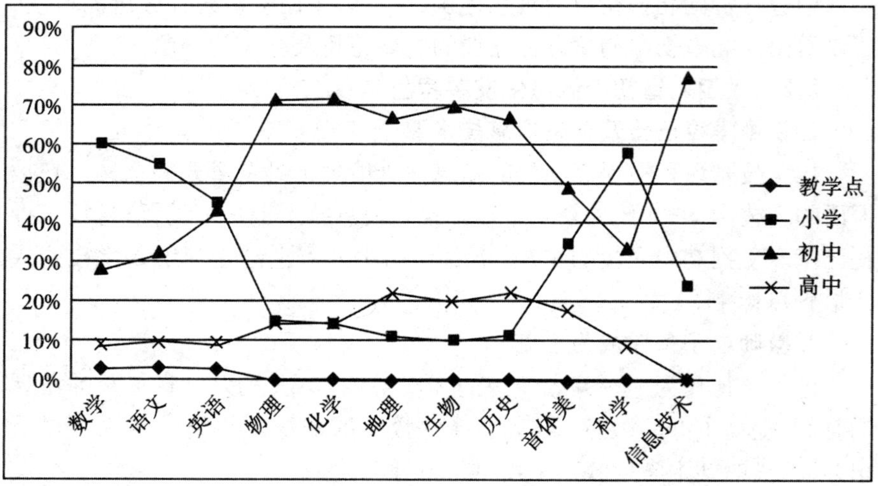

图 7.2.1　湖北省不同类型学校的在线测试题库学科分布情况

由图 7.2.1 可知,初中测试题库覆盖的学科中,物理、化学、地理、生物、历史、信息技术的比例均远远超过其他类型学校的比例。

5. 建有专职信息化管理部门的初中比例较高

从统计中可以看出,58.1%的中小学有专职负责学校信息化建设、规划和管理的工作人员。目前,湖北省 78.2%的中小学建立了学校信息化建设、维护和管理的专门部门,其中,建有专职信息化管理部门的初中比例较高,98.6%的学校建有专职信息化管理部门,76.5%的学校有专职负责信息化建设、维护和管理的人员。

7.2.2　湖北省初中信息化存在的问题

1. 采用信息化评价方式的教师比例较低

近年来,伴随对学习过程和结果测量与评价研究的不断增加,相继出现了多种学习测量与评价的新技术与新方法,其中,量规评价、电子档案袋评价、学习契约评价应用最广、影响最大,堪称其中的代表。调研结果显示,29.4%的初中教师使用信息化评价方式对学生进行评价,在信息化评价方式中,仅有 5.1%的教师使用学习契约,19.2%的教师使用电子档案袋,12.6%的教师使用学习量规。

2.“校园一卡通”系统建设薄弱

在所调查的初中中，仅有13.6%的学校建设了“校园一卡通”系统，到目前为止，大部分学校还没有“校园一卡通”系统。“校园一卡通”具有学生或教师身份认证、门禁卡、学生电子考勤、校园内消费、图书借阅、财务管理等功能，这些功能的具体实现情况如图7.2.2所示。

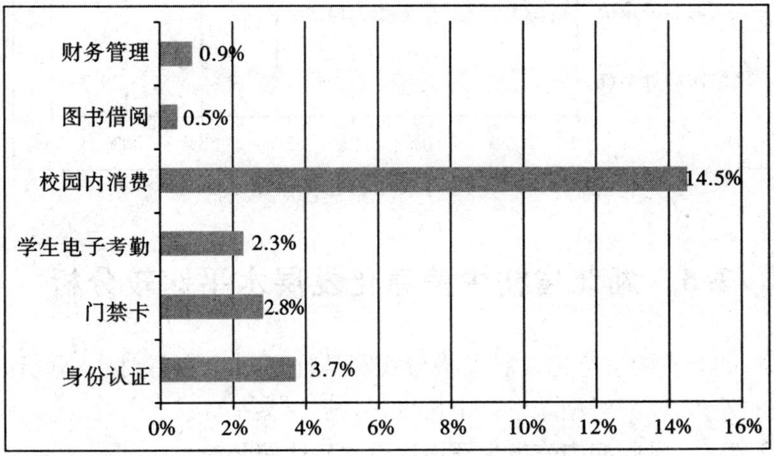

图7.2.2 “校园一卡通”系统建设情况

如图7.2.2所示，“校园一卡通”所具有的功能实现情况不佳，应用最多的功能是校园内消费，所占比例为14.5%；其次是身份认证，比例为3.7%；运用最少的是图书借阅和财务管理的功能，比例分别为0.5%和0.9%。

3.网络信息安全建设存在隐患

网络信息安全建设水平是全省基础教育信息化发展的重要组成部分。调研发现，初中的信息安全建设还较为薄弱，其具体的建设情况如图7.2.3所示。

由图7.2.3可以看出，29.0%的学校统一提供了网络防病毒系统，14.5%的学校建立了网络运行状态实时监测系统，17.3%的学校建立了网络运行故障实时报告系统，14.0%的学校建立了信息过滤系统，8.4%的学校建立了入侵检测系统。

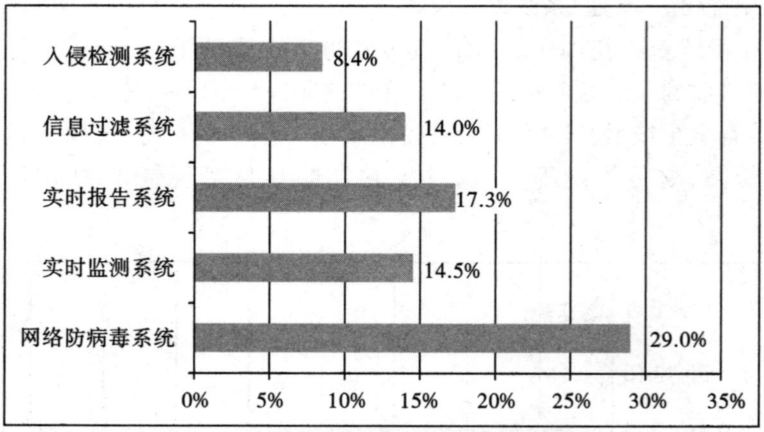

图 7.2.3　初中学校信息化安全建设情况

7.3　湖北省初中信息化发展水平比较分析

将湖北省的信息化发展现状与我国其他省(市)进行对比,分析其中存在的差距,以期对湖北省初中信息化发展提供指导。

7.3.1　省际初中信息化环境建设水平比较分析

1. 与其他省(市)相比较,湖北省初中生机比较高

选取山东省、江苏省、上海市 3 个省(市)与湖北省生机比进行比较,具体情况如图 7.3.1 所示。

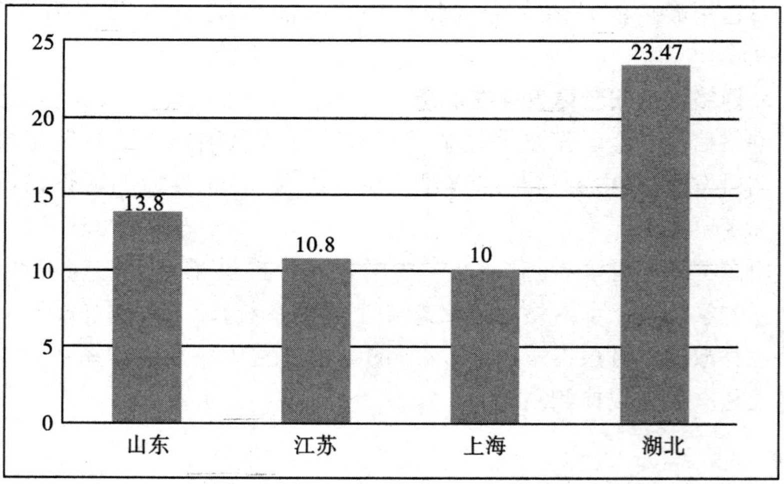

图 7.3.1　山东、江苏、上海、湖北四地区生机比情况

由图 7.3.1 可知，与其他省（市）的生机比相比较，湖北省生机比较高，为 23.47∶1，说明每 23.47 个学生拥有 1 台计算机；上海市生机比最低，为 10∶1，即每 10 个学生拥有 1 台计算机。

2. 湖北省初中校园网建设情况良好

湖北省、山东省、陕西省、江苏省 4 个省初中学校校园网建设情况如图 7.3.2 所示。

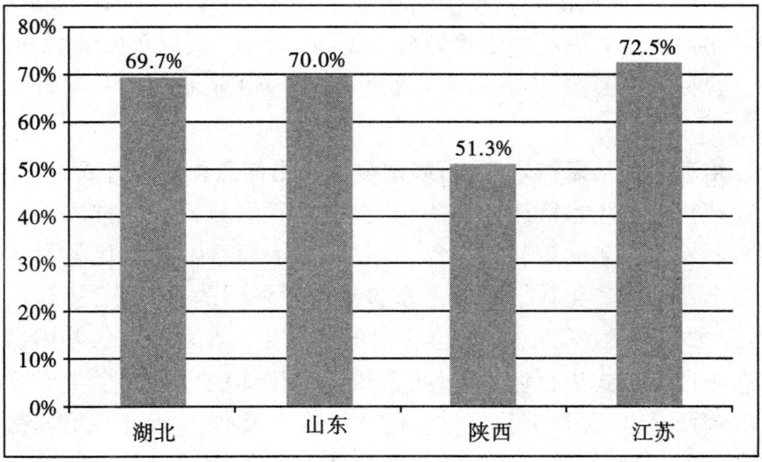

图 7.3.2 校园网建设情况

由图 7.3.2 中数据可知，湖北省、山东省、江苏省建有校园网的初中学校比例相当，均在 70%左右，陕西省建有校园网的初中学校比例较低，为 51.3%。

7.3.2 省际初中信息化应用水平比较分析

1. 建有校园网站的湖北省初中比例高于陕西省初中

在湖北省所调研的学校中，建有网站的初中学校所占的比例为 37.6%。查阅文献得知，陕西省建有网站的初中学校的比例为 30.4%，由此可以看出，相对陕西省，湖北省建有校园网的初中比例更大。

2. 初中学校信息技术课程开设率较高

统计湖北省与陕西省开设信息技术课程的情况可知，湖北省有 93.9%的初中学校开设了信息技术课，陕西省 100%的初中学校开设了信息技术课，由此可见，湖北省、陕西省信息技术开设率均处于较高的水平。

7.4 湖北省初中信息化发展的政策建议

调研表明,湖北省初中信息化经过不懈努力,在各方面取得了较大的成绩,已普遍开设信息技术课、教师电子备课成为主流、“班班通”建设超过预期目标、在线测试题库比例较高、建有专职信息化管理部门的学校比例较高。与此同时,湖北省初中信息化建设与应用仍存在着一些问题:采用信息化评价方式的教师比例较低、“校园一卡通”系统建设薄弱、网络信息安全建设存在隐患,因此在今后的发展中,应采取措施弥补这几方面的不足。

1. 培养教师信息技术意识,鼓励教师采用信息化评价方式

在现代教学技术快速发展的今天,以物联网与云计算技术综合运用在教育领域为标志的智慧校园已日渐广泛,因而教师信息化教学手段也已日益丰富。信息化教学手段不仅包括教学资源的信息化,还包括教学环境、教学手段、教学方法和教学评价的信息化。在对湖北省初中教师使用信息化评价方式进行调查发现,采用信息化评价方式对学生评价的教师比例较低,其根源在于教师信息化评价的意识不足,因此应培养教师信息技术意识,鼓励教师在教学中采用信息化评价方式对学生进行评价。

信息化评价与传统评价方式相比较,不仅仅是形式上的变化,更主要的是信息化评价方式注重形成性评价与总结性评价相结合,将学生平时学习的表现、任务完成的情况和作品等结合起来,通过学生自我作品展示,采取自我评价、小组评价、任课教师评价有机结合的评价方法。在课前预习这个环节,可以通过 QQ 群、博客和 BBS 等方式来检查学生预习效果,目前学校应用较为普遍的是家校通平台,实现课前预习和课后的作业指导;在课堂教学环节上通过网络教室和电子白板功能,实现在线答疑、在线测试等进行生生互动、生机互动和师生互动等方式实时评价;在校园网中各课任教师在自己的空间为学生提供有效学习资源供学生继续学习,提升开放答疑平台供师生、生生和业内人士校外互动交流与评价,师生也可以通过智能通信工具为学生提供即时解答,同时为学生终身学习提供一个广阔平台,并培养学生终身学习能力。

2. 强化学校信息化领导力,制定网络信息安全保障制度

随着基础教育学校信息化应用的深入,基于网络的校园管理行为愈加普遍,数据的安全成为极其重要的问题,保障系统数据安全成为核心问题,而这一环节目前还没有得到足够的重视。在信息化领导力提升的基础上,建议采取以下措施确保信息安全,完善网络信息安全保障体系。

(1)为学校计算机安装安全防护软件,如瑞星、江民、塞克铁门、卡巴斯基等。

(2)从管理制度上建立学校层面的网络信息安全保障体系,包括网络传输信息安全保障、硬件服务器和操作系统层面的安全保障、应用管理系统的授权管理机制以及必要的数据运行备份机制。此外,需要进一步完善各方面的网络信息安全保障制度,从管理上杜绝信息安全漏洞。

(3)建立学校的身份认证中心(CA 中心),并建立相应的管理和密钥分发机制,确保数据传输安全。

(4)鼓励学校在网络出口方面采取多出口方法,并建立各级网络运行监控、入侵检测和故障主动报告、预警机制,确保网络环境通畅、安全、可靠。

8　湖北省高中信息化发展水平分析

本章主要介绍湖北省高中在信息化建设方面的现状,详细分析湖北省高中信息化发展的特点以及发展中存在的主要问题。对湖北省各市(州)高中进行调研,从信息化应用水平、人才水平、环境水平以及保障体制水平四个方面对湖北省各市(州)高中信息化发展水平进行对比分析,在充分了解湖北省高中信息化发展水平现状的基础上,深度分析存在的问题,探讨湖北省高中信息化未来发展策略。本章内容导图如图8所示。

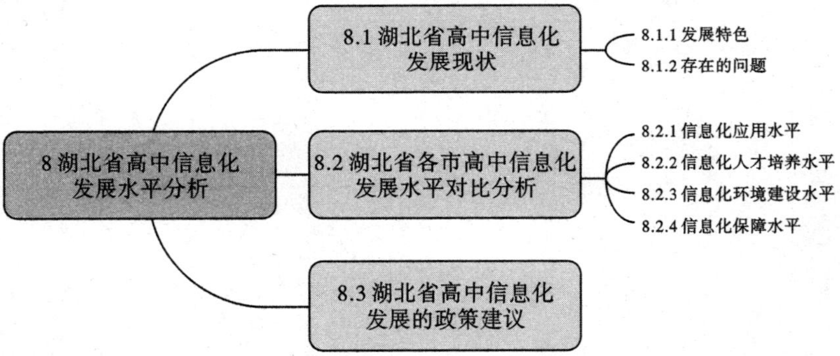

图8　本章内容导图

8.1　湖北省高中信息化发展现状

本节从湖北省高中信息化发展特色和湖北省高中信息化发展存在的问题两个方面分析湖北省高中信息化的发展现状。

8.1.1　湖北省高中信息化发展特色

1. 门户网站的建设与应用在高中学校已较为普遍

学校网站不仅是学校对外宣传的窗口,更重要的是它为学校教育教学管理工作搭建了一个信息化的平台。截至2012年底,在所调研的学校中,有96%的高中建有学校网站,其更新频率如图8.1.1所示。

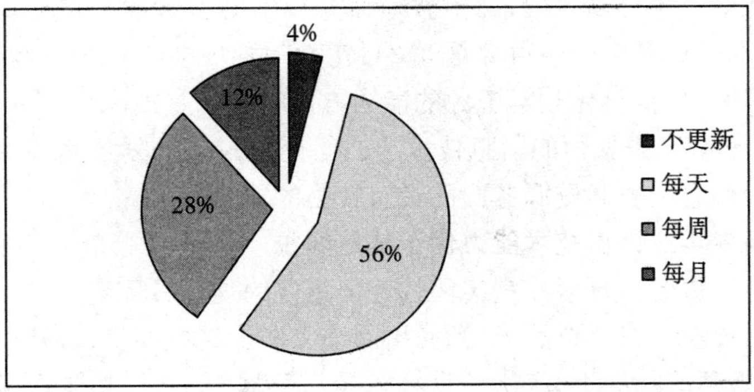

图 8.1.1 高中学校门户网站更新情况

如图 8.1.1 所示，在建有网站的高中中，仅有 4%的学校不更新，有 56%的学校每天更新，28%的学校每周更新，12%的学校每月更新，由此可见，门户网站的建设与应用在高中已较为普遍。

2. 高中教师的信息技术能力水平较高

在此次调研中，项目组对中小学教师的信息技术能力进行了调研。经过数据处理计算均值，由低到高不同程度地反映不同类型学校教师的信息技术能力，发现中小学教师基本上具有各项基本的信息技术能力，具体情况如表 8.1.1 所示。

表 8.1.1 教师信息技术能力

指 标	教学点	小学	初中	高中
获取、合理使用信息化教学资源的能力	2.3	3.53	3.87	4.04
利用网络交流的能力	2.21	3.17	3.48	3.76
利用网络参与教研的能力	2.14	3.09	3.5	3.84
使用计算机和网络进行电子备课的能力	2.16	3.31	3.62	3.88
对学生进行信息化评价的能力	1.97	2.58	2.86	3.6
正确使用各种信息化教学设备，应对系统中常见错误的能力	1.95	2.59	3.05	3.28
在信息技术环境下进行教学设计的能力	2.02	2.96	3.37	3.64
使用网络教学平台、博客等信息化工具辅助课堂教学的能力	1.96	2.72	3.12	3.24
利用网络搜索学习资料的能力	1.95	2.65	3.08	4
使用网络交流工具（电子邮件、网上讨论等）与同学、教师交流的能力	1.89	2.46	3.2	3.84
注:1 表示能力最弱,5 表示能力最强,由 1 到 5 依次表示能力由弱到强。				

从表 8.1.1 可以得出,高中教师信息技术的各种能力得分均高于其他学校,而且最低的能力得分是 3.24;在教师各项能力得分方面,教师在获取、合理使用信息化教学资源的能力方面得分均是最高分,高中达到了 4.04 分,说明高中教师的信息技术能力已处于较好的发展水平,在获取、合理使用信息化教学资源方面已具有较强的能力。

3. 高中学生信息技术能力优于其他学校

提升学生的信息素养是实现教育信息化的重要目标之一。本调研从利用网络搜索学习资料的能力,使用网络交流工具与同学、教师交流的能力,能在教师的指导下,应用信息技术灵活开展自主学习、合作学习与探究学习的能力和利用媒体终端随时随地学习的能力四个方面调查学生的信息技术能力,结果如表 8.1.2。

表 8.1.2 学生信息技术能力

指标	教学点	小学	初中	高中
利用网络搜索学习资料的能力	1.95	2.65	3.08	4
使用网络交流工具(电子邮件、网上讨论等)与同学、教师交流的能力	1.89	2.46	3.2	3.84
能在教师的指导下,应用信息技术灵活开展自主学习、合作学习与探究学习的能力	2.07	2.38	2.84	3.68
利用媒体终端(手机、平板电脑等)随时随地学习的能力	1.64	2.04	2.68	3.44
注:1 表示能力最弱,5 表示能力最强,由 1 到 5 依次表示能力由弱到强。				

从表 8.1.2 可以看出,湖北省中小学学生基本上具有各项信息技术能力。其中,高中学生各方面的能力得分均高于其他学校,且在平均值之上。表明高中生的信息技术能力已处于较好的发展水平,在各阶段学生中处于较高位置。

4. 高中自主研发教学资源量较多

优质教育资源可以充分满足教学方式和学习过程的多样化、社会化和主体化。从国家发放、单位购买、自行研发和其他途径的资源量等方面对不同类型学校信息化教学资源建设进行了调查,结果表明,高中的信息化教学资源量最丰富,尤其是单位购买的教学资源远远高于小学、初中和教学点,具体情况如图 8.1.2 所示。

由图 8.1.2 可知,不同类型学校信息化资源来源主要集中在国家发

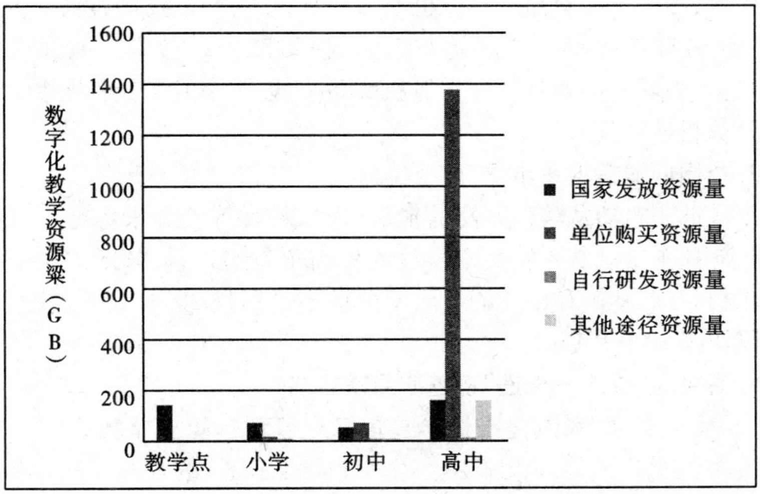

图 8.1.2　不同类型学校信息化教学资源量情况

放和单位购买两个方面。高中学校在各个方面的教学资源量都是最大的，国家发放 160.4 GB、单位购买 1 381.2 GB、自行研发 14.88 GB、其他途径的教学资源量为 160.16 GB；教学点的信息化教学资源主要来源于国家发放，为 144.32 GB，从其他方面获得的资源量与其他类型学校相比最低，单位购买教学资源量是 3.55 GB，自行研发教学资源量是 2.75 GB；小学的国家发放教学资源量 73.42 GB，单位购买教学资源量是 15.76 GB；初中的单位购买教学资源量为 70.15 GB。不同类型学校在信息化教学资源建设方面差距较大，高中拥有的信息化教学资源最多，自主研发为主要途径。

5. 建有课程学习网站的高中比例较高

项目组对中小学校的课程学习网站建设情况进行了调研。结果表明已有 56%的高中学校建有课程学习网站；初中与小学的课程学习网站建设情况差距不大，分别为 39.2%、34.5%；教学点的建设情况最不理想，仅有 2.8%。表明高中学校比较重视网络课程的建设与应用，其课程学习网站的建设已初具规模。

6. 高中学校教师计算机普及率较高，师机比基本达到 1∶1

基础教育信息化环境建设最基础的信息化设备为计算机，湖北省中小学中平均生机比（学生数/学生所用计算机台数）为 28.33∶1，师机比（教师数/教师所用计算机台数）为 2.2∶1。从不同类型学校拥有计算机比例来看,高中学校教师的计算机基本普及,平均每位教师拥有1台计算机,初中、小学的师机比分别是2.5∶1和2.57∶1,教学点的师机比为2.11∶1。表明高中学校教师计算机配备率较高,初中、小学及教学点的教师计算机普及率有待提高。

7. 校园网覆盖率逐步提升

本次调研主要从校园网覆盖情况、出口带宽等方面来考察校园网的建设与应用水平。从不同类型学校的校园覆盖率来看,63%的高中学校已覆盖校园网,初中和小学的校园网覆盖率分别是20%、16%,教学点的校园网覆盖率仅有1%。

8. 高中的"校园一卡通"系统应用率较高

"校园一卡通"系统是推进学校信息化管理的重要举措之一。根据学校的不同类型计算湖北省中小学"校园一卡通"的使用情况,得出教学点、小学、初中、高中拥有"校园一卡通"系统的比例依次为0.6%、11.2%、13.1%、56%。由此说明高中的"校园一卡通"系统建设较为完善。

9. 高中校园安全防护系统得到较好应用

目前,湖北省基础教育实现了校园安全防护系统的学校占68.5%,100%高中学校建有校园安全防护系统。校园安全防护系统主要包括以下6种功能:视频监控、电子巡查、出入控制、入侵/消防等紧急报警、紧急广播、校园安防系统总控,高中学校的安全防护系统各功能发展比较齐全,涉及校园安全防护系统的所有功能,具体如图8.1.3所示。

从图8.1.3可以看出,高中学校安全防护系统的各功能均高于其他学校。其中,高中学校拥有视频监控功能的比例是100%,其次是校园紧急广播功能,比例为60%,拥有出入控制和入侵/消防等紧急报警功能和校园安防系统总控的学校最少,比例为28%。说明高中学校校园安全防护系统得到较好应用。

8.1.2 湖北省高中信息化发展存在的问题

1. 使用电子白板教学的教师比例不高

随着教育技术的日益普及,电子白板作为一种新型的教学工具在教学中应用得越来越广泛。调查结果显示,仅28%的高中学校拥有交互式电子白板,并且49.2%的小学教师、62.4%的初中教师在教学中使用电子白板,而使用电子白板教学的高中教师比例仅为13.2%,与中小学相比较,使用电子白板教学的教师比例较低。

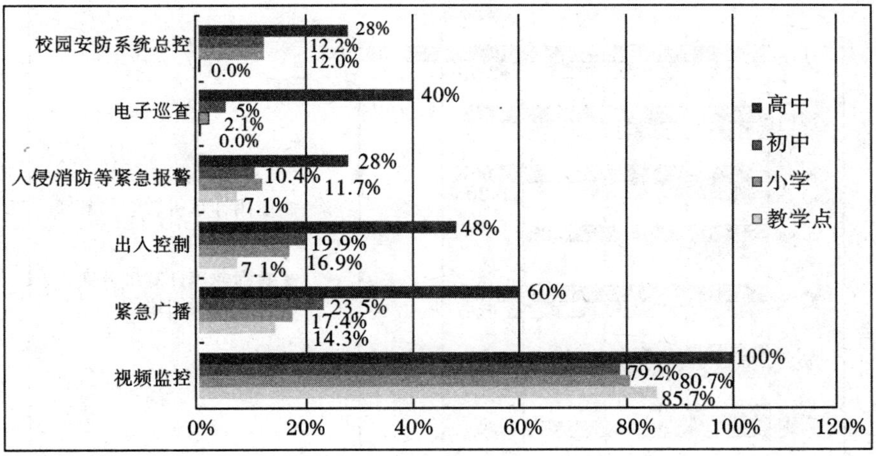

图 8.1.3　高中校园安全防护系统应用情况

2. 对信息化资源的使用有待加强

调查结果显示，国家为高中学校发放大量的信息化资源，学校自身也花费大量的资金购买资源，但是资源的使用率并不高。国家发放资源使用频率均值为 2.2，单位研发使用频率均值为 3.2，自行购买使用频率均值为 2.3，由此可见，高中学校应加强对信息化资源的有效使用。

8.2　湖北省各市(州)高中信息化发展水平对比分析

本节通过对湖北省各市(州)高中进行调研，从信息化应用水平、人才水平、环境水平以及保障体制水平 4 个方面对湖北省各市高中信息化发展水平进行对比分析。

8.2.1　信息化应用水平对比分析

1. 黄冈市教师使用信息化设备进行备课、教学情况良好

利用计算机进行电子备课和教学是信息化环境下信息化设备的主要用途，如图 8.2.1 所示，武汉市教师使用计算机备课占总备课时间的比例为 64%，黄冈市教师使用计算机备课占总备课时间的比例为 62.5%，而十堰市的比例最低，仅为 30%。黄冈市使用计算机教学的教师比例最高，占 89.5%，其次是荆门市，比例为 74.3%，潜江市和武汉市比例相当，约为 66%，咸宁市和孝感市比例最低，仅为 20%。

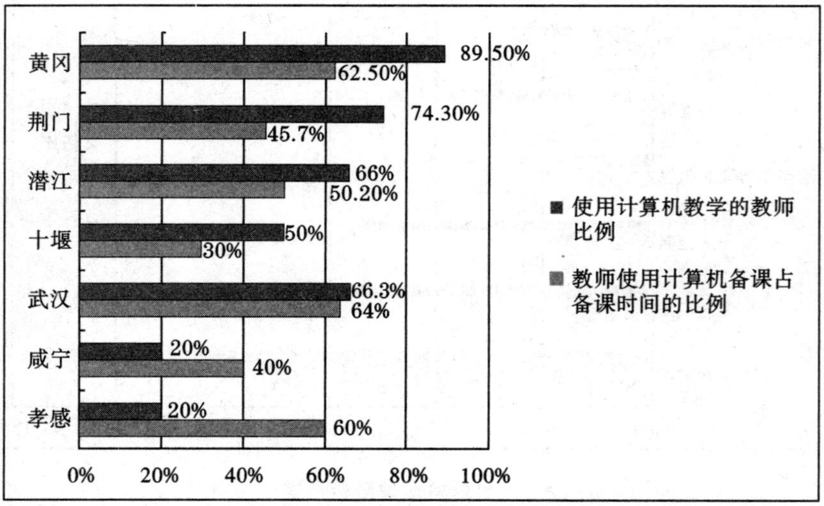

图 8.2.1　各市教师利用信息化设备备课、教学情况

2. 武汉市教师信息化教研参与度较高

教学过程中开展教研活动是教学质量的基本保证。如图 8.2.2 所示,在调查的高中中,武汉市教师每学期参与信息化教研活动的次数最高,平均为 6.9 次,其次是荆门市、潜江市和咸宁市,平均每学期参与信息化教研活动超过 4 次,而孝感市教师不参与信息化教研。

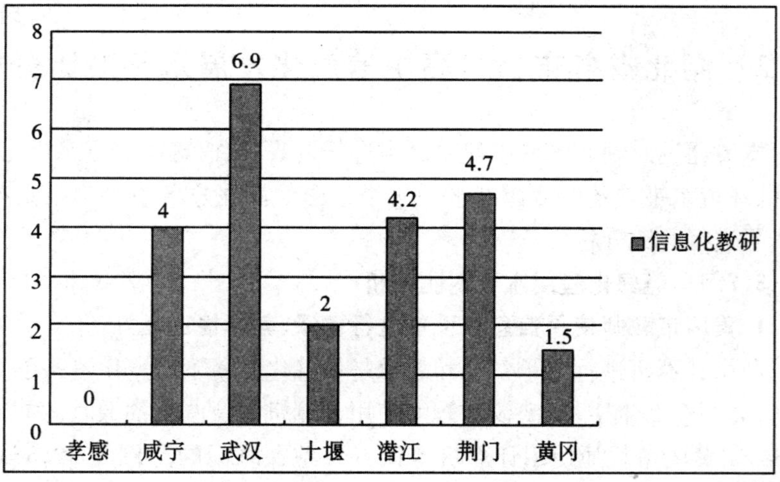

图 8.2.2　各市教师参与信息化教研情况

8.2.2 信息化人才水平对比分析

1. 咸宁市校长信息化领导力水平较低

校长信息化领导力对学校信息化发展水平具有一定的影响，如表 8.2.1 所示，黄冈市高中学校校长在使用网络搜索资源的能力、使用信息化交流工具协调沟通的能力、使用信息化管理平台管理学校事务的能力、规划组织校园信息化建设与应用的能力以及对学校信息化建设和发展各个方面的评价能力这 5 个方面的能力最高，其均值为 4.8。其次为孝感市，均值为 4.6 次。再次为武汉市，均值为 4.2，咸宁市校长信息化领导力最低，均值仅为 2.2，接近较低的水平。

表 8.2.1 各市校长信息化领导力

校长信息化领导力	孝感	咸宁	武汉	十堰	潜江	荆门	黄冈
使用网络搜索资源的能力	5.0	3.0	4.6	5.0	4.4	3.7	5.0
使用信息化交流工具协调沟通的能力	5.0	3.0	4.5	5.0	4.0	3.4	5.0
使用信息化管理平台管理学校事务的能力	4.0	1.0	3.6	2.0	4.2	3.6	5.0
规划组织校园信息化建设与应用的能力	4.0	2.0	4.0	3.0	3.8	3.7	4.5
对学校信息化建设和发展各个方面评价的能力	5.0	2.0	4.0	5.0	4.0	3.9	4.5
均值	4.6	2.2	4.2	4.0	4.1	3.7	4.8
注：1 表示能力最弱，5 表示能力最强，由 1 到 5 依次表示能力由弱到强。							

2. 咸宁市需要加强教师信息技术能力的培训

教师信息技术能力影响着教师信息技术应用水平，如表 8.2.2 所示，孝感市教师信息技术能力最高，均值为 4.8，接近最高的水平。其次为十堰市和黄冈市，均值为 4.3，在较高和最高之间。咸宁市教师信息技术能力最低，均值为 1.8，处于较低的水平。

表 8.2.2 各市教师信息技术能力水平

教师信息技术能力	孝感	咸宁	武汉	十堰	潜江	荆门	黄冈
获取、合理使用信息化教学资源的能力	5.0	3.0	4.0	5.0	4.2	3.6	5.0
利用网络交流的能力	4.0	2.0	3.9	5.0	3.8	3.3	5.0
利用网络参与教研的能力	4.0	2.0	4.1	5.0	3.8	3.6	4.0
使用计算机和网络进行电子备课能力	5.0	2.0	4.0	5.0	3.8	3.6	4.5
对学生进行信息化评价的能力	5.0	2.0	3.5	4.0	3.6	3.4	4.5

续表

教师信息技术能力	孝感	咸宁	武汉	十堰	潜江	荆门	黄冈
正确使用各种信息化教学设备,应对系统中常见错误的能力	5.0	1.0	2.8	3.0	3.6	3.6	4.0
在信息技术环境下进行教学设计的能力	5.0	1.0	3.6	4.0	3.8	3.6	4.0
使用网络教学平台、博客等信息化工具辅助课堂教学能力	5.0	1.0	3.1	3.0	3.4	3.4	3.0
均值	4.8	1.8	3.6	4.3	3.7	3.5	4.3
注:1 表示能力最弱,5 表示能力最强,由 1 到 5 依次表示能力由弱到强。							

3. 孝感市、十堰市学生具有较高的信息技术能力

如表 8.2.3 所示,孝感市和十堰市学生信息技术能力最高,达到了最高的水平。其次为武汉市和黄冈市,其学生信息技术能力接近较高的水平。咸宁市学生信息技术能力最低,接近一般的水平。

表 8.2.3 学生信息技术能力水平

学生的信息技术能力	孝感	咸宁	武汉	十堰	潜江	荆门	黄冈
利用网络搜索学习资料的能力	5.0	3.0	4.1	5.0	3.6	4.0	4.0
使用网络交流工具(电子邮件、网上讨论等)与同学、教师交流的能力	5.0	4.0	4.1	5.0	3.6	3.1	4.5
能在教师的指导下,应用信息技术灵活开展自主学习、合作学习与探究学习的能力	5.0	2.0	4.1	5.0	3.6	3.0	4.0
利用媒体终端(手机平板电脑等)随时随地学习的能力	5.0	3.0	3.4	5.0	3.2	3.4	3.0
均值	5.0	3.0	3.9	5.0	3.5	3.4	3.9
注:1 表示能力最弱,5 表示能力最强,由 1 到 5 依次表示能力由弱到强。							

8.2.3 信息化环境水平对比分析

1. 武汉市生机比、师机比较低

如图 8.2.3 所示,在所调查的高中学校中,生机比最小的是武汉市,平均 14.2 个学生拥有 1 台计算机,其次是潜江市,平均 20.2 个学生拥有 1 台计算机,生机比最高的是孝感市,平均 75 个学生拥有 1 台计算机。师机比最小的是武汉市和黄冈市,达到了每位教师至少拥有 1 台计算机,最高的是孝感市,平均 9.2 个教师拥有 1 台计算机。

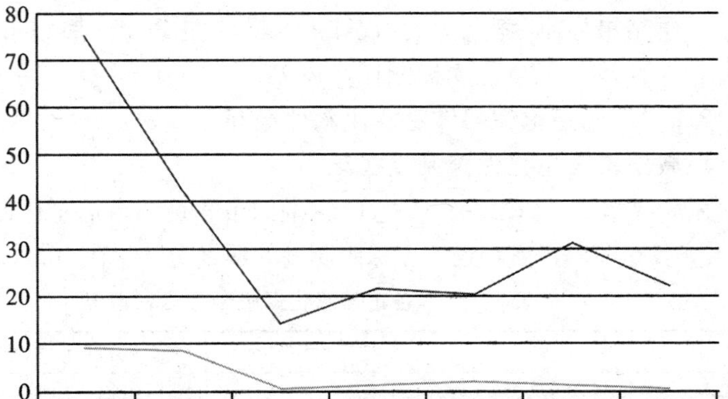

	孝感	咸宁	武汉	十堰	潜江	荆门	黄冈
平均生机比	75	42.3	14.2	21.5	20.2	31.1	22.4
平均师机比	9.17	8.6	0.8	1.1	2.1	1.5	0.8

图 8.2.3 各市生机比、师机比

2. 黄冈市、潜江市课程学习网站建设情况较好

课程学习网站能够帮助学生有效地自主学习、合作学习,如图 8.2.4 所示,在所调查的学校中,黄冈市和潜江市平均每所高中学校分别拥有 2.5 和 2.6 个课程学习网站,武汉市和荆门市平均每所高中学校分别拥有 1.75 和 1.7 个课程学习网站,咸宁市和孝感市高中学校还没有课程学习网站。

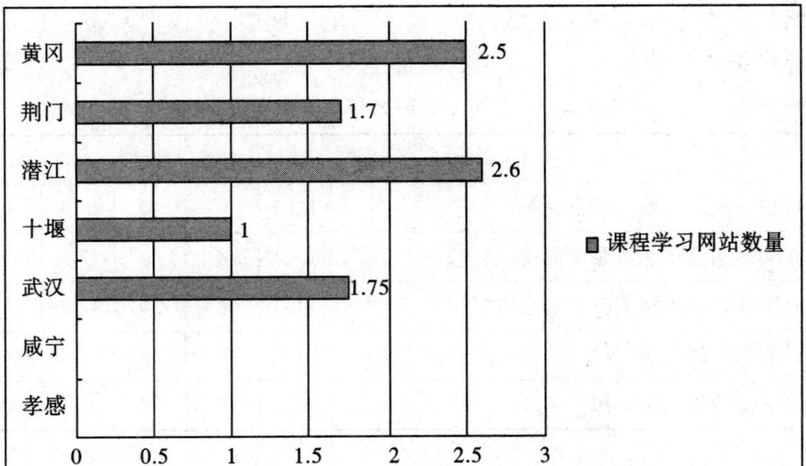

图 8.2.4 各市课程学习网站数量

3. 100%的高中建有校园门户网站

调研结果显示,孝感市、武汉市、十堰市、潜江市、荆门市和黄冈市的所有高中都建立了自己的校园门户网站。

8.2.4 信息化保障体制水平对比分析

1. 咸宁市信息化保障制度匮乏

由表 8.2.4 可知,武汉市、潜江市、荆门市和黄冈市信息化保障制度比较健全,尤其是黄冈市各项信息化保障制度的建设比例均在 50%以上。

表 8.2.4 各市信息化保障制度建设情况

	孝感	武汉	十堰	潜江	荆门	黄冈
明确有校级领导分管数字化校园工作(%)	100	62.5	100	40	57.1	100
制定学校信息化发展规划,并列入全年工作计划(%)	100	25	0	40	42.9	50
明确信息化资金投入占学校总投入比例(%)	100	25	0	40	42.9	100
定期对校内人员进行信息化培训(%)	0	37.5	100	40	85.7	100
制定并执行设备维护与更新管理规范(%)	100	37.5	100	40	71.4	100
制定并执行应用系统运行与管理规范(%)	0	25	0	20	42.9	50
制定并执行网络与信息安全机制(%)	0	37.5	100	20	71.4	100
将信息化工作水平纳入学校内部考评制度(%)	0	37.5	100	20	14.3	50
为促进信息化发展建立激励机制(%)	0	37.5	100	20	14.3	100

2. 十堰市高中网络信息安全建设水平有待提高

由表 8.2.5 可知,武汉市和潜江市高中网络信息安全建设较为齐全,学校建立了各种安全防护的系统保障学校网络信息的安全。十堰市学校网络信息安全建设水平较低,在学校今后的发展中,应该把网络信息安全的建设纳入到学校信息化建设的轨道上来。

表 8.2.5 各市学校网络信息安全建设情况

	武汉	十堰	潜江	荆门	黄冈
学校统一提供网络防病毒系统(%)	12.5	0	40	42.9	0
建立网络运行状态实时监测系统(%)	50	100	40	42.9	50
建立网络运行故障实时报告系统(%)	50	0	20	42.9	50
建立信息过滤系统(%)	50	0	20	28.6	50
建立入侵检测系统(%)	37.5	0	20	0	50

8.3 湖北省高中信息化发展的政策建议

本节在充分了解湖北省高中信息化发展水平现状的基础上，深度分析存在的问题，探讨湖北省高中信息化未来发展策略。

1. 加强欠发达地区资金和人员的投入，实现不同市高中学校信息化的均衡发展

统计分析发现，不同市高中学校信息化建设与应用情况存在着发展不均衡的现象，例如咸宁市、十堰市等市信息化建设与武汉市、荆门市等市相比在信息化环境建设和人才培养水平上发展较为落后。因此应加强对欠发达地区高中学校资金和人员的投入，实现不同市高中学校信息化的均衡发展。

教育信息化对资金的大量持续需求是无法回避的问题，也是制约教育信息化均衡发展的关键因素，因而除了增加对落后地区的资金投入外，还应该从教育信息化建设成本和产品使用效率角度来探寻均衡性问题的解决方案。应当鼓励教育信息化市场和产业链条的发展。面向欠发达学校开发廉价实用的教育信息化产品，如手持设备、点读机、平板电脑、智能手机等，研究学习内容的智能推送技术、探索新媒体对欠发达地区教育教学的支持和应用模式，使其能方便地获取教育资源，从而减少欠发达地区对教育信息化经费高投入的依赖性，提升其利用信息技术开展教学革新的灵活性和适应性。

2. 制定校园资源共享机制，提高其利用效率

首先是建立教育资源的共享，在教育经费投入不足的情况下，必须采取固定资源和共享资源相结合的配置方法，有机地将固定资源和共享资源结合在一起，构成统一的系统，提高资源使用的效果。其次是提高现有资源的利用率，如鼓励教师在课程教学中利用所开发的资源，学校的教室、计算机机房、实验室等大型仪器设备、图书馆等设施，实行对教师和学生开放，实现资源共享，提高资源利用效率。教师是一所学校的灵魂，教师的自身水平和教学水平直接决定着学校的定位和层次，所以在强调硬件条件的同时，应加强对教师资源和教风建设等软资源的投入。提高教师待遇，重视教师的职业生涯规划和业务培训，以多种激励措施调动教师的教学改革和创新的积极性，引入竞争机制，提高教学质量。

第五篇　湖北省中小学教师信息技术应用能力分析

本篇共两章内容。第九章从“应用技术改进课堂教学能力”和“应用技术转变学习方式能力”两个层次对湖北省中小学教师信息技术应用能力进行现状评估以及达标情况的分析。第十章在研究湖北省中小学教师应用信息技术能力现状评估的基础上，进行湖北省与我国其他省份的教师信息技术应用能力的差异分析，首先从“应用技术改进课堂教学能力”和“应用技术转变学习方式能力”两个层次展开省际中小学教师相关能力的对比分析，接着，围绕分析结果，对各省开展中小学教师信息技术应用能力的培训提出有针对性的建议。

9　湖北省中小学教师信息技术应用能力现状评估

本章共四个部分。第一节对湖北省中小学教师应用技术改进课堂教学能力现状进行评估；第二节借鉴联合国教科文组织评估方法，对各维度和整体模块的达标情况进行分析；第三节从技术素养、计划与准备、组织与管理、评估与诊断 4 个维度考察湖北省中小学教师应用技术转变学习方式能力；第四节分析湖北省中小学教师应用技术转变学习方式能力的达标情况。本章内容框架如图 9 所示。

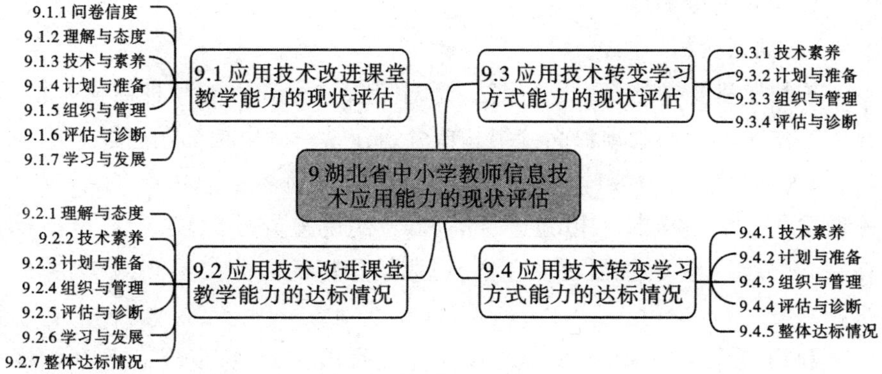

图 9　本章内容导图

9.1　湖北省中小学教师应用技术改进课堂教学能力现状评估

项目组依据“中小学教师信息技术应用能力标准体系”设计了《湖北省中小学教师信息技术应用能力现状调查问卷》,包括三部分内容:基本情况、教师应用技术改进课堂教学能力、教师应用技术转变学习方式能力。其中“基本情况”部分包括教师基本情况、教师信息技术基本情况和教师使用信息化工具辅助教学情况。“教师应用技术改进课堂教学能力”是从理解与态度、技术素养、计划与准备、组织与管理、评估与诊断、学习与发展6个方面进行调查的。“教师应用技术转变学习方式能力”是在第二部分的基础上对教师的信息技术应用能力更深入地调查,包括技术素养、计划与准备、组织与管理、评估与诊断。依据专家与相关工作人员建议,将调研对象设置为城乡、校际的教师。

9.1.1　问卷信度

通过设计的《湖北省中小学教师信息技术应用能力现状调查问卷》对湖北省进行小范围的调研,收集问卷并采用基本描述统计方法对现状进行了分析,了解湖北省中小学教师信息技术应用能力的现状水平。同时,在调研数据的基础上对问卷进行信度、效度检验,测验该问卷的可靠性和有效性。主要采用的方法有项目分析法、信度分析法、因子分析和构想效度。

1. 问卷信度测算

(1)项目分析。

项目鉴别指数法(高低分组法)是对量表进行分析的一种简便方法,具体方法是比较测验项目高分组和低分组在某一测量指标上通过率的差异,作为项目鉴别指数(高分组、低分组人数比例各占总人数的 27%)。一般采用 2 独立样本 T 检验进行高、低分组的差异性比较,若测量指标在高、低分组上不存在显著性差异,说明该指标的区分度不高,则删去该指标。

利用统计软件 SPSS18.0 对该问卷进行项目分析,发现有 7 个指标的区分度不高,应删去此部分指标,他们分别是剔除指标 V1.1、V2.1、V2.7、V2.8、Y1.1、Y4.1、Y4.6。

(2)信度分析。

通过项目分析剔除部分不符合要求的指标后,利用统计软件 SPSS18.0 得到克龙巴赫(Cronbach)系数,进而分析整个问卷及各维度的信度。计算结果如表 9.1.1 所示。

表 9.1.1　问卷效度分析结果

	克龙巴赫(Cronbach)系数值	结论
整个问卷	0.970>0.9	信度好
教师应用技术改进课堂教学能力	0.951>0.9	信度好
教师应用技术转变学习方式能力	0.947>0.9	信度好

依据克龙巴赫(Cronbach)系数的取值范围判别信度高、低的标准,可以得出该问卷的信度较高,具有较好的可靠性和稳定性。

(3)因子分析。

因子分析作为一种化繁为简、去冗存精的分析方法,有利于我们更好地了解我们想要的研究内容。分别对问卷的 2 个维度"教师应用技术改进课堂教学能力"和"教师应用技术转变学习方式能力"进行因子分析,提取能解释大部分信息的因子,剔除冗余指标。

①"教师应用技术改进课堂教学能力"维度因子分析结果:

KMO 值=0.877,累积方差率为 75.562%,提取了 6 个公因子,各因子命名及各指标的载荷量如表 9.1.2 所示。

表 9.1.2 “教师应用技术改进课堂教学能力”维度因子分析结果

公因子	指标	指标含义	旋转因子载荷量
理解与态度	V(Y)1.2	我意识到信息技术应用能力是我必须具备的能力,否则会影响到对学生的培养	0.874
	V(Y)1.3	我发现学生使用信息通信技术有利于支持以学生为中心的学习	0.856
技术素养	V2.4	我能熟练操作至少一种适用于我任教学科的教学软件、专用工具或移动 APP	0.758
	V2.5	我能够搜索并获取适用于教学的素材和备课材料	0.796
	V2.6	我能根据教学需要,对网上获得的素材进行加工、整合	0.723
计划与准备	V3.1	我能够根据课程目标,选择合适的信息技术手段解决教学问题	0.735
	V3.2	针对教学内容的重难点,我尝试利用信息技术使其变得简单、容易理解	0.681
	V3.3	我经常在课堂教学中通过信息技术提供形象的图景,帮助学生理解抽象的、微观的知识	0.824
	V3.4	我经常在课堂教学中发挥数字资源优势,提供更多可供学习和思考的学习材料,帮助学生扩展思维	0.714
	V3.5	我倾向于从网上下载自己所需课件,并根据班级学生情况进行适当修改	0.637
组织与管理	V4.3	在信息化课堂上,我会通过调整设备或师生相对位置来确保每个学生获得良好的视听觉效果观看数字资源	0.546
	V4.4	当个别学生在课堂上进行技术操作时,我会合理安排其他学生的活动	0.817
评估与诊断	V5.2	我会利用不同的评价工具(如照相机、摄像机、学习管理平台、量规等)对学生进行形成性评价和结果性评价	0.741
	V5.3	我能利用评价工具收集学生的学习过程材料(数字化作品等)	0.769

续表

公因子	指标	指标含义	旋转因子载荷量
评估与诊断	V5.4	我会有序管理学生学习过程材料,同事们经常会借鉴我的文件夹分类和命名方法	0.807
	V5.5	我会独立运用电子表格或专门的成绩管理软件来统计学生成绩的平均值、名次及变化趋势	0.769
	V5.6	我喜欢用图表或图形(如柱状图、饼图、概念图、思维导图等)来呈现数据分析结果	0.837
学习与发展	V(Y)6.1	我认为利用信息技术有助于提高我的工作效率	0.497
	V(Y)6.7	我认为开展信息化相关研究课题有助于我的专业发展	0.862
	V(Y)6.8	我非常乐意探索在信息化环境下的教学模式	0.811

②“教师应用技术转变学习方式能力”维度因子分析结果:

KMO 值=0.835,累积方差率为 75.321%,提取了 6 个公因子,各因子命名及各指标的载荷量如表 9.1.3 所示。

表 9.1.3 “教师应用技术转变学习方式能力”维度因子分析结果

公因子	指标	指标含义	旋转因子载荷量
理解与态度	V(Y)1.2	我意识到信息技术应用能力是我必须具备的能力,否则会影响到对学生的培养	0.882
	V(Y)1.3	我发现学生使用信息技术有利于支持以学生为中心的学习	0.861
技术素养	Y2.7	我加入学生的网络交流群(如 QQ 群,百度贴吧,微信群等),并经常与他们交流	0.860
	Y2.8	我经常使用电子邮件、QQ、微信等工具与家长进行沟通	0.907
	Y2.9	我会向学生推荐家长或领域专家来帮助他们解决问题	0.758
	Y2.10	学生作业涉及引用他人观点、材料时,我会要求他们注意规范地注明引用材料的出处	0.666

续表

公因子	指标	指标含义	旋转因子载荷量
计划与准备	Y3.4	学生利用我提供的工具开展交流协作时,往往会花很多时间解决相关技术问题	0.791
	Y3.5	我不知道如何根据学生的差异推荐个性化技术资源	0.766
	Y3.6	虽然我班级中的每个学生都有终端设备与上网账号,但是经常遇到个别学生访问相关教学平台和工具,不能很好地打开学习资源	0.732
组织与管理	Y4.1	我能运用信息技术手段设计不同形式的教学活动(如游戏、竞赛等),激起学生的兴趣和注意力	0.730
	Y4.3	我会向学生提供获取学习资源的多种渠道	0.685
	Y4.7	我能恰当处理学生使用技术过程中出现的不恰当、不文明的行为	0.751
评估与诊断	Y5.2	我能根据学习目标独立改编或开发评价量规	0.770
	Y5.3	我使用过在线问卷调查平台、学习管理平台、学生成长记录平台等技术工具,持续性地观察、记录学生的学习情况	0.632
	Y5.4	我能根据学生的学习情况对学生的学习实施有效的干预	0.532
	Y5.5	我使用过学习管理平台等技术工具,收集并整理学生在学习过程中所产生的学习作品、过程性资源或其他阶段性学习信息	0.674
学习与发展	V(Y)6.1	我认为利用信息技术有助于提高我的工作效率	0.574
	V(Y)6.7	我认为开展信息化相关研究课题有助于我的专业发展	0.854
	V(Y)6.8	我非常乐意探索在信息化环境下的教学模式	0.807

9.1.2 理解与态度

教师应用信息技术改进课堂教学的理念意识较强

教师如果对应用技术改进课堂教学没有积极的态度,就不可能在教学中使用技术来提高教学效果,因此,教师对使用信息技术的理念意识是促进教师在教学中应用信息技术的前提条件。教师在应用技术改进课堂教学的理解与态度维度的调查,结果如图 9.1.1 所示。

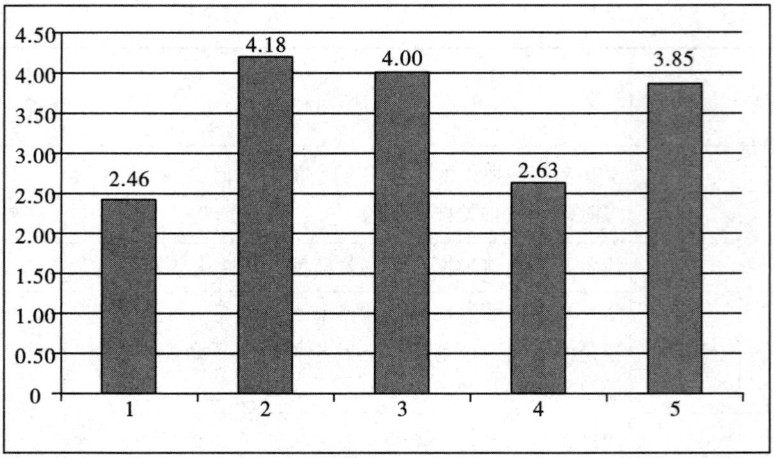

横轴:1 我很少与同事们讨论如何在课堂中应用信息技术　2 我意识到信息技术应用能力是我必须具备的能力　3 我发现学生使用信息技术有利于支持以学生为中心的学习　4 公开课的需要,考虑更好地应用信息技术的问题　5 我喜欢学习一些信息技术新应用,以使我的日常生活更便利。
纵轴:1 表示意识弱,5 表示意识强,由 1 到 5 依次表示意识由弱到强。

图 9.1.1　理解与态度的基本情况

由图 9.1.1 可以看出,教师在"我意识到信息技术应用能力是我必须具备的能力"、"我发现学生使用信息通信技术有利于支持以学生为中心的学习"、"我喜欢学习一些信息技术新应用,以使我的日常生活更便利"3 个指标方面的均值较大,均值得分分别为 4.18、4.00、3.85,在"我很少与同事们讨论如何在课堂中应用信息技术"、"我喜欢学习一些信息技术新应用,以使我的日常生活更便利"方面的得分较低,分别为 2.46、2.63。

9.1.3　技术素养

1. 教师的技术素养取得了一定的进步

对教师技术素养能力进行基本统计描述分析,其结果如表 9.1.4 所示。

表 9.1.4　技术素养能力现状

指标内容	均值
我在信息化教学中,经常需要同事(或技术维护人员)帮助我准备好设备 *	2.82
我能熟练操作教室里配置的多媒体教学设备	2.97
我经常使用文字处理、演示文稿、电子表格等办公软件来完成我的日常工作	3.08
我能熟练操作至少一种适用于我任教学科的教学软件	3.06
我能够搜索并获取适用于教学的素材和备课材料	3.70

续表

指标内容	均值
我能根据教学需要,对网上获得的素材进行加工、整合	3.50
在我自己的电脑上,我经常会因寻找某个文档而浪费时间	2.89
我不确定我上网的习惯是否符合信息安全的要求 *	3.25
注:1 表示能力弱,5 表示能力强,由 1 到 5 依次表示能力由弱到强。* 表示该题为反向题,反向题中 1 表示能力强,5 表示能力弱,1 到 5 表示能力由强到弱。	

从表 9.1.4 可以看出,教师在“我能够搜索并获取适用于教学的素材和备课材料”方面的能力最强,均值为 3.70,其次为“我能够根据教学需要,对网上获得的素材进行加工、整合”的能力,均值为 3.50。教师在“我能熟练操作教室里配置的多媒体教学设备”方面的能力不足,均值为 2.97,未达标,需要在以后的培训工作中加强教师熟练操作教室多媒体设备的能力。

2. 不同性别教师在技术素养方面存在显著差异

对不同性别教师技术素养水平进行统计分析,结果如图 9.1.2 所示。

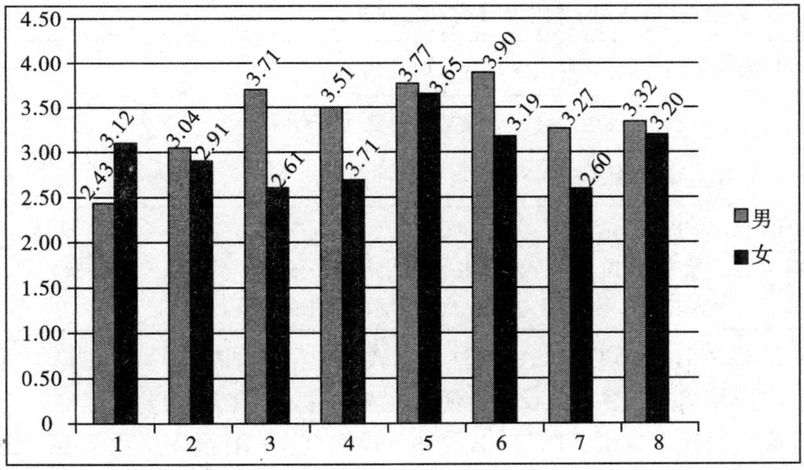

横轴:1 我在信息化教学中,经常需要同事(或技术维护人员)帮助我准备好设备 * 2 我能熟练操作教室里配置的多媒体教学设备 3 我经常使用文字处理、演示文稿、电子表格等办公软件来完成我的日常工作 4 我能熟练操作至少一种适用于我任教学科的教学软件 5 我能够搜索并获取适用于教学的素材和备课材料 6 我能根据需要,对网上获得的素材进行加工、整合 7 在我自己的电脑上,我经常会因寻找某个文档而浪费时间 8 我不确定我上网的习惯是否符合信息安全的要求 * 。
纵轴:1 表示能力弱,5 表示能力强,由 1 到 5 依次表示能力由弱到强。* 表示该题为反向题,反向题中 1 表示能力强,5 表示能力弱,1 到 5 表示能力由强到弱。

图 9.1.2 不同性别教师技术素养能力水平

由图 9.1.2 可知，在技术素养的各个方面男教师的能力均强于女教师的能力，尤其是使用文字处理、演示文稿、电子表格等办公软件来完成日常工作的能力，男教师的均值为 3.71，接近较高的水平，女教师的均值为 2.61，还未达到一般水平。通过教师对应用技术改进课堂教学态度与性别进行 T 检验，可检验不同性别的教师在理解与态度指标上的差异情况，如表 9.1.5 所示。

表 9.1.5 不同性别的教师在理解与态度指标上的差异分析结果

指标内容	Sig.
我在信息化教学中，经常需要同事(或技术维护人员)帮助我准备好设备 *	0.009
我能熟练操作教室里配置的多媒体教学设备	0.619
我经常使用文字处理、演示文稿、电子表格等办公软件来完成我的日常工作	0.000
我能熟练操作至少一种适用于我任教学科的教学软件	0.002
我能够搜索并获取适用于教学的素材和备课材料	0.614
我能根据需要，对网上获得的素材进行加工、整合	0.003
在我自己的电脑上，我经常会因寻找某个文档而浪费时间	0.013
我不确定我上网的习惯是否符合信息安全的要求 *	0.672
注：Sig. 值>0.05 表示没有显著差异；Sig. 值<0.05 表示存在显著差异。1 表示能力弱，5 表示能力强，由 1 到 5 依次表示能力由弱到强。* 表示该题为反向题，反向题中 1 表示能力强，5 表示能力弱，1 到 5 表示能力由强到弱。	

从表 9.1.5 可以看出，不同性别的教师在“我很少与同事们讨论如何在课堂中应用信息技术”、“我经常使用文字处理、演示文稿、电子表格等办公软件来完成我的日常工作”、“ 我能熟练操作至少一种适用于我任教学科的教学软件”、“我能根据需要，对网上获得的素材进行加工、整合”、“在我自己的电脑上，我经常会因寻找某个文档而浪费时间”对应的概率 P 值分别为 0.009、0.000、0.002、0.003、0.013，而显著性概率 $a=0.05$，可见 $P<a$，则应拒绝原假设，认为不同性别的教师在这几个方面产生了显著影响。

9.1.4 计划与准备

1. 教师计划与准备能力有显著提高

对教师在应用技术改进课堂教学能力的教师的计划和准备能力维度进行基本统计描述分析，求各指标的均值，结果如表 9.1.6 所示。

表 9.1.6 教师的计划和准备能力指标均值

指标内容	均值
我能够根据课程目标选择合适的信息技术手段解决教学问题	3.2
我尝试利用信息技术使其变得简单容易理解	3.7
我经常在课堂教学中通过信息技术提供形象的图景	3.3
我经常提供更多可供学习和思考的学习材料	3.1
我倾向于从网上下载自己所需课件并根据情况进行适当修改	3.5
我经常花大量时间自己制作课件 *	2.2
我习惯性地反思资源是否与教学重点与难点密切相关	3.3
在上课前我习惯性地将要用到的设备资源软件都试一试	3.3
我会做好在教学过程中出现因为设备资源有问题的应对方法	2.9
注：1 表示能力弱，5 表示能力强，由 1 到 5 依次表示能力由弱到强。* 表示该题为反向题，反向题中 1 表示能力强，5 表示能力弱，1 到 5 表示能力由强到弱。	

由表 9.1.6 可以看出，教师的计划和准备能力各项指标中，教师利用信息技术使其变得简单容易理解的意识最强，均值达到 3.7；其次是教师倾向于从网上下载自己所需课件并根据情况进行适当修改，均值为 3.5。在应对设备资源出现问题的解决办法方面，均值为 2.9；在经常花大量时间自己制作课件指标上，均值为 2.2；表明在这 2 项上教师的能力较低。总体来看，信息技术环境下教师应用技术改进课堂的计划和准备能力处于较高的水平。

2. 不同性别的教师在应对教学过程中因设备、资源出现的问题方面存在显著差异

通过对调研数据的统计分析发现，男教师应对教学过程中因设备、资源出现的问题的能力较强，其均值为 3.29 ，女教师能力较弱，均值仅为 2.68，尚未达到一般水平。对其 T 检验发现，其概率 P 值为 0.02，小于显著性概率水平 0.05，因此可以认为不同性别的教师在应对教学过程中因设备、资源出现的问题方面存在显著差异。

9.1.5 组织与管理

1. 教师信息化课堂中组织与管理水平较高

在运用数字资源进行教学中，教师良好的课堂教学组织与管理能够活跃课堂气氛,提高学生的学习积极性,达到更好的教学效果。随着技术的不断发展,越来越多的新技术被运用到课堂中辅助教师的知识传授与学生的知识获取过程中,那么在技术的支持下教师对课堂的组织与管理水平如何?此次调研主要从 7 个维度考查教师在课堂中的组织与管理能力,具体情况如图 9.1.3 所示。

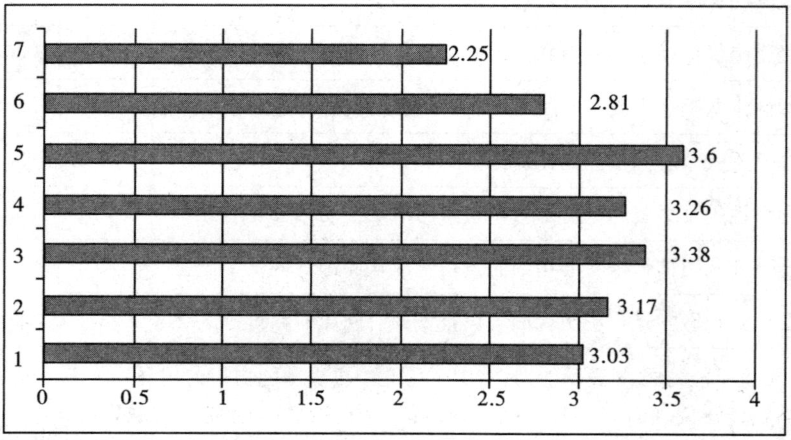

注:横轴中,1 我能引导学生有效关注数字资源内容　2 在用多媒体课件呈现教学内容时我不会让学生持续观看　3 确保每个学生获得良好的视听觉效果观看数字资源　4 个别学生在课堂上进行技术操作时能合理安排其他学生的活动　5 根据观察和收集学生的课堂反映对教学进度进行调整　6 课堂上出现技术故障时能初步判断出现的技术故障是否可以及时解决　7 遇到技术故障时会从学生技术能手那里获取支持。
纵轴:1 表示能力弱,5 表示能力强,由 1 到 5 依次表示能力由弱到强。

图 9.1.3　教师课堂组织与管理水平

从图 9.1.3 的统计数字来看,接受调查教师的课堂组织与管理能力总体较好,其中,均值最高的为教师能够根据学生反应对教学进度进行调整的能力,达到了 3.59;其次为确保学生获得良好视听觉效果的能力,均值达到了 3.38;在引导学生有效关注数字资源能力、应用多媒体课件时不会让学生持续观看的能力、个别学生进行技术操作时安排其他学生的活动的能力相当,均值都达到了 3 以上。而在出现故障时教师能判断并解决故障的能力方面,均值为 2.81,教师从学生技术能手处获取支持的能力均值为 2.25,均未达标,说明教师这两方面的能力尚有欠缺。

9.1.6 评估与诊断

1. 信息技术环境下教师评估与诊断能力还有待提高

信息化环境下对学生的评价应该是多元化的,既要有形成性评价,也要有总结性评价,因此教师成了促进学生发展的评价者。对信息技术环境下教师评估与诊断能力进行调查的具体情况如图 9.1.4 所示。

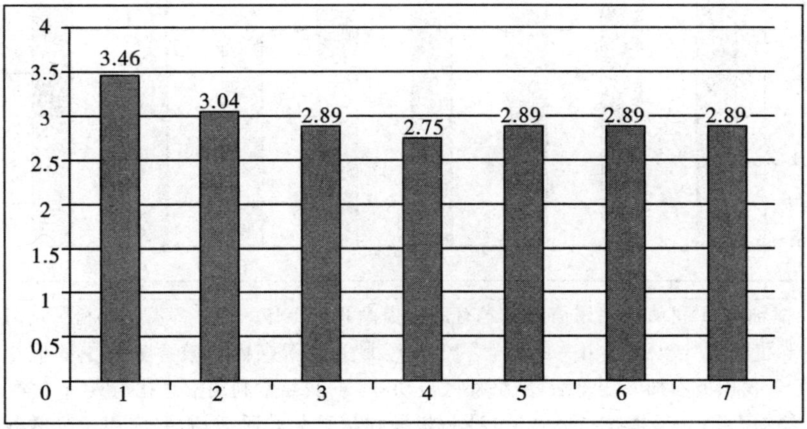

注:横轴中,1 我会有意识地比对着学习目标设计评价方案 2 利用不同的评价工具对学生进行形成性评价和结果性评价 3 我能利用评价工具收集学生的学习过程材料 4 我会有序管理学生学习过程材料 5 我会独立运用软件来统计学生成绩的平均值名次及变化趋势 6 我喜欢用图表或图形来呈现数据分析结果 7 我没有使用过答题卡或在线测试系统辅助开展学生练习和测验 * 。
纵轴:1 表示能力弱,5 表示能力强,由 1 到 5 依次表示能力由弱到强。* 表示该题为反向题,反向题中 1 表示能力强,5 表示能力弱,1 到 5 表示能力由强到弱。

图 9.1.4 教师评估与诊断能力

由图 9.1.4 可知,与其他几种能力相比较,教师能够有意识的比对着学习目标设计评价方案的能力较强,其均值达到了 3.46;其次是利用不同的评价工具(如照相机、摄像机、学习管理平台、量规等)对学生进行形成性评价和结果性评价的能力,均值为 3.04;其余 5 种评估与诊断的能力均值都小于一般水平 3,因此可知,信息技术环境下教师对学生评估与诊断的能力处于一般的水平,还有待进一步的提高。

9.1.7 学习与发展

1. 教师利用信息技术促进自身发展的意愿比较强烈,但是利用信息技术的方式比较单一,需拓宽思路

对信息技术环境下教师学习与发展状况进行调查的具体情况如图

9.1.5 所示。

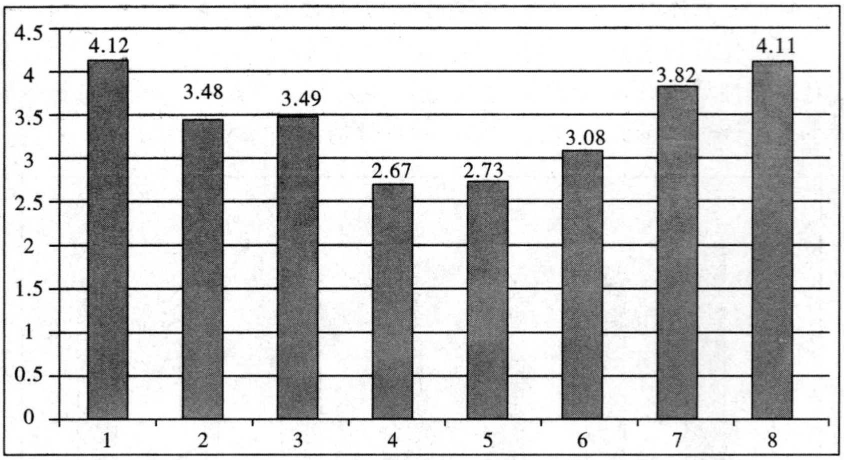

注:横轴中,1 我认为利用信息技术有助于提高我的工作效率 2 我经常利用信息技术学习与我所教科目相关的内容 3 我经常关注新媒体在教育教学中的应用趋势 4 我积极参加专题论坛、网络社区活动等 5 我经常利用信息化工具与专家、同行交流经验,获得指导和帮助 6 我积极参加信息化教研活动,并应用于日常教学中 7 我认为开展信息化相关研究课题有助于我的专业发展 8 我非常乐意探索在信息化环境下的教学模式。
纵轴:1 表示态度差,5 表示态度好,由 1 到 5 依次表示态度由差到好。

图 9.1.5 教师对待信息技术促进自身学习发展的态度

由图 9.1.5 可知,教师普遍认为信息技术能提高工作效率,他们也非常乐意探索在信息化环境下的教学模式,这两项的均值都超过了 4;此外教师也经常关注新媒体以及在教学研究和实践中利用信息化工具,这几项的均值都介于 3 到 4 之间;遗憾的是,教师对参加网络社区活动和利用信息化工具进行交流的积极性不高,这两项的均值都不足 3。综上所述,教师普遍愿意利用信息技术来促进自身的学习与发展,只是不习惯使用信息化工具进行交流。

2. 不同性别教师在技术对其学习与发展影响的赞同度存在差异较显著

不同性别教师技术对其学习与发展的影响的情况如图 9.1.6 所示。

由图 9.1.6 可知,在技术对教师学习与发展影响方面,男教师对大部分指标的赞同度要高于女教师,差异最大的是“我经常利用信息化工具与专家、同行交流经验,获得指导和帮助”,其次是“我积极参加信息化教研

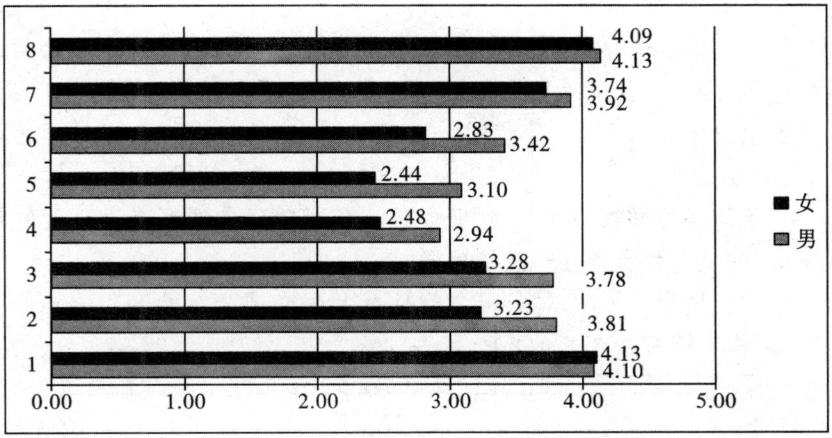

注：纵轴中，1 我认为利用信息技术有助于提高我的工作效率 2 我经常利用信息技术学习与我所教科目相关的内容 3 我经常关注新媒体在教育教学中的应用趋势 4 我积极参加专题论坛、网络社区活动等 5 我经常利用信息化工具与专家、同行交流经验，获得指导和帮助 6 我积极参加信息化教研活动，并应用于日常教学中 7 我认为开展信息化相关研究课题有助于我的专业发展 8 我非常乐意探索在信息化环境下的教学模式。
纵轴：1 表示赞同度弱，5 表示赞同度强，由 1 到 5 依次表示赞同度由弱到强。

图 9.1.6 不同性别教师在技术对其学习与发展影响方面的赞同度

活动，并应用于日常教学中”。对其进行差异性检验，结果如表 9.1.7 所示。

表 9.1.7 不同性别教师在技术对其学习与发展影响方面的差异性检验

指标内容	Sig.
我认为利用信息技术有助于提高我的工作效率	0.883
我经常利用信息技术学习与我所教科目相关的内容	0.024
我经常关注新媒体在教育教学中的应用趋势	0.044
我积极参加专题论坛、网络社区活动等	0.081
我经常利用信息化工具与专家、同行交流经验，获得指导和帮助	0.015
我积极参加信息化教研活动，并应用于日常教学中	0.018
我认为开展信息化相关研究课题有助于我的专业发展	0.428
我非常乐意探索在信息化环境下的教学模式	0.831
注：Sig. 值＞0.05 表示没有显著差异；Sig. 值＜0.05 表示存在显著差异。	

由表 9.1.7 可知,不同性别的教师在“我经常利用信息技术学习与我所教科目相关的内容”、“我经常关注新媒体在教育教学中的应用趋势”、“我经常利用信息化工具与专家、同行交流经验,获得指导和帮助”、“我积极参加信息化教研活动,并应用于日常教学中”几个指标上存在显著差异,其 P 值分别为 0.024、0.044、0.015 和 0.018。

3. 不同类型学校间教师对“开展信息化相关研究课题有助于我的专业发展”的认可程度存在一定的差异

不同类型学校教师对“开展信息化相关研究课题有助于我的专业发展”认可程度情况如图 9.1.8 所示。

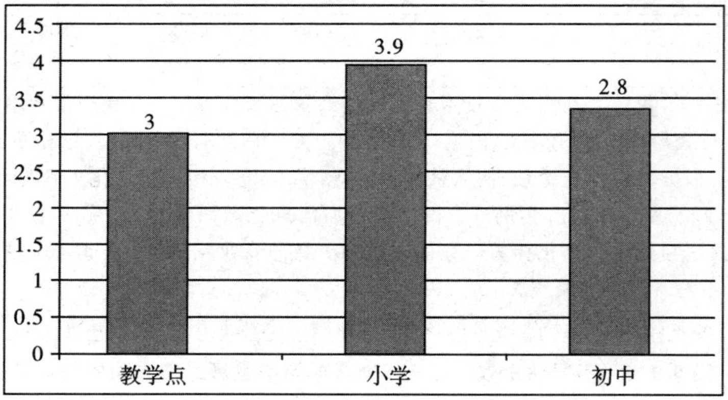

图 9.1.8　不同类型学校教师对“开展信息化相关研究课题有助于我的专业发展”的认可程度

如图 9.1.8 所示,小学教师对“开展信息化相关研究课题有助于我的专业发展”的认可程度最高,均值为 3.9,接近于较高;教学点和初中的认可程度均值为 3 左右,认可程度接近一般。对不同类型学校教师对“开展信息化相关研究课题有助于我的专业发展”的认可程度进行单因素方差分析,其 P 值为 0.024,小于显著性概率水平 0.05,由此可知,不同类型学校教师对“开展信息化相关研究课题有助于我的专业发展”的认可程度存在一定的差异。

9.2　湖北省中小学教师应用技术改进课堂教学能力达标情况

上节针对教师应用技术改进课堂教学能力,从“理解与态度”、“技术素养”、“计划与准备”、“组织与管理”、“评估与诊断”和“学习与发展”6 个维度进行了现状分析，阐述了湖北省中小学教师应用技术改进课堂教学能力的现状。基于此，课题组借鉴联合国教科文组织评估教师信息技术应用能力的方法，对各维度的具体能力指标的达标情况和整个模块的达标情况进行了分析，以此阐明湖北省中小学教师应用技术改进课堂教学能力的达标情况。

分析达标情况的具体方法：①统计各维度的指标个数，并用表格表示。例如，2.1“理解与态度”包括 5 个指标，利用表格工具画出一个“一列 5 行”的表格。②计算各指标的均值。对于正向题目找出均值大于3 的指标并统计指标个数；对于有些反向题，（如含有“我不知道、我不确定、我没有”等否定字眼，或者有反面意思的指标如“在我自己的电脑上，我经常会因寻找某个文档而浪费时间”），应统计均值数小于 3 的指标个数。③标记已达标的指标个数。利用表格格式“边框与底纹”将表 1 中达标指标的个数填充颜色。④计算达标率。达标率＝已达标的指标个数/该维度下的指标总数×100％。

9.2.1　理解与态度达标情况

信息化课堂教学中教师理解与态度达标率为 100％。

从 9.1.1 节中可以得到湖北省中小学教师“理解与态度”各能力指标的基本情况。其中，“我很少与同事们讨论如何在课堂中应用信息技术”、“如果不是公开课的需要，我很少考虑更好地应用信息技术的问题”这两个题目为反向题，计算均值分别为 2.46 和 2.63，都小于 3；“我意识到信息技术应用能力是我必须具备的能力”、“我发现学生使用信息技术有利于支持以学生为中心的学习”、“我喜欢学习一些信息技术新应用，以使我的日常生活更便利”为正向题目，计算均值分别为 4.18、4 和 3.85，都大于 3。各指标达标情况如图 9.2.1 所示。

图 9.2.1　理解与态度达标情况

如图 9.2.1 所示，教师“理解与态度”维度下的 5 个指标的计算结果均符合标准要求，达标率为 100％，说明教师对信息技术在教学中的理解与态度持有积极意向。

9.2.2　技术素养达标情况

信息化课堂教学中教师技术素养达标率较高。

从“我能熟练操作教室里配置的多媒体教学设备”、“我经常使用文字处理、演示文稿”、“电子表格等办公软件来完成我的日常工作”、“我能熟练操作至少一种适用于我任教学科的教学软件”、“我能够搜索并获取适用于教学的素材和备课材料”、“我能根据教学需要,对网上获得的素材进行加工”5 个正向题目和“我在信息化教学中,经常需要同事(或技术维护人员)帮助我准备好设备”、“在我自己的电脑上,我经常会因寻找某个文档而浪费时间”、“我不确定我上网的习惯是否符合信息安全的要求”3 个反向题目对教师的“技术素养”指标达标情况进行了分析,结果如图 9.2.2所示。

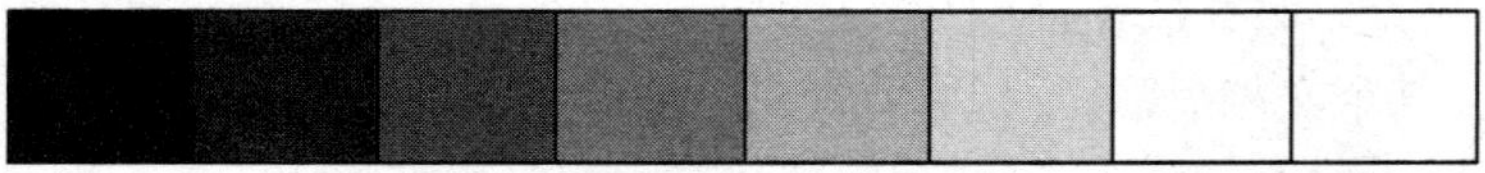

图 9.2.2　技术素养达标情况

通过计算各指标的平均值发现 5 个正向题目的均值分别为 3.08、2.97、3.06、3.70、3.50,3 个反向题目的均值分别为 2.82、2.89、3.25,结果表明,有 4 个正向题目和 2 个反向题目达到达标标准,达标率为 77.8%,说明教师“技术素养”能力情况较好。

9.2.3　计划与准备达标情况

1. 信息化课堂教学中教师计划与准备能力达标情况良好

教师“计划与准备”能力是从“我能够根据课程目标选择合适的信息技术手段解决教学问题”、“我尝试利用信息技术使其变得简单容易理解”、“我经常在课堂教学中通过信息技术提供形象的图景”、“我经常提供更多可供学习和思考的学习材料”、“我倾向于从网上下载自己所需课件并根据情况进行适当修改”、“我习惯性地反思资源是否与教学重点与难点密切相关”、“在上课前我习惯性地将要用到的设备资源软件都试一试”、“我会做好在教学过程中出现因为设备资源有问题的应对方法”、“我经常花大量时间自己制作课件”9 个题目进行达标情况分析,结果如图 9.2.3 所示。

图 9.2.3　计划与准备达标情况

从图 9.2.3 可以看出,教师“计划与准备”指标中有 7 个指标达到标准,达标率为 66.7%,说明教师的“计划与准备”能力较好。

9.2.4 组织与管理达标情况

1.信息化课堂中教师组织与管理能力达标率较高

主要从以下7个方面考查信息化课堂中教师组织与管理能力:(1)我能引导学生有效关注数字资源内容。(2)在用多媒体课件呈现教学内容时我不会让学生持续观看。(3)确保每个学生获得良好的视听觉效果观看数字资源。(4)个别学生在课堂上进行技术操作时能合理安排其他学生的活动。(5)根据观察和收集学生的课堂反映对教学进度进行调整。(6)课堂上出现技术故障时能初步判断出现的技术故障是否可以及时解决。(7)遇到技术故障时会从学生技术能手那里获取支持。其达标情况如图9.2.4所示。

图9.2.4 组织与管理能力达标情况

由图9.2.4可知,在这7个指标中有5个指标的均值超过了3,达到了标准,达标率为71.4%。"课堂上出现技术故障时能初步判断出现的技术故障是否可以及时解决"和"遇到技术故障时会从学生技术能手那里获取支持"这2个指标还未达标,需要在以后的工作中加强这方面能力的培训。

9.2.5 评估与诊断达标情况

1.信息化课堂中教师评估与诊断能力达标率较低

从(1)我会有意识地比对着学习目标设计评价方案。(2)利用不同的评价工具对学生进行形成性评价和结果性评价。(3)我能利用评价工具收集学生的学习过程材料。(4)我会有序管理学生学习过程材料。(5)我会独立运用管理软件来统计学生成绩的平均值名次及变化趋势。(6)我喜欢用图表或图形来呈现数据分析结果。(7)我没有使用过答题卡或在线测试系统辅助开展学生练习和测验这7个方面考查信息化课堂中教师评估与诊断能力的达标情况,其具体情况如图9.2.5所示。

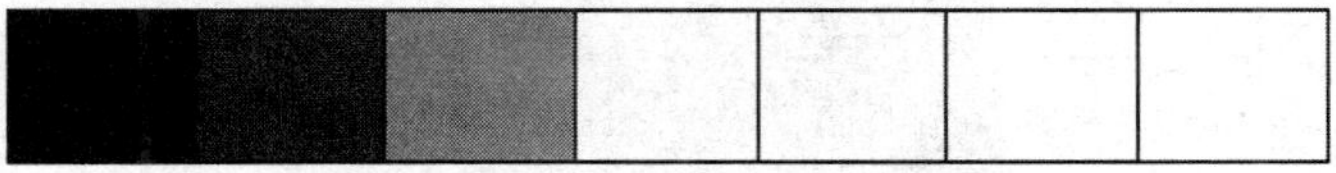

图9.2.5 评估与诊断能力达标情况

由图9.2.5可知,在这7个指标中有3个指标达到了标准,达标率为42.86%。"我能利用评价工具收集学生的学习过程材料"、"我会有序管理学生学习过程材料"、"我会独立运用管理软件来统计学生成绩的平均值名次及变化趋势”、“我喜欢用图表或图形来呈现数据分析结果”这 4 个指标尚未达标,需要提交教师在这 4 个方面的能力。

9.2.6　学习与发展达标情况

信息化课堂中教师学习与发展能力达标率较高。

从(1)我认为利用信息技术有助于提高我的工作效率。(2)我经常利用信息技术学习与我所教科目相关的内容。(3)我经常关注新媒体在教育教学中的应用趋势。(4)我积极参加专题论坛、网络社区活动等。(5)我经常利用信息化工具与专家、同行交流经验,获得指导和帮助。(6)我积极参加信息化教研活动,并应用于日常教学中。(7)我认为开展信息化相关研究课题有助于我的专业发展。(8)我非常乐意探索在信息化环境下的教学模式这 8 个方面考查信息化课堂中教师学习与发展的能力情况,其具体的达标情况如图 9.2.6 所示。

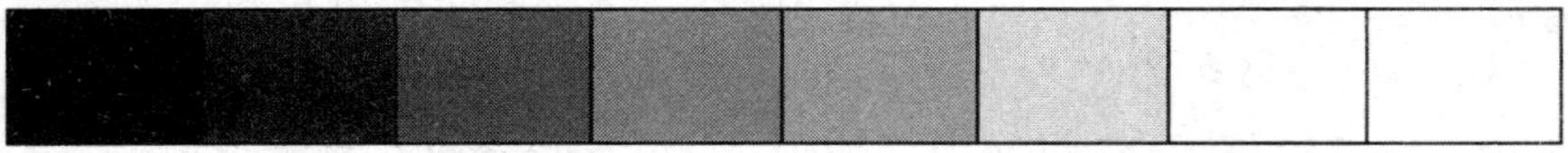

图 9.2.6　学习与发展能力达标情况

由图 9.2.6 可知,在这 8 个指标中有 6 个指标达到了标准,达标率为 75%。“我积极参加专题论坛、网络社区活动等”、“我经常利用信息化工具与专家、同行交流经验,获得指导和帮助”这 2 个指标尚未达标。

9.2.7　教师应用技术改进课堂教学能力整体达标情况

教师应用技术改进课堂教学能力的达标率较高。

图 9.2.7 为教师应用技术改进课堂教学能力的整体达标情况。

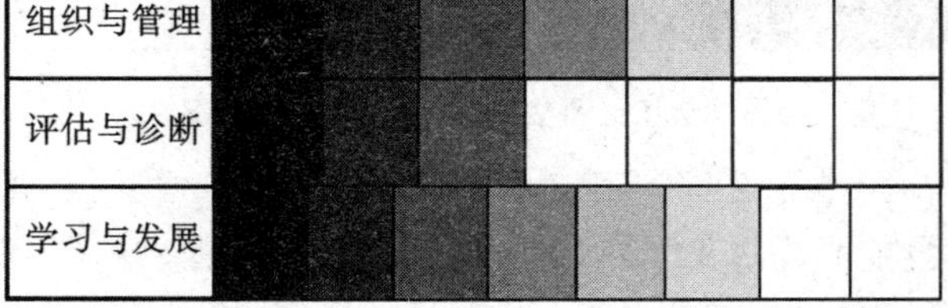

图 9.2.7　教师应用技术改进课堂教学能力的达标情况

由图 9.2.7 可知,教师应用技术改进课堂教学能力的达标率较高,为 72.7%。其中教师对应用技术改进课堂教学态度赞同程度的达标率最高,达到了 100%,其次为教师应用信息技术改进课堂教学的计划与准备能力,达标率为 77.8%,教师信息化课堂中评估与诊断能力的达标率最低,为 42.86%,因此需要在以后的工作中加强对教师评估与诊断能力的培训。

9.3 湖北省中小学教师应用技术转变学习方式能力现状评估

本节将对教师应用技术转变学习方式能力的现状进行评估,主要从"技术素养"、"计划与准备"、"组织与管理"、"评估与诊断"4 个维度展开。

9.3.1 技术素养

1. 湖北省中小学教师的技术素养有待提高

教师技术素养维度中的各指标均值如图 9.3.1 所示。

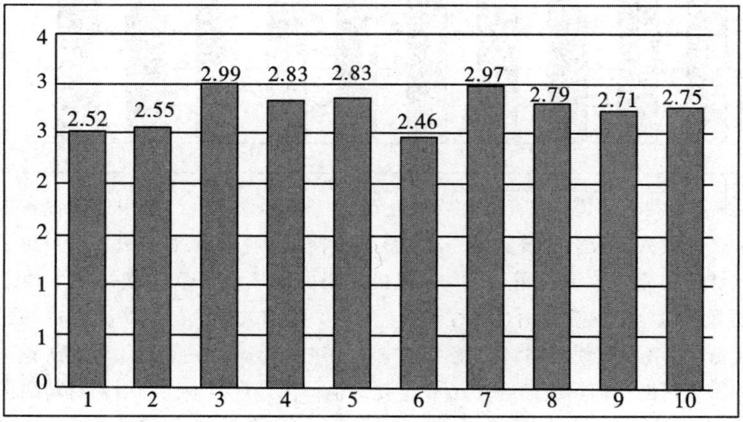

注:横轴中,1 我不知道网络是如何支持互动、创新以及协作 * 2 引进新设备或新软件通常会在我的班级上开展实验 3 我能灵活使用学习活动管理软件 4 我了解社会性软件的功能并尝试使用过 5 我积极应用网络平台或软件支持学生的学习 6 我已经在课堂上独立应用过课程管理平台 7 我加入学生的网络交流群并经常与他们交流 8 我经常使用网络交流工具与家长进行沟通 9 我会向学生们推荐家长或领域专家来帮助他们解决问题 10 我会要求他们注意规范地注明引用材料的出处。纵轴中,1 表示能力弱,5 表示能力强,由 1 到 5 依次表示能力由弱到强。* 表示该题为反向题,反向题中 1 表示能力强,5 表示能力弱,1 到 5 表示能力由强到弱。

图 9.3.1 教师技术素养均值

由图 9.3.1 可知，教师能够较好地运用学习管理软件、网络社交工具、应用网络平台进行教学。其中，教师在运用网络环境或移动环境开展教学时灵活使用学习活动管理软件的均值最高，为 2.99。应用社交软件和网络平台进行教学的情况较好，分别为 2.82 和 2.83。而教师在运用课程管理平台方面的均值最低，为 2.46。由以上分析总体来看，湖北省中小学教师的技术素养大体一般，使用社交软件与网络平台进行教学和交流的情况较好，而使用课程管理平台的情况则有待改善。

2. 不同性别教师在技术素养方面存在差异

统计分析不同性别教师在技术素养各指标的均值得分情况，具体如图 9.3.2 所示。

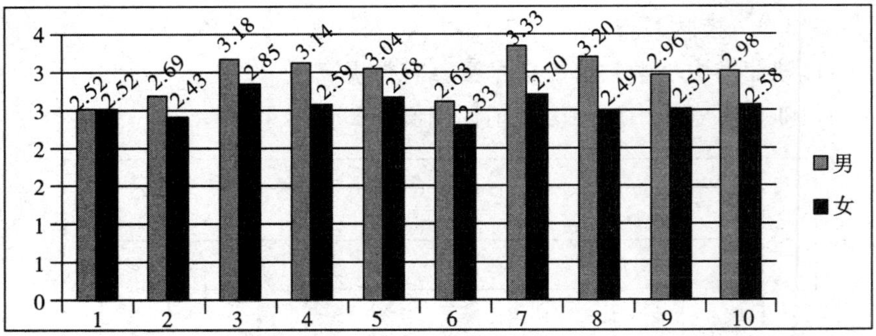

注：横轴中，1 我不知道网络是如何支持互动、创新以及协作 * 2 引进新设备或新软件通常会在我的班级上开展实验 3 我能灵活使用学习活动管理软件 4 我了解社会性软件的功能并尝试使用过 5 我积极应用网络平台或软件支持学生的学习 6 我 已经在课堂上独立应用过课程管理平台 7 我加入学生的网络交流群并经常与他们交流 8 我经常使用网络交流工具与家长进行沟通 9 我会向学生推荐家长或领域专家来帮助他们解决问题 10 我会要求他们注意规范地注明引用材料的出处。纵轴中，1 表示能力弱，5 表示能力强，由 1 到 5 依次表示能力由弱到强。* 表示该题为反向题，反向题中 1 表示能力强，5 表示能力弱，1 到 5 表示能力由强到弱。

图 9.3.2 不同性别教师在技术素养方面的现状

从图 9.3.2 可以看出，不同性别的教师在技术素养方面存在差距，在“我经常使用网络交流工具与家长进行沟通”上男、女教师均值得分分别为 3.20、2.49，“我加入学生的网络交流群并经常与他们交流”方面男、女教师的均值得分分别为 3.33、2.70，男教师在技术素养的各个指标的均值得分均高于女教师。由此说明，男教师在技术素养方面与女教师存在差异，男教师技术素养较女教师有较好的发展程度，尤其是在“我经常使用网络交流工具与家长进行沟通”、“我加入学生的网络交流群并经常与他们交流”2 个指标上差距最大。

假设不同性别教师在技术素养方面不存在显著性差异。对该维度的各指标进行方差分析，差异分析结果如表 9.3.1 所示。

表 9.3.1　不同性别教师在技术素养方面的差异情况

指标内容	Sig.
我不知道网络是如何支持互动、创新以及协作	0.991
引进新设备或新软件通常会在我的班级上开展实验	0.335
我能灵活使用学习活动管理软件	0.180
我了解社会性软件的功能并尝试使用过	0.045
我积极应用网络平台或软件支持学生的学习	0.158
我已经在课堂上独立应用过课程管理平台	0.247
我加入学生的网络交流群并经常与他们交流	0.026
我经常使用网络交流工具与家长进行沟通	0.010
我会向学生推荐家长或领域专家来帮助他们解决问题	0.114
我会要求他们注意规范地注明引用材料的出处	0.135
注：Sig. 值＞0.05 表示没有显著差异；Sig. 值＜0.05 表示存在显著差异。	

从表 9.3.1 可以看出，在教师技术素养各项指标中，“我了解社会性软件的功能并尝试使用过”、“我加入学生的网络交流群并经常与他们交流”、“我经常使用网络交流工具与家长进行沟通”对应的概率分别是 0.045、0.026、0.010，而显著性概率 $a=0.05$，可见 $P<a$，则应拒绝原假设，即在教师技术素养水平中，“我了解社会性软件的功能并尝试使用过”、“我加入学生的网络交流群并经常与他们交流”、“我经常使用网络交流工具与家长进行沟通”3 个方面在不同性别的教师中存在差异。

9.3.2　计划与准备

在教师运用技术转变学习方式的能力中，教学计划与准备阶段的能力是决定教学质量的重要因素之一。本调查从 6 个方面(如图 9.3.3 标注所示)对教师的教学计划与准备能力进行了分析。

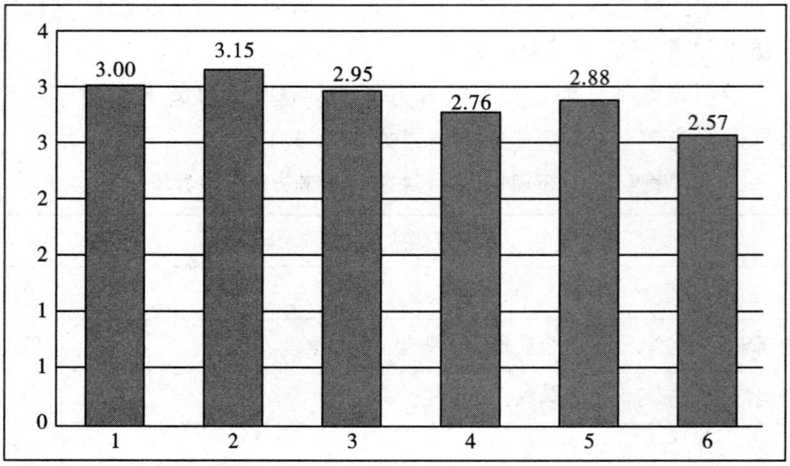

注：横轴中，1 我能够描述信息技术所能发挥的作用　2 我尝试利用信息技术支持学生学习，可效果不理想　3 我在设计资源丰富环境下学习活动时，没有可参考的模式　4 学生们会花很多时间解决技术相关问题＊　5 我不知道如何根据学生的差异推荐技术资源＊　6 经常遇到相关教学平台和工具不能很好地打开资源＊。
纵轴中，1 表示能力弱，5 表示能力强，由 1 到 5 依次表示能力由弱到强。＊表示该题为反向题，反向题中 1 表示能力强，5 表示能力弱，1 到 5 表示能力由强到弱。

图 9.3.3　教师计划与准备情况均值

从图 9.3.3 可以看出，教师尝试利用信息技术支持学习时不能得到理想效果，该指标的均值为 3.15，其中认为自己不能得到理想效果的教师占 72.9%。同时，教师的设计学习与教学活动时可参考的相关模式较少，其均值为 2.95，不能得到参考模式的教师占 65%。同时，有 60%的教师不能根据学生差异推荐个性化技术资源。由以上分析可以看出，总体而言，湖北省中小学教师在运用信息技术进行教学计划与准备工作的效果不理想，缺乏相关参考的模式，并且教师不能够为学生推荐合适的学习资源，但信息技术平台本身的功能稳定性较好，技术问题较少发生。

9.3.3　组织与管理

组织管理能力是一个人的知识、素质等基础条件的外在综合表现，教师利用信息技术进行教学的组织与管理能力，充分体现了教师的信息技术应用能力。本调查从 8 个方面(具体如图 9.3.4 标注所示)对教师的教学组织与管理能力进行了分析。

1. 教师的组织与管理能力取得了一定的成效

调查教师利用信息技术进行组织与管理教学的能力发现，教师几乎都能够达到中等偏上的水平,具体如图 9.3.4 所示。

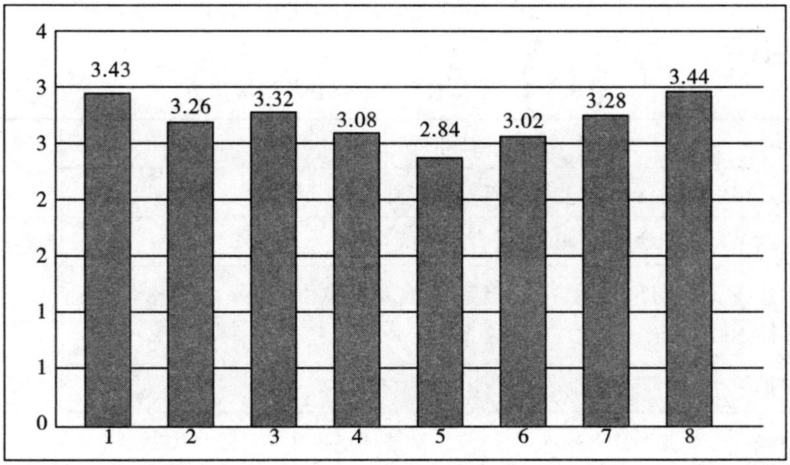

注:横轴中,1 运用信息技术手段设计不同形式的教学活动 2 学生不能获得使用硬件设备或软件资源的机会现象* 3 向学生提供获取学习资源的多种渠道 4 学生会使用 QQ 群、微信群等社交工具建立交流组 5 在网络空间里有针对性地观察和收集学生的行为和反应 6 对于动态调整学生的自主学习活动缺乏信心* 7 能恰当处理学生使用技术过程中出现的不恰当、不文明行为 8 会有意识地培养我班里的学生技术能手。

纵轴中,1 表示能力弱,5 表示能力强,由 1 到 5 依次表示能力由弱到强。* 表示该题为反向题,反向题中 1 表示能力强,5 表示能力弱,1 到 5 表示能力由强到弱。

图 9.3.4 教师教学组织与管理情况均值

从图 9.3.4 可以看出,教师利用信息技术进行教学组织与管理的能力较强。其中,教师会在教学过程中有意识地培养学生技术能手以及运用信息技术手段设计不同形式教学活动能力的得分最高,分别为 3.44 与 3.43,而在教学组织与管理过程中,教师在网络空间中有针对性地观察和收集学生行为和反应的能力较差,得分为 2.84。同时,在教学过程中出现有的学生不能使用设备的现象较多,得分为 3.26。通过以上分析可知,教师在教学组织管理的过程中具备了设计不同形式教学活动的能力,但对学生的相关反应则需要更多的关注。

9.3.4 评估与诊断

在教师运用技术转变学习方式的能力中,在教学过程中以及教学活动结束后,对教学活动进行评估与诊断是保证教学效果和教学质量的重要因素之一。本调查从 7 个方面(具体如表 9.3.2 标注所示)对教师的教学评估与诊断能力进行了分析。

教师利用信息技术进行教学评估与诊断的能力较为薄弱。

各指标的均值如表 9.3.2 所示。

表 9.3.2　教师教学组织与管理情况均值

指标内容	均值
知道过程性评价这个词,但是不知道怎样在教学中实践 *	3.18
能根据学习目标独立改编或开发评价量规	2.94
使用过在线问卷调查平台、学习管理平台、学生成长记录平台等技术工具,持续性地观察、记录学生的学习情况	2.76
能根据学生的学习情况对学生的学习实施有效的干预	3.1
使用过学习管理平台等技术工具,收集并整理学生在学习过程中所产生的学习作品、过程性资源或其他阶段性学习信息	2.98
不知道怎样让学生有效使用自查表、评价量规等评价工具 *	2.69
经常组织学生开展自评互评,学生的评价能力得到了发展,能够把握自己的学习情况	3.18
注:1 表示能力弱,5 表示能力强,由 1 到 5 依次表示能力由弱到强。* 表示该题为反向题,反向题中 1 表示能力强,5 表示能力弱,1 到 5 表示能力由强到弱。	

由表 9.3.2 可知,教师利用信息技术进行教学评估与诊断工作的整体情况发展比较薄弱。其中,“不知道怎样让学生有效使用自查表、评价量规等评价工具”、“使用过在线问卷调查平台、学习管理平台、学生成长记录平台等技术工具,持续性地观察、记录学生的学习情况”最差,均值得分分别为 2.69、2.76。教师根据学生学习情况对学生学习实施有效干预指标表现良好,为 3.10。“知道过程性评价这个词,但是不知道怎样在教学中实践”和“经常组织学生开展自评互评,学生的评价能力得到了发展,能够把握自己的学习情况”具有相等的均值得分,为 3.18,由此可知,“不知道怎样让学生有效使用自查表、评价量规等评价工具”和“使用过在线问卷调查平台、学习管理平台、学生成长记录平台等技术工具,持续性地观察、记录学生的学习情况”发展比较落后,有必要对教师进行信息技术环境下的教学评价与诊断方面的相关培训,从而使中小学教师使用信息技术进行教学评价与诊断的能力得到提升。

9.4 湖北省中小学教师应用技术转变学习方式能力达标情况

联合国教师 ICT 国际标准包括政策框架、能力标准模块结构和实施指南三部分内容，其中，实施指南根据标准中具体模块结构设计了调查问卷，该指南详细列出了教师在每一项技能规定或模块内应该掌握的具体技能，通过对问卷数据的统计分析，从标准的视觉上形象直观地评估了教师信息技术应用能力的基本现状。本小节采取联合国实施指南的研究方法，从教师信息技术应用能力标准的角度分析湖北省中小学教师应用技术转变学习方式能力的达标情况，其中主要包括技术素养达标情况、计划与准备达标情况、组织与管理达标情况、评估与诊断达标情况。

9.4.1 技术素养达标情况

1. 教师在技术素养方面处于较低的达标率

从 9.3.1 节图 9.3.1 中可以看出，在教师技术素养维度中，有 2 个指标的均值得分接近 3 分，达到标准，分别为“我能灵活使用学习活动管理软件”、“我加入学生的网络交流群并经常与他们交流”。而指标“我不知道网络是如何支持互动、创新以及协作”作为反向题，得分低于 3 分，视为达标。这充分说明，在教师的技术素养指标中，教师对网络支持学习的认知，对学习活动管理软件的使用和运用网络技术与学生交流的能力三个方面的情况较好。用一列表格表示已达标维度的个数，如图 9.4.1 所示。

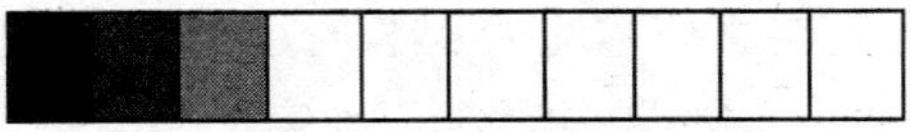

图 9.4.1 技术素养达标情况

从图 9.4.1 可以看出，在该维度的 10 个指标中有 3 个指标已达标，达标率为 30%，说明教师应用技术转变学习方式的技术素养处于较低的水平。

9.4.2 计划与准备达标情况

教师在计划与准备方面处于较好的达标率。从 9.3.2 节图 9.3.3 中可以看出，在教师教学计划与准备维度中，有 1 个正向指标的均值得分超过 3 分，3 个反向指标的均值得分低于 3 分，已达标的指标分别为“我能够描述信息技术所发挥的作用”、“学生会花很多时间解决技术相关问题”、“我不知道如何根据学生差异推荐个性化技术资源”和“经常遇到相关教学平台和工具不能很好地打开资源”。这说明在教师的教学计划与准备能力中,教师能够很好地理解信息技术对教学的作用,并且能为学生推荐相关资源,而在技术方面,平台的稳定性较高,不会出现较多的技术问题。用图表表示已达标维度的个数,如图 9.4.2 所示。

图 9.4.2　计划与准备指标达标情况

从图 9.4.2 中可以看出,在该维度 6 个指标中有 4 个指标已达标,达标率为 66.7%,由此说明,教师在计划与准备方面已开始起步,处于较好的达标率。

9.4.3　组织与管理达标情况

组织与管理处于较好的达标程度

从 9.3.3 节图 9.3.4 中可以看出,在教师教学组织与管理维度中,已达标的指标有 5 个,分别为“运用信息技术手段设计不同形式的教学活动”、“向学生提供获取学习资源的多种渠道”、“学生会使用 QQ 群、微信群等社交工具建立交流组”、“能恰当处理学生使用技术过程中出现的不恰当行为”和“会有意识地培养我班里的学生技术能手”。这说明在教师的教学组织与管理能力中,教师对信息技术手段有清晰的认识,知道在不同形式的教学活动中选择合适的信息技术手段并且能为学生推荐相关资源及其获取资源的渠道,在教学组织过程中,教师能够掌控课堂,在学生出现技术使用过程中不恰当的行为时,能及时恰当地处理相关情况,并能有意识地培养学生的信息技术能力。学生方面,学生已经具备了一定的信息技术能力,会使用 QQ 群、微信群等社交工具建立交流组进行交流活动。已达标的个数与总指标的个数关系如图 9.4.3 所示。

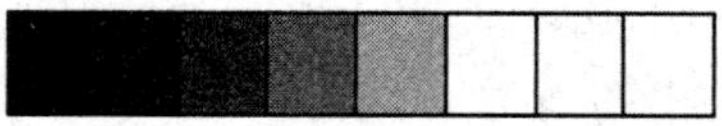

图 9.4.3　组织与管理指标达标情况

从图 9.4.3 可以看出,在该维度 8 个指标中有 5 个指标已达标,达标率达到 62.5%,由此说明,组织与管理的达标率已超过一半,处于较好的达标水平。

9.4.4　评估与诊断达标情况

教师在评价与诊断方面处于较低的达标水平。

从 9.3.4 节表 9.3.2 中可以看出,在教师评估与诊断维度中,已达标的指标有 2 个,分别为“能根据学生的学习情况对学生的学习实施有效的干预”和“经常组织学生开展自评互评”。说明在教师的教学评估与诊断能力中,教师对学生学习情况比较熟悉并能针对学生具体情况进行有效干预。教师对教学评价有一定认识,并能经常组织学生开展自评互评。但是在制定评价量规与有效使用评价工具以及如何开展实践评价上,显得有所欠缺,特别是使用网络技术工具和学习管理平台工具来辅助教师开展评价上亟须提高。用图表示已达标维度的个数,如图 9.4.4 所示。

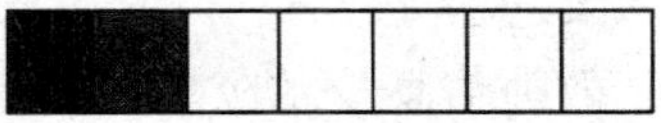

图 9.4.4 评估与诊断指标达标情况

从图 9.4.4 中可以看出,在该维度的 7 个指标中有 2 个指标已达标,达标率为 28.6%,由此说明,教师在评价与诊断方面较薄弱,在以后的教师培训中需要引起重视,加强教师在评估与诊断方面的能力。

9.4.5 教师应用技术转变学习方式能力整体达标情况

技术素养、评价与诊断处于较低的程度

我们初步界定强弱程度在 3 以上为该指标已经达标,根据达到标准的指标个数与选取总指标的个数的对比关系可得到图 9.4.5。

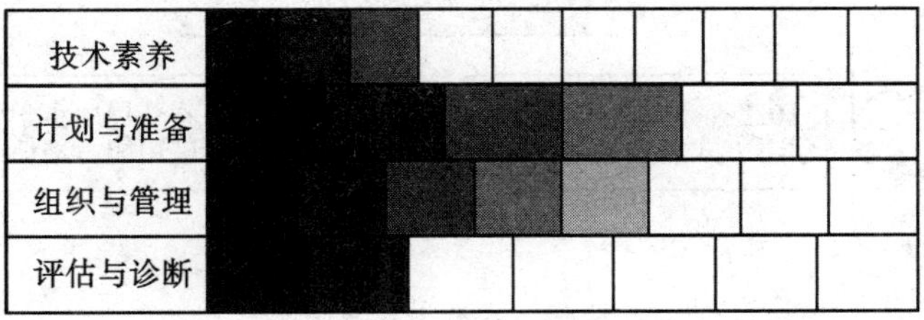

图 9.4.5 教师应用信息技术转变学习方式的各能力指标的达标情况

从图 9.4.5 可以看出,在技术素养方面,选取的 10 个指标中有 3 个指标达到了标准的要求;在计划与准备方面,选取的 6 个指标中有 4 个指标达到了标准的要求;在组织与管理方面,选取的 8 个指标中有 5 个指标达到了标准;在评价与诊断方面,选取的 7 个指标中有 2 个指标达到了标准。由此说明,教师在计划与准备方面发展最好,在技术素养、评价与诊断方面发展最薄弱。

10　我国省际中小学教师信息技术应用能力差异分析

本章围绕“应用技术改进课堂教学”和“应用技术转变学习方式”两个方面，对我国省际中小学教师信息技术应用能力进行了差异分析和达标情况比较分析，最后以目前的差异和达标情况为依据，对各省开展中小学教师信息技术应用能力培训提出建设性的建议。本章内容框架如图10所示。

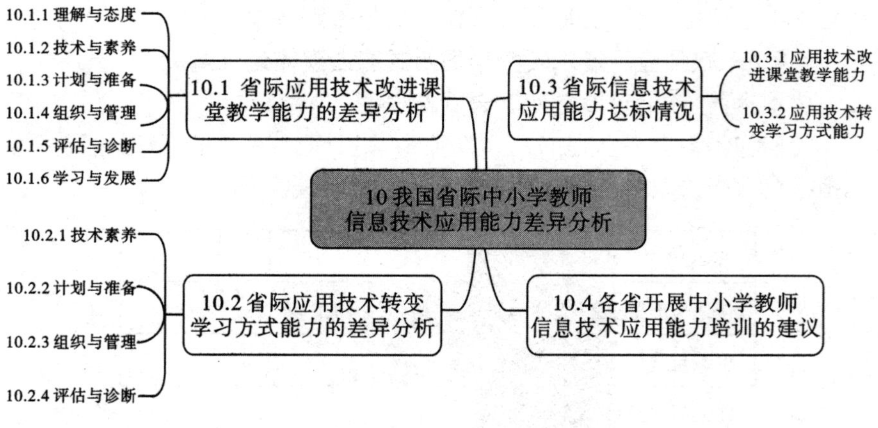

图10　本章内容导图

10.1　省际中小学教师应用技术改进课堂教学能力现状的差异分析

本节将从“理解与态度”、“技术素养”、“计划与准备”、“组织与管理”、“评估与诊断”、“学习与发展”6个维度分析省际教师应用技术改进课堂教学能力现状的差异所在。

10.1.1 省际教师在“理解与态度”方面存在显著差异

在省际中小学教师应用技术改进课堂教学的维度下，选取“理解与态度”方面，分析省际教师是否存在差异。运用单因素方差分析推断4个省(自治区)教师应用技术改进课堂教学能力是否存在差异，结果显示，省际教师在“理解与态度”方面的显著性概率Sig.值为0.012，说明省际教师在“理解与态度”方面存在显著差异。

10.1.2 省际教师在“技术素养”方面存在显著差异

本调研面向湖北省、广西壮族自治区、河南省、安徽省4个省(自治区)进行相互比较分析。结果显示，湖北省与河南省、安徽省的教师在“技术素养”方面存在显著差异，广西壮族自治区与河南省、安徽省的教师在“技术素养”方面也存在显著差异，湖北省与广西壮族自治区、河南省与安徽省的教师在“技术素养”方面没有显著差异。通过对湖北省、广西壮族自治区、河南省、安徽省各省(自治区)教师在“技术素养”方面两两进行独立样本T检验，分析结果如表10.1.1所示。

表10.1.1 省际教师在“技术素养”方面T检验结果

省(自治区)	湖北	广西	河南	安徽
湖北	1.000	0.365	0.000	0.000
广西	0.365	1.000	0.036	0.040
河南	0.000	0.036	1.000	0.600
注：Sig.值＞0.05表示没有显著差异；Sig.值＜0.05表示存在显著差异。				

从表10.1.1可知，湖北省与河南省、安徽省的教师在“技术素养”方面对应的显著性水平(Sig.值)都为0.000，小于0.05，表明湖北省与河南省、安徽省的教师在“技术素养”方面存在显著差异。同样，根据广西壮族自治区与河南省、安徽省的教师在“技术素养”方面对应的显著性水平(Sig.值)分别为0.036和0.040，均小于0.05，可以得到广西壮族自治区与河南省、安徽省的教师在“技术素养”方面也存在显著差异。

10.1.3 安徽省教师在“计划与准备”方面发展水平最均衡

选取湖北省、广西壮族自治区、河南省、安徽省4省(自治区)教师在“计划与准备”方面的数据，分析省际教师在“计划与准备”方面差异情况。通过计算4个省(自治区)的教师在“计划与准备”方面的平均值、标准差、极差以及差异系数测算省际教师在“计划与准备”方面的差异情况，分析结果如表 10.1.2 所示。

表 10.1.2　省际教师在“计划与准备”方面离散程度

省(自治区) \ 计算量	平均值	标准差	极差	差异系数
湖北	3.295	0.901	3.600	0.274
广西	3.510	0.776	2.900	0.221
河南	3.779	0.744	3.200	0.197
安徽	3.845	0.646	2.700	0.168

注：差异系数又被称为变异系数，用于测量教育发展的相对差异，是指测量指标的标准差与其均值之比。一般地，当差异系数小于 0.15 时，则表示数据分布比较均衡；当差异系数大于 0.5 时，则表示数据分布明显不均衡。极差表示一组数据最大值与最小值的差，极差越大，说明数据的离散程度越大。

从表 10.1.2 可知，被调查的 4 个省(自治区)中，湖北省、广西壮族自治区、河南省、安徽省教师在“计划与准备”方面整体均值分别为 3.295、3.510、3.779、3.845。湖北省教师在“计划与准备”方面整体极差值最大，为 3.6000，说明湖北省的数据离散程度最大，教师在“计划与准备”方面的差异最大。差异系数分别为 0.274、0.221、0.197、0.168，小于 0.5，大于 0.15，说明 4 个省(自治区)中，湖北省、广西壮族自治区、河南省、安徽省教师在“计划与准备”方面得到均衡发展，差异不大；其中，安徽省的差异系数最小，为 0.168，说明安徽省教师在“计划与准备”方面发展水平相对而言最均衡。

10.1.4　湖北省与河南省、安徽省教师在“组织与管理”方面存在显著差异

湖北省与河南省、安徽省的教师在“组织与管理”方面存在显著差异，广西壮族自治区与河南省的教师在“组织与管理”方面也存在显著差异，湖北省与广西壮族自治区、广西壮族自治区与安徽省、河南省与安徽省，教师在“组织与管理”方面没有显著差异。通过对湖北省、广西壮族自治区、河南省、安徽省各省(自治区)教师在“组织与管理”方面两两进行独立样本 T 检验，分析结果如表 10.1.3 所示。

表 10.1.3　省际教师在“组织与管理”方面 T 检验结果

省(自治区)	湖北	广西	河南	安徽
湖北	1.000	0.190	0.000	0.000
广西	0.190	1.000	0.039	0.053
河南	0.000	0.039	1.000	0.649
注:Sig. 值>0.05 表示没有显著差异;Sig. 值<0.05 表示存在显著差异。				

从表 10.1.3 可知,湖北省与河南省、安徽省的教师在“组织与管理”方面对应的显著性水平(Sig. 值)都为 0.000,小于 0.05,表明湖北省与河南省、安徽省的教师在“组织与管理”方面存在显著差异。同样,根据河南省与广西壮族自治区的教师在“组织与管理”方面对应的显著性水平(Sig. 值)为 0.039,小于 0.05,可以知道广西壮族自治区与河南省的教师在“组织与管理”方面也存在显著差异。

10.1.5　广西壮族自治区与湖北省、河南省、安徽省教师在“评估与诊断”方面没有显著差异

广西壮族自治区与湖北省、河南省、安徽省的教师在“评估与诊断”方面没有显著差异,河南省与安徽省的教师在“评估与诊断”方面同样没有显著差异,湖北省与河南省、安徽省的教师在“评估与诊断”方面存在显著差异。通过对湖北省、广西壮族自治区、河南省、安徽省 4 省(自治区)教师在“评估与诊断”方面两两进行独立样本 T 检验,分析结果如表 10.1.4 所示。

表 10.1.4　省际教师在“评估与诊断”能力方面 T 检验结果

省(自治区)	湖北	广西	河南	安徽
湖北	1.000	0.597	0.000	0.000
广西	0.597	1.000	0.075	0.095
河南	0.000	0.075	1.000	0.831
注:Sig. 值>0.05 表示没有显著差异;Sig. 值<0.05 表示存在显著差异。				

从表 10.1.4 可知,广西壮族自治区与湖北省、河南省、安徽省的教师在“评估与诊断”方面对应的显著性水平(Sig. 值)分别为 0.597、0.075、0.095,均大于 0.05,表明广西壮族自治区与湖北省、河南省、安徽省的教师在“评估与诊断”方面没有显著差异。同样,根据河南省与安徽省的教

师在“评估与诊断”方面对应的显著性水平(Sig. 值)为 0.831,大于 0.05,可以知道河南省与安徽省的教师在“组织与管理”方面没有显著差异。湖北省与河南省、安徽省的教师在“评估与诊断”方面对应的显著性水平(Sig. 值)均为 0.000,小于 0.05,说明湖北省与河南省、安徽省的教师在“评估与诊断”方面存在显著差异。

10.1.6 安徽省教师在“学习与发展”方面发展水平较均衡

选取湖北省、广西壮族自治区、河南省、安徽省 4 省(自治区)教师在“学习与发展”方面的数据,分析省际教师在“学习与发展”方面差异情况。通过计算 4 个省(自治区)的教师在“学习与发展”方面的平均值、标准差、极差以及差异系数测算省际教师在“学习与发展”方面的差异情况,分析结果如表 10.1.5所示。

表 10.1.5 省际教师在“学习与发展”方面离散程度

计算量 / 省(自治区)	平均值	标准差	极差	差异系数
湖北	3.438	0.998	4.000	0.290
广西	3.330	0.821	2.500	0.246
河南	3.897	0.839	4.000	0.215
安徽	4.053	0.761	3.000	0.188

注:差异系数又被称为变异系数,用于测量教育发展的相对差异,是指测量指标的标准差与其均值之比。一般地,当差异系数小于 0.15 时,则表示数据分布比较均衡;当差异系数大于 0.5 时,则表示数据分布明显不均衡。极差表示一组数据最大值与最小值的差,极差越大,说明数据的离散程度越大。

从表 10.1.5 可知,被调查的 4 个省中,湖北省、广西壮族自治区、河南省、安徽省教师在“学习与发展”方面整体均值分别为 3.438、3.320、3.897、4.053。湖北省与河南省教师在“学习与发展”方面整体极差值均为 4.000,属 4 个省中极差值最大的 2 个省,说明湖北省与河南省的数据离散程度最大,教师在“计划与准备”方面的差异相对而言更大。差异系数分别为 0.290、0.246、0.215、0.188,小于 0.5,大于 0.15,说明 4 个省中,湖北省、广西壮族自治区、河南省、安徽省教师在“学习与发展”方面得到均衡发展,差异不大,其中,安徽省的差异系数最小,为 0.188,说明安徽省教师在“学习与发展”方面发展水平相对而言最均衡。

10.2 省际中小学教师应用技术转变学习方式能力现状的差异分析

本节将从“技术素养”、“计划与准备”、“组织与管理”、“评估与诊断”、“学习与发展”5个维度,分析省际教师应用技术转变学习方式能力现状的差异。

10.2.1 湖北省与河南省、安徽省教师在“技术素养”方面存在显著差异

选取中小学教师应用技术转变学习方式维度下的“技术素养”指标,分析发现:湖北省与河南省、安徽省的教师在“技术素养”方面存在显著差异,广西壮族自治区与湖北省、河南省、安徽省的教师在“技术素养”方面没有显著差异,河南省与安徽省的教师在“技术素养”方面也没有显著差异。通过对湖北省、广西壮族自治区、河南省、安徽省4省(自治区)教师在“技术素养”方面两两进行独立样本T检验,分析结果如表10.2.1所示。

表10.2.1 省际教师在“技术素养”方面T检验结果

省(自治区)	湖北	广西	河南	安徽
湖北	1.000	0.522	0.000	0.000
广西	0.522	1.000	0.067	0.103
河南	0.000	0.067	1.000	0.608
注:Sig.值>0.05表示没有显著差异;Sig.值<0.05表示存在显著差异。				

从表10.2.1可知,湖北省与河南省、安徽省的教师在“技术素养”方面对应的显著性水平(Sig.值)都为0.000,小于0.05,表明湖北省与河南省、安徽省的教师在“技术素养”方面存在显著差异。同样,根据广西壮族自治区与湖北省、河南省、安徽省的教师在“技术素养”方面对应的显著性水平(Sig.值)分别为0.522、0.067、0.103,均大于0.05,可以知道广西壮族自治区与湖北省、河南省、安徽省的教师在“技术素养”方面没有显著差异。根据河南省与安徽省的教师在“技术素养”方面对应的显著性水平(Sig.值)为0.608,大于0.05,可以知道河南省与安徽省的教师在“技术素养”方面没有显著差异。

10.2.2 省际教师在“计划与准备”方面没有显著差异

选取省际中小学教师应用技术转变学习方式维度下的“计划与准备”指标分析省际教师在“计划与准备”方面是否存在差异。运用单因素方差分析推断4个省(自治区)之间教师应用技术转变学习方式能力是否存在差异,结果显示,省际教师在“计划与准备”方面的显著性概率Sig.值为0.587,说明省际教师在“计划与准备”方面没有显著差异。

10.2.3 河南省教师在“组织与管理”方面发展水平较均衡

选取湖北省、广西壮族自治区、河南省、安徽省4省(自治区)教师在“组织与管理”方面数据分析省际教师在“组织与管理”方面差异情况。通过计算4个省(自治区)的教师在“组织与管理”方面的平均值、标准差、极差以及差异系数测算省际教师在“组织与管理”方面的差异情况,分析结果如表10.2.2所示。

表10.2.2 省际教师在“组织与管理”方面T检验结果

计算量 省(自治区)	平均值	标准差	极差	差异系数
湖北	3.173	0.751	3.300	0.237
广西	3.188	0.530	2.000	0.166
河南	3.461	0.569	2.800	0.164
安徽	3.468	0.683	3.000	0.197

注:差异系数又被称为变异系数,用于测量教育发展的相对差异,是指测量指标的标准差与其均值之比。一般地,当差异系数小于0.15时,则表示数据分布比较均衡;当差异系数大于0.5时,则表示数据分布明显不均衡。极差表示一组数据最大值与最小值的差,极差越大,说明数据的离散程度越大。

从表10.2.2可知,被调查的4个省(自治区)中,湖北省、广西壮族自治区、河南省、安徽省的教师在“组织与管理”方面整体均值分别为3.173、3.188、3.461、4.468。湖北省教师在“组织与管理”方面整体极差值最大,为3.300,说明湖北省的数据离散程度最大,教师在“组织与管理”方面的差异相对而言更大。差异系数分别为0.237、0.166、0.164、0.197,小于0.5,大于0.15,说明4个省(自治区)中,湖北省、广西壮族自治区、河南省、安徽省的教师在“组织与管理”方面得到均衡发展,差异不大;其中,河南省的差异系数最小,为0.164,说明河南省教师在“组织与管理”方面发展水平相对而言最均衡。

10.2.4 湖北省、广西壮族自治区分别与河南省、安徽省教师在“评估与诊断”方面存在显著差异

湖北省与河南省、安徽省的教师在“评估与诊断”方面存在显著差异，广西壮族自治区与河南省、安徽省的教师在“评估与诊断”方面也存在有显著差异，湖北省与广西壮族自治区、河南省与安徽省的教师在“评估与诊断”方面没有显著差异。通过对湖北省、广西壮族自治区、河南省、安徽省4省(自治区)教师在“评估与诊断”方面两两进行独立样本T检验，分析结果如表10.2.3所示。

表10.2.3 省际教师在“技术素养”方面T检验结果

省(自治区)	湖北	广西	河南	安徽
湖北	1.000	0.800	0.000	0.003
广西	0.800	1.000	0.018	0.046
河南	0.000	0.018	1.000	0.566
注:Sig.值>0.05表示没有显著差异;Sig.值<0.05表示存在显著差异。				

从表10.2.3可知，湖北省与河南省、安徽省的教师在“评估与诊断”方面对应的显著性水平(Sig.值)分别为0.000、0.003，均小于0.05，表明湖北省与河南省、安徽省的教师在“评估与诊断”方面存在显著差异。同样，根据广西壮族自治区与河南省、安徽省的教师在“评估与诊断”方面对应的显著性水平(Sig.值)分别为0.018和0.046，均小于0.05，可以知道广西壮族自治区与河南省、安徽省的教师在“评估与诊断”方面也存在显著差异。湖北省与广西壮族自治区、河南省与安徽省的教师在“评估与诊断”方面对应的显著性水平(Sig.值)分别为0.800、0.566，均大于0.05，说明湖北省与广西壮族自治区、河南省与安徽省的教师在“评估与诊断”方面没有显著差异。

10.3 省际教师信息技术应用能力达标情况比较分析

本小节分为2个部分：首先，比较分析省际教师应用技术改进课堂教学能力整体达标情况；其次，对省际教师应用技术转变学习方式能力整体达标情况进行比较分析。

10.3.1 省际教师应用技术改进课堂教学能力整体达标情况比较分析

通过对湖北省、河南省、广西壮族自治区和安徽省4个省(自治区)教师应用技术改进课堂教学能力达标情况的统计分析,进而了解4省(自治区)教师在本维度下的达标情况以及省际教师在本维度下达标情况的差异。4省(自治区)教师应用技术改进课堂教学能力达标情况如表10.3.1所示。

表10.3.1 4省(自治区)教师应用技术改进课堂教学能力达标情况

维度 / 省(自治区)	理解与态度	技术素养	计划与准备	组织与管理	评估与诊断	学习与发展
湖北	100%	75%	78%	71%	43%	75%
河南	100%	88%	89%	100%	88%	100%
广西	60%	75%	89%	86%	71%	88%
安徽	100%	88%	89%	100%	86%	100%

以雷达图的形式直观地表示以上数据,如图10.3.1所示。

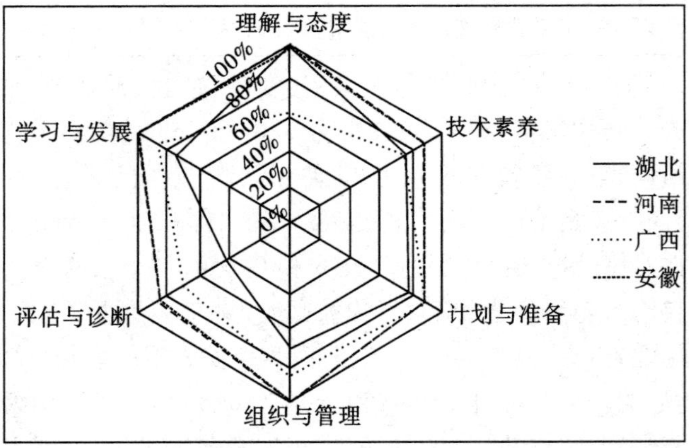

图10.3.1 4省(自治区)教师应用技术改进课堂教学能力达标情况

根据4个省(自治区)的教师应用技术改进课堂教学达标情况,可以看到教师应用技术改进课堂教学能力的发展特点:

(1)河南省教师应用技术改进课堂教学能力处于领先位置,其理解与态度、技术素养、计划与准备、组织与管理、评估与诊断和学习与发展6个方面都领先于其他3个省(自治区)。

(2)安徽省教师应用技术改进课堂教学能力略低于河南省,但高于其他2个省(自治区)。安徽省教师在评估与诊断方面略低于河南省,但在理解与态度、技术素养、计划与准备等其他几个方面与河南省相当。

(3)广西壮族自治区教师应用技术改进课堂教学能力总体上略低于河南省和安徽省,但略高于湖北省。

(4)湖北省教师在理解与态度方面与河南省、安徽省相当,在技术素养方面,与广西壮族自治区相当,但教师应用技术改进课堂教学总体能力低于其他 3 个省(自治区)。

10.3.2 省际教师应用技术转变学习方式能力达标情况比较分析

同样地,对湖北省、河南省、广西壮族自治区和安徽省 4 个省(自治区)的教师应用技术转变学习方式能力的达标情况进行了分析,得到 4 省(自治区)在该维度下的达标情况和差异情况,如图 10.3.2 所示。

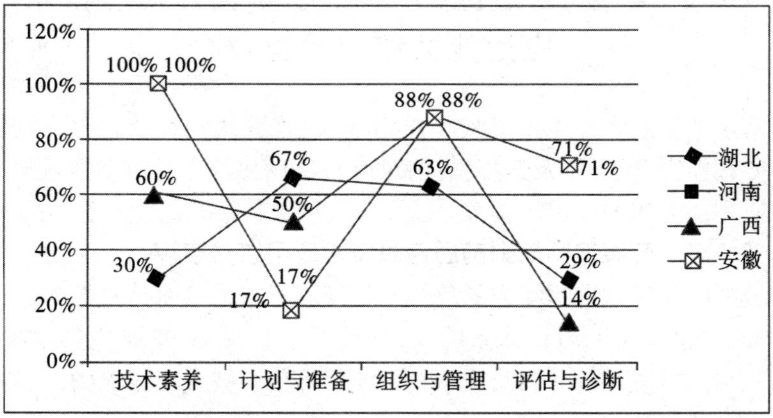

图 10.3.2 4 省(自治区)教师应用技术转变学习方式能力达标情况

从图 10.3.2 中 4 省(自治区)教师应用技术转变学习方式能力的达标情况可以得出以下结论:

河南省与安徽省教师应用技术转变学习方式能力的达标情况基本相同,教师在技术素养、计划与准备、组织与管理、评估与诊断 4 个方面基本处于同一水平。从而建议这 2 个省在制订教师应用技术转变学习方式能力的培训方案或培训课程等内容时可以采用相同的培训内容体系。

(1)在教师技术素养方面,湖北省的达标率低于其他 3 个省(自治区),河南省和安徽省的达标率已达到 100%,广西壮族自治区次之。应采取措施加强湖北省教师在技术素养方面的培训。

(2)在计划与准备方面,湖北省的达标率都高于其他 3 个省(自治区),广西壮族自治区次之,河南省和安徽省的达标率最低。河南省与安徽省应缩小教师计划与准备的达标率与其他方面达标率之间的差距，进而实现教师应用技术转变学习方式能力的均衡发展。

(3)在组织与管理方面，河南省、安徽省和广西壮族自治区的教师达标率相同，都高于湖北省。湖北省应通过在课堂教学中加强实践提高教师在组织与管理方面的能力。

(4)在评估与诊断方面，河南省和安徽省的教师达标率最高，湖北省次之，广西壮族自治区最低。广西壮族自治区可以通过提高教师在评估与诊断方面的能力，从而提高教师在应用技术转变学习方式维度下的整体水平，最终实现教师转变学习方式能力的均衡发展。

10.4　4省(自治区)开展中小学教师信息技术应用能力培训的建议

本小节针对省际中小学教师应用技术“改进课堂教学能力”和“转变学习方式能力”差异以及达标情况，对4省(自治区)开展中小学教师信息技术应用能力的培训提出建议。

10.4.1　开展教师培训前后信息技术应用能力自评

教师信息技术应用能力的培训不仅取决于教师具有信息技术能力的先前知识，也取决于培训体系的制定，包括培训目标、培训内容、培训课程、评价方式等方面。因此，开展培训前教师信息技术应用能力的自我测评是十分有必要的。

围绕《中小学教师信息技术应用能力标准》自行组织开发自评工具，依据《中小学教师信息技术应用能力标准》的“应用技术改进课堂教学”和“应用技术转变学习方式”2个层次、“技术素养”和“计划和准备”等5个维度设置自评题目，采用问卷调查的方式，基于在线测试平台完成培训前自我测评。通过分析湖北省培训前教师信息技术能力的自评结果可以了解教师的学习需求，能够更精确地掌握教师信息技术应用能力现状，同时也为后续培训课程的制定、设置认证结果的条件等培训内容和方法提供依据。通过分析比较培训前后教师信息技术应用能力的差距，进而考核开展教师培训的绩效，同时为后续培训工作的改进与提高提供依据。

10.4.2　依据现状评估结果，侧重培训课程内容体系的制定，加强薄弱环节的改善

从10.3节4省(自治区)教师信息技术应用能力达标情况可以看出，

不同省(自治区)教师应用技术在改进课堂教学和改变学习方式2个层次下的达标率存在一定的差距,且同一省(自治区)在各个维度下的达标情况也存在不均衡的现象。针对不同省(自治区)达标的情况,4省(自治区)需有所侧重培训课程内容体系的制定,达标率较低的指标可以安排较多的培训内容和课程等,达标率较高的指标可以对培训内容进行适当地删减。

譬如,在教师应用技术改进课堂教学能力层次下,湖北省和广西壮族自治区的整体达标情况略差于河南省和安徽省,应加强该层次的培训。在“理解与态度”维度方面,湖北省、河南省和安徽省的达标率已经达到了100%,因此可以适当地减少该指标的培训内容。类似地,湖北省、河南省和安徽省“学习与发展”指标的培训内容与课堂也可以进行删减。

同样,在教师应用技术转变学习方式维度下,4省(自治区)也可以依据现状评估结果对培训内容和课程等进行调整,加强薄弱环节的改善,从而达到同省(自治区)教师的各项指标得到均衡发展,同时缩小不同省(自治区)之间教师信息技术应用能力的差距。

10.4.3 设计中小学教师信息技术应用能力培训评价体系

依据4省(自治区)中小学教师信息技术应用能力现状调查结果,建议从培训前的自我评价、培训课程评价、在教学中的应用评价和教师教学实践取得的成果评价4个方面来设计综合定性和定量相辅相成的评价体系。

通过培训前自我测评了解教师的信息技术能力现状和学习需求,并为后续中小学教师选择培训课程提供建议。

通过培训课程的学习掌握信息技术的应用,根据规定的课时要求获得相应的认证结果(如选修课程达到50课时认证为“合格”,即可拿到培训合格证书)。

通过考查教师应用信息技术开展教学的实际情况及其网络研修情况,评价教师培训后信息技术应用情况。

教师可根据参加教育机构或学校组织的信息化相关活动(如课件制作大赛等)所取得的实践成果申请“教师信息技术能手”称号,进而获得更高等级的认证结果(如“良好”或“优秀”)。

在整个评价体系中,前3项是教师参加中小学信息技术应用能力培训必须参与的评价项目,认证结果由“培训课程评价”和“教学中的应用评价”2部分的评价结果决定;教师参加信息化相关活动所取得的实践成果这一项可根据教师自身实际情况自主申请,此项作为参考项。

第六篇　湖北省基础教育信息化发展战略研究

纵观世界，教育信息化已成为各国建设人力资源强国、实现经济社会快速发展的前瞻性战略选择。美国、英国、新加坡等国家基本实现了教育信息化。在此影响下，我国从政策和法规上督促各行各业通力配合，促进教育信息化的发展。虽然取得了一定的成果，但相比发达国家仍有差距。因此，本篇第十一章先回顾了发达国家的教育信息化发展战略，然后介绍了国内发展较好的省市所制定的发展战略，在对这些教育信息化发展战略制定过程以及战略内容进行对比分析后，结合湖北省的实际情况提出了建议；第十二章则主要运用 SWOT 战略分析方法，对湖北省基础教育信息化发展战略进行了分析，提出了一系列发展政策建议。

11　国内外教育信息化发展战略比较研究

本章对美国、新加坡、英国的教育信息化发展战略进行概述，同时着重介绍我国几个省市的教育信息化发展战略。通过对美国、新加坡和英国的教育信息化发展战略进行分析，结合我国部分省市制定的教育信息化发展战略，得出对湖北省教育信息化发展战略的启示。本章运用比较分析法，对美国、新加坡两个在教育信息化发展方面具有领先水平的国家所制定的教育信息化规划进行详细的比较，并对我国部分省市的教育信息化规划进行内容比较,为湖北省的教育信息化规划的制定提供借鉴,如图 11 所示。

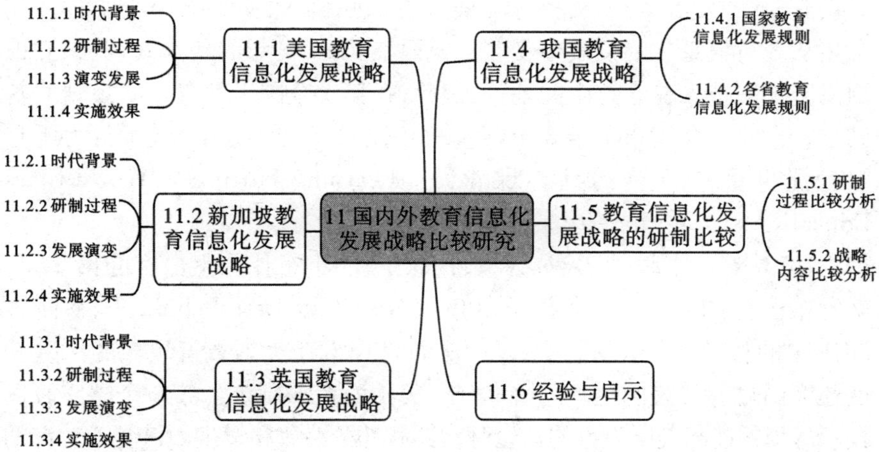

图 11 本章内容导图

11.1 美国教育信息化发展战略概述

美国非常重视教育信息化的发展及应用,从 1996 年起,平均每 5 年制定一个国家教育技术规划。美国国家教育技术规划是美国教育信息化发展的纲领性文件,它依据美国国情和教育现状而制定,每个规划中都会提出适应当前教育信息化要求的教育系统改革的目标、要求和建议,以适应国家社会发展的需要。

11.1.1 美国国家教育技术规划研制的时代背景

从 20 世纪 90 年代起,信息技术开始深入美国生活的各个方面,使得美国教育面临技术素养带来的巨大挑战。技术素养是指计算机操作技巧和运用计算机和其他信息技术促进学习、提高生产力和绩效的能力。技术素养和阅读、写作、计算这样的传统技能一样,是信息时代的公民必备的基本能力。然而,在美国的大部分地区,信息技术还没有在学校得到广泛的应用。只有 4%的学校能为每 5 个学生提供 1 台计算机,只有 9%的学校教室内连接了因特网。在这样的背景下,美国教育部于 1996 年发布了第 1 个国家教育技术规划:《帮助美国学生为 21 世纪做好准备:迎接技术素养的挑战》(Getting America's Students Ready for the 21st

Century: Meeting the Technology Literacy Challenge)。

随着第 1 个美国国家教育技术规划的实施,美国联邦、州、学区在基础设施、教师发展、技术支持等方面大力加强投入,使美国中小学教师和学生从教育信息化的发展中受益。但面临着 21 世纪的新挑战,美国意识到需要加强技术在教育中的地位,因此,在第 1 个国家教育技术规划的基础上,于 2000 年发布了第 2 个国家教育技术规划:《数字化学习:为所有学生提供触手可及的世界课堂》(e-Learning-Putting a World-Class Education at the Fingertips of All Children)。

2001 年 1 月 23 日,自称为"教育总统"的小布什入主白宫的第 3 天,就宣布了他的《不让一个孩子落伍》(No Child Left Behind,以下简称 NCLB)的教学改革立法计划,以解决教育技术在美国教育领域的深入发展逐渐凸显的严峻问题。到 2003 年,美国教育部制定了第 3 个国家教育技术规划:《迎来美国教育的黄金时代:因特网、法律和学生如何变革教育期望》(Toward A New Golden Age In American Education: How the Internet, the Law and Today's Students Are Revolutionizing Expectations)。

虽然经过十几年的变革发展,美国教育信息化水平有了显著提高,但是,美国政府面临高校毕业率低、中小学辍学率高等严重问题。2009 年,美国总统奥巴马提出了"到 2020 年美国高校毕业率要重新获得全球领先地位"这一宏伟目标。2010 年,美国教育部发布了第 4 个国家教育技术规划,即《变革美国教育:技术推动学习》(Transforming American Education : Learning Powered by Technology)。

11.1.2 美国国家教育技术规划的研制过程

美国国家教育技术规划的制定是一个灵活、可变的动态发展过程。尽管各个规划的制定细节并不相同,但是每一个国家教育技术规划的制定都会经历如图 11.1.1 所示的几个过程。

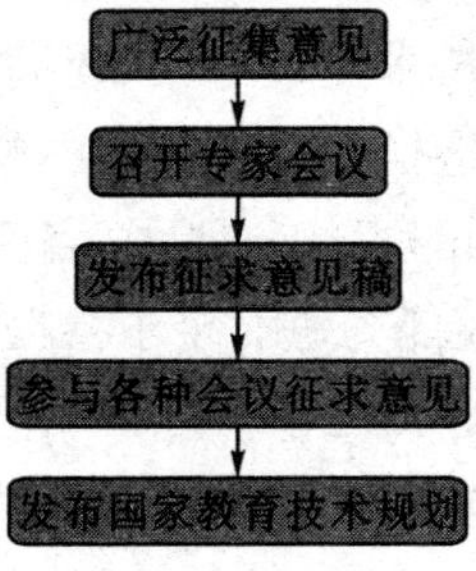

图 11.1.1 美国国家教育技术规划的研制过程

1. 广泛征集意见

美国国家教育技术规划的制定受到了美国教育界广泛支持与参与。在制定国家教育技术规划前,美国教育技术办公室组织区域论坛、在线研讨等活动鼓励社会各界参与国家教育技术规划的讨论。教师、学生、学校领导、研究人员、技术专家、内容专家、政策制定者、政府及企业代表等均踊跃参与,通过在官方网站、论坛发帖、发表论文、研究报告等多种方式发表对国家教育技术规划的建议。

2. 召开专家会议

美国教育技术办公室召开专家会议,邀请富有经验的教师、学校领导、教育技术专家、政策制定者等,从自身实际出发分享其经验和见解,帮助美国教育部了解当前美国教育的现状和主要面临的问题,并明确美国教育技术规划的发展目标和行动计划。

3. 发布征求意见稿

美国教育技术办公室对收集到的专家建议进行分析、总结,并将这些意见和建议融入国家教育技术规划中。美国教育技术办公室起草国家教育技术规划初稿,并发布到官方网站上,鼓励公众对其提出意见、贡献资源。

4. 参与各种会议征求意见

美国教育技术办公室通过参与会议,如全国教育信息化会议(National Educational Computing Conference)、国际教育技术协会(International Society for Technology in Education)举办的论坛等广泛收集与会专家对国家教育技术规划的修订意见。

5. 发布国家教育技术规划

美国教育技术办公室对收集到的反馈意见进行综合,并对国家教育技术规划进行修订,最后发布在美国教育部官方网站上。

11.1.3 美国国家教育技术规划的演变发展

1. NETP 1996——帮助美国学生为 21 世纪做好准备:迎接技术素养的挑战

美国 NETP 1996 的战略目标是在未来 5 年的发展中,美国的每个教室必须拥有能连接因特网的计算机、优质的学习软件和接受过良好培训的教师。

围绕该战略目标,NETP 1996 提出 4 个主要任务。

(1)全国所有教师得到他们所需要的培训和支持,从而帮助学生学会

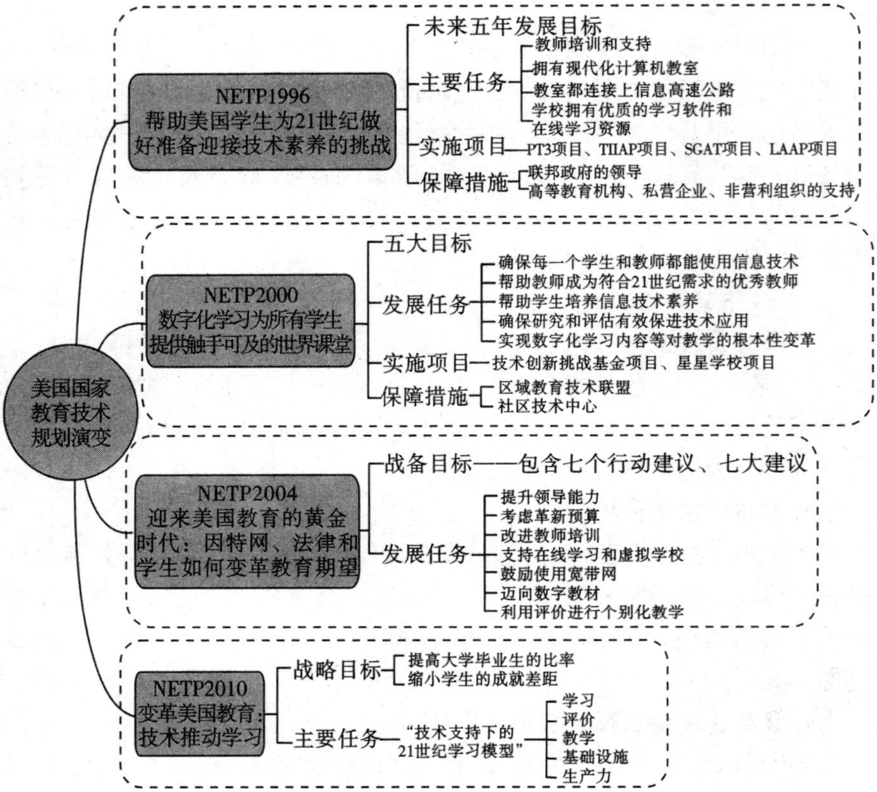

图 11.1.2　美国国家教育技术规划的演变发展

使用计算机和因特网。教师的信息技术应用能力决定了信息技术有效整合于课堂中的效果。教师需要接触信息技术,并在学习过程中获得持续的支持,他们需要足够的时间来学习新的技能,从而将信息技术整合到他们现有的课程和教学活动中。在 NETP 1996 中指出,美国教师培训还存在公立学校教师接受教育技术培训人数较少、具有在课堂上使用信息技术经验的教师只有 50%、现有的教师培训形式对教师专业发展的帮助不大、只有 18 个州为教师提供技术培训这 4 个方面的问题。

(2)所有的教师和学生拥有配备现代化计算机的教室。虽然美国在这一方面已取得一定的成果,但依旧面临着计算机的配置低、功能少,学生接触计算机的时间短,仍然有许多残疾学生无法使用的技术等问题。而研究表明,使用多媒体计算机的学生比例达到 20%,计算机才能称得上是便捷的。因此,在为教师和学生配备现代化计算机这一方面,美国政府进行了详细的规划。

(3)所有的教室都连接上信息高速公路。局域网和互联网使计算机成为强大的、多功能的学习工具。美国国家教育统计中心在1994年和1995年对美国学校的计算机联网情况进行了调查,结果显示美国在这方面还存在一定的问题:贫富地区差距悬殊;资金是学校使用信息通信服务的普遍障碍。

(4)优质的学习软件和在线学习资源成为学校课程中一个有机的组成部分。计算机软件、视频、远程学习课程和在线资源正在迅速发展。有超过20 000种教育软件产品被开发出来,每年有超过100万的学生通过远程学习网络选修课程,每天有数以百计的新主页出现在互联网上。这些学习资源改善了学生的学习,增加了学生花在学习上的时间,促进学生参与问题解决、研究和数据分析。这一方面,美国还存在的不足有:弥补传统教科书的优质软件太少,存在着贫富不均衡的现象,教育软件市场太小,缺少有效的评价方法,需要有效的信息"过滤器"帮助教师和学生找到准确的、最新的、高质量的信息。

针对以上4个主要任务,美国政府提出以下重点项目:

(1)PT3(Preparing Tomorrow's Teachers to Use Technology),即"培育未来的教师使用技术",该项目是美国教育部启动的一个大型的教师培训项目,旨在帮助未来的教师都能够将技术有效地整合到课程中,并通过技术创造新的教学和学习方式。

(2)TELAP(Technology and Information Infrastructure Applications Program),即"信息技术基础设施应用项目",该项目由美国商务部投资设立,旨在为信息通信在教育中的应用提供资金支持。

(3)SGAT(State Grant for Assistive Technology),即"辅助技术国家资助"项目,该项目由美国康复服务管理局(Rehabilitation Services Administration)设立,旨在帮助美国各个州为各年龄层的残障人士提供辅助性的信息技术设备和服务。

(4)LAAP(Learning Anytime Anywhere Partnerships),即"随时随地学习联盟",该项目由美国教育部设立,旨在支持提供高质量远程教育的高校、企业、社区组织,或其他实体的合作联盟。

在NETP 1996中,美国政府提出的保障措施:

(1)联邦政府的领导。美国政府在该计划的实施过程中充当的是领导者的角色,主要通过各种专项资金的投入和其他方面的支持促使美国各州共同实现国家教育技术规划的目标而努力。美国政府创建了教育技术挑战基金,计划在1996年—2000年内共投资20亿美元促进美国教育信息化的发展。促进美国各州、各地区、公司、大学和个人联合起来,共同实现国家教育技术规划的目标。为了在2000年实现每个教室都能连接因特网的目标,1996年2月8日,克林顿签署了《电信法》,并设立了E-rate项目,通过设置低价的费用,确保了美国的每个学校和图书馆都能支付先进的通信服务。为了让每个教师都得到教育技术培训,政府通过艾森豪威尔(Eisenhower)专业发展计划等多个项目为教师专业发展提供充足的资金。为了着力解决数学和科学课程教学中的挑战,美国国家科学基金会通过HPCC的资金研发项目,支持技术创新和教育改革,提升数学和科学教育水平。此外,美国国防部在世界各军事基地的140所学校建立试点,提供信息技术在军事院校中运用的典型案例。美国国家教育数据中心(National Center for Education Statistics)负责对美国学校的教育技术进展进行调查,实时监测教育技术进展情况。

(2)高等教育机构、私营企业、非营利组织的支持。除了美国政府的扶持以外,许多高等院校、私营企业和其他组织均都为实现NETP 1996的目标做出了贡献。师范院校为师范生提供教育技术培训,使他们能在课堂上有效使用信息技术来促进学生的学习。私营企业开发专业支持网络平台,帮助教师快速解决网络故障,为教师提供信息搜索技巧,或者分享优秀的信息技术与课程整合的案例,为教师提供依据国家课程标准制定的电子教案。高等教育机构、非营利组织和私营企业可以通过多种方式来支持高质量的教学资源的设计与开发。软件开发人员与课程标准制定组织合作,设计开发课程教学软件,也可以与认知科学专家密切合作,使学习软件充分运用认知科学的最新研究成果。研究者与学校和教师合作,研究教育技术领域的关键问题,而且将研究的成果向教师和政策制定者广泛传播。

2. NETP 2000——数字化学习:为所有学生提供触手可及的世界课堂

在NETP 1996的基础上,美国政府颁布NETP 2000,提出以下发展战略目标:

所有的学生和教师都能在教室、学校、家里和社区中使用信息技术;所有的教师都能有效地运用技术来促进学生的高水平学习;所有的学生都具备信息技术技能;通过研究和评估促进技术在教学中的应用;利用数字化的学习内容和网络应用程序改变教学。

NETP 2000的发展任务包括:

(1) 确保每一个学生和教师都能使用信息技术。增加用于设备购置、技术支持、程序软件、数字教材、在线服务、保管、更新和维修等方面的稳定的、可预见的资金支持;制定适应学生需求和定期更新的详细计划,帮助、支持学生达到州定学业标准,并考虑家长、社区和教师的技术发展需求;降低造价,改善功能,使教育技术更稳定、可负担和易于使用,使遍及全国的学校建筑设施和社区的多媒体设备能够同时连接网络;确保学校建筑和设施的现代化,从采光、供热、通风、空气质量、噪音和安全保卫等各方面综合考虑学校设施建设;缩小社区间的数字鸿沟,保证所有师生在学校、社区和家庭中都能使用计算机和因特网;确保包括能力缺陷儿童在内的具有不同种族、肤色、语言、文化和家庭背景的所有学生拥有同等的机会掌握和使用信息技术。

(2) 帮助教师成为符合 21 世纪需求的优秀教师。加强师范院校学生的培养,注重培养学生在课堂有效运用信息技术的知识和能力;提高旨在促进现有教师职业发展的各种活动的数量、质量和针对性;各州、学区、相关协会、组织及其他私立机构开发在线平台,在每栋教学楼配备高水平的技术支持人员,通过开发、使用或购买在线资源为教师提供技术和教学上的支持,为使用信息技术的教师提供实时的教学支持。

(3) 培养学生信息技术素养,将信息技术素养纳入各州和当地的学业标准体系。各州、学区和学校要保证教师、学生和家长遵循信息技术素养标准,有效地运用信息技术,研制因特网安全法规,并通过技术和非技术的手段来保证学生接触不到网上的不良内容,采用信息过滤、拦截等技术手段,从而确保网络的安全;内容研发者应该开发新系统,阻止教师和学生接触不良内容;开发新型学生评价工具;各企业、公司和工商业组织建立面向高中生的新技术训练和学徒计划,各州、学区、学校也建立相应的学徒计划,以获得改善办学所需的支持。

(4) 确保研究和评估能够有效促进技术在教学中的应用,系统地设计信息化教学效果研究与评估流程及内容。各州、区需支持有效、实用的评估工具的开发和应用,为评估的开展提供技术支持,制定评估报告的质量标准,并在网上发布评估报告,供研究者和评估者探究;政府、相关组织机构等组织会议,邀请研究者、教育者、政策制定者共同讨论研究成果对教育信息化发展的启示。

(5) 真正实现数字化学习内容和网络应用程序对教学的根本性变革,确保管理者和政策制定者具备一定的信息技术素养;加强部门内部及外部的联系，促进教学效果的提升；明确技术对实现教育目标的作用；将丰富的学习资源转换为数字化资源；激励更优质、更有效地促进教学质量提升的技术服务；支持教育者和技术专家合作，设定哪些数字化内容和网络应用程序是教学必需的；消除购买数字化学习资源的障碍；表彰优秀的数字化学习资源的开发人员；支持各州、区将数字化内容和网络应用程序整合于课程标准、框架中。

该规划的重点项目包括：

(1)技术创新挑战基金项目(Technology Innovation Challenge Grants)由美国创新改革办公室(Office of Innovation and Improvement)成立，旨在帮助各学区(尤其是落后学区)的教育部门提高教育技术应用能力。该项目支持企业、教育组织等开发创造性的教育技术产品，支持教师将信息技术整合到学校教学中等。在2000年—2004年这5年间，该项目共资助了100个子项目，其内容涵盖课程标准、教师专业发展、网络资源、计算机辅助教学、教育技术效果评估等方面。

(2)星星学校项目(Star School Program)由美国创新改革办公室设立，为那些所获服务不足的学生，如残疾的、贫困的学生，提供信息技术基础设施，开发教育教学资源，提供技术支持服务和教学指导。

保障措施：

(1)区域教育技术联盟(Regional Technology in Education Consortia)由美国教育研究发展办公室等部门成立，旨在通过提供技术支持、教师专业发展机会、信息资源等方式，帮助那些较贫困的州、地区、学校、教育机构等利用先进的技术促进教师的教学和学生的学习。

(2)社区技术中心(Community Technology Centers)由美国教育部下属的职业教育与成人教育办公室(Office of Vocational and Adult Education)创建，目的是向经济较落后地区的居民提供信息技术设备，并训练其应用信息技术的能力。

3. NETP 2004——迎来美国教育的黄金时代——因特网、法律和学生如何变革教育期望

NETP2004提出了关于促进教育信息化的7个行动建议，其中包含了7个战略目标，分别是：提升领导能力、考虑革新预算、改进教师培训、支持在线学习和虚拟学校、鼓励使用宽带网、迈向数字教材、整合数据系统。

在NETP 2004中，以上7个战略目标都有相应的发展任务：

(1)提升领导能力。投资培养领导者的发展项目，培养擅长技术的新一代领导者;重新组合管理者教育项目,提供技术决策和组织变革方面的培训;建立学校、高等教育机构和社区之间的合作关系;鼓励商业机构建立创新技术伙伴关系;授权学生参与规划制定的过程。

(2)考虑革新预算。确定技术上的花费占整个开支的百分比;对预算进行系统性重构,以实现高效、节省和重新分配;考虑租用技术设施;建立技术革新基金,实现每年的预算基金流动。

(3)改进教师培训。提高新教师使用技术的前期准备水平;确保每位教师都有机会学习网上在线课程;提高教师教育的质量及可持续性;确保每个教师知道如何使用数据实现个性化教学。

(4)支持在线学习和虚拟学校。提供每个学生在线学习的机会;使每个教师参与在线学习培训;鼓励使用在线学习的方式以实现《不让一个儿童落伍》法案的目标;探索支持在线教学的创造性方法;为在线教学制定反映课程信度的质量测量方法和合格鉴定标准。

(5)鼓励使用宽带网。充分评价现有的技术基础设施和宽带的使用状况,并探索维持其可靠性的方法;鼓励用户通过宽带网实现数据管理、在线评估、在线学习和高质量数字内容的访问;鼓励对计算机网络管理和维修的技术支持,提升宽带网在教学中使用时间的限制。

(6)迈向数字教材。保证师生都得到使用在线教材的培训;鼓励每个学生经常使用计算机和访问因特网;考虑在线教材的费用和优势,使在线教材符合州制定的学业标准,将在线教材作为创建个性化学习资源的途径。

(7)整合数据系统。建立一个整合数据系统的计划,使管理者和教师获得所需的信息来提高效率,促进学生学习使用管理系统和教学系统的数据,理解决策、资源分配和学生成绩之间的关系;确保数据系统的互操作性;利用评价结果对学生进行个别化教学。

4. NETP 2010——变革美国教育:技术推动学习

NETP 2010 提出,到 2020 年,美国教育领域将实现 2 个战略目标:

(1)提高大学毕业生的比率。目前,大学毕业生占总人口的 39%,到 2020 年,60%的人将获得两年制或四年制学位。

(2)缩小学生之间的成就差距。学生高中毕业后都能在大学和职业生涯中获得成功。

为了实现以上两个宏观目标,NETP 2010 提出要对整个教育系统进行革命性的变革,并提出了“技术支持下的 21 世纪学习模型”,该模型包含了学习、评价、教学,基础设施和生产力这 5 个重要要素,并分别从这

5个方面提出了美国教育技术发展任务：

①学习领域：为所有的学习内容修改、制定并采纳标准和学习目标，使其反映21世纪的能力要求和技术对学习的推动作用；开发、使用那些体现了学习科学领域的设计原则的学习资源；开发、使用那些能让所有学习者随时随地获取、发挥信息技术的灵活性和推动力的学习资源；利用学习科学领域的进展和新兴技术促进STEM(Science, Technology, Engineering, Mathematics)学科的学习，研制、采纳、评价那些能提高学习者在STEM学科领域成就的方法。

②评价领域：设计、开发、采纳那些能够为学习者、教师和教育系统的其他利益相关者提供及时、可操作的反馈意见的评价方法，从而改善教学和学习成效；培养教师和学校在形成性评价和总结性评价中利用信息技术改善评价材料和评价过程的能力；开展研发项目，探究将游戏、模拟、协作环境和虚拟平台应用于教育评估的方法，使其能够促进学习者参与、提高学习者学习兴趣，并能测量学业标准中包含的复杂技能；对已有的实践、政策和法规进行修订，确保在对学习者的学习进行评价时，其隐私和信息能够受到保护，并且评价系统能够收集和共享学习者的评价数据，从而促进教育系统的持续改进。

③教学领域：设计、开发、使用基于信息技术的内容、资源和社区，使其能够为教师创造合作的机会，共同实现更有效的教学，激励、吸引更多人加入教师行列，鼓励优秀的教师继续从事教师工作；为职前教师和在职教师提供基于信息技术的专业学习机会，缩小教师和学生在使用信息技术上的差距，使信息技术能够改善、提升学习、评价和教学实践；利用信息技术创建教师个人终身学习网络，使其遍布学校、师范院校、教师教育机构，从而支持教师和教育管理者的专业发展；利用信息技术提供最有效的教学和学习资源，尤其为那些无法获取优质资源的地方提供这些资源，使得各个层次的所有学习者获得多种选择；培养具有在线教学能力的师资队伍。

④基础设施领域：确保所有的教师和学生在校内网都能充分享有宽带网络连接和无线网络连接；确保每个教师和学生都拥有至少一个因特网访问设备和学习软件及资源，使其能够在校内外开展研究、交流、制作多媒体内容并开展协作活动；利用开放教育资源为所有学习者提供创造性的学习机会，促进新兴的、开放的基于信息技术的学习工具和课程的开发与使用；提升各州、学区建设学习基础设施的能力；各州、学区建立课程定义、目标和评价标准，支持教育信息技术的“有意义使用”。

⑤生产力领域：制定、采用一个通用的教育生产力的定义，并探索、采纳更相关、更有意义的测量学习成果和成本的方法；修订相关教育政策，利用信息技术管理教育系统的收支；投入资金制定、采用学习内容、学习者数据、财政数据的互操作标准，便于数据的收集、共享和分析，从而提升各级各类教育系统的决策水平；重新反思教育系统中那些阻碍利用信息技术促进学习的基本假设，首先应该反思现行的班级授课制度的缺陷；开发、实施、评估基于信息技术的项目或干预措施，确保 K-16 教育系统中的所有学生学业水平的提升，使其能够为未来的工作和生活做好准备。

11.1.4 美国国家教育技术规划的实施效果

美国在以上四期国家教育技术规划的贯彻实施下，其基础设施、教育技术应用、教师专业发展、教育资源开发等方面均取得了卓越的成就和显著的进步。

1. 基础设施

(1)学校联网情况：2008 年，美国教育数据中心对所有公立学校的教育技术情况进行了调查，官方发布的调查报告(Educational Technology in U. S. Public Schools: Fall 2008)显示，截至 2008 年，100％的美国公立学校连接了因特网，78％的学校有无线网，39％的学校实现了无线网络的全面覆盖。

(2)教室联网情况：根据美国教育数据中心发布的调研报告(Internet Access in U. S. Public Schools and Classrooms: 1994—2005)，1994 年，美国的公立学校仅有 3％的教室连接了因特网，到 2008 年，这一比例上升至 97％。

(3)生机比情况：结合美国教育数据中心发布的以上两份报告可以发现，1998 年，美国公立学校学生与联网计算机的比例(简称生机比)为 12.1∶1，到 2008 年，这一比例缩小了近 4 倍，仅为 3.1∶1。

(4)家用计算机情况：由于第二个国家教育技术规划把“所有的学生都能在家里使用信息技术”作为战略目标，因此计算机在家庭中的使用情况也反映了美国国家教育技术规划的实施效果。2011 年，美国商务部下属的国家电信和信息管理局发布了一份调研报告(Exploring the Digital Nation: Computer and Internet Use at Home)，描述了计算机和因特网在美国家庭中的应用情况。数据显示，到 2010 年 10 月，77％的家庭配置了计算机，71％的家庭连接了因特网，68％的家庭使用宽带连接。

(5)其他技术设备：美国教育数据中心 2008 年的调查数据显示，配有投影仪设备、交互式电子白板、课堂应答系统、数码摄像机、文件摄像机的学校比例分别为97%、73%、38%、93%、52%,为行政管理人员、教师、学生提供手持设备的学校比例分别为49%、15%、4%。

2. 教师使用教育技术情况

2009年,美国国家教育数据中心对公立学校的教师使用教育技术的情况进行了调查,并发布了调查报告(Teachers' Use of Educational Technology in U. S. Public Schools)。调查数据显示,40%的公立学校教师经常在课堂上使用计算机,29%的教师经常在学校的其他地方使用计算机。在课堂上使用投影仪、视频会议系统、交互式电子白板、应答系统的教师比例分别为72%、13%、57%、35%。使用学校的管理系统查看考勤记录、管理评估工作、查看学生成绩、查看个人教育规划的教师比例分别为90%、61%、75%、47%。会远程登录学校邮箱、访问学校服务器上的文件、访问学生数据、访问软件资源的教师比例分别为85%、62%、61%、49%。在备课中,会使用因特网、学科专用软件、考试软件、模拟仿真软件、博客、社会性网络媒体的教师比例分别为94%、59%、44%、33%、16%、8%。

3. 教师教育技术专业发展培训

数据显示,一年中,53%的教师花在教育技术专业发展培训上的时间是1~8小时,18%的教师花在教育技术专业发展培训上的时间是9~16小时,7%的教师花在教育技术专业发展培训上的时间是17~32小时,7%的教师花在教育技术专业发展培训上的时间是33小时以上。83%的教师认为能方便地参与教育技术专业发展培训,81%的教师认为参与的教育技术专业发展培训满足他们的目标与需求,88%的教师认为教育技术专业发展培训满足了州、区、学校的目标和标准。

4. 学校信息化保障情况

美国国家教育数据中心2005年的调查数据显示,几乎100%的学校使用了各种技术保护学校的网络安全,99%的学校使用过滤软件阻止学生接触不良内容,96%的学校教师会监控学生使用因特网,67%的学校安装了监测软件,46%的学校只允许学生访问校园局域网。77%的学校拥有完备的基础设施,69%的学校拥有足够的教育技术支持,40%的学校有足够的教育技术资金投入。31%的学校有专门负责技术支持和信息技术与课程整合服务的专职人员,96%的地区有提供技术支持的专职人员,86%的学校有技术支持人员,68%的学校有负责技术管理人员。85%的学校有为教师提供信息技术与课程整合服务的专职人员,88%的学校有负责信息技术与课程整合的管理人员。30%的学校使用双向视频会议系统,72%的学校使用在线评估系统评估学生成绩,42%的学校向学生提供在线远程学习的机会,87%的学校向教师提供学生标准测量的结果或数据,以促进个性化教学,59%的学校为教师提供在线教师专业发展的机会,65%的学校提供高质量的数字化学习内容。

5. 学生信息素养

截至 2006 年,80%以上的州制定了学生技术素养标准,并将其整合到课程标准中。各个州的标准涵盖的内容有所不同,其中,98%的州将学生使用通信技术、搜索工具、问题解决与决策工具的能力等作为学生技术素养标准的内容,80%的州将学生利用技术解决社会问题的能力纳入学生技术素养标准中。69%的学生能利用信息技术学习、操练基本技能,66%的学生能利用信息技术开展研究,53%的学生能够使用图形图像工具。

11.2 新加坡教育信息化发展战略概述

由于领土狭小、自然资源缺乏,新加坡一直把人力资源作为关键的资源,视教育为立国之本。因此,在国家信息化战略的驱动下,1997 年,新加坡教育部发布了为期 5 年的教育信息化一期发展规划(Master Plan 1,简称 MP1),随后,新加坡分别于 2003 年、2008 年发布了教育信息化二期、三期发展规划。

11.2.1 新加坡教育信息化发展规划制定的时代背景

1. MP1 的提出

1997 年,新加坡总理吴作栋先生提出了教育系统的一个愿景,即构建“思考型学校,学习型国家”(“Thinking School, Learning Nation”),这是新加坡教育系统的一个重要理念。所谓“思考型学校”,即学校通过参与、创新,不断挑战新的设想、寻求解决问题的新方法,从而成为一个具有创造力、问题解决能力的学习机构。“学习型国家”强调每个公民都能成为终身学习者,从而成为能迎接 21 世纪挑战的公民。为了实现这个愿景,新加坡教育系统实施了一系列举措,以便更好地满足国家的需求。在众多举措中,MP1 就是旨在通过信息技术改变教育,发展国家和学校人力资源,保持新加坡经济竞争力和优势的教育信息化战略。

2. MP2 的提出

新加坡教育信息化一期发展规划(MP1)的实施效果非常显著,据

2004 年发布的世界各国信息技术发展状况排行榜显示,新加坡的"计算机网络准备能力指数(NRI)"在全球排名第 2 位,仅次于美国。然而,新加坡教育部长发表演讲时指出,新加坡教育的最终目标不是信息技术在教学中的应用,而是利用信息技术改变教室和学校的文化,促进和支持学生的思考和自主学习。2004 年,新加坡提出了"Teach less, Learn more"(TLLM)的教育理念。TLLM 并不是指教师花少点时间教学生,它的内涵在于教师教育思想的转变,即教师要鼓励学生为人生的发展做准备,而不是为了测验和考试而学。

3. MP3 的提出

2008 年,新加坡时任教育部长尚达曼宣布了 2008 年政府即将推行的一系列教育改革措施,宣称新加坡的教育改革将"一切服务于让每个学生成才"。尚达曼指出,从 2008 年起,新加坡教育部将重点发展高质量和多元化的教育,致力于提供多种渠道,让每个学生施展所长,以创造群峰连绵的教育景观。

11.2.2 新加坡教育信息化发展规划的研制过程

新加坡的教育信息化发展规划的研制主要经历了以下几个过程,这些过程是非连续的,而且有些是同步进行的,如图 11.2.1 所示。

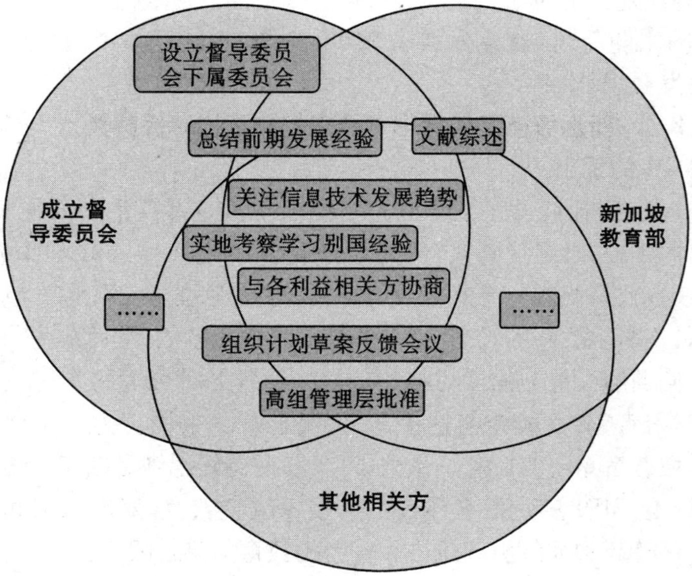

图 11.2.1 新加坡教育信息化发展规划的研制过程

1. 成立督导委员会

新加坡教育部成立教育信息化发展规划督导委员会，并指派一位教育部官员负责为发展规划的制定提供方向上的指导。

2. 设立督导委员会下属委员会

督导委员会成立了许多下属委员会，它们分别承担与教育信息化发展规划相关的不同方面的工作。

3. 总结前期发展经验

新加坡教育部对每一期教育信息化发展规划的实施情况进行调研，学校校长、老师、学生和信息技术供应商等都为其提供反馈意见。除此之外，教育部还将获得行政方面的反馈意见。此外，每期规划实施后，一个国际研究小组都会评估、研究规划实施的有效性，在研究报告中会提出已取得的成就和需要改进的地方，同时为推进下一个规划提供一些建议。督导委员会研究评估报告，并将一些建议纳入下一个发展规划中去。

4. 文献综述

在开始制定教育信息化发展规划前，教育技术部的研究人员和高校的学者进行文献综述，研究信息技术在教和学中的运用。他们分析、总结国际上的相关研究报告、最佳实践报告、信息技术教学应用趋势报告等，支持教育信息化发展规划下属委员会的工作。

5. 关注信息技术发展趋势

由于新加坡教育信息化发展规划的时间跨度为 5 年，而信息技术日新月异，因此，新加坡在制定教育信息化发展规划时会了解信息技术的发展趋势，研究其教育应用，并将其纳入教育信息化发展规划中。

6. 实地考察学习别国经验

下属委员会派一些委员去一些教育信息化发展较好的国家，参观它们的学校、研究中心、教育部、企业和 IT 公司，了解其系统运作，研究可以帮助教师和学校的流程，了解新技术，寻找潜在的企业合作伙伴，观察学校如何执行国家的教育信息化战略规划。

7. 与各利益相关方协商

为了确保教育信息化发展规划符合新加坡的整体发展目标和方向，在制定规划时，下属委员会与新加坡信息发展管理局(Infocomm Development Authority of Singapore，下文简称 IDA)、媒体发展管理局(Media Development Authority)等协商，使教育信息化发展规划与其制定的相关教育政策规划保持一致。

8. 组织计划草案反馈会议

在将教育信息化发展规划提交教育部高级管理层批准之前，教育部组织一次关于计划草案的反馈会议。学校校长、学校信息技术部门领导及其他组织的相关人员被邀请参加为期 1 天的计划草案会议。在会议中，参与者将会分组讨论计划草案的提议，他们将就草案的可行性给出反馈和建议。根据会议参与者的反馈意见对计划草案进行完善，然后将其提交高级管理层予以批准。

9. 高级管理层批准

教育部的高级管理层对提交的教育信息化发展规划草案进行审阅，并提出反馈意见。规划草案修订完成后，教育部组织召开教育信息化会议，所有的校长和信息技术部门领导都要参与，教育部官员在会议上正式宣布教育信息化发展规划。

11.2.3 新加坡教育信息化发展规划的演变发展

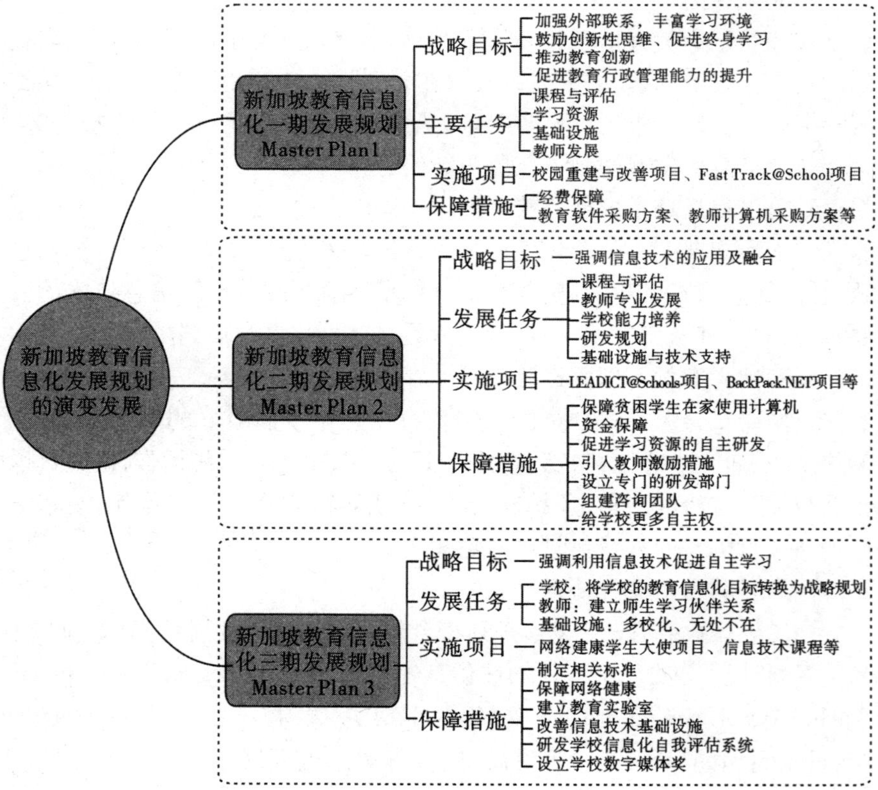

图 11.2.2 新加坡教育信息化发展规划的演变发展

1. 新加坡教育信息化一期发展规划:Master Plan 1

1997 年,新加坡启动了教育信息化一期发展规划(Master Plan 1,简称 MP1),起止时间是 1997 年—2002 年。在此期间:

战略目标:

加强学校和外部世界的联系,拓展和丰富学习环境;鼓励创新性思维、促进终身学习、增强社会责任感;推动教育创新;促进教育行政管理能力的提升。

MPI 的发展任务包括 4 个方面,分别是:

(1)课程与评估:平衡事实性知识的学习和发现、应用信息的技能与学习之间的关系;鼓励学生积极、自主地学习;改变评价的模式,使其能够测量学生应用信息的能力以及思维和沟通的能力。

(2)学习资源:激励符合课程教学需求的系列教育软件的研发;促进与教学内容相关的网络资源的应用;提供便捷的采购系统,帮助学校便捷、准时地购买教育软件。

(3)基础设施:小学的生机比达到 6.6∶1,中学的生机比达到 5∶1,教师与计算机的比例达到 2∶1;在学校的教室、图书馆等学习区域向学生提供信息技术设备;在每一所学校内提供网络,并允许所有的教室和学习区域都能访问因特网和数字化媒体资源;通过区域网将所有的学校连接到"Singapore ONE"平台(使用光纤和 ATM 切换技术,网络传输速率达到 622 Mbps)。

(4)教师发展:培训教师信息技术与课程整合的能力;培养职前教师信息化教学的核心能力。

为了落实教育信息化战略目标和发展任务,在 MP1 实施期间,新加坡教育部开展一些相关重点项目。

校园重建与改善项目(Program for Rebuilding and Improving Existing Schools)由新加坡教育部启动,旨在对一些年数较久的学校(建校二三十年以上)的硬件和信息技术设备进行更新和改善。新加坡教育部投入4.5亿美元用于这些学校的设备更新,将老旧的设备按照最新的标准进行重新配置。此外,该项目还为这些学校提供其他的信息技术设备,如计算机实验室、媒体资源实验室、信息化学习教室等。

FastTrack@School 项目由 IDA 启动,旨在为学校提供宽带网络连接和应用服务,并构建可以在教育中创造性应用因特网的学习环境。该项目鼓励企业与学校合作开发课程相关的网络教育资源,在 MP1 实施期间，该项目资助了超过300项交互式多媒体软件和服务项目的开发。

MPI的保障措施有：

(1)经费保障：新加坡政府从1997年—2002年为MP1拨款20亿新元，用于计算机、学校网络、设备更新、开发软件和课件、教师培训等投入。此外，还拨款6亿新元用于更新硬件设备，开发新的教学软件和促进教师专业发展。

(2)建立教育软件采购方案：为了促进学习资源的建设，新加坡教育部建立教育软件采购方案(Educational Software Procurement Scheme)。该方案促进学校直接从软件开发商手中购买教育软件，购买的价格比零售价格低30%～40%。

(3)建立教师计算机采购方案：为了帮助教师购买个人计算机，新加坡教育部建立教师计算机采购方案(Computer Purchase Scheme for Teachers)。该方案规定，如果教师购买台式计算机或笔记本电脑，新加坡教育部分别支付20%或40%的费用。

(4)建立校企合作方案：为了保障基于信息技术的学习内容的开发，新加坡教育部积极地促进学校与企业合作，并建立校企合作方案(School Industry Partnership Scheme)。该方案主要包含两个项目，一个是EduPAD的研发；另一个是数字媒体资源库(Digital Media Repository)的开发。

(5)保障学生在家访问网络：IDA于1999年实施了NEU PC方案，该方案为需要计算机的家庭购买计算机提供了较低的折扣，使得学生在家也能方便地使用计算机、访问因特网。

(6)引入教师激励机制：新加坡教育部为了奖励教师创造性地应用信息技术，设立了一些奖项(如Hewlett Packard Innovation in Information Technology Award)，激励教师向信息技术教学应用的更高层次迈进。

(7)培养师范生信息技术能力：为了与MP1的发展战略保持一致，新加坡国立教育学院对师范生进行培训，以确保学生有基本的信息技术与课程整合的能力。此外，学院鼓励师范生在教学实习中利用信息技术设计课程，以促进学生掌握信息技术与课程整合的基本知识和技能。

2. 新加坡教育信息化二期发展规划：Master Plan 2

2003年，新加坡启动了教育信息化二期发展规划(Master Plan 2，简称MP2)，起止时间是2003年—2007年。

MP2在MP1建设成果的基础上，强调信息技术在教学中的应用以及与课程教学的融合。为此，MP2 提出了 6 大目标：学生能够有效利用信息技术主动学习；使用信息技术加强课程、教学和评价之间的关系；教师能有效利用信息技术促进自身专业发展；学校能够利用信息技术促进学校的发展；积极开展信息技术应用于教育的研究；信息技术基础设施能保障信息技术的广泛传播和有效使用。

MP2 从 5 个方面提出了相应的发展任务：

(1)课程与评估：将信息技术整合于课程内容，建立动态的、灵活的新型课程；利用信息技术扩大评价的范围和方式。

(2)教师专业发展：建立整合的、持续的教师专业发展模式；推进数字化学习(e-Learning)文化的建设；建立授权机构认证教师使用信息技术。

(3)学校能力培养：积极推进在教育中运用信息技术；通过提高学校的领导能力给予学校更多自主权。

(4)研发规划：不断开发信息技术的潜力，适时将新技术应用于教育，并对教育中的技术模式进行调整和改变，以适应未来教育需求。

(5)基础设施与技术支持：提供可靠的、灵活的、安全的网络接口；提供多目的、多功能、更广泛的基于信息技术的环境；提供信息技术支持服务。

MP2 的重点项目有：

2005 年，新加坡教育部启动了信息技术示范学校(LEAD ICT@Schools)项目，按特定标准选取了大约 15%的学校作为试点学校，在 2006 年—2008 年，支持、促进这些学校在更高层次上创造性地应用信息技术。每所试点学校 3 年内可获得高达 10 万美元的资助(先按 75%支付，之后再依据学校成果支付)，此外，还可以获得 NIE、IDA 等机构的资金投入。这些试点学校主要在研究和实践这两个方面着手，即承担新兴技术在教学中的应用研究，以及创造性地使用信息技术进行有效教学，并为其他学校提供信息技术教学应用的模式。

2003 年，微软公司新加坡总部与 IDA 合作启动了为期 5 年的 BackPack. NET 项目，旨在通过研发、测试、试验促进信息技术在新加坡学校的创造性应用。该项目是“微软学习领域全球合作伙伴”(Microsoft's global Partners in Learning)项目的一部分。

Edvantage 项目由新加坡教育部与 IDA 合作开展，旨在充分利用信息技术变革新加坡的教育。Infocomm@AllSchools 项目的目标是在所有学校中普遍应用信息技术，Experimentation@Shcools 项目则选择

15%～20%的学校作为试点学校，进行信息技术在教学中的创造性应用，FutureSchools@Singapore项目选择5%的学校，为其配置最先进的信息化教学环境，如沉浸式的虚拟环境等，探索新兴技术在教育中的应用。其中，FutureSchools@Singapore项目在MP2和MP3中分成两个阶段实施。

2005年，为了促进学习资源在学校间共享，新加坡教育部启动了"iSHARE"(inter-cluster SHAring of REsources)项目。该项目构建了一个资源共享框架，不同学校的教师可以分享资源，或使用别人分享的学习资源。到2008年，新加坡的所有学校都实现了资源的共享，资源的类型非常丰富，包含教育游戏、交互式学习资源、课程计划、学习包等。

MP2的保障措施：

(1)资金保障。在2003年—2008年，新加坡政府为MP2共投入6亿新元，平均每个学生的资金投入是300新元，平均每个学校的投入是450 000新元。这些资金主要用于设备更换、新型基础设施的建设、课程开发、教师培训等。由于MP2的重点不是基础设施建设，而是改变教师的教学实践。因此，与MP1相比，新加坡对MP2的资金投入相对较低。

(2)保障贫困学生在家使用计算机。到2006年，新加坡仍有14%家庭的学生无法在家使用计算机，新加坡政府实施了NEU PC PLUS方案，该方案的受益对象是家庭贫困买不起计算机的学生，他们可以获得1台计算机。

(3)促进学习资源的自主研发。除了使用购买的或因特网上的学习资源，教育部鼓励有能力的教师自主研发数字化学习资源，并通过网站(eduMall)与其他教师共享资源。

(4)引入教师激励措施。在MP2实施期间，新加坡教育部继续引入一些激励措施，奖励教师在信息技术与课程整合领域的努力。例如，2004年微软公司与新加坡教育部合作，投资设立了微软教师专业发展奖(Microsoft-MOE Professional Development Award)。2007年联想公司在新加坡投资设立了联想创新奖(Lenovo Innovation Award)。

(5)设立专门的研发部门。2003年，新加坡教育部在教育技术部门(ETD)下设立了研发部门(R&D)，研发部门与学校合作共同承担研发任务，鼓励基于信息技术的创新性教学实践探索。2005年，新加坡教育部在南洋理工大学创建学习科学实验室(Learning Sciences Lab)，主要承担基于信息技术的学习研究。

(6)组建咨询团队。教育部组建教育信息化咨询团队,该团队与各级各类学校合作,提高学习教育信息化建设能力,促进学校有效地应用信息技术。此外,咨询团队还支持学校教育信息化实践项目,如辅助学校将平板电脑、移动设备、虚拟学习环境等应用于教学,鼓励学校提高信息化应用的层次。

(7)给学校更多自主权。与 MP1 相比,MP2 给学校提供更多自主权和个性化发展机会。教育部允许学校自主决定教师专业发展培训的类型、参与时间、参与对象等。为了支持学校的教师能力建设,教育部提供定制的教师专业发展培训项目,满足学校的特定需求。教育部组织论坛鼓励教师交流信息化教学经验,进行专业反思,从而建立一种"分享"的文化。此外,在 MP2 实施过程中,学校可以根据自身发展需求制定学校教育信息化规划,并向教育部提交,教育部根据规划予以资金投入学校的教育信息化建设。

3. 新加坡教育信息化三期发展规划:Master Plan 3

2008 年,新加坡启动了教育信息化三期发展规划(Master Plan 3,简称 MP3),起止时间是 2008 年—2013 年。

与 MP1、MP2 相比,MP3 强调利用信息技术促进学生的自主学习。MP3 提出了 4 大目标:

(1)学习者通过有效使用信息技术,培养自主学习和协作学习能力,并成为有见识、有责任感的信息技术使用者。

(2)学校领导者能引导信息技术在教育中的应用,并为师生在教学中使用信息技术创造条件。

(3)教师能为学生提供信息化环境下的学习经验,使学生成为自主学习者和协作学习者,并培养学生成为有见识、有责任感的信息技术使用者。

(4)信息技术基础设施能支持实现随时随地、无处不在的学习。

MP3 围绕学生、学校、教师、基础设施这 4 个方面,分别提出了相应的发展任务:

(1)学生:培养自主学习能力和协作学习能力。

(2)学校:制定教育信息化愿景、目标和期望,并将学校的教育信息化愿景和目标转换为战略规划,从而引导信息技术在教育中的应用;建设创新文化,利用信息技术平台建立反思性的实践共同体;支持所有教师的持续性专业学习和发展,根据学生的学习需求,调整学校的资源管理,并与企业及利益相关者合作,提升学生的学习支持服务。

(3)教师:建立师生学习伙伴关系,促进学生的自我管理和监控,拓展学生的学习经验,从而促进学生的自主学习;构建多种合适的平台和网络促进学生之间的协作,构建有效的小组协作过程,评估个人和小组的学习,从而促进学生的协作学习。

(4)基础设施:信息技术基础设施能满足不断变化的课程需求和基于课程需求的个性化的学习需求;提供多样化的、无处不在的信息化环境,能方便地访问计算设备,并满足各种不同的教学需求;信息技术基础设施能跟上技术发展的步伐;各种技术支持服务能满足学校的需求;每个学生都拥有计算设备,该设备能连接互联网,装有必备的软件和学习资源,以便学生在家中进行学习。

MP3 的重点项目:

2009 年 11 月,新加坡教育部发起了网络健康学生大使项目(Cyber Wellness Student Ambassador Programme),旨在给学校提供改善网络环境的平台。该项目通过网络安全研讨会,分享保障网络健康的经验,提升学生的网络安全意识。

为了促进信息技术在课程、教学和评价中的广泛应用,新加坡教育部启动了诸多的项目,如 English Language Oracy Portal、iMTL Portal,促进学生历史、社会课程学习的 Interactive Heritage Trails 项目,促进信息化教学的 Propel-T 项目等,引导教师开发基于技术的课程的 SEED-ICT 项目,以及促进信息化评价的 We-Leara Portal 项目。

新加坡教育技术部门启动了信息技术导师项目(The ICT Mentor Programme),旨在支持学校在教学中有效应用信息技术。从 2010 年到 2012 年,该项目为信息技术导师进行培训,使他们掌握基本的信息技术使用技巧和教学应用技能,此外,他们还要学会面对面地或在线指导,并向教师传授优秀的信息化教学实践技巧。

新加坡教育部启动了交互式数字媒体研发项目[Interactive Digital Media (IDM)in Education],主要在未来学习、教育游戏、社会性沉浸虚拟环境、交互式数字媒体等方面进行研发。

2009 年,新加坡教育部、微软新加坡总部和 IDA 共同启动了为期 4 年的 BackPack LIVE! 项目,该项目是 BackPack. NET 项目的一个扩展和延伸,其目标在于激发、探索、评价教师的创新性信息技术教学实践。

Virtual Worlds 项目是新加坡教育技术部与学校、学习科学实验室

(Learning Sciences Lab)和新加坡国立教育学院合作开展的项目,该项目旨在探索交互式学习环境在教学中的应用,通过选取试点学校开展研究,提出了在虚拟环境中开展教学的一系列原则。

MP3 的保障措施:

(1)制定相关标准。新加坡教育部制定学生信息技术能力标准(Baseline ICT Standards),确保所有学校达到信息化教学应用的最低标准。该套标准包含 4 个子标准,分别针对小学 1—3 年级、4—6 年级,中学 1—2 年级、3—5 年级的学生等基础教育各个阶段的学生应该掌握的各项信息技术能力提出了详细的标准。该标准分别于 2007 年、2008 年在所有的小学、中学施行。

2010 年,新加坡教育部实施了学校信息化环境标准(Standard ICT Operating Environment),并投入了 8.5 亿美元,为新加坡超过 50 万名学生,4 万名校长、教师和管理者提供了全套信息化设备(包含台式计算机、笔记本、平板电脑)。

(2)保障网络健康。为了给学生创造健康安全的网络环境,新加坡教育部构建了一个网络健康框架(Cyber Wellness Framework),开展网络健康研究,研发安全的网络教学资源供教师和学生使用。

(3)建立教育实验室。为了促进最佳实践的共享,2010 年,新加坡教育部建立"教育实验室"(eduLab),该实验室组织教育信息化领域的专家和教师共同研究新兴技术在教学、学习中的应用,促进新兴技术与教育的融合。

(4)改善信息技术基础设施。新加坡教育部通过为学校接入无线因特网,尝试为更多学校的学生配笔记本电脑,接入高数据带宽的网络等方式,提供更灵活、移动的基础设施,让学生更方便地使用信息技术设备。

(5)研发学校信息化自我评估系统。新加坡设计了 BY(i)TElS(Benchmarking Your ICT Practices for Excellence in Schools)学校信息化自我评估系统,从学校管理水平、学生参与水平和教师使用水平 3 个维度综合评价中小学校的教育信息化水平。

(6)设立学校数字媒体奖。学校数字媒体奖(Schools Digital Media Awards)是新加坡教育技术部与新加坡的义安理工学院电影媒体研究院合作设立的奖项。该奖项为学生提供展现其创造性应用多媒体能力的平台,为教师提供自主研发多媒体教学资源的平台,促进教师与学生的合作。

11.2.4 新加坡教育信息化发展规划的实施效果

1. MP1 的实施效果

2002 年 7 月底，新加坡教育部召开会议总结了 MP1 取得的主要成果。通过 MP1 的实施，有 90%的学生认为信息技术使课堂更有趣，82%的学生认为信息技术增加了他们的知识，77%的学生认为使用信息技术改进了学习，77%的学生认为使用信息技术激励他们学习课外知识。在教师方面，每个老师每年接受 30～50 小时信息技术方面的培训，64%以上的教师发现信息技术增强学生交互，84%的教师对使用信息技术改进教学感兴趣，65%的教师发现准备基于信息技术的课程是值得的，68%的教师认为信息技术促进了课堂的参与，77%的教师愿意探索更多的方式使信息技术融入教学。在 MP1 实施后，新加坡的学校已经拥有了基本的信息技术教学的基础设施。小学的生机比是 6.6∶1，中学和高中的生机比是 5∶1。同时，各个学校已经少量使用信息技术用于教和学的实践中。在 MP1 实施后，新加坡的“网络准备指数”已排名至世界第 8。

2. MP2 的实施效果

MP2 的实施使新加坡的学生开始具备使用信息技术工具的能力，包括网络、邮箱、文字处理和演示软件。有 2/3 的教师能够使用现有的资源支持教学。与 MP1 相比，学校拥有了更加灵活的网络环境，小学的师机比达到 6.5∶1，中学的师机比达到 4∶1。新加坡的“网络准备指数”排名在《全球信息技术报告(2006—2008)》中名列第 5，在《全球竞争力报告(2007—2008)》中排名第 7。

3. MP3 的实施效果

由于 MP3 还在实施之中，所以还没有关于 MP3 的实施效果的报告。但是可以通过分析一些国际权威机构的相关调查报告，侧面了解新加坡教育信息化的阶段性建设成果。

(1)整体情况。世界经济论坛最新发布的全球信息技术报告(The Global Information Technology Report 2012)显示，在全球 144 个被调查的国家中，新加坡的网络准备指数(Networked Readiness Index)排名第 2。其中，移动网络的覆盖率、人均网络带宽、因特网在学校中的应用水平、数字化学习资源的可获得性等教育信息化指标均处于世界前列，分别排名世界第 1、第 4、第 6 和第 9。

(2)学生应用计算机情况。OECD 领导下的“国际学生评估项目”(PISA)，2011 年发布了一份全球学生数字化技术表现的报告(PISA 2009

Results;Students on Line: Digital Technologies and Performance),数据显示,新加坡43.5%的学生1周至少浏览1次学校网站,54.2%的学生至少用计算机完成1次家庭作业,41.1%的学生1周至少与同学通过e-mail讨论1次家庭作业,29.6%的学生1周至少在学校网站下载、上传、浏览1次学习资源,24.3%的学生1周至少查看1次学校网站公告,17%的学生在学校使用过笔记本电脑。

(3)学生信息素养。PISA 2009的调查数据显示,42.4%的学生能够熟练使用计算机处理图像,19%的学生能够熟练使用数据库,28.3%的学生能够熟练使用表格软件设计图表,81.9%的学生能够熟练创建演示文稿,48.6%的学生能够创建多媒体演示文稿。

(4)学生学习成就。2012年,国际教育成就评价协会(IEA)针对开展的两项研究,即"促进国际阅读素养研究"(Progress in International Reading Literacy Study,简称PIRLS)和"国际数学和科学教育成就趋势研究"(Trends in International Mathematics and Science Study,简称TIMSS),发布了最新研究报告。前一个报告对46个国家的325 000名学生的阅读素养进行调查,数据显示,在被调查的国家中,新加坡学生的阅读素养排名第4。后一个报告对63个国家的600 000名学生(四年级和八年级)的数学和科学成就进行了调查评估,结果显示,被调查的新加坡四年级和八年级学生的数学、科学成就分别位列世界第1和第2。

11.3 英国教育信息化发展规划概述

11.3.1 英国教育信息化发展规划的时代背景

自20世纪80年代以来,英国政府就开始重视信息化教育,将基础教育信息化建设纳入了国家信息化建设的范畴。1980年提出的计算机教育计划,《1988年教育改革法》制定了5—16岁学生的全国统一课程,其中在"技术"课程包含了信息技术教育的内容,1995年,英国首相布莱尔宣布"英国网络年"五年计划,并把1998年确定为"网上教育年",1996年以选修课的形式在中小学开设了"信息技术的教育课程",1998年,英国政府以立法的形式将中小学原有的信息技术选修课改为必修课,开始了信息技术课程教学的新的阶段,还实施全国上网学习计划,其重点是"为全国教师提供机会,以更新他们的信息和通信技术能力"。2000年9月开始实施新的国家课程,并把课程名称由原来的信息技术改为信息与通信技术(简称 ICT)。整个课程改革体系与信息社会的要求紧密结合,着力突出课程的精神、道德、文化等方面的价值,在以技能教学为专长的英国,ICT 作为技术手段已完全融入所有学科的教学和学习中。

2003 年英国教育信息化从关注基础设施、联网以及教师专业发展转向关注基于信息技术的教学和学校的整体发展。

2005 年,确定了 2006—2010 年英国信息化的整体目标,明确 6 大优先行动为核心的未来任务:提供个性化支持;为儿童和学习者提供整合式的在线个人支持系统;发展通向个性化学习活动的合作方法;为实践者提供高质量的信息技术培训和支持包;建设支持转变和改革的通信数字基础设施。

11.3.2 英国教育信息化发展规划的演变发展

1. 1980 年——计算机教育计划

1980 年,英国政府正式提出实施“计算机教育计划”,旨在帮助学生了解计算机对社会的影响,鼓励教师用新技术提高教学质量。

围绕该战略目标,计算机教育计划提出了 3 个主要发展任务:

(1)全国 14 个地区成立了有各方面专家组成的服务中心,负责实施和指导本地区计算机教育工作开展。

(2)要求学生掌握一定的计算机基础知识,掌握一种编程语言。

(3)计算机课程分散在其他学科的教学过程中,也可以独立开设。

英国的“计算机教育计划”的重点项目包括:

(1)颁布《1988 年教育改革法》。在课程设置上,第一次确定了统一的国家课程,第一次以立法的形式规定了统一的国家课程结构,设立了两个全国性的机构,即“国家课程委员会”和“学校考试和评价委员会”。

(2)颁布《1997 年教育法》。1995 年英国正式把信息技术作为一门国家基础课程,1996 年以选修课的形式在中小学正式开设了“信息技术的教育课程”,《1997 年教育法》进一步认可了《1988 年教育改革法》,并要求所有公立学校都要实施国家课程。依据《1997 年教育法》,1998 年信息技术正式从技术学课程中独立出来。

(3)公布教育白皮书《追求卓越的学校教育》,白皮书明确规定:政府要致力于提高学生的学习成就标准,政府要尽力改变处于不利地位学生的学习成就偏低的状况,为了提高在全球经济中竞争能力,应注重开发每个人的潜能,注重知识经济时代的人力投资,这也为信息化教育的均衡发展提供了政策上的保证。在白皮书的影响下,1998 年 1 月,英国开始实施学校电子邮件计划，其中 Excite 公司宣布向每一个英国小学生免费提供电子邮件账户的计划，该公司希望到 1998 年底向 1 000 万小学生提供电子邮件账户，学生可以终身使用，以此促进英国在 2002 年以前所有中小学与因特网联网，通过这种方式为信息技术课程的教学与应用提供了外在的网络环境，信息技术在学校教育的作用日益彰显。

在保障方面，英国政府成立了由电子学、计算机系统、计算机辅助教学及通信和信息方面的专家和中小学教育专家组成的计算机教育指导委员会，负责制定全国计算机教育计划、协调各地工作、培训教师、设置课程、编写教材和编制软件。

2. 1998 年——全国学习网(National Grid For Learning 简称 NGFL)

NGFL 是英国政府推出的面向全社会的教育资源门户网。

截至 2002 年 NGFL 制定的战略目标主要有以下 5 点：

(1)把所有的中小学、学院、大学、公共图书馆、博物馆以及许多社区中心尽可能地通过 NGFL 联系在一起。

(2)确保 ICT 教师以及教辅人员拥有足够的信息，能够胜任 ICT 的教学与管理。

(3)确保学校毕业生充分理解 ICT，能够胜任所从事的工作。

(4)确保教育部门和政府部门，在很大程度上停止对纸张的使用。

(5)使英国成为软件发展最好的中心，成为全世界学习资源出口的领先者，无论学生、教师还是教育管理者，都可以在该网站中找到自己所需的信息。

NGFL 发展的主要任务有：

2000 年 8 月，开通教师网。它为教师提供了交流和学习的场所。教师可以在这个网站上找到数以千计的免费课程计划，获取个性化的教学资料等。配合国家资助的全面的教师 ICT 培训，政府的目标是使所有教师对于在课程中应用 ICT 拥有足够的自信和能力。

2001 年，开通国家课程网站。它为国家课程标准中的每门具体课程提供了相应的网络资源支持。英国政府还为教师提供笔记本电脑，这些电脑，教师既可以在学校使用，也可以在家里使用，地方教育当局买这些电脑是为了学校，而学校授权教师个人使用。

3. 2008 年——"下一代学习运动"(Next Generation Learning Campaign)

为了进一步促进英国基础教育信息化的快速发展，英国教育传播和技术署(BECTA)发动了"下一代学习运动"(Next Generation Learning Campaign)，并针对不同时期的发展变化颁布了一个系统战略(2008—

2014 年)，两个阶段促进计划(2009—2012 年;2010—2013 年)。

该时期的战略目标主要有以下 4 个:

(1)在学习上具有更大的灵活性和更多的选择——通过技术提供有差异的课程和学习经验去帮助和满足儿童及青少年的需求和爱好。

(2)为学习者提供可定制的、响应性评价——包括形成性评价和总结性评价。

(3)促进参与性学习经验的发展——针对各种能力层次、各种环境下的学习者，包括那些学习有困难的儿童和青少年。

(4)加强家庭、学校和学习者之间的联系，采用信息系统和网络工具提高家长的参与度。

BECTA 在其 2008 年颁布的系统策略中提出工作重点是在管理变革中实现公平，提高质量和促进效率。英国政府期望通过建立一个自信的电子系统使学习者能充分利用技术的优势进行学习。该策略重点提出以下 5 个优先发展任务:

(1)消除学习者、家长之间使用技术进行交流和工作的障碍。

(2)参与家庭和非正式学习。这是教育和技能政策的重要组成部分。家长参与到孩子的学习中去，会让孩子和家庭获得更多的知识。

(3)支持教学的专业工具。英国政府希望为教师提供广泛的、高质量的支持、工具和资源，增强教师的地位和专业知识。

(4)推动技术领先。BECTA 将与合作伙伴共同努力实现更先进的网络技术，并增加技术创新的对话。

(5)发展有的放矢、可持续的技术。机构领导人要在一个持续发展的国家框架内进行技术创新，实现效率高的、可持续的资本供给，支持个性化学习和教育内容发展，实现数字资源的可持续发展。

“下一代学习运动”中的重点项目包括:

(1)未来学校建设(BSF)项目是英国近 50 年来在学校建设方面最大的单笔政府投资，其目的是保证让中学生都能在一种适应 21 世纪需要的环境中接受教育。政府在 2005—2006 年度向地方政府和学校拨款 30 亿英镑用于分批改建或更新英国境内建设年限超过 10—15 年的每一所中学。为支持这项政府投资，英国教育通信与技术局(Becta)开发了一系列活动、指导计划来支持加入这一项目的领导者们，帮助他们迎接 BSF 为他们所带来的变化。

(2)国家数字化基础建设是 Becta 的机构化网络模式。它是通过数据服务(包括数据存储、管理信息系统和一系列数据采集工具)、学习服务(包括学习内容的管理、提供及有效性保障)、基础服务(包括系统支持以及服务的全面整合)以及连通服务(系统内部连通以及与更多教育机构及互联网的连通)等 4 项内容的结合,表述出 Becta 对英国学校 ICT 建设的愿景。其具体目标是希望以此改善从校内校际、区域间到整个国家的数据传输;引进可承受价格基础之上的连贯、可靠的技术;统一共有操作系统,为学习与创新提供稳定平台;减轻学校技术负荷,让他们能着重于技术的使用而不是技术的管理。

通过政府通网站和商业链接网站向民众和企业提供在线信息与服务,将互联网发展成为政府部门与其合作者之间的一个重要信息传输渠道。

开发"我的向导"解决方案,让教育服务适用于包括残障人士在内的更广泛的用户群体。

建立并执行共同的个人档案访问方式,支持儿童及学习者的学习转变及发展,鼓励学校、教育机构为学习者提供个人在线学习空间。

教育工作者能够通过共有的数字化网络学习资源链接去分享,再利用和创作资源,讨论、修订教学大纲及学历认证条件,以反映技术对学习的影响。

为教育及儿童工作者提供基础及专业培养,以支持他们在工作中有效使用 ICT。

公布一套教育与儿童服务 ICT 基础设施与服务最佳方案。

促进数字化基础设施协作性、可及性、安全性和服务品质共有规范和标准的发展。

11.3.3 英国教育信息化发展规划的实施效果

根据 2007 年 9 月英国教育通信与技术局(Becta)颁布的 2007 技术应用检查报告(Harnessing Technology 2007 Review),从以下 4 个方面介绍了英国教育 ICT 的最新发展状况。

1. 基础设施建设

经过英国政府多年的持续投资建设,学校信息化基础设施已得到了很大发展。学校技术实力比照国际标准发展良好,如截至 2006 年,英国学校计算机数与学生数比小学已达到 1∶6.2,中学为 1∶3.6。交互式白板继续快速增长,英国每所小学交互式白板的平均拥有量为 8 块,中学增速明显,平均已达 22.3 块,但现有数量并未达到所需,因此它将继续成为英国学校未来投资与发展的重点。英国99%的学校已连接互联网,其中97%的小学和99%的中学已接入宽带;学习平台的技术适用性也在继续提高,但学校整体使用水平还相对较低,相比小学,中学的使用率更高些。

2. 机构电子成熟度及从业人员能力

机构电子成熟度(e-Maturity)是指学习机构或学校能够熟练、有效地应用技术改善教育成果的能力。尽管有迹象表明近年来英国学校的电子成熟度有所改善,但改善速度并不乐观。如在2002年—2005年这3年间,并不是所有学校的电子成熟度都得到提升,8%的小学和15%的中学反而呈下降趋势。因此,学校需要继续加强对宽带网络在课堂教学中价值的利用,完成课程系统与管理系统的彻底整合工作,努力实现机构ICT策略的所有构成因素都能够共同服务于学习者的利益。在此方面,教育技术市场为学校所提供的技术支持还不够全面、完善,相关机构正在积极研究发展一种有效模式以应对这一问题,并把它看作未来ICT支出的重要优先发展项目,因为只有提供有效的技术支持,才能保障教学人员ICT能力与信心的不断提高。在交互式白板以及全班显示技术(Whole-class Display Technologies)应用影响推动之下,英国学校ICT课程资源的使用水平快速提高。2002年—2006年,中小学教师在课堂中主动使用电脑集成软件包、互联网资源、交互式白板、具体学科资源的人数都有较大幅度的增长。

3. 技术系统的效率及效益

技术应用在学校管理方面有很大进步,集中式系统(Centralised Systems)所带来的高效率与低费用让学校颇为受益。如伴随近年来学校电子出勤与注册系统的快速增长应用,英国学校中的非正常缺勤率随之降低。网络化办公也使学校管理工作的时间与费用成本得到节省,提高了工作效率。但仍有近一半的小学还在使用纸上办公系统,还有待改善提高。教学领域中,远程校园网访问服务以及学习平台为教师及学生提供与数字资源库的连接,扩大了可用资源的范围,促进了教学效率与品质的提高,不足之处在于学习平台更多还是用来"推出"资源,学习者更灵活地选择自己学习路径的机会还是很少。技术应用的进一步提高离不开技术协同能力的培养,信息通信技术为协作与共享提供了机会,但学校对它的利用还不够,许多学校没有充分利用Web2.0技术(如社会网络站点)以支持学习。作为实现学习共享与协作的主要工具手段,许多学校已经拥有建立学习平台以及虚拟学习环境(VLEs)的一系列技术,但是由于没有充分挖掘其潜力,学校、机构、地区间的资源协作及共享还是十分有限。半数左右的中学还没有完全整合系统,学校需继续大力加强对管理与学习系统的整合,通过技术手段完成课程计划、课程传输、教学评估以及信息管理等工作,节省教师在信息重复输入、汇报工作等方面花费的时间及精力,从而进一步提高教育生产力。

4. 学生学习成效及安全性

运用技术支持个性化学习方面已取得很大进展,英国学校师生积极肯定技术应用,特别是交互式白板对教学及成绩的改善作用。英国教育部 ICT 测试评估(ICT Test Bed)中显现,2002 年—2006 年,技术支持下的学生学习经验与学习成绩得到改进,学生对学习的满意率大幅提高(从 50%到 99%),学习积极性、主动性得以提高(如主动设定自己的学习目标人数比例从 16%提高到 47%)。此外,为确保教职员工及学生的技术使用安全,政府要求学校必须有到位的技术解决方案及规定。鉴于违反电子安全的情况在学校高年级学生间时有发生,学校必须指导学生规范、安全地使用互联网,减少此类事件的发生。技术集成(Technology Integration)能够以有效的信息共享与交流来支持儿童保护,但它在大多数学校与地方还处于早期发展阶段。

11.4 我国的教育信息化发展战略概述

11.4.1 我国国家教育信息化发展规划概述

2010 年 6 月,国家颁布了《国家中长期教育改革和发展规划纲要(2010—2020 年)》,首次将加快教育信息化进程纳入国家中长期改革和发展纲要,并单列一章,明确提出要“加快教育信息化进程”,并将“教育信息化建设”列为十个重大项目之一,这在我国教育信息化发展史上是首次,可见国家将教育信息化提升到了国家战略的高度。同时,人民对于教育公平、教育质量、终身学习、人才培养模式的创新等需求与日俱增,国家希望利用教育技术对教育进行变革。面对整个庞大的教育信息化体系,《教育信息化十年发展规划(2011—2020 年)》便应运而生。《教育信息化十年发展规划(2011—2020 年)》编制工作组和专家组实地调研了多个省市的教育信息化现状和发展需求;研究借鉴了国家信息化有关规划、教育部有关专项规划等相关资料,组织了多次工作会议、调研座谈会和征求意见座谈会，并于 2011 年 6 月中旬、7 月中旬和 10 月上旬集中开展了三轮征求意见工作，以函件、座谈、走访等多种形式，反复征求了国务院相关部门、部内相关司局和直属单位、国内知名专家、各地教育行政部门及相关机构、各级各类学校与相关企业意见。最终在 2012 年 3 月 13 日，教育部正式印发了《教育信息化十年发展规划(2011—2020 年)》。

11.4.2 我国各省市教育信息化发展战略概述

随着《国家中长期教育发展规划纲要(2010—2020 年)》和《教育信息化十年发展规划(2011—2020 年)》这两部国家层面的纲领性文件的颁布，我国各省市也相继发布了相关的教育信息化发展战略规划，如图 11.4.1 所示。

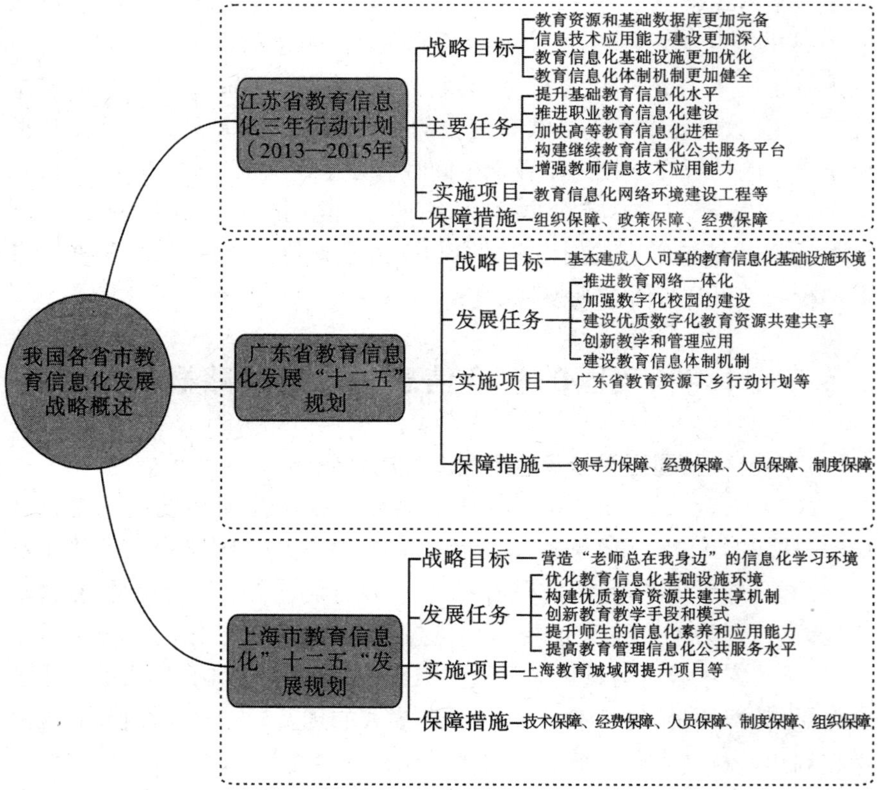

图 11.4.1 我国各省市教育信息化发展战略概述

1. 江苏省教育信息化三年行动计划(2013—2015 年)

江苏省在 2013—2015 年的教育信息化发展中的总体战略目标是要

全面建成涵盖各级各类教育的教育信息化公共服务体系，国家教育信息化标准达标率达到85%以上。为达到该总体目标，江苏省分别制定了4个子目标：教育教学资源和基础数据库更加完备；信息技术应用能力建设更加深入；教育信息化基础设施更加优化；教育信息化体制机制更加健全。

为实现总体战略目标及相应的子目标，江苏省制定了以下的发展任务：

(1)大力提升基础教育信息化水平。学校信息化基础设施建设达标，100%的基础教育学校建成数字校园，数字化环境、场所覆盖率达50%；信息化发展支持能力达标，信息化领导力、师生信息技术应用能力处于全国领先水平，建成学校教育管理信息系统及各种数字化资源；信息化环境下学校教学模式变革取得突破，教室开通实名制网络学习空间，学生应用信息技术发现、分析和解决问题的能力增强。

(2)扎实推进职业教育信息化建设。建成14个省级职业教育资源中心和60个职业教育资源开发基地，100%的职业学校建成数字校园，数字化技能教室、仿真实训室等环境覆盖率达到50%以上，建成工学结合、校企结合等信息化支撑平台；实践教学水平显著提升，虚拟实训软件覆盖率达50%以上，教师教育技术职业能力考核通过率达90%以上；学生信息技术职业能力明显提高，学生岗位信息技术职业能力考核通过率达到90%以上，能够熟练应用信息技术提高职业技能；信息化保障能力达标，信息技术专任教室和网络管理人员配备齐全。

(3)加快高等教育信息化进程。绿色、安全、文明的数字校园文化环境基本建成。校园网、数字化教室等设施能够有效满足教学需求；优质数字教学资源库及优秀数字文化资源丰富；高等教育人才培养模式创新普遍开展，学生利用信息化自主学习、自主管理、自助服务效果明显提升；科研创新信息化支撑体系基本建成。

(4)着力构建继续教育信息化公共服务平台。基本建成开放、灵活的继续教育信息化公共服务体系，社区教育网络覆盖率达100%，并部署社区教育数字资源。

(5)不断增强教师信息技术应用能力。优质数字化教学资源覆盖基础教育所有学科，满足全省中小学教师网络培训要求；教师信息化公共服务体系基本建成。

江苏省2013年—2015年教育信息化发展的重点项目：

(1)教育信息化网络环境建设工程。以省为中心点、省辖市为分中心点,构建江苏省教育云计算基础平台,到2015年,实现全省基础平台支持20万并发用户,互联网接入总带宽不小于20 Gbps,公共存储总容量达到百TB级。为推进数字校园、智慧校园建设提供基础设施。

(2)教育管理信息系统建设工程。建立全省统一的教育信息化综合管理数据中心,以加强学校管理、教师管理、学生管理、教学质量检测与评估管理,推进各级各类教育管理信息系统的建成。

(3)数字化教学资源建设工程。在各级各类教育领域分别建成相应的数字资源库,基础教育领域建成1TB精品示范课例库、多媒体课件库和教学素材库,300 GB特殊教育资源库;在职业教育和继续教育领域建成覆盖10大类科目的网络课程学习资源库;在高等教育领域建成300门省级精品课程和1 000个多媒体课件和特色专业资源库;在教师培训中,建成涉及34门学科的教师网络培训课程和100门通识类和专题类教师网络培训课程。

(4)信息技术应用能力建设工程。培养一批有影响的学科网络教研团队,建立网络教研平台,支持网络听课、互动评课和远程协作,为教师开展网络教研活动提供支撑,并开展学生网上协同学习活动,提高学生及教师的信息技术应用能力。

(5)信息技术教育应用试点示范工程。在全省建立5个物联网技术教育应用示范基地,建立100个左右的数字化学习型社区示范点,充分利用各种信息网络系统和课程数字资源满足使用不同终端的人群的学习需求。确定一批教育信息化综合示范单位,探索教育信息化发展模式和路径,提升整体发展水平。

其保障措施有:

(1)组织保障。省成立由教育行政部门牵头,发展改革、经济和信息化、财政、公安、科技、人力资源社会保障、广电、通信管理等部门组成的教育信息化推进工作厅际协调小组,及时研究解决工作中遇到的重要问题,加快江苏省教育信息化建设步伐。

(2)政策保障。将教育信息化工作纳入各级教育行政部门的年度计划,定期开展教育信息化建设和应用效益评估,成立数字化教学资源评估专家委员会。

(3)经费保障。把教育信息化基础设施和重点项目建设资金列入各级财政教育经费预算,加大对农村地区教育信息化建设的经费倾斜,鼓励企业和其他社会力量投资建设,同时,加强项目管理的经费监管。

2. 广东省教育信息化发展“十二五”规划

到 2015 年,基本形成学习型社会的信息化支撑服务体系,实现信息技术与教育全面深度融合,教育信息化整体水平处于全国前列,教育信息化成为广东省“数字广东”的示范工程。具体目标如下:

基本建成人人可享有的教育信息化基础设施环境;建成一体化数字教育资源服务体系;教育信息化能力显著提高;信息技术与教育深度融合。

针对上述目标广东省制定了以下发展任务:

(1)推进教育网络一体化。加快建设高标准的“校校通”,实现全省各级各类学校的高速接入,探索建立网络教育课程所需发展机制和运行模式,建设绿色、安全教育信息网络。

(2)重点加强数字化校园的建设。推进中小学及高等院校的数字化校园建设工程,提升基础条件一体化水平,促进教育均衡发展。

(3)加快建设优质数字化教育资源共建共享。建设面向各级各类教育的特色鲜明、内容丰富的优质数字化教育资源,建立数字化教育资源共建共享的机制和公共服务平台,促进数字化教育资源服务体系的持续发展。

(4)加强创新教学和管理应用。深化教育信息化应用,促进教与学方式的变革,建设数字化教育公共服务体系,为学习个性化、终身化和教育决策的科学化提供支撑,促进信息技术与教育全面、深度融合。

(5)着力建设教育信息化体制机制。健全教育信息化标准规划体系,促进教育信息化科学发展,探索建立政府投入和社会资源高效配置的教育信息化发展机制,实现最大范围的资源整合和开放共享。

重点项目:

(1)广东省教育资源下乡行动计划。该计划以高标准推进“校校通”,加强基础设施建设,保障“资源下乡”的渠道通畅。加快农村学校信息化设施设备建设,为农村学校创设良好的资源应用终端。提高农村中小学教师信息化能力,通过一系列的教师能力培训活动提高农村教师网络学习的针对性和有效性及其信息化教学、科研能力。同时,该计划用 4 到 5 年时间,建成 100 个左右“以信息化促进义务教育均衡发展实验区”。

(2)“粤教云”计划。“粤教云”服务平台是一个集合数字学习资源、在线学习与测评、数字课堂等多个功能的网络学习平台。广东省计划在“粤教云”平台的基础上深入开展云计算技术在教学、教师专业发展、科研、文化和国际交流等领域的示范应用,探索建立云时代的教育管理新机制和学习新模式。

(3)教育信息化创新计划。该计划大力开展信息化环境下的互动教学、差异教学、个性化学习、合作学习和项目学习,促进教与学方式的创新与变革,培养学生运用信息技术自主学习、问题解决、合作交流、创新实践的能力和习惯。

(4)教育信息化可持续发展能力建设计划。该计划面向教师施行,开发面向各级各类教师、管理人员和技术人员的教育信息化培训教材,旨在提高教师的信息化应用水平。该计划到 2015 年,培养一批教育技术名师,建成一批教育技术名师工作室和教育信息化创新团队,为教育信息化的技术创新和应用创新提供保障。

(5)下一代互联网技术教育示范应用计划。该项目计划将广东省教育与科研计算机网和广东省基础教育专网向 IPv6 平滑演进,并加快推进省教育科研网和省基础教育专网的融合,旨在充分发挥信息化基础设施和优质数字化教育资源的效用。同时,开展移动教育的应用试点,推进基于无线通信技术和移动终端的移动教育应用的研究和开发。

保障措施:

(1)领导力保障。各级教育行政部门建立教育信息化领导机制,学校要按要求明确负责教育信息化工作管理岗位。

(2)经费保障。首先建立经费投入保障机制,合理分配在各个环节的资金使用比例。同时,鼓励多方投入,形成多渠道筹集教育信息化资金的投入保障机制,并加强项目和资金管理,提高资金使用效率。

(3)人员保障。建立教育信息化专家咨询制度,提高教育信息化科学决策水平,并积极开展国际互动,吸取他国发展经验,为广东省教育信息化发展提供借鉴。

(4)制度保障。首先要加快教育信息化的制度建设,从教育行政部门到各级各类学校,都需要落实相关的教育制度。其次,需要完善教育信息化的相关制度、规范和政策,并要加强对网络有害行为的防范能力和对不良信息的监管能力。

3. 上海市教育信息化“十二五”发展规划

上海市“十二五”教育信息化发展战略目标是:到 2015 年,实现教育信息基础设施的全面覆盖和教育信息资源的广泛应用,各级各类教育单位基本建成符合教育现代化要求的信息化环境,推进信息技术在教育教学工作中深度应用,为每一个受教育者营造“老师总在我身边”的信息化学习环境。

为实现该战略目标,上海市制定以下发展任务:

(1)优化教育信息化基础设施环境。以升级改造上海教科网和“校校通”网络为基础,加快上海市教育官网基础设施、统一出口、数据中心和无线网络建设,加大对区域内教育单位的基础设施建设力度,实现区域内教育单位的高速互联。到2015年,上海市教育城域网达到主干带宽10万兆,对所有高校校园网具有万兆接入能力,对全部区县级“校校通”网络实现万兆接入。

(2)构建优质教育资源共建共享机制。以上海市学习网建设为基础,构建优质教育资源目录和交换中心,推进优质数字化教育资源的开发 ,推动各类资源共享应用。到2015年,形成覆盖各级各类教育,结构合理、内容丰富、形式多样、质量优良、使用便捷和共建共享的上海市教育资源综合体系。

(3)创新教育教学手段和模式。探索以教材数字化,资源网络化、教学个性化、学习自主化、活动协作化、管理自动化、环境虚拟化为特征的信息化教育教学新模式,大力推进信息技术与教育理念,教育内容、教育模式,教育管理体制的全面融合。到2015年,90%以上的课堂教学能够合理使用信息技术或在数字化教学环境中开展。

(4)提升师生的信息化素养和应用能力。全面深入实施教育技术能力培训计划,推进教师的信息化应用能力 ,提高学生的信息素养水平和有效学习能力。到2015年,针对性培训的覆盖面达到90%以上,95%以上的教师能够熟练运用信息技术开展教育教学,90%的学生能够运用信息技术进行自主学习,探索研究并解决学习和生活中的问题。

(5)提高教育管理信息化公共服务水平。到2015年,初步建成百万能级的市民终身学习档案,终身电子学籍卡和学分银行系统。

上海市“十二五”期间主要的教育信息化项目有:

(1)上海市教育城域网提升项目。本项目主要建设能够满足教育信息化发展的上海市教育系统信息化基础设施和环境,为上海市教育信息化发展奠定坚实基础。构建上海市教育官网,加快上海市教育无线局域网覆盖建设,完成上海市教育城域网的通信枢纽和功能设施建设,建设上海市教育城域网安全防御体系,以保证上海市教育城域网的安全运行。

(2)上海市学习网建设项目。该项目主要建设面向市民开放的数字化终身学习资源,形成优质教育资源目录和交换中心,实现资源共建共享和再生的可持续发展机制。同时,项目还建设“多网合一”的终身学习云应用系统,为市民提供满足学历教育、非学历教育以及个性化自主学习等需求的多模式远程学习服务,促进上海学习网的可持续发展。

(3)教育共享服务平台建设项目。本项目主要完成上海市教育公共数据交换平台建设,不断提升教育评估、学籍管理、后勤服务、校园安全等管理工作的信息化水平,建设上海市高校课程资源跨校共享平台,制定上海市教育数据交换标准,为教育统计,教育研究、信息公开,资源共享等各类教育应用提供支持服务。

(4)基于数字化课程环境建设和学习方式变革的探索项目。该项目要求教师能够充分利用网络和信息技术手段,促进课程改革。同时,创设新型的教学模式,打造“数字课堂,温馨课堂,情趣课堂,有效课堂”。共同探索和试点数字化的课程环境。

(5)易班——上海市大学生网络互动社区建设项目。该项目旨在让大学生在网上充分享受现实校园生活的乐趣。因此,上海市出台《易班——上海市大学生网络互动社区建设与发展三年行动计划(2011—2013年)》,整体提升用户体验。

(6)创新实验实训中心建设项目。该项目主要建设能够帮助和促进教师的教学与学生的学习的基于视频传输、混合现实和虚拟现实技术的创新实验实训中心、虚拟实验实训应用服务平台。实训中心及服务平台按专业面向全市各中小学、中职和高等院校开放。

为保证战略目标能够如期完成,上海市采取以下保障措施:

(1)组织保障。上海市要求完善各级各类教育行政部门的信息化组织建设,明确教育信息化管理部门职能定位,并建立教育信息化专家委员会,加强教育信息化建设的组织协调工作和统筹规划。

(2)制度保障。要求完善各类信息化项目管理制度及信息化工作绩效评价制度,并建立教育信息化评估体系,把教育信息化专项督导和标准化评审有机整合。同时,建立市场准入制度,引导教育信息化标准规范体系的应用和推广。

(3)人员保障。建立多层次多形式重实效的信息化人才培养制度,保证教育信息化专业技术人员的岗位培训,积极实施教育信息化发展软课题研究,建立经验丰富、高素质、人员相对稳定的技术队伍。

(4)经费保障。进一步加大教育信息化投入,保障基础设施和应用系统的运行维护经费。采用多种资金筹措方式,引入竞争机制,鼓励企业投入,加快教育信息化建设步伐。

(5)技术保障。建立教育信息化技术研发体系,强化教育信息化的产业支撑,规范技术体系建设,加强安全技术防范,保障管理教学和服务工作的顺利开展,保证教育信息化健康发展。

11.5 教育信息化发展战略的研制比较研究

11.5.1 教育信息化发展战略的研制过程比较

通过比较美国与新加坡的教育信息化发展战略的研制过程,可以发现,美国与新加坡在教育信息化战略规划的制定过程中有如下几个特点:

1. 研制过程的开放性

美国教育技术办公室在研制国家教育技术规划过程中广泛吸收来自教师、学生、学校领导、研究人员、技术专家、内容专家、政策制定者、政府及企业代表等各个利益相关方的反馈意见,可谓“全民参与”教育技术规划的研制。

与美国的完全开放相比,新加坡研制教育信息化发展规划的过程显得相对封闭,组织性较强。由于文化背景、教育行政模式等差异,新加坡并没有在全国范围展开对教育信息化发展规划的研讨,而是选择一些n公司、政府职能部门等收集反馈意见。

2. 参与方式的多样性

美国教育技术办公室采用“线上线下相结合”的方式开展了形式多样的活动鼓励全民参与国家教育技术规划的研讨,如组织区域论坛、在线研讨、专家会议、教育技术论坛等。此外,美国教育技术办公室通过参与一些会议,如全国教育信息化会议,分享国家教育技术规划。

新加坡教育部没有组织在线的研讨活动,主要通过设立督导委员会及下属委员会组织教育行政部门、研究中心的研究人员等开展教育信息化发展规划的前期调研和制定工作,例如,设置专门的督导委员会,开展文献研究工作、出国考察、召开教育信息化会议讨论草案等。

总之,美国采取“自下而上”的方式研制国家教育技术规划,而新加坡更偏向于“自上而下”的方式组织教育信息化发展规划的研制工作。

11.5.2 教育信息化发展战略的内容比较

1. 教育信息化发展战略的目标比较

(1)美国国家教育技术规划战略目标分析。

美国在 NETP1996、NETP2000、NETP2004 和 NETP2010 提出的国家教育技术规划的战略目标如表 11.5.1 所示。

表 11.5.1　美国教育技术规划战略目标

阶段	战略目标
NETP 1996	美国的每个教室必须拥有能连接因特网的计算机、优质的学习软件和接受过良好培训的教师
NETP 2000	1. 所有的学生和教师都能在教室、学校、家里和社区中使用信息技术 2. 所有的教师都能有效地运用信息技术 3. 所有的学生都具备信息技术技能 4. 通过研究和评估促进技术在教学中的应用 5. 利用数字化的学习内容和网络应用程序改变教学
NETP 2004	1. 提升领导能力 2. 考虑革新预算 3. 改进教师培训 4. 支持 e-Learning 和虚拟学校 5. 鼓励使用宽带网 6. 向数字化内容迈进 7. 整合数据系统
NETP 2010	1. 提高大学毕业生比率 2. 缩小学生之间成就差距

(2)新加坡教育信息化发展规划战略目标分析

新加坡在 MP1、MP2、MP3 中提出的教育信息化发展规划战略目标如表 11.5.2 所示。

表 11.5.2　新加坡教育信息化规划战略目标

阶段	战略目标
MP1	1. 加强学校和外部世界的联系,拓展和丰富学习环境 2. 鼓励创新性思维、促进终身学习、增强社会责任感 3. 推动教育创新 4. 发挥信息技术在教育系统行政管理方面的优势
MP2	1. 学生能有效地使用信息技术进行主动学习 2. 课程、教法和评价相结合,比以前更有效地利用信息技术 3. 教师能更加有效地使用信息技术 4. 学校有能力利用信息技术进一步发展 5. 学校在信息技术教育方面更加主动积极地研究 6. 建立信息技术专门部门更好地推广信息技术在教育中的传播和使用

续表

阶段	战略目标
MP3	1.学生具备自主学习和协作学习的能力,并成为有见识、有责任感的信息技术使用者 2.教师能辅助学生的自主学习和协作学习能力,并构建师生学习伙伴关系 3.学校领导能为师生创造条件,并引导信息技术在教学中的深入应用 4.信息技术基础设施能支持实现随时随地、无处不在的学习

通过分析可以发现,美国和新加坡的教育信息化战略目标都在不同时期发生了转变,两个国家教育信息化战略目标的相似点:教育信息化建设逐步从基础设施建设转移到信息技术教育应用中。不同点在于,美国十分重视利用信息技术彻底地变革教育系统,提升教育系统的效率。新加坡更注重通过信息化教学促进学生的学习,并培养学生的能力素质。

2.教育信息化发展战略的发展任务比较

(1)美国国家教育技术规划发展任务的演变。

通过分析可以发现,美国始终围绕基础设施、学习资源、信息技术教学、教师专业发展、学生素养等方面设定不同时期的教育信息化发展任务。

在基础设施方面,美国首先强调计算机、因特网在学校的普及,然后强调在家庭、社区等地区的基础设施建设,经过逐步的发展,到 2010 年,美国提出构建"综合性的学习基础设施"。除了宽带连接、服务器、软件、管理系统和管理工具等,学习基础设施还包括了人员、过程、学习资源、政策和可持续发展的模式。

在学习资源方面,美国首先提出在课堂应用学习软件、在线学习资源,然后过渡到用数字化教材替代教科书,直到 2010 年,提出利用开放教育资源为更多的学生提供学习机会。

在信息技术教学应用方面,美国从 NETP2000 开始提出所有教师都能运用技术促进学生学习,NETP2004 鼓励教师使用在线教学方式并发展虚拟学校,到 2010 年,NETP2010 提出"联结式教学"的理念,即利用信息技术将教师和学生、学生家长、学习资源、专业知识、模范教学等始终联系在一起,形成合作式的教学模式。

在教师专业发展方面,美国首先提出培训教师具备利用信息技术开展教学的基本知识和技能,然后 NETP2000 提出开发高质量的教师专业发展资源,支持教师有效地将信息技术整合于课堂教学中,NETP2004 又提出要改进教师培训的质量,不断增加技术资源提高教师教育的质量以及可持续性,到 2010 年,美国提出要构建教师个人学习网络,实现教师之间的互联互通,并且要发展具有在线教学技能的师资力量。

在学生素养方面,美国首先强调学生应该具备基本的计算机技能,然后要求学生具备信息技术素养,将信息技术素养纳入各州和当地的学业标准体系,到了 2004 年,美国开始强调学生的技术创新能力,到 2010 年,NETP2010 强调学生应具备 21 世纪技能,并成为熟练的策略型学习者、积极的参与型学习者和网络型学习者。

(2)新加坡教育信息化发展任务的演变。

通过分析可以发现,新加坡始终围绕课程与评估、基础设施、教师发展、学生能力、教育管理等方面设定不同时期的教育信息化发展目标,如表 11.5.3 所示。

表 11.5.3　新加坡教育信息化发展任务演变

内容	MP1(1997—2002)	MP2(2003—2007)	MP3(2008—2014)
课程与评估	鼓励学生参与积极自主的学习;评价学生应用信息的能力、思维和沟通能力	通过更加灵活、个性化的数字化教学内容提高教学水平;通过信息技术手段,提高评价的效率,推进自我评价	将信息技术更广泛的整合于课程评估的各个阶段;学生的评价标准与 21 世纪技能的培养目标保持一致
基础设施	每所中小学都能接入互联网;小学生机比达到 6.6∶1,中学生机比达到 5∶1,师机比达到 2∶1	每所中小学的生机比达到 2∶1,师机比达到 1∶1;建立完善的配套技术支持服务体系	提供更灵活、移动的基础设施为学生创造无处不在的信息化环境
教师发展	培训教师利用信息技术进行教学;对职前教师进行信息技术与课程整合培训	满足不同信息技术应用水平的教师的不同需要,并且使他们获得持续进步	培养教师信息化环境下的教学设计能力,促进学生的自主学习和协作学习
学生能力	培养学生能够自主学习所需的关键能力,以及创造性思维能力	学生有效使用信息技术进行主动学习	学生具备自主学习能力和协作学习能力
教育管理	利用信息技术增强学校内部、学校之间以及教育部和学校的频繁、有效的沟通	学校有能力利用信息技术促进自身发展	学校领导者能引导信息技术在教育中的应用,并为师生在教学中使用信息技术创造条件

在评估方面，新加坡首先强调评估内容的改变，即评估学生的能力、思维而不是成绩，然后强调利用信息技术提高评估的效率，并推行自我评估，最后提出评估的标准应该与21世纪技能目标保持一致。

在基础设施方面，新加坡对生机比、师机比提出了明确的要求，且MP2的目标明显高于MP1的目标。最后，新加坡提出了创建无处不在的更灵活、移动的基础设施的目标。

在教师发展方面，新加坡一直十分重视对教师的培训，首先对教师进行统一的信息技术与课程整合技能的培训，然后鼓励学校根据教师的不同需求组织教师培训项目，最后，提出教师不仅能使用信息技术进行教学，还应该设计信息化教学环境，促进学生的自主学习和协作学习。

在学生能力方面，新加坡始终强调学生的自主学习能力，为了与21世纪技能保持一致，MP3提出学生还应具备协作学习能力。

在教育管理方面，新加坡首先强调学校要利用信息技术加强相互间的沟通联系，给学校更多自主权，鼓励学校利用信息技术促进自身发展，并积极推进信息技术在教学中的应用，最后，新加坡提出学校要为师生使用信息技术创造条件，引导学校教育信息化的发展。

(3)美国、新加坡教育信息化发展任务的异同。

两国都十分重视基础设施建设、教师专业发展和学生能力素养的提升。

美国不仅把计算机、因特网等作为基础设施建设的重要部分，还把人员、学习资源等作为综合性学习基础设施的组成部分。新加坡更强调生机比、师机比、因特网覆盖等方面的成果。

美国重视数字化学习资源建设和信息技术教学效果的提升，新加坡重视学校教育管理能力的提升。

3. 教育信息化发展战略的实施项目比较

(1)美国教育信息化实施项目分析。

从NETP1996到NETP2010，美国实施了多个项目促进国家教育技术规划的目标落实以及教育信息化的发展。在NETP1996中，美国教育信息化的实施项目主要涉及教师发展、基础设施、技术支持、信息技术教育应用四方面。在NETP 2000中主要实施的项目涉及教师发展、教育资源、信息技术教育应用、技术支持等内容。

(2)新加坡教育信息化实施项目分析。

在MP1到MP3实施过程中，新加坡分别实施了不同的项目推动新加坡教育信息化的发展。在 MP1 中,新加坡主要实施的校园重建与改善项目和 FastTrack@School 项目,这两个项目分别针对基础设施建设和教育资源进行。在 MP2 中,新加坡主要实施了针对信息技术教学应用的 LEAD ICTO Schools 项目,针对信息技术教学创新应用的 BackPack.NET 项目和 Edvantage 项目,以及针对教育资源的资源共享项目(iSHARE)。现阶段正在实施的 MP3 中,则主要有针对网络安全的网络健康学生大使项目(Cyber Wellness Student Ambassador Programme),针对信息技术教学应用的 English Language Oracy Portal、iMTLPorta、Propel-T 项目,针对信息技术在课程中的应用的 Interactive Heritage Trails 项目,针对信息技术在评价中的应用的 We-Learn Portal 项目,针对教师发展的信息技术导师项目以及针对教育资源的交互式数字媒体研发项目和针对信息技术教学创新应用的 BackPack LIVE! 项目与 Virtual Worlds 项目。

(3)美国、新加坡教育信息化实施项目的异同。

美国、新加坡的实施项目都围绕基础设施、教育资源、教师发展和信息技术教育应用展开,尤其侧重在基础设施和信息技术教育应用上的项目资助。

美国教育部内的各个分支机构积极参与国家教育技术规划的实施中,分别根据各个机构的特定职责和需求启动了相关的项目,考虑了不同类型人群的特点和需求,形成了辐射范围广、受益人群多的教育信息化项目。

新加坡的教育信息化项目基本都是由教育部发起的,不同时期实施的项目具有较强的连贯性和关联性,形成了层层递进的关系。同时,新加坡十分注重信息技术在教学中的创造性应用,并强调学校的示范作用,即通过建立试点学校项目,将成功的经验辐射到全国。

4. 教育信息化发展战略的保障措施比较

(1) 经费保障。

美国在教育信息化的发展上的投入巨大,美国教育部、商务部、农业部、国家科学基金会等各个职能部门和组织机构都设立了各种专项资金,用于基础设施、教师培训、教育技术应用、数字化资源开发等方面的建设和发展。

新加坡在 MP1 实施期间,投入了大量经费用于基础设施的建设,如配置、更新学校的计算机等硬件设备。由于基础设施的建设取得了较大的成果，因此MP2、MP3的经费投入相对MP1要少很多，主要用于教师培训、资源开发等方面。

总之，美国教育信息化的发展建设经费主要由教育部承担，其他相关部门设立相关基金予以支持，而新加坡的教育部承担了绝大部分的经费投入。因此，从整体来看，美国获得的经费支持远远超过新加坡。

(2) 政策法规。

美国在NETP1996实施期间，通过了新的《电信法》，制定了“E-rate”政策，通过优惠政策提高学校的因特网连接率。此后，美国的NCLB法案又大大推动了教育信息化的发展，使得美国不断寻求信息技术的方式变革教育。

在MP1实施期间，新加坡制定了教育软件采购方案、教师计算机采购方案和NEU PC方案，促进了计算机在教师和学生之间的普及以及教育软件在教学中的应用。

政策法规在美国、新加坡教育信息化的建设发展中发挥了较强的导向作用，大大地促进了两国的教育信息化发展进程。

(3)支持服务。

美国政府和高等院校、私营企业等在教师发展、教学资源开发等方面提供了很多支持服务。例如教育部组织教师、研究者、软件开发者、网络服务运营商等共同研讨教育软件的设计与开发。企业为教师开发专业支持网络平台，为教师提供技术支持和信息技术与课程整合相关服务。此外，美国还特别强调对残疾人等相对弱势群体的支持服务，例如，NETP1996设立了专项基金项目帮助各个州为残障人士提供辅助性的技术设备和服务。

新加坡教育部与企业、相关组织合作，通过组建咨询团队、成立教育实验室、设立研发部门等方式为学校、教师提供信息技术与课程整合服务和技术支持服务，促进新兴技术在教育中的应用研究。此外，新加坡强调对贫困学生的支持服务，如通过NEU PC和NEU PC PLUS项目为贫困家庭的学生提供计算机，确保新加坡的学生公平地享有学习资源。

总之，美国、新加坡的政府和企业等协同合作，共同为本国的教育信息化发展提供各种支持服务。

5. 教育信息化发展战略的实施效果比较

(1)基础设施比较。

PISA 2009介绍了美国、新加坡等国家的教育信息化相关数据，数据显示，到 2009 年，新加坡 97.3%的学生能够在学校使用计算机，96.5%的学生能够在学校使用因特网。美国学校的学生与计算机的比为 0.19。美国学校 25.9%的学生在教学中无法足够地使用计算机，而在新加坡这一比例仅有 9.8%。

(2)计算机课堂应用比较。

根据《TIMSS 2011 International Results in Mathematics》报告，美国、新加坡的学生在数学课上使用计算机的情况，如表 11.5.4 所示。

表 11.5.4　美国、新加坡学生数学课堂计算机使用情况对比

	四年级学习活动			八年级学习活动			
	探索原理	查找信息	技能练习	探索原理	查找信息	分析数据	技能练习
美国	43%	37%	53%	25%	20%	21%	27%
新加坡	54%	46%	54%	38%	26%	24%	34%

通过以上数据，可以看到美国、新加坡的学生在课堂上使用计算机进行各种学习活动的比例较相近，两个国家都将信息技术与课程进行了较深度的融合。

(3)学生学习成就比较。

①阅读素养。

PIRLS 的调查数据显示，美国学生的平均阅读素养成绩 556 分，排名第 6；新加坡学生的平均阅读素养成绩 567 分，排名第 4。美国具备高级阅读素养的学生比例为 17%，排名第 7；新加坡具备高级阅读素养(625 分以上)的学生比例为 24%，排名第 1。

②数学成就。

TIMSS 的调查数据显示，美国四年级、八年级学生的平均数学成就分别为 541 分、509 分，排名分别为第 11、第 9；新加坡四年级、八年级学生的平均数学成就分别为 606 分、611 分，排名分别为第 1、第 2。

美国四年级、八年级学生中具备高级数学成就的比例分别为 13%、7%，分别排名第 9、第 12；新加坡四年级、八年级学生中具备高级数学成就(625 分以上)的比例分别为 43%、48%，分别排名第 1、第 2。

③科学成就。

TIMSS 的调查数据显示，美国四年级、八年级学生的平均科学成就分别为 544 分、525 分，排名分别为第 7、第 10；新加坡四年级、八年级学生的平均科学成就分别为 583 分、590 分，排名分别为第 2、第 1。

美国四年级、八年级学生中具备高级科学成就的比例分别为15%、10%,分别排名第6、第11;新加坡四年级、八年级学生中具备高级科学成就(625分以上)的比例分别为33%、40%,均排名第1。

从学生的学业成就来看,美国、新加坡均处于世界前列,但是新加坡学生的学业成就要高于美国,处于名列前茅的位置。

11.6 国内外基础教育信息化发展战略的经验对湖北省的启示

1. 加强基础设施建设,为教育信息化可持续发展奠定坚实的基础

首先要对传统的基础设施进行更新和升级,建设覆盖全校的绿色、安全、高速的互联网环境;其次,要充分利用信息技术,整合资源,构建先进、高效、实用的新型学习基础设施,满足信息时代的学习者对随时随地学习的需求。为了建成符合信息化时代要求的新型学习基础设施,应建设具有良好性能和覆盖广泛的宽带网络,包括校内外的建筑物的无线覆盖,以及完善的信息发布、网络教学、知识共享、管理服务和校园文化生活服务等数字化平台。

2. 建立教育信息化经费投入保障机制

近年来,我省教育信息化取得了长足的进步和良好的效果,同时,也存在着一些不足,投资主体单一、投资总额不足、缺乏保障机制等一直制约着我省基础教育信息化的发展。政府加大对教育信息化建设的投入,设立教育信息化专项基金,并鼓励企业和社会机构积极参与教育信息化建设,形成多渠道筹集教育信息化经费的投入保障机制,特别要加强对偏远农村地区的教育信息化经费投入。统筹安排教育信息化经费的使用,根据对教育信息化发展现状的评估,合理分配在基础设施、资源建设、教师培训等方面的经费投入。规范教育信息化建设项目的经费管理,建立教育信息化经费投入绩效评估机制。

3. 实现优质数字化教育资源建设与共享,促进教育信息化均衡发展

在我省,要实现教育均衡化发展和教育机会均等,除了要在教育立法和经费投入方面加大投入外,教育资源共享也是经济有效的途径。优质数字化教育资源建设与共享是推进教育信息化的基础工程和关键环节。我省应该遵循相关标准规范,建立国家、地方、教育机构、师生、企业和其他社会力量共建共享优质数字教育资源的环境;建立专家审查与用户评

价相结合的数字化教育资源审查与评价体系，建设满足各级各类教育需求的优质数字资源库；鼓励企业、教育机构合作开发基于学科课程教学的学习软件、教学资源、课件素材等各种数字化教育资源库；建立教育资源云平台，支持偏远地区、经济欠发达地区的学校享用优质的教育资源服务。

4. 加强教师队伍建设，提升教师应用信息技术水平

优质的师资队伍是教育信息化建设发展的基本保障，信息时代的教师不再仅仅是知识的传授者，而是学生学习的促进者和帮助者，为了实现信息时代教师角色的成功转变，我省应该加强教师教育技术能力建设，建立和完善各级各类教师教育技术能力标准，并将其纳入教师资格认证体系。各级各类教育行政部门积极开展职前、在职教师的教育技术能力培训，注重教师信息技术教学基本能力的培养，采用各种手段和方法激励教师改变传统的教学思想，积极运用信息化手段开展教学活动，提升教学效果，鼓励教师在教学中创造性地应用信息技术，促进学生的学习以及能力的提升。构建惠及全体教师，尤其是偏远落后地区教师的专业发展平台和学习共同体，实现优质数字化教学资源、学习资源的共享，加强优秀信息化教学实践的分享，促进教师之间的沟通、交流和共同成长。

5. 充分利用信息技术变革传统学习、教学和评价方式，实现人才培养模式创新

《国家中长期教育改革与发展规划纲要(2010—2020 年)》提出，创新人才培养模式要注重学思结合、知行统一、因材施教。学思结合倡导启发式、探究式、讨论式、参与式教学，帮助学生学会学习。教师需摒弃单纯的知识灌输模式，充分利用信息技术手段、工具，创造基于挑战的、积极的学习环境，如利用教育游戏创设任务驱动式的协作学习环境，为学生提供参与式的学习体验，激发和维持学习兴趣，提高学生的自主探究能力和协作能力，或利用虚拟现实技术模拟创设虚拟的生活情景，培养学生解决复杂问题的能力。知行统一提倡教育教学需与社会实践相结合。教师应该利用信息技术使知识内容与其应用情境产生有意义的联系和连接，将学习内容或任务设计在复杂和有意义的任务情景中，让学生合作解决真实性的任务，学习隐含于任务背后的科学知识，训练解决任务的技能，发展自主学习的能力，真正体现学习的“内化”与“迁移”的本质。信息技术能创新社会实践活动的组织方式，教师可以组织学生通过智能手机、平板电脑等移动设备进行实地调查，用移动设备记录调查过程，分享调查信息等。

因材施教即关注学生不同特点和个性差异,发展每一个学生的优势潜能。学习分析技术能帮助教师通过学生的学习数据,分析学生的学习态度、学习兴趣和学习能力,把握学生在学习中的优势和劣势,从而为学生定制符合个性化需求的学习内容。

6. 建立科学、有效的教育信息化评估体系,实时监测、评估教育信息化发展战略的实施效果

教育信息化发展战略的实施效果到底如何,仅凭一些问卷调查的数据无法全面了解教育信息化发展的现状。为了准确把握教育信息化发展战略的实施效果,我省必须建立一套科学、合理的教育信息化评估体系,该评估体系应该包含一个理论支撑下的教育信息化评估框架,一套完善的教育信息化评估指标体系,一个经过实证数据验证的教育信息化评估模型。在此基础上,构建教育信息化监测评估系统,动态、实时监测我省教育信息化的发展水平,并预测教育信息化未来发展趋势,从而为教育信息化政策制定者和决策者提供数据支持服务,促进我省教育信息化的可持续发展。

12 湖北省基础教育信息化发展策略分析

我国《教育信息化十年规划(2011—2020)》对基础教育信息化提出了"缩小数字鸿沟,促进优质资源共享"的发展任务,为实现基础教育信息化均衡发展,我们必须探索促进湖北省基础教育信息化快速发展的策略。基于这些考虑,本章主要运用 SWOT 战略分析法对发展战略进行了分析,依据前文的基础提出了一系列发展策略。本章内容如图 12 所示。

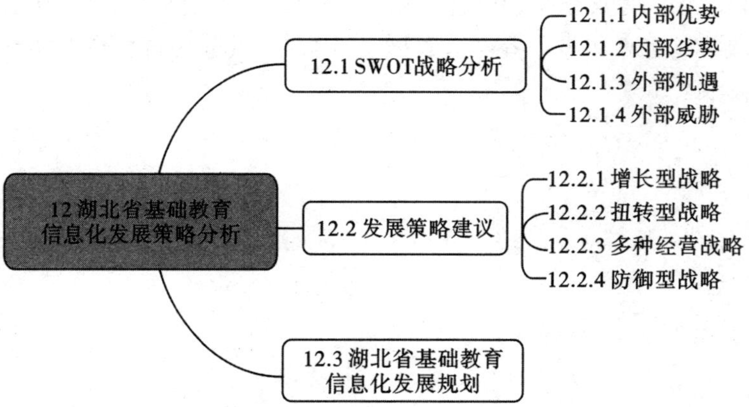

图 12 湖北省基础教育信息化发展策略分析

12.1 湖北省基础教育信息化发展的 SWOT 战略分析

本节应用 SWOT 战略分析法,对湖北省基础教育信息化发展的内部优势和劣势,外部机遇和威胁进行了分析,并依据 SWOT 矩阵提出我省基础教育信息化的增长型战略、扭转型战略、多种经营战略和防御型战略。通过 SWOT 分析确定当前湖北省基础教育信息化的发展应采取战略驱动、规划引领的模式,注重基础教育信息化内涵式发展和均衡发展,开展可持续的基础教育信息化评估研究和发展战略研究。

SWOT四个字母分别代表：优势(Strength)、劣势(Weakness)、机遇(Opportunity)、威胁(Threat)。从整体上看，SWOT可以分为两部分：第一部分为SW，主要用来分析内部条件。第二部分为OT，主要用来分析外部条件。如图12.1.1所示，首先，分析湖北省基础教育信息化发展的内部环境和外部环境，罗列出基础教育信息化发展所有的优势(S)和劣势(W)，所面临的潜在机遇(O)和威胁(T)；其次，将上述罗列进行两两组合，形成SO、ST、WO和WT策略；最后，通过对SO、ST、WO和WT策略进行选择，最终确定应该采取的具体战略和策略。

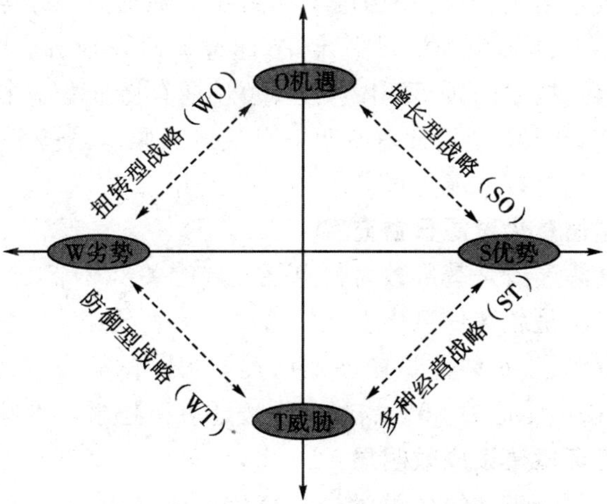

图12.1.1 SWOT要素分析图

12.1.1 湖北省基础教育信息化发展的内部优势

近年来，湖北省加快了基础教育信息化发展的步伐，在教育信息化的建设和应用领域都取得了一定的成果，处于上升阶段。通过本次调研发现，湖北省中小学校在信息化应用上已取得了一定的成效，中小学师生信息技术能力得到较大提升，中小学信息化资源日益充实，信息化环境建设成效明显，中小学信息化管理水平逐步提升，学校信息化保障体制建设逐步得到重视。

1. 中小学信息化应用取得一定成效

门户网站建设在中学中已经基本得到了普及，96%的高中学校已建设有自己学校的门户网站，并及时更新。中小学校已普遍开设了信息技术课程，在受调研的学校中，已有超过80%的中小学校开设了信息技术课，学生每周平均信息技术课超过了3个课时。使用计算机进行电子备课已成为主流,77.7%的学校教师采用电子备课,其中97.8%的城市学校教师采用电子备课。教师信息化教研参与度较高,91.8%的教师平均每学期都会参与信息化教研。总体而言,湖北省中小学校的信息化应用水平正逐步提高,信息技术在教学中得到越来越多的应用。

2. 中小学教师信息技术能力得到较大提升

县镇及城市学校教师达到《中小学教师教育技术能力标准》的比例较高,截至2012年底,县镇学校为86.6%,城市学校为93.4%。在教师的教育技术能力培养方面得到了学校重视,调研发现,91%的学校每学期组织教师信息技术培训,学校平均每学期组织教师信息技术培训的次数为3.67次。信息技术师资力量日益雄厚,通过调研发现,湖北省51%中小学校有专职信息技术教师,高中学校100%拥有专职信息技术教师。城市学校中有87.9%的学校拥有专职信息技术教师。这些表明,湖北省中小学校的教师信息技术能力得到了一定的提升。

3. 中小学信息化资源日益充实

信息化资源建设是基础教育信息化发展的关键环节,丰富的、高质量的优质教育资源是教育信息化发展的核心。受调研中小学的信息化资源建设在教学资源量、在线测试题库及课程学习网站等方面已取得了一定成效,调研结果显示已有56%的高中学校建有课程学习网站。

4. 信息化环境建设成效明显

湖北省加强全省各级各类学校教育信息化基础设施建设,完善覆盖各校的校园网建设,加快对学校教育信息化基础设施、设备的改造和更新,并取得了一定成效。湖北省在基本实现"校校通"的基础上,进一步加大投入建设"班班通",已有接近60%的学校建有"班班通";高中学校的基础设施、设备建设良好;已有90%的学校建有50 Mbps的校园网出口带宽。全省的基础教育信息化环境建设发展较快,取得显著效果。

5. 中小学信息化管理水平逐步提升

湖北省基础教育实现了信息化管理的高中占60%,初中占49.3%,小学占38.7%,具体的信息化工具包括4个方面:办公软件、电子邮箱、交流工具以及社交网络。34.5%的学校已使用家校互通系统,并且实现的家校互通系统功能齐全。目前,湖北省基础教育实现了校园安全防护系统的学校占68.5%,100%高中学校建有校园安全防护系统。

6. 学校信息化保障体制建设逐步得到重视

学校的保障体制建设在学校数字化发展的过程中起着重要作用,它能够保证校园的数字化建设有条不紊地进行。湖北省中小学信息化保障建设逐步得到了重视,58.1%的中小学有专职负责学校信息化建设、规划和管理的工作人员。在所调研的城市学校中,59.3%的学校明确有校级领导分管教育信息化工作,56%的学校制定学校信息化发展规划。

12.1.2 湖北省基础教育信息化发展的内部劣势

目前湖北省基础教育信息化发展已经取得了一些可喜的成果,当然在发展过程中也暴露了许多问题,主要为城乡二元化、资源建设不平衡、教育财政投入不均衡等问题,致使省内教育信息化进一步发展受到牵制。从调研结果看,相比于小学、初中和高中而言,教学点信息化应用水平还有待提高,而农村学校中专职信息技术教师的力量相对薄弱,校际信息化资源建设不均衡,农村学校及教学点的信息化环境比较落后,教学点信息化管理水平普遍低于其他学校,教学点信息化保障体制弱于其他学校,这些都是湖北省基础教育信息化发展的内部劣势。

1. 教学点信息化应用水平亟待提高

薄弱学校信息化应用水平较低,小学、初中、高中开设信息技术课程的比例超过了80%,高中甚至达到了100%,而教学点的信息技术课程开设比例最低,为9.49%。仅有3.8%的教学点向学生开放机房,而48%的高中学校在课余时间已向学生开放机房。另外,教学点教师信息化教研参与度及信息技术应用水平亟待提高。

2. 农村学校专职信息技术教师力量薄弱

在受调研的中小学校中,农村学校中教师队伍的知识结构、素质和能力不适应教育信息化发展要求,农村学校中达到《中小学教师教育技术能力标准》的教师比例为62.8%,城市学校教师的达标比例已为93.4%。统计数据显示,城市学校中拥有专职信息技术教师的学校比例为91.2%,农村学校专职信息技术教师的比例仅为48.5%。在教师培训中也面临知识量大、技术更新快、培训力量有限等诸多条件的制约。多数教师刚刚开始进入学习利用信息技术促进教学的阶段,还有一批教师不会计算机的基本操作。农村教师不具备运用信息技术改革传统教学的教育技术能力,信息素养普遍不高,教师信息技能较低成为应用瓶颈。

3. 校际信息化资源建设不均衡

湖北省中小学信息化资源建设已得到较大改善,部分学校的建设水平已达到领先水平,但是校际资源建设水平不均衡的问题仍存在。提高信息化资源质量及其使用频率、丰富数字图书馆资源和建设课程学习网站，并加强校际的合作，实现信息化资源的共建共享是平衡校际数字学习资源、降低开发成本的最强劲需求和有效途径。

4. 农村学校及教学点信息化环境落后

信息化环境建设水平是学校信息化发展的基础。在受调研的中小学校中，信息化环境建设存在着较大差异。总体而言，教学点和农村学校在信息化环境建设方面较薄弱。截至 2012 年底湖北省已有 56.1%的中小学建成“班班通”，但是全省的教学点中只有 5.1%建有“班班通”。目前湖北省中小学平均生机比（学生数/学生所用计算机台数）为 28∶1，农村学校的生机比远远高于平均值。教学点的信息化工具较落后，67%的教学点还在使用仅有电视机的多媒体教室。城市中小学的校园网平均出口总带宽为 42 Mbps，农村学校均值为 11 Mbps。

5. 教学点信息化管理水平低于其他学校

调研发现，湖北省中小学实现信息化管理的教学点比例仅为 0.3%。家校互通系统功能不完善，在不同类型学校中，教学点拥有功能所占的比例是最少的，教学点“校园一卡通”建设薄弱，没有学生或教师身份认证、门禁卡、校园内消费、图书借阅、财务管理等功能。

6. 教学点信息化保障体制较弱

教学点信息化建设缺乏专职管理部门，调查显示，设立信息化管理部门的教学点比例仅为 8.9%，有专职人员的教学点比例为 8.2%。明确有校级领导分管教育信息化工作的教学点比例为 3.8%，而其他类型的学校比例在 50%左右。

12.1.3 湖北省基础教育信息化发展的外部机遇

随着《湖北省教育信息化发展规划（2014—2020 年）》的颁布实施，湖北省教育信息化迎来空前发展的战略机遇。这就需要整体考察湖北省基础教育信息化所面临的外部环境，只有及时把握机遇，争取更大更好的发展。综观国内目前环境，湖北省基础教育信息化发展主要拥有有利的政策环境和不断推陈出新的技术支持，这些都为信息化发展提供了强有力的保障，能够促进湖北省基础教育信息化不断向更好的方向发展。

1. 有力的政策环境

首先，国家对于教育信息化高度重视，《国家中长期教育改革和发展规划纲要（2010—2020 年）》专门将“加快教育信息化进程”列为一章，将教育信息化的地位和作用提到了前所未有的高度。另外，为促进湖北教育事业科学发展，加快建设教育强省和人力资源强省，努力把湖北建设成为促进中部地区崛起重要战略支点，湖北省制定了《教育改革和发展规划纲要》，指出坚持以教育信息化带动教育现代化，超前部署教育信息化建设，建成信息化教育服务体系，促进教育内容、教学手段和方法现代化。另外，2014年湖北省政府对教育的改革重点是，全面启动国家教育信息化省级试点和加快构建现代职业教育体系，湖北省将重点支持建设农村及边远、贫困地区中小学教育信息化基础设施，70％的乡镇以下学校实现“校校通”，80％的教学班实现“班班通”，逐步实现“人人通”。

2. 推陈出新的技术支持

信息技术的不断创新及其向教育领域的广泛渗透为基础教育信息化的深入发展创造了良好的条件。现代信息技术的应用有助于优化教育结构、合理配置教育资源、推进教育均衡，以教育信息化带动教育现代化成为教育发展的重大战略选择。云计算、云平台、4G移动通信技术、学习分析技术、3D打印技术、虚拟和远程实验室、远程在线开放学习等新兴技术及学习方式为教育中的应用开辟了信息化新的可能。

12.1.4 湖北省基础教育信息化发展的外部威胁

机遇与挑战往往是相随的，湖北省基础教育信息化正处于良性发展阶段，拥有前所未有的机遇，但也面临着巨大的挑战，需要各方面正确意识到这些危机，有针对性地加以克服，才能寻求到发展的新路径。当前湖北省基础教育信息化发展的主要外部威胁来自信息化意识薄弱，从事信息化工作的人员储备不足，发展尚不均衡。

1. 信息化意识薄弱

当前基础教育信息化面临的最大挑战是正确认识信息化的重大作用和教育信息化的发展规律，形成信息时代的思维方式和运作模式。由于在基础教育信息化建设初期对教育信息化建设和发展的重要性认识不足，致使教育信息化的推进不力，形成中小学信息化建设管理体制上的“信息孤岛”，阻碍了基础教育信息化的深入发展。

2. 从事信息化工作的人员储备不足

湖北省中小学中有96.2％的教学点、一半左右的小学、初中、高中并未设置专职负责信息化建设、维护和管理的工作职位。其中设立信息化管理部门的教学点比例较低，仅为8.9％，有专职人员的教学点比例为8.2％。教学点专职负责信息化管理建设的平均人数最少，平均为0.13人，小学为1.16人，初中为1.49人，高中为3.48人。可见，中小学信息化的人员储备非常不足，信息化组织的人员保障亟待提高。

3. 发展不均衡

实证研究结果表明,我省基础教育信息化整体发展水平存在城乡、校际以及市区的不均衡。经济发展较好地区的基础设施建设水平最高,但其配套的资源建设、教学应用、管理信息化和保障体系建设水平未能跟上来。农村地区基础设施建设水平明显低于城市。

12.2 湖北省基础教育信息化发展的政策建议

上一节主要从湖北省教育信息化的内部优势、内部劣势、外部机遇以及外部威胁四个方面考察湖北省基础教育信息化的整体环境。在SWOT分析结果的基础上,综合考虑湖北省的实际情况,为湖北省基础教育信息化发展提出增长型战略、扭转型战略、多种经营战略、防御型战略四点政策建议,以期为湖北省基础教育信息化发展提供切实可行的借鉴。表12.2.1为湖北省基础教育信息化未来发展矩阵。

表 12.2.1 湖北省基础教育信息化未来发展矩阵

外部因素 \ 内部能力	优势(Strength)	劣势(Weakness)
	1. 中小学信息化应用取得一定成效 2. 中小学师生信息技术能力得到较大提升 3. 中小学信息化资源日益充实 4. 信息化环境建设成效明显 5. 中小学信息化管理水平逐步提升 6. 学校信息化保障体制建设逐步得到重视	1. 教学点信息化应用水平亟待提高 2. 农村学校专职信息技术教师力量薄弱 3. 校际信息化资源建设不均衡 4. 农村学校及教学点信息化环境落后 5. 教学点信息化管理水平较低 6. 教学点信息化保障体制较弱
机会(Opportunities)	SO战略(增长型战略)	WO战略(扭转型战略)
1. 有力的政策环境 2. 推陈出新的技术支持	1. 建立战略驱动的信息化发展模式,实施中小学信息化建设的顶层设计 2. 完善基础教育信息化基础设施建设,发挥现代信息技术的优势,促进其在教学、管理中的应用	1. 可持续的资源共建共享机制 2. 建立合理的经费投入机制,形成可持续的基础教育信息化运营和经费来源机制 3. 建立区域基础教育信息化评估与监控体系

续表

威胁(Threats)	ST 战略(多种经营战略)	WT 战略(防御型战略)
1. 信息化意识薄弱 2. 从事信息化工作的人员储备不足 3. 发展不均衡	1. 建立可持续的基础教育信息化组织保障体系 2. 开展可持续的基础教育信息化评估研究 3. 开展基础教育信息化的比较研究	1. 建立科学的管理体制,注重中小学信息化的可持续发展 2. 建立信息化创新人才培养和培训机制

12.2.1 湖北省基础教育信息化发展的增长型战略

面对当前教育信息化发展的良好机遇,基础教育信息化未来发展需要以湖北省教育信息化发展规划(2014—2020 年)、《湖北省中长期教育改革和发展规划纲要(2011—2020 年)》为引领,统一规划与协调管理,分步实施、有序推进。不同区域、不同类型、不同地理位置中小学校根据自己的实际情况制定因地制宜的发展战略,对本校的信息化建设进行顶层设计、系统化建设,同时借鉴信息化水平发达地区的经验。充分利用优质资源和先进技术,创新运行机制和管理模式,整合现有资源,构建先进、高效、实用的信息化教育基础设施。加强网络教育资源体系建设,开发湖北特色教育资源,整合教育教学资源库。健全完善数字图书馆和虚拟实验室。建立开放灵活的教育资源公共服务平台,促进优质教育资源共享。开发政府管理教育信息系统和学校管理信息系统,建设教育动态监测系统,开展实时动态的监测和分析。

12.2.2 湖北省基础教育信息化发展的扭转型战略

当前我省信息化建设面临的最大问题是经费不足。面对信息化发展的大好机遇,需要充分借助省内社会各方面的力量,充分吸取其他省市基础教育信息化的优秀经验,建立科学合理的信息化经费投入机制,形成可持续的基础教育信息化运营和经费来源机制,形成多元化的信息化经费投入格局。同时,建立省内基础教育信息化评估监控体系,适当调整信息化经费投入结构。差异分析表明,农村地区尤其是教学点基础教育信息化的发展较慢,为此需要加大对农村地区的投入,提升农村地区信息化各维度建设水平,重点加强农村学校基础设施建设,推进农村中小学远程教育。通过名师课堂、同步研讨课堂等,保证农村教学点开齐国家规定课程,促进城乡优质教育资源共享。

12.2.3 湖北省基础教育信息化发展的多种经营战略

当前基础教育信息化建设需要团结各种力量,采取团队合作方式,建立可持续的基础教育信息化组织保障体系，形成基础教育信息化战略服务联盟，大力支持教育信息化战略研究基地建设。通过对基础教育信息化的发展战略研究，促进各类应用的深入开展。成立专门的项目组负责对国内外基础教育信息化评价指标进行研究，广泛收集整理具有代表性的信息化指标数据并进行比较分析，持续更新并维护教育信息化指标的建构，开展基础教育信息化的国际、国内比较研究。开展可持续的基础教育信息化评估研究，着手制定并完善基础教育信息化评估指标体系，开展对教育部门和学校的信息化水平评估。通过信息化指标了解中小学教育信息化系统发展状况及趋势，发现存在的问题，从而为未来基础教育信息化政策制定及规划提供指南。

12.2.4 湖北省基础教育信息化发展的防御型战略

注重中小学信息化可持续发展，促进基础教育信息化的均衡发展。由于我省经济发展不平衡，导致教育发展不均衡，产生区域、城乡、校际的数字鸿沟。信息技术既能弥补数字鸿沟，又能加剧数字鸿沟。信息化建设需要围绕基础教育信息化不断发展的需要，加强政府部门在薄弱学校信息化建设上的领导力，建立相应的人才建设与培训机制，深化信息化人才培养模式改革，完善薄弱学校的信息化建设各项保障制度，形成政府主导、鼓励多方投资的多元化投入格局，建立可持续的薄弱学校信息化运营和发展经费来源机制。将薄弱学校信息化建设列入湖北省各区域政府的教育经费预算，运用市场力量吸引企业、个人及投资者，建立薄弱学校信息化专项经费机制。重点健全县级及以下单位电教站的技术支持服务体系，全面提升农村中小学信息化管理人员的技术支持能力，为信息技术设备的正常运转提供有效的技术支持和服务。鼓励并督促薄弱学校健全学校信息化政策制度、信息安全等保障制度，为其信息化发展提供支撑。

12.3 湖北省基础教育信息化发展规划(2014—2020年)

第一部分 总体战略

为贯彻党的十八大和十八届三中全会精神，加快湖北教育信息化进程，推进教育现代化，根据《国家中长期教育改革和发展规划纲要(2010—2020年)》、《教育信息化十年发展规划(2011—2020年)》及《湖北省中长期教育改革和发展规划纲要(2011—2020年)》的有关要求，结合我省实际，制定本规划。

第 1 章　现状与挑战

信息技术对教育发展具有革命性影响，以教育信息化带动教育现代化，是我国教育改革和发展的战略选择。教育部《教育信息化十年发展规划(2011—2020 年)》明确提出："用十年左右的时间初步建成具有中国特色的教育信息化体系，使我国教育信息化整体上接近国际先进水平，推进教育事业的科学发展。"

发展教育信息化将极大推动我省经济发展方式的转变和经济结构的转型升级。国务院 2013 年发布的《"宽带中国"战略及实施方案》明确提出将教育领域列为深化宽带网络应用、促进信息消费发展的重点方向。湖北省作为正处在改革发展关键期的中部大省，提高教育信息消费水平、形成成熟的数字教育服务产业，对于构建促进中部崛起战略支点、推进"两圈一带"总体战略、建设东湖国家自主创新示范区、促进我省经济发展和社会全面进步具有重要意义。

湖北省历来十分重视利用信息技术促进教育公平，提高教育质量，培养创新人才，带动产业发展。经过十余年的发展，已经具备了一定基础，并于 2014 年 1 月获批在全国率先开展教育信息化省级试点。目前，湖北省教育信息基础设施得到较大改善，优质数字教育资源不断丰富，信息技术教学应用不断深入，教育管理信息化水平明显提高，数字教育服务产业逐步壮大。全省中小学已有 5.7 万个多媒体教室建成并投入使用，5 000 多所中小学已经接入互联网，教师信息化教学终端设备配置率约为 39%，覆盖全省的教师、学生、学校三大基础信息数据库初步建成。

然而也应该看到，作为教育信息化试点省份，湖北省教育信息基础设施依然相对薄弱，全省仍有约 40%的中小学尚未接入互联网，学生信息化学习终端设备配置率不到 10%，利用信息技术扩大优质教育资源覆盖面的有效机制尚不完善，区域、城乡、校际之间发展水平差距较大，教育信息化管理体制机制尚未理顺，教育信息化总体发展水平相对较低，还不能满足湖北教育现代化建设需求，对产业的拉动效应尚未充分显现。

利用信息技术促进教育公平，提高教育质量，转变教育发展方式和学校发展模式，是建设教育强省、实现湖北教育现代化的必由之路。以教育信息化带动数字教育服务产业发展，对促进我省经济转型、建设创新型省份也具有十分重要的意义。

第 2 章　指导思想和工作方针

指导思想

坚持育人为本,立足湖北省情,以环境建设为基础,以教育教学应用为核心,坚持应用驱动和机制创新,加快推进教育信息化,促进教育公平,提高教育质量,带动教育现代化,服务经济社会发展。

工作方针

把握方向,遵循规律。服务教育强省和"创新湖北"建设,遵循教育发展规律和教育信息化建设规律,紧密结合我省实际,科学推进各项工作,确保教育信息化发展的针对性、有效性和可持续性。

分类推进,特色引领。统筹做好教育信息化的整体规划和顶层设计,根据各类教育的不同特点和各级机构的不同权责,分类部署推进,坚持典型引路,形成具有湖北特色的教育信息化发展模式。

应用驱动,机制创新。以深化信息技术应用为核心,促进信息技术与教育教学深度融合,推动信息化环境下的教学理念、教学方式、学习方式及教育管理方式转变,形成教育信息化建设与发展新机制。

第 3 章　发展目标

总体目标

到 2020 年,使湖北教育信息化整体发展水平进入全国前列。形成满足教学与管理需要的信息化基础环境,促进信息技术与教育教学全面深度融合,实现教育信息化的可持续发展,服务湖北教育现代化和学习型社会建设,带动数字教育服务产业发展。使每个教师都能自如运用信息技术给学生上好课,使每个学生都能随时随地获取优质数字化学习资源,健康快乐成长。

具体目标

教育信息基础设施普及完善。在全省各级各类学校和教育行政机构普及高速互联的基础网络和信息化终端设施,全面建成信息化教学环境,完成"宽带网络校校通"建设任务。

优质数字教育资源共建共享。为各级各类学校提供能得易得、适用好用、内容丰富、特色鲜明的数字教育资源。建好省级数字教育资源服务平台,形成多方参与、共建共享的优质资源研发、汇聚、应用和管理机制,提升资源规模、质量和应用水平。

教育管理信息化水平显著提升。建立省级教育管理公共服务平台和数据中心,创新管理模式,重构业务流程,提高管理效能和服务水平,促进职能转变。推动各级各类学校管理信息系统的建设与应用,服务教师、学生、家长和社会公众。促进教育治理体系和治理能力现代化。

信息技术与教育教学深度融合。以广泛应用为前提,以深度融合为核心,以教师信息技术应用能力提升为突破口,有序推进信息技术与教育教学的融合,建成一批教育信息化试点区、试点校,形成丰富多样、扎实有效的信息化教学应用模式。

可持续发展保障体系基本形成。开展多方合作,从组织管理、经费投入、技术研发、队伍建设等多个环节保障我省教育信息化持续、快速发展,形成社会参与,政、产、学、研、用多方协同的教育信息化可持续发展保障体系。

阶段目标

表 1　湖北省教育信息化阶段性发展目标

	2015 年	2017 年	2020 年
基础设施	1. 城区义务教育阶段学校网络带宽不低于 100 Mbps,县镇中小学不低于 20 Mbps,农村学校、教学点不低于 10 Mbps。 2. 中小学教师信息化教学终端普及率达 50%以上,学生信息化学习终端普及率达 15%以上。 3. 义务教育阶段学校、教学点所有自然班普及多媒体教室等信息化教学环境。	1. 城区义务教育阶段学校网络带宽不低于 100 Mbps,并基本普及校内无线网;县镇学校网络带宽不低于 50 Mbps,农村学校、教学点不低于 20 Mbps。 2. 教师信息化教学终端普及率达 80%以上,学生信息化学习终端普及率达 30%以上。	1. 省内中小学和职业学校普及数字校园。高校宽带网络接入水平为每万名师生共享带宽不低于 2 Gbps。各级各类学校全面实现校内无线宽带网全覆盖。 2. 师生信息化终端设备全面普及。
资源与应用	1. 基本完成省级教育资源公共服务平台建设,具备支持 50 万用户同时在线的服务能力。 2. 网络学习空间学校开通率达 100%,教师注册率达 70%。 3. 基本建成与中小学课程配套的优质数字教育资源库。 4. 建设 10 个职业教育仿真实训中心。 5. 建成湖北教师教育网络联盟。	1. 完善与升级教育资源公共服务平台,拓展服务范围。 2. 网络学习空间初中以上学校教师、学生注册率达 100%。 3. 扩大和升级与中小学课程配套的优质数字教育资源库。 4. 建设约 30 个职业教育仿真实训中心。 5. 湖北教师教育网络联盟全面覆盖省内师范院校。	1. 信息化条件下教学模式创新普遍开展,人才培养模式全面变革,教学质量显著提升。 2. 优质资源全面覆盖省内各级各类学校,并面向社会开放共享。 3. 建设 60 个职业教育仿真实训中心。

续表

	2015 年	2017 年	2020 年
管理信息化	1. 完成省级教育管理数据中心建设，建成覆盖学生信息、教师信息、办学条件信息的基础数据库。 2. 基本完成省级教育管理公共服务平台建设。	完善教育管理基础数据库和公共服务平台，逐步扩大网上办理业务范围。	实现教育行政机构和学校管理部门无纸化办公。学校管理信息化水平显著提升。
保障体系	1. 全省各级教育行政机构建立健全教育信息化专门工作机构，明确主管领导，落实经费投入。 2. 组织实施中小学教师信息技术应用能力提升培训，覆盖50%以上教师。 3. 初步建成教育信息化研究和运维支持服务体系。 4. 初步形成教育信息化考核评估激励机制。	1. 持续开展中小学教师信息技术应用能力全员提升培训，完成首轮培训，每人不少于 50 学时。 2. 持续开展教育行政管理人员和学校领导的信息化领导力与执行力培训。 3. 完善研究和运维支持服务体系。 4. 完善考核评估激励机制。	1. 健全教育信息化管理机构，完善信息化管理体制。 2. 建成国内一流的研究和运维支持服务体系。 3. 形成完善的考核评估激励机制。

第二部分　发展任务（基础教育）

第 4 章　基础教育信息化

提升基础教育阶段学校信息基础设施配备水平。逐步缩小区域、城乡、校际间的数字鸿沟。重点支持农村及边远贫困地区学校、教学点、乡镇幼儿园的信息化建设，做到硬件设备先到位，优质资源先输送。加强特殊教育学校、民族地区中小学的信息化基础能力建设。为教学点开齐开好规定课程提供技术保障。到2020 年，全省中小学和幼儿园全面建成信息化教学环境，教师信息化教学终端和学生信息化学习终端全面普及，宽带网络全面通达各级各类学校。

加快优质数字教育资源共建共享。建设湖北省教育资源公共服务平台，以政府为主导建设学前教育、义务教育、高中教育、特殊教育等各类教育的公益性资源，以市场为依托提供个性化资源。通过“区域结对、学校结群、教师合作”的方式，推动资源开发主体多元化，形成有效的优质资源共建机制；通过“政府评估准入、企业竞争提供、学校自主购买”的方式，拓展资源应用主体的选择空间,形成有效的优质资源共享机制。到2020年,优质资源全面覆盖省内基础教育阶段学校,形成具有湖北特色的基础教育资源共建共享模式。

提高教学信息化应用水平。 聚焦课堂教学主阵地,以信息化为支撑创新课堂教学环境,促进信息技术与学科教学深度有效融合,形成和推广新型教学模式,推动教与学方式的深层变革。普及网络学习空间,建设泛在学习环境,培养学生信息时代的学习能力、实践能力和创新能力。提升教师信息化教学能力,开展信息化环境下的校本研修和协同教研,鼓励教师探索新型教学模式。

创新信息化环境下的评价机制。 以信息化为依托,建立湖北省基础教育发展监测体系,保障我省基础教育健康、快速发展。完善中小学信息化教学质量综合评价体系,保障信息化教学的有效性和持续性。以信息化手段创新教学评价机制,探索中考、高考等考试评价体系和制度变革的可行途径。

推进基础教育信息化规范发展。 制定基础教育数字校园、数字化教室规范,指导学校信息化环境建设。制定优质数字教育资源规范,开展资源评审和认证,形成资源准入、遴选、交换、退出机制。

(第5章至第7章内容略)

第8章　教育管理信息化

提高教育行政机构管理信息化水平。 积极推进教育政务信息化,建设省级教育管理基础数据库和公共服务平台,向学生、教师、学校和社会公众提供服务,逐步扩大网上办理业务范围。通过教育管理业务流程的再造和优化,提升教育监管与服务水平,促进教育管理现代化、决策科学化、服务网络化。到2020年,基本实现教育行政机构和学校管理部门无纸化办公,形成以信息化为支撑的扁平式、动态化、社会有效参与的教育管理模式。

加强学校管理信息化能力建设。 加快推进各级各类学校建立以学籍管理、师资管理、资产管理为核心的校务信息系统,实现学校、教育行政机构管理信息系统的互联互通。到2020年,各级各类学校全面普及数字校园,学校管理信息化水平显著提升。

提升信息化领导力与执行力。 强化教育行政管理人员和学校领导者的信息化建设与应用意识,联合高校、研究机构和优秀企业,开展领导力与执行力培训。建立健全从各级教育行政机构到学校的信息化管理与服务队伍，明确各级单位和人员责任。到 2020 年，形成适应我省教育现代化建设要求、信息素养高、信息化领导力和执行力强的管理与服务队伍。

保障校园信息安全。制定和实施校园网络与信息安全建设管理规范，建立全方位安全保障体系，确保教育管理、教学和服务等信息系统安全。加强网络有害行为防范能力和不良信息监管力度，防止暴力色情等有害信息对校园文化的侵害。

第三部分　重大工程（基础教育）

第 9 章　义务教育“校校通”、“班班通”建设工程

实现宽带网络的全面覆盖。构建“政府引导、企业建设、学校使用”的宽带网络接入机制。依托公共通信资源，加快推进光纤入校，实现宽带网络对义务教育阶段各级各类学校、教学点的全面覆盖，并同步构建绿色安全的网络监管体系。到 2015 年，城区义务教育阶段学校接入带宽不低于 100 Mbps，县镇学校不低于 20 Mbps，农村学校、教学点不低于 10 Mbps。

完成网络条件下的基本教学环境建设。加快推进校内网络基础设施建设，实现校内网络通过有线或无线方式覆盖所有教室、办公室等场所。为乡镇以下农村学校及教学点配备多媒体设备，到 2015 年，教师信息化教学终端普及率达 50%以上，学生信息化学习终端普及率达 15%以上，基本实现义务教育阶段学校、教学点所有自然班普及多媒体教室等信息化教学环境。

实现优质资源“班班通”。与基础设施建设同步，为学校配置一定的教学资源和工具软件，实现班级使用优质资源开展课堂教学，教师具备基本信息化教学能力。探索信息化条件下教学模式创新，开展“专递课堂”、“名师课堂”和“名校网络课堂”的建设与应用，利用优质资源促进教学、教研及跨校交流应用常态化。

第 10 章　中小学信息化应用能力提升工程

探索教学点“数字教育资源全覆盖”应用模式。采取“多点支撑、资源共享”的模式，以中心学校带动教学点，通过灵活多样的课堂结对形式，提升教学点资源应用水平。发挥中心学校师资优势，建立教学点教师课堂教学培训和网络同步研训制度，实现对教学点教师信息技术应用能力的

有效指导。创新教学点管理体制和激励机制，完善教学点信息化持续发展支撑服务体系，形成教、研、训一体化的协作交流机制。到 2015 年，实现省内所有农村教学点“优质数字教育资源全覆盖”，开齐开好规定课程。

建设基础教育信息化试点区、校。建立湖北省基础教育信息化试点区、校遴选机制。创新信息技术在教学、德育、管理等方面的应用，培养一批骨干学校、骨干教师，开发一批骨干课程，形成具有湖北特色的教育信息化区域发展模式。到 2015 年，在全省范围内选择不同经济和教育发展水平的区域，建设一批基础教育信息化试点区、校。

开展信息化环境下的教与学创新实践。以试点区、校的名校和名师为主力，组织开发高质量的数字化教学资源，组建跨区域的基础教育资源共建共享联盟。鼓励教师利用信息技术开展启发式、探究式、讨论式、参与式教学，探索建立以学习者为中心的教学模式。鼓励学生利用信息技术工具与专用学科工具开展自主学习、合作学习。在有条件的地区和学校，依托省级教育资源公共服务平台开展高效互动课堂教学实践。形成一批具有鲜明地域特色、与学科紧密结合、具有较大推广价值的信息化教与学新模式。

利用信息技术促进招生考试制度改革。构建以学生品质素养、学业成就、身心健康等为主要内容的学生成长电子档案。利用信息技术，促进初、高中学业水平考试与综合素质评价结合，探索多样化考试方式和多元化评价方式，逐步改变一考定终身的招生考试制度，以评价改革带动教育变革，深化素质教育。

实施基础教育信息化应用绩效评估。建立基础教育信息化应用评估指标体系和发展监测体系，形成省、市、县三级联动的教育质量监测管理机制。汇集区域和学校的教育信息化与教育教学活动数据，开展基于大数据的学校教育质量评价、教师专业发展评价、学生学业成就评价、课程质量评价以及区、校教育信息化应用水平评估。

第 11 章 教育管理公共服务平台建设工程

建立省级教育管理数据中心。完善以学生库、教师库及学校库为核心的湖北省教育管理基础数据库。制定数据采集、交换、共享技术规范，建立统一的基础数据交换体系，实现与国家、地方、学校各类教育管理系统的数据互通，推动省级教育管理信息数据与人口基础数据库及地理信息数据库的融合。到 2015 年，基本完成湖北省教育管理数据中心建设，建成覆盖基础教育、职业教育、高等教育和继续教育的基础数据库，实现对全省学生电子档案、教师职业发展电子档案及学校办学条件基础数据的汇聚和管理。

建设湖北省教育管理公共服务平台。 遵循国家教育管理信息化标准，面向全省各级教育行政机构和各级各类学校，建设教育管理公共服务平台，覆盖教育行政管理与服务主要业务环节，为教育信息公开、网上办事和公众互动提供支持。完善网络信息安全与运维体系，确保数据安全。到 2015 年，全面完成平台建设，实现与国家平台的有效对接。

提升教育管理水平和公共服务能力。 以教育管理公共服务平台为依托，优化、重构教育管理业务流程，为破解基础教育乱收费、乱招生、乱办班、乱发教辅资料、课程开设不齐、学业负担过重等重点难点问题提供支撑，形成以信息技术为支撑的规范办学行为动态考评制度和责任追究制度。全面普及校园一卡通，积极拓展一卡通的校外应用渠道。开展初、高中学业水平考试和综合素质评价，依托基础数据库和公共服务平台，开展综合质量评价，为教育行政机构和学校提供管理基础数据和决策支持。到 2015 年，逐步建立全省一体化、区域特色化的服务体系。

第 12 章　教育资源公共服务平台建设工程

建设湖北省教育资源公共服务平台。 针对学前教育、义务教育、高中教育、职业教育、高等教育的不同需求，建设重点面向基础教育和职业教育的多层次、多功能资源公共服务平台。按照政府购买公益服务与市场提供个性化服务相结合的思路，构建“政府引导、企业建设、学校应用、共建共享”的公共服务机制，形成多方参与、公平竞争、交易规范、灵活开放的教育资源公共服务体系。到 2015 年，基本完成平台建设，具备支持 50 万用户同时在线的服务能力。

形成数字资源研发、汇聚和管理机制。 鼓励教育出版集团与大、中、小学密切合作，出版形式多样的电子教材和辅助性学习资源。鼓励师生自主开发特色资源。建立“政府引导、多方投入、有效整合、持续发展”的资源汇聚机制。对数字教育资源进行有效管理，制定相应的技术与管理规范，建立教育资源审核、评估、淘汰机制，对优质教育资源的供给方进行激励。到 2015 年，基本建成与中小学课程配套的优质数字教育资源库。

实现网络学习空间全面普及和应用。 向中小学校推送优质教育资源，支持师生以网络学习空间为载体开展基于优质资源的教与学。以资源公共服务平台为依托，解决农村学校音、体、美等课程开课难的问题。面向各级各类用户开辟虚拟空间，提供教学、培训、学习、研究、社交、管理等应用服务。到 2015 年底，基本实现教师空间和学校空间全面普及开通，深化以网络学习空间为核心的教与学应用。

（第 13 章内容略）

第 14 章　湖北教师教育网络联盟建设工程

开发湖北教师教育网络联盟信息化支持系统。针对省内师范院校依托网络开展联合办学的实际需求，利用信息化手段，提供优质资源共享、在线选课、学习评价、学分银行、个人空间等服务，促进省内师范院校在师范专业建设、教育教学与管理、师范生培养等方面开展全面深入合作。2015 年，建成湖北教师教育网络联盟信息化支持系统并实现正常运行。

建立湖北教师教育网络联盟。以湖北省高等学校教师教育联盟为基础，以华中师范大学为龙头，面向省内师范院校建设湖北教师教育网络联盟，促进湖北教师教育水平整体提升。以师范类本科人才联合培养为主要目标，兼顾在职教师进修需求，探索联盟学校学生跨校网上选课学习和学分互认的可行途径，创新教师教育模式。建立课程遴选机制，联合开发、共享优质教师教育在线课程和培训教材，提高校际合作水平，创新教师教育发展体制机制。制定网络学习评价标准，建立课程服务团队，开展在线学习评价，实现学生网络学习的个别化指导，促进学生全面发展。到 2015 年，全面建成湖北教师教育网络联盟，实现联盟学校学生跨校网上选课和学分互认。

第 15 章　教师信息技术应用能力提升工程

制定教师能力规范。根据教育部对教师信息技术应用能力的有关要求，结合湖北省教师队伍信息技术能力发展需要，研究制定涵盖基础教育、职业教育和高等教育的教师信息技术应用能力规范，提升教师将信息技术融入教育教学的能力，引领教师专业发展。

开展教师信息技术应用能力培训。整合各类培训项目和资源，建设教师选学服务平台。组织实施全省中小学教师信息技术应用能力全员提升培训，2015 年，覆盖 50％以上教师，到 2017 年，完成首轮培训。完善专项培训体系，重点加强中小学校长、专兼职培训人员和教研员等骨干队伍及农村教师的培训。市州及区县教育行政机构通过专项培训和专题教研，组织开展区域性教师全员培训。中小学校将信息技术应用能力培训作为教师校本研修的重要内容，积极推动网络研修与校本研修整合培训，以研训结合的方式促进学用结合。加强薄弱环节建设，采取“送教下乡”和“送培上门”等方式，为包括教学点在内的农村学校教师提供针对性培训。全省中小学教师信息技术应用能力培训纳入教师继续教育的必修内容，每人每五年不少于50学时。

形成不断提高教师信息技术应用能力的机制。制定教师信息技术应用培训纲要和培训规划，探索建立网络培训与现场培训相结合的培训制度，探索个性化学习环境中教师的角色定位、能力要求和培训模式，着力提升教师将信息技术与教育教学深度融合的能力，着力提升教育管理人员将信息技术与教育管理深度融合的能力。探索建立教师应用信息技术激励机制，将信息技术应用能力作为教师资格认定、职称评聘和考核奖励的重要条件，列入办学水平评估的指标体系。整合教师培训、教研、电教和科研等机构的力量，加强对中小学校的指导，做好全员培训。通过示范课评选、教学技能竞赛和优秀课例征集等活动，发掘推广典型案例，促进教师在教育教学中主动应用信息技术，将信息技术融入课堂，推动信息技术教学应用常态化。

第四部分　保障机制

第16章　强化组织管理

加强组织领导。在省政府的领导下，建立省级教育信息化统筹协调机制，设立湖北省教育信息化专家咨询委员会。在省、市、县三级教育行政机构建立教育信息化专门工作机构，构建教育信息化管理体系，加强教育信息化工作的组织与管理。

明确责任主体。各级政府是教育信息化的责任主体，各级教育行政机构和各类学校是实施主体，校长是学校教育信息化工作的第一责任人。各级各类学校设立信息化主管，普通高校和具备一定规模的中小学、职业学校设立信息化管理与服务机构。

强化统筹推进。形成省级统筹、上下联动、以县为主、多方协同的工作推进机制。将教育信息化发展纳入地方信息化发展总体规划。按照分级负责、分类实施的原则，明确工作机构，施行目标管理，细化分解任务，提出进度要求，加强督促检查，全程跟踪问效，及时解决问题，确保教育信息化工作取得实效。

第 17 章 落实经费投入

落实政府经费投入。 省、市、县各级政府将教育信息化重点工作列入财政预算,形成长效机制。提高公用经费中用于信息化建设的比例,学校公用经费新增部分主要用于信息化建设,教师培训经费优先用于教师信息技术应用能力提升。

拓宽经费筹措渠道。 坚持市场导向,鼓励企业和社会力量投资、参与教育信息化建设与服务。鼓励学校自筹资金加强信息化建设,形成多渠道筹措教育信息化经费的投入保障机制。

加强经费开支监管。 注重教育信息化经费开支结构的科学性,实施教育信息化经费投入绩效评估,加强对教育信息化专项经费的使用监管,做到预算编制有目标,预算执行有监控,执行完毕有评价,评价结果有应用,切实提高资金的使用效益。

第 18 章 动态考核评估

建立评价指标体系。 制定湖北省教育信息化评估的实施细则, 定期对教育信息基础设施、数字教育资源建设、信息技术教育应用、教育信息化人才队伍建设等进行评估。

建立督导考核制度。 将教育信息化工作纳入各级教育行政机构、各类学校的工作规划和督导考核指标,采取专家评估、网络评估和第三方评估等方式,做好教育信息化各项评估考核工作,落实各项发展任务和建设目标。

完善激励机制。 出台相关优惠政策,鼓励企业积极参与教育信息化建设。定期开展教育信息化工作总结,评选教育信息化应用创新优秀案例、先进单位和个人,激励各级教育行政机构、各类学校和广大师生积极开展应用探索,形成良性循环。

第 19 章 加强服务保障

加强专业人员队伍建设。 将各级教育行政机构和各类学校教育信息化专业人员纳入编制规划,明确各单位教育信息化专兼职队伍的配备标准、岗位设定和专业技术职称序列,增加信息技术教师以及教育信息化专业服务人员的编制。

构建支持服务体系。整合高校、科研机构和企业的力量，以国家数字化学习工程技术研究中心等省内高水平科研机构为依托，建立教育信息化研究支持体系。积极引导社会力量参与教育信息化建设，引入市场机制，采取服务外包等方式，鼓励企业为学校提供信息化服务，形成政府引导、企业参与，省、市、县、乡、校五级联动的运行维护支持服务体系。

开展信息化人才培训。建立多层次、多形式、重实效的信息化人才培训制度，由省、市、县三级教育行政机构制定本地区教师信息技术应用能力培训方案和中长期规划，建立科学、合理的培训体系，保证教育信息化专业技术人员的岗位培训力度。

第 20 章　开展多方合作

开展国际交流与合作。建设信息技术与教育融合的国际合作研究机构，引入国际先进经验，探索成功应用模式。建立教育信息化专业人才国际联合培养制度，加强人员交流与知识共享。

探索区域、校际合作。探索各市、州教育信息化发展合作机制，促进交流，推动各区域教育信息化联合发展与特色发展。推动校际合作，形成以点带面机制，全面提升学校信息化建设和应用水平。

注重企业合作和产业培育。加大教育信息化宣传力度，构建良好的政策环境，鼓励企业参与教育信息化建设。以多种调控手段和扶持政策，培育数字教育服务产业，形成良性竞争的产业发展环境。

参考文献

[1] 规划编制专家组. 教育信息化十年发展规划(2011—2020年)解读[M]. 北京:人民教育出版社, 2012.

[2] “教育信息化建设与应用研究”课题组. 我国教育信息化建设与应用专题研究报告[M]. 北京:高等教育出版社,2010.

[3] 国家中长期教育改革和发展规划纲要工作小组办公室. 国家中长期教育改革和发展规划纲要(2010—2020年)[R]. 北京:教育部,2010.

[4] 范福兰. 湖北省中小学数字化校园应用现状调研与评估[D]. 武汉:华中师范大学,2013.

[5] 朱莎. 美国、新加坡教育信息化发展战略比较研究[D]. 武汉:华中师范大学,2013.

[6] 谢忠新. 学校信息化应用评估模型的研究[D]. 上海:华东师范大学,2009.

[7] 张志刚. 英国基础教育信息化建设探究[D]. 长春:东北师范大学, 2008.

[8] 李思寰. 高校教育信息化水平的评估研究[D]. 长沙:中南大学,2007.

[9] 田小勇. 基于模糊综合评判的教育信息化评价系统研究[D]. 新乡:河南师范大学,2007.

[10] 李玉石. 高校信息化评价指标及应用研究[D]. 天津:河北工业大学,2007.

[11] 董玉琦. 信息技术课程导论[M]. 长春:东北师范大学出版社,2001.

[12] 赵国栋. 关于中国、美国和日本高等教育信息化发展的比较研究:Accs研究项目介绍[J]. 比较教育研究,2004(2):28-33.

[13] 张屹,刘美娟,周平红,等. 中小学教师信息技术应用能力的现状评估——基于《中小学教师信息技术应用能力标准(试行)》的分析[J]. 中国电化教育,2014(8):2-7.

[14] 张屹,黄欣,周平红,等. 中小学数字化校园管理水平影响因素分

析——基于 X 省 16 个市区的问卷调查[J]. 中国电化教育,2013(10):36-41.
[15] 魏先龙,王运武. 日本教育信息化发展战略概览及其启示[J]. 中国电化教育,2013(9): 28-38.
[16] 吴砥,尉小荣,卢春. 中英高等教育信息化发展战略对比研究[J]. 中国电化教育,2013(2):21-28.
[17] 李凡,陈琳,蒋艳红. 英国信息化策略"下一代学习运动"的发展及启示[J]. 中国电化教育,2011(6):39-47.
[18] 成江荣,解月光. 农村中小学教育信息化绩效评估指标体系的构建[J]. 中国电化教育,2011(2):47-52.
[19] 谢忠新. 基于系统视角的学校信息技术与课程整合 EIPO 评价模型[J]. 中国电化教育,2009(5):42-47.
[20] 张敬涛, 胡小勇. 我国基础教育信息化发展中的成功经验与存在问题[J]. 中国电化教育,2008(12):18-23.
[21] 费龙,马元丽. 英国基础教育信息化发展研究[J]. 中国电化教育,2008(8): 24-29.
[22] 张永军. 新加坡智慧国计划对我国基础教育信息化的启示[J]. 中国电化教育,2008(8):36-40.
[23] 衷克定. 中日韩三国教育信息化状况比较[J]. 中国电化教育,2007(12):34-40.
[24] 顾小清,林阳,祝智庭. 区域教育信息化效益评估模型构建[J]. 中国电化教育,2007(5):23-27.
[25] 黄松爱, 唐文,董玉琦. 日本基础教育信息化最新进展述评[J]. 中国电化教育,2006(8):89-93.
[26] 徐顺,陈吉利,王锋. 新加坡基础教育信息化发展规划对我国基础教育信息化的启示[J]. 中国远程教育,2012(12):80-84.
[27] 张屹,范福兰,杨宗凯,等. 我国中学教育信息化基础设施建设水平的测评与预测[J]. 电化教育研究,2012(7):5-10.
[28] 何克抗. 关于《美国 2010 国家教育技术规划》的学习与思考[J]. 电化教育研究,2011(4):8-23.
[29] 许林. BECTA 在英国 ICT 教育中的作用及其启示[J]. 电化教育研究,2010(7):113-116.
[30] 焦宝聪,赵意焕,董黎明. 基于数据包络分析的教育信息化绩效评价

模型[J]. 电化教育研究,2007(4):38-41.

[31] 夏骄雄. 为每一个受教育者营造“老师总在我身边”的信息化学习环境——《上海市教育信息化“十二五”发展规划》解读[J]. 中国教育信息化,2012(2):15-17.

[32] 苗逢春. 联合国教科文组织教育信息化战略:面临挑战、重点领域和主要成果[J]. 世界教育信息,2013(19):9-17.

[33] 张鹤. 日本教育信息化概览[J]. 世界教育信息,2012(7):46-58.

[34] 程佳铭,金莺莲. 美国教育信息化概览[J]. 世界教育信息,2012(6):12-18.

[35] 何亚力. 漫步英国基础教育信息化[J]. 中国教育信息化,2006(7):5-7.

[36] 傅添. 论 NCLB 法案以来美国教育行政管理体制的改革趋势[J]. 外国教育研究,2012(2):106-112.

[37] 王瑞香. 英国教育信息化的特点论析[J]. 外国教育研究,2007(12):73-76.

[38] 刘洋,高洪源. 美国教育资源共享的经验及其启示——休斯的理论观点[J]. 外国教育研究,2005(7):69-72.

[39] 麦玉娇,温忠麟. 探索性结构方程建模(ESEM):EFA 和 CFA 的整合[J]. 心理科学进展,2013(21):934-939.

[40] 王炜,黄黎茵. 国内外基础教育信息化评估述评[J]. 中国信息技术教育,2008(12):32-35.

黎加厚. 美国第三个国家教育技术计划及其启示[J]. 远程教育杂志,2005(1): 22-26.

[41]李葆萍,马妮娜. 我国义务教育信息化均衡性评价指标体系的构建及应用[J]. 现代远程教育研究,2012,119 (5):36-4.

[42] 王玉珊. 日本教育信息化发展及其启示[J]. 东北财经大学学报,2012(3):83-86.

[43] 张超,徐燕,陈平雁. 探索性因子分析与验证性因子分析在量表研究中的比较与应用[J]. 南方医科大学学报,2007(11):1699-1705.

[44] 佘燕芳. 评析美国教育改革法案《不让一个孩子落伍》[J]. 上海师范大学学报,2004(9):101-104.

[45] 孔繁世. 教育信息化的灰色评估与分析[J]. 科技进步与对策,2003(6):136-137.

[46] 胡乐乐.创造群峰连绵的教育景观——新加坡发布 2008 年教改蓝图[J].上海教育,2007(3):34-35.

[47] 杨同伟.基于 AHP 和灰色关联分析的高校信息化水平综合评价方法[J].中国高等教育评估,2006(3): 46-48.

[48] 刘奕民.新加坡教育体制[J].外国教育资料,1999(1): 1-6.

[49] 唐科莉.新加坡教育信息化发展的最新趋势[J]. 中小学信息技术教育,2010(3):21-25.

[50] 徐云彪.E时代的教育改革——马来西亚精明学校计划[J].教育与发展,2011(5):139-146.

[51] 江苏省教育信息化三年行动计划[DB/OL]. http://www.ec.js.edu.cn/art/2012/12/17/art_10503_137601.html.

[52] 广东省教育信息化发展“十二五”规划[DB/OL]. http://www.e-gov.org.cn/ziliaoku/zhengfuguihua/201210/134916.html.

[53]《2005 年 Becta 评论——教育中 ICT 进展证明》[M].英国教育通讯与技术署,2005.

[54] 日本发布《教育信息化指南》[DB/OL]. http://www.ecas.cn/ckzl/201012/t20101208_3039753.html, 2010-11-23.

[55] i-Japan 战略 2015 [DB/OL]. http://www.ccpitecc.com/document/books/catalog1.pdf.

[56] BECTA. Harnessing Technology for Next Generation Learning 2008-2014 [DB/OL]. http://publications.becta.org.uk/display.cfm? resID=37348.

[57] BECTA. Launches Next Generation Learning Campaign [DB/OL]. http://feandskills.becta.org.uk/display.cfm? cfid=9898145.

[58] BECTA. Harnessing Technology for Next Generation Learning 2008-2014 [DB/OL]. http://publications.becta.org.uk/display.cfm? resID=37348.

[59] BECTA. Enabling Next Generation Learning Enhancing Learning Through Technology [DB/OL]. http://webarchive.nationalarchives.gov.uk/20101102103654/publications.BECTA.org.uk//display.cfm? resID=39140&page=1835.

[60] BECTA. Next Generation Learning: The Implementation Plan for 2000-2012 [DB/OL]. http://publications.becta.org.uk/display.

cfm? resID=39547.

[61] BECTA. Next Generation Learning: The Implementation Plan for 2010-2013[DB/OL]. http://publications. becta. org. uk/display. cfm? resID=42223.

[62] Benchmarking Your ICT Practices for Excellence in Schools. Ministry of Education, Singapore,2007.

[63] Consultative Workshop on Performance Indicators for ICT in Education, SEAMEO INNOTECH, the Philippines, 28 to 30 August 2002: [proceedings] Bangkok: UNESCO Bangkok, 2003.

[64] EMROUZNEJAD A, CABANDA E, GHOLAMI, R. An alternative measure of the ICT-Opportunity Index[J]. Information & Management, 2010 (47), 246-254.

[65] e-Japan 略の目標達成に向けて-教育の情報化の推進のためのアクションプラン-[DB/OL]. http://www. mext. go. jp/a_menu/shotou/zyouhou/05120802. htm.

[66] GRAY L, THOMAS N, LEWIS L. Educational Technology in U. S. Public Schools: Fall 2008 (NCES 2010—2014). U. S. Department of Education, National Center for Education Statistics. Washington, D. C. : U. S. Government Printing Office, 2010.

[67] GOH C T. Shaping Our Future: Thinking Schools, Learning Nation. Opening Address[C]. 7th International Conference on Thinking, Suntec City, Singapore, 1997 June 2.

[68] HANAFIZADEH MR, SAGHAEI A, HANAFIZADEH P. An Index forcross-country analysis of ICT Infrastructure and Access. Telecommunications Policy, 2009(33), 385-405.

[69] Ina VS, MULLIS, MICHAEL, et al. PIRLS 2011 International Results in Reading. International Association for the Evaluation of Educational Achievement (IEA),2012.

[70] Ina VS, MULLIS, MICHAEL, et al. TIMSS 2011 International Results in Mathematics. International Association for the Evaluation of Educational Achievement (IEA), 2012.

[71] JOHNSON L, ADAMS BECKER. The NMC Horizon Report :

2011 K-12 Edition. Austin, Texas: The New Media Consortium,2011.

[72] JOHNSON L, ADAMS BECKER. The NMC Horizon Report : 2012 K-12 Edition. Austin, Texas: The New Media Consortium,2012.

[73] JOHNSON L, ADAMS BECKER. The NMC Horizon Report : 2013 K-12 Edition. Austin, Texas: The New Media Consortium. 2011. Horizon Report 2013 (K-12).

[74] JOHNSON L, ADAMS BECKER. The NMC Horizon Report : 2014 K-12 Edition. Austin, Texas: The New Media Consortium. 2014. Horizon Report 2014 (K-12).

[75] KIM J, LEE, W. An analysis of educational informatization level of students, teachers and parents: In Korea [J]. Computer & Education, 2011 (56):760-768.

[76] KLAUS, S, ROBER, G. The Global Information Technology Report 2012. World Economic Forum. 2012.

[77] Ministry of Intrnal Affairs and Communications. Information and Communications in Japan 2005 (summary) [DB/OL]. http://www. soumu. go. jp/main _ sosiki/joho _ tusin/eng/whitepaper. html.

[78] MasterPlan1. [DB/OL]. http://ictconnection. edumall. sg/cos/o. x? c=/ictconnection/pagetree&func=view&rid=715.

[79] MasterPlan2. [DB/OL]. http://ictconnection. edumall. sg/cos/o. x? c=/ictconnection/pagetree&func=view&rid=721.

[80] MICHAEL, MARTIN, Ina V. S, et al. TIMSS 2011 latemational Results in Science. International Association for the Evaluation of Educational Achievement (IEA), 2012.

[81] OECD. PISA 2009 Results: Students on Line: Digital Technologies and Performance (Volume VI),2011.

[82] PELGRUM W J, RONALD E A. ICT and the Emerging Paradigm for Life-long Learning—An IEA Educational Assessment of Infrastructure, Goals, and Practices in Twenty-six Countries. International Association for the Evaluation of Educational Achievement,2001.

[83] SOUMITRA D, BRUNO L, FIONA P. The Global Information Technology Report 2003-2004: Towards an Equitable Information Society (GITR), 2004.

[84] Student guide to evaluating information technology on campus [DB/OL]. http://www.educause.edu/studentguide.

[85] Smart School Qualification Standards. Malaysia: MSC, 2008.

[86] U.S. Department of Education, Office of Educational Technology. Getting America's Students Ready for the 21st Century — Meeting the Technology Literacy Challenge, 1996.

[87] U.S. Department of Education, Office of Educational Technology. e-Learning: Putting a World Class Education at the Fingertips of All Children, 2000.

[88] U.S. Department of Education, Office of Educational Technology. Toward a New Golden Age in American Education, 2004.

[89] U.S. Department of Education, Office of Educational Technology. Transforming American Education: Learning Powered by Technology, 2010.

[90] U.S. Department of Commerce. Exploring the Digital Nation: Computer and Internet Use at Home, 2011.

[91] U.S. Department of Education, Office of Planning, Evaluation and Polrcy Development, Policy and Program Studies Service. Evaluation of the Enhancing Education Through Technology Program: Final Report, Washington, D.C, 2009.

[92] WELLS J, LEWIS L. Internet Access in U.S. Public Schools and Classrooms: 1994—2005 (NCES 2007—2020). U.S. Department of Education. Washington, D.C.: National Center for Education Statistics, 2006.

附录一　教育信息化国际组织简介

1. UNESCO(联合国教科文组织)

联合国教育、科学及文化组织,属联合国专门机构,简称联合国教科文组织。创建于1945年11月16日;1946年11月正式成立,同年12月成为联合国的一个专门机构。其宗旨是通过教育、科学和文化传播于人之思想中建设和平,促进各国间合作,对世界和平与安全作出贡献。

联合国教科文组织是各国政府间讨论关于教育、科学和文化问题的国际组织,其主要机构有大会、执行局和秘书处。大会为该组织最高权力机构,每2年开会1次,决定该组织的政策、计划和预算。执行局为大会闭幕期间的管理和监督机构;秘书处负责执行日常工作,由执行局建议,经大会任命总干事领导秘书处的工作。

联合国教科文组织主要出版物有《教科文组织信使》(月刊)、《教育展望》(季刊)、《科学与社会的影响》(季刊)、《自然与资源》(季刊)、《国际社会科学杂志》(季刊)、《版权公报》(季刊)、《博物馆》(季刊)。

联合国教科文组织设有一些专门的教育研究机构,包括国际教育局、国际教育规划研究所、终身学习研究所、教育信息技术研究所等。

2. ITU(国际电信联盟)

ITU最高权力机构是全权代表大会。全权代表大会下设理事会、电信标准部、无线电通信部和电信发展部门。理事会下设秘书处,设正、副秘书长。电信标准部、无线电通信部和电信发展部承担着实质性标准制订工作,各设1位主任。联合国的任何一个主权国家都可以成为ITU的成员。成员国的政府(多数情况下是其电信管理部门的代表机构)在ITU中的地位是平等的,都要承担特别的义务,同时也享有特别的权利(投票权)。其他的组织机构,如网络与服务供应商、制造商,科技协会和其他的国际性和区域性组织,经过批准可以参加ITU的某些活动(如制订电信标准)。国际电联现有会员、准会员150多个国家和地区。ITU使用中、法、英、西、俄5种正式语言,出版电联正式文件用这5种文字。工作语言为英、法、西三种。

ITU的宗旨,按其"基本法",可定义如下:(1)保持和发展国际合作,促进各种电信业务的研发和合理使用。(2)促使电信设施的更新和最有效的利用,提高电信服务的效率,增加利用率和尽可能达到大众化、普遍化。(3)协调各国工作,达到共同目的。这些工作可分为电信标准化、无线电通信规范和电信发展3个部分,每个部分的常设职能部门是"局",其中包括电信标准局(TSB)、无线通信局(RB)和电信发展局(BDT)。ITU每年召开1次理事会(目前有46个成员);每4年召开1次全权代表大会、世界电信标准大会和世界电信发展大会;每2年召开1次世界无线电通信大会。

3. IEA(国际教育协会)

International Education Association(简称IEAEDU,中文名称:国际教育联合会)1978年创建于欧洲,由各个国家教育机构组成,其宗旨是促进教育、科学及文化方面的国际合作,以利于促进世界各国之间的教育、自然科学、社会科学和文化领域的交流。IEAEDU是集教育管理、科研、科学文化国际交流与合作于一体的国际性权威教育管理机构,是教育科学文化事业的先驱者、领导者。

IEAEDU是各国教育部门及教育、文化科学机构讨论关于教育、科学和文化问题的国际组织,截至2010年10月,有成员国128个。总部外设50个办事处、6个联络处和6个中心。遍布亚太、欧洲、美洲、非洲、中东等地,中国香港是IEAEDU亚太管理中心,于1998年设立,并于2008年在上海市成立IEAEDU大中华授权管理中心。

IEAEDU设立了10多个政府附属机构及大型合作计划,以推动国际教育合作,其中包括有:国际人才管理、国际教育慈善管理、国际文化科学管理、国际职业资格鉴定管理中心等。IEAEDU大会选举产生的各执行理事机构,负责规划和管理各计划的活动,并建立各自的国际或地区合作网络。此外,IEAEDU还同世界上600多个在教育、科学、文化等领域有重要地位和影响的非政府国际组织建立了正式(教育协作类、教育咨询类)合作关系。发展教育是IEAEDU的工作重心。

4. EDUCAUSE

EDUCAUSE 由两个成立于 20 世纪 60 年代的专业协会于 1998 年合并而成，是一个主要由高等院校、高等教育研究机构和信息技术企业组成的以合理利用信息技术促进高等教育发展为使命的非营利性专业协会，现有 2 000 所高等教育机构和 250 多家信息技术企业加盟，是目前全球规模最大的高等教育信息化专业组织。世界大学的理想是以信息通信技术为支撑，建立一个覆盖全球的分布式高等教育系统，让世界各地的教师和学生都可以共享各种教学和科研资源，而这正是当时成立 EDUCOM 的初衷，也是今日 EDUCAUSE 的追求。这两个组织在当时汇集了全美一流名校中绝大多数从事在高等教育领域中应用计算机技术的先驱和精英人物；而二者在研究中的不同视角，则反映出高等教育信息化早期阶段，以计算机为代表的信息技术在大学中应用的两大基本路径。

5. OECD(经济合作与发展组织)

Organisation for Economic Co-operation and Development ，简称经合组织(OECD)，是由 30 多个市场经济国家组成的政府间国际经济组织，旨在共同应对全球化带来的经济、社会和政府治理等方面的挑战，并把握全球化带来的机遇。

经合组织的历史可以追溯到二战后重建欧洲经济的马歇尔计划，其最初的宗旨一直延续到今天：促进成员国的持续经济增长、就业以及生活水平的提高，同时保持财政的稳定，以此对世界经济的发展作出贡献；帮助成员国和其他国家在经济发展进程中保持健康的经济增长步伐；在多边、平等的基础上促进世界贸易的发展。

经合组织提供了这样一种机制：各国政府可以相互比较政策实践，寻求共同问题的解决方案，甄别出良好的措施和协调的国内、国际政策。该机制以平等的监督作为有效的激励手段来促进政策的进步，执行的是“软法”而非强制性的手段(比如 OECD 公司治理原则)，有时也促成了正式的协议或条约。

经合组织成员国提供了全世界近 60％的商品和服务，但在一个相互依存的全球经济中，经合组织显然不能独自发挥作用。它和世界上其他超过 70 多个国家进行着技术和观念的交流。

6. UNCTAD

联合国贸易和发展会议(United Nations Conference on Trade and Development,英文缩写 UNCTAD,中文简称“贸发会议”),是一个成立于1964年12月的联合国常设机构,它的主要职能是处理有关贸易与经济发展问题,宗旨是最大限度地促进发展中国家的贸易、投资机会,并帮助它们应对全球化带来的挑战和在公平的基础上融入世界经济。联合国贸易与发展会议的出版物极具影响,如《联合国贸易和发展会议公报》(月刊)、《贸易和发展》(年刊)、《贸易和发展报告》(年刊)、《贸易和发展评论》(年刊)、《国际贸易和发展统计手册》(年刊)、《商品价格公报月报》。贸发会议一年一度发表的《贸易和发展报告》、《世界投资报告》和《最不发达国家报告》在全世界具有广泛的影响和声誉,这些报告不但是国际上被广征博引的权威资料,而且也是各国特别是发展中国家制定经济和社会发展政策的重要参考依据。贸发会议在努力将自己办成一个“知识型”的国际机构。

7. World Bank

世界银行(WBG)是世界银行集团的俗称,世界银行这个名称一直是用于指国际复兴开发银行(IBRD)和国际开发协会(IDA)。这些机构联合向发展中国家提供低息贷款、无息信贷和赠款。它是一个国际组织,其一开始的使命是帮助在第二次世界大战中被破坏的国家的重建。今天它的任务是资助贫困国家,各机构在减轻贫困和提高生活水平的使命中发挥独特的作用。在2012年,世界银行为发展中国家或转型国家提供了大约300亿美元的贷款或帮助。

8. 美国教育技术办公室

美国教育技术办公室(Office of Education Technology),是美国教育部长办公室(Office of the Secretary)下属的一个组织机构,致力于通过信息技术变革美国教育。作为美国教育技术的官方机构,美国教育技术办公室在美国教育部的领导下,专门负责研制美国国家教育技术计划。

9. 韩国教育学术情报院

韩国教育学术情报院(Korea Education and Research Information

Service, KERIS)是隶属于韩国教育科技部(South Korea Ministry of Education, Science and Technology)的一个政府组织,其主要致力于对现阶段的政府教育政策进行制定、规划并提出修改意见。如今,KERIS正将目光聚集在 ICT 在韩国教育系统中的发展与使用,并且与国外组织,如世界银行(World Bank)和联合国教科文组织(UNESCO)紧密联系,帮助其他国家发展其教育中的 ICT 应用与实施。

10. 日本文部科学省

日本文部科学省(Ministry of Education, Culture, Sports, Science and Technology,英文简称 MEXT),是日本中央政府行政机关之一,负责统筹日本国内教育、科学技术、学术、文化及体育等事务。2001 年 1 月 6 日起由原文部省及科学技术厅合并而成。

11. 英国教育传播与技术管理局

英国教育传播与技术管理局(British Educational Communications and Technology Agency, BECTA)是由教育部成立的非官方机构。BECTA 领导了英国教育中 ICT 的发展与整合行动。

附录二　湖北省中小学信息化发展现状调查问卷(电教馆)

尊敬的领导：

我国《教育信息化十年发展规划(2011—2020 年)》提出了“制定中小学校数字校园建设标准，实现基础设施、教学资源、应用能力等全面达标”的要求，为了响应这一号召，我们与华中师范大学“国家教育信息化发展研究战略基地”成立了中小学信息化发展现状调研项目组，本次通过对样本区域的调研来评估湖北省中小学信息化建设和应用的现状，同时反映中小学信息化建设与应用方面的需求，力争使湖北省中小学信息化建设与应用成为全国的示范区。请您根据实际情况客观回答，您的回答对单位评估不会产生影响，但是对我国基础教育信息化的建设与发展非常重要。

您提供的信息绝对保密，感谢您的合作与支持！

湖北省中小学信息化发展现状调研课题组

2012 年 11 月

一、本地学校基本情况

单位所在地	________市________县(区)
学校总数	教学点________所　小学________所 初中________所　高中________所

教师人数(人)			
教学点	小学	初中	高中
________人	________人	________人	________人

学生人数(人)			
教学点	小学	初中	高中
______人	______人	______人	______人

二、数字化应用

2.1 信息化环境下开展教学研究活动情况	
电教馆每学期组织开展的信息化环境下教学研究活动次数	______次
每次组织教研活动平均参与的学校数量	______所

2.2 电教馆组织的信息化应用活动情况(次)	
电教馆每学期开展教师信息化教学活动(如:信息化教学技能大赛、课件制作大赛等)的次数	______次
电教馆每学期组织的学生信息化学习活动的次数	______次

三、数字化人才培养

3.1 达到《中小学教师教育技术能力标准》的教师情况	
全县(区)达到《中小学教师教育技术能力标准》的教师数	______人

3.2 全县(区)中小学专职信息技术教师学历情况				
	教学点	小学	初中	高中
专科及以下	______人	______人	______人	______人
本科	______人	______人	______人	______人
硕士研究生及以上	______人	______人	______人	______人

3.3 电教馆组织的中小学信息化教师培训情况	
电教馆每学期组织的教师信息化培训活动次数	______次
平均每次参加的人数	______人

四、数字化资源建设

4.1 数字化教学资源建设与应用情况							
资源来源	资源量(GB)	每年新增(GB/年)	使用频率				
			低				高
			1	2	3	4	5
国家发放	________ GB	________ GB/年	□	□	□	□	□
单位购买	________ GB	________ GB/年	□	□	□	□	□
自行研发	________ GB	________ GB/年	□	□	□	□	□
其他途径	________ GB	________ GB/年	□	□	□	□	□

4.2 数字化资源分布情况					
学校性质	教学点	小学	初中	高中	电教馆
资源容量	______ GB	______ GB	______ GB	______ GB	______ GB

五、数字化环境建设

5.1“班班通”建设完成情况				
学校性质	教学点	小学	初中	高中
建有“班班通”的教室数量	______ 间	______ 间	______ 间	______ 间

5.2 校园网建设情况				
	教学点	小学	初中	高中
建有校园网的学校数	______ 所	______ 所	______ 所	______ 所
无线网络覆盖的学校数	______ 所	______ 所	______ 所	______ 所
校园网平均出口带宽	______ Mbps	______ Mbps	______ Mbps	______ Mbps
服务器台数	______ 台	______ 台	______ 台	______ 台

5.3 学生可用计算机数(台)				
	教学点	小学	初中	高中
城市	______ 台	______ 台	______ 台	______ 台
县镇	______ 台	______ 台	______ 台	______ 台
农村	______ 台	______ 台	______ 台	______ 台

5.4 教师可用计算机数(台)				
	教学点	小学	初中	高中
城市	______ 台	______ 台	______ 台	______ 台
县镇	______ 台	______ 台	______ 台	______ 台
农村	______ 台	______ 台	______ 台	______ 台

5.5 信息化教室建设情况(个)				
	教学点	小学	初中	高中
多媒体教室的座位数	______ 个	______ 个	______ 个	______ 个
计算机教室的座位数	______ 个	______ 个	______ 个	______ 个
语音室的座位数	______ 个	______ 个	______ 个	______ 个
电子备课室的座位数	______ 个	______ 个	______ 个	______ 个
电子阅览室的座位数	______ 个	______ 个	______ 个	______ 个
录播教室的座位数	______ 个	______ 个	______ 个	______ 个

六、数字化管理

数字化管理情况				
	教学点	小学	初中	高中
实现数字化管理的学校	______ 所	______ 所	______ 所	______ 所
建有家校互通系统的学校	______ 所	______ 所	______ 所	______ 所
建有校园安防系统的学校	______ 所	______ 所	______ 所	______ 所

七、保障体制

7.1 电教馆职能人员结构					
总人数	______人		平均年龄	______岁	
学历层次					
专科及以下	______人	本科	______人	硕士及以上	______人

7.2 电教馆网络环境建设情况	
网络出口总带宽	__________Mbps
中心服务器	__________台

7.3 信息化经费投入情况	
2012年全县、市、区信息化经费总投入	__________万元

7.4 信息化经费分配情况				
	教学点	小学	初中	高中
城市	______万元	______万元	______万元	______万元
县镇	______万元	______万元	______万元	______万元
农村	______万元	______万元	______万元	______万元

7.5 信息化经费分配情况				
硬件设施建设	教学资源建设	信息化培训	设备维护更新	其他
______万元	______万元	______万元	______万元	______万元

7.6 全县(区)中小学信息化保障制度	
电教馆已有的信息化保障制度包括：(可多选)	□制定县(区)教育信息化发展规划，并列入全年工作计划 □制定激励机制 □将信息化工作水平纳入学校相关评定体系中 □定期对全县学校领导、教师进行信息化培训 □其他，请说明____________

7.7 数字化校园建设中遇到的问题及需求有哪些？(在数字化应用、数字化人才培养、数字化资源建设、数字化环境建设、数字化管理、数字化保障体制方面)

问卷到此结束，谢谢您的合作，祝您工作愉快！

附录三 湖北省中小学信息化发展现状调查问卷(学校)

尊敬的老师：

我国《教育信息化十年发展规划(2011—2020 年)》提出了“制定中小学校数字校园建设标准,实现基础设施、教学资源、应用能力等全面达标”的要求,为了响应这一号召,我们与华中师范大学“国家教育信息化发展研究战略基地”成立了中小学信息化发展现状调研项目组,本次通过对样本区域的调研来评估湖北省中小学信息化建设和应用的现状,同时反映中小学信息化建设与应用方面的需求,力争使湖北省中小学信息化建设与应用成为全国的示范区。请您根据实际情况客观回答,您的回答对单位评估不会产生影响,但是对我国基础教育信息化的建设与发展非常重要。

您提供的信息绝对保密,感谢您的合作与支持!

湖北省中小学信息化发展现状调研课题组

2012 年 11 月

一、学校基本情况

学校名称	
学校所在地	________市________县(区)________乡(镇)
学校地理位置	□城市　□县镇　□农村
学校性质	□教学点　□小学　□初中　□高中
学校人数	教师数:______　其他教职员工数:______　学生数:______

二、信息化应用

2.1 学校网站建设情况	
学校是否建有网站	□是　□否
如果是,网站的更新频率	□每天　□每周　□每月　□每学期　□每年

2.2 电子邮箱拥有情况	
拥有电子邮箱的学生比例	______%
拥有电子邮箱的教师比例	______%

2.3 信息技术课程情况	
学校是否开设信息技术课	□是　□否
如果是,每周信息技术课时数	______课时

2.4 机房开放情况	
学校机房在课余时间是否对学生开放	□是　□否
如果是,每周的开放时间	______小时

2.5 教师每学期使用信息化设备进行备课、教学情况	
学校教师使用计算机备课占总备课时间的比例	______%
使用电子白板教学的教师比例	______%
使用多媒体计算机教学的教师比例	______%
使用电视机、DVD 机等其他信息化设备教学的教师比例	______%

2.6 教师使用信息化工具辅助教学的情况			
使用频率 信息化工具类型	不使用	偶尔使用	经常用
电子邮箱	□	□	□
交流工具(QQ、MSN 等)	□	□	□
社交网络(BBS、博客、维基工具、微博等)	□	□	□
其他	□	□	□

2.7 教师使用信息化评价方式情况	
学校教师是否采用信息化评价方式对学生进行评价	□是　　□否
如果是，通常采用的方式	□学习契约 □电子档案袋　□学习量规 □其他，请说明＿＿＿＿＿＿

2.8 教师参与信息化教研的情况	
教师每学期平均参与信息化教研的次数	＿＿＿次

2.9 学生使用计算机情况	
学生每周使用计算机完成学习任务次数	＿＿＿次
学生每周在课堂上使用计算机的时长	＿＿＿小时
学生每周在校内课余时间使用计算机学习的时长	＿＿＿小时

三、数字化人才培养

3.1 达到《中小学教师教育技术能力标准》的教师情况	
达到《中小学教师教育技术能力标准》的教师人数	＿＿＿人

3.2 专职信息技术教师情况	
学校是否有专职信息技术教师	□是　　□否
如果是，信息技术教师学历情况：(人)	
专科及以下	
本科	
硕士研究生及以上人数	

3.3 信息化相关活动情况	
学校每学期开展教师信息化相关活动(如：信息化教学技能大赛、课件制作大赛等)的数量	＿＿＿次
学校每学期开展学生信息化相关活动	＿＿＿次

3.4 信息化培训情况	
学校每学期组织的教师信息技术培训	______次
培训的内容	□现有设备的使用 □学校网站的应用 □网页制作的知识 □多媒体课件制作 □视频录像的编辑 □其他，请说明______

3.5 学校教职工与学生的信息化能力现状			
校长的信息化领导力	弱	中	强
使用网络搜索资源的能力	□	□	□
使用信息化交流工具(QQ、MSN 等)协调沟通的能力	□	□	□
使用数字化校园管理平台管理学校事务的能力	□	□	□
规划、组织校园信息化建设与应用的能力	□	□	□
对学校信息化建设和发展各个方面的评价能力	□	□	□
教师的信息技术能力	弱	中	强
获取、合理使用数字化教学资源的能力	□	□	□
利用网络与学生、家长、同事、教学管理人员交流的能力	□	□	□
利用网络参与教研的能力	□	□	□
使用计算机和网络进行电子备课，制作电子教案的能力	□	□	□
对学生进行信息化评价的能力	□	□	□
正确使用各种信息化教学设备，应对系统中常见错误的能力	□	□	□
在信息技术环境下进行教学设计的能力	□	□	□
使用网络教学平台、博客等信息化工具辅助课堂教学的能力	□	□	□
学生的信息技术能力	弱	中	强
利用网络搜索学习资料的能力	□	□	□
使用网络交流工具(电子邮件、网上讨论等)与同学、教师交流的能力	□	□	□
能在教师的指导下，应用信息技术灵活开展自主学习、合作学习与探究学习的能力	□	□	□
利用媒体终端(手机、平板电脑等)随时随地学习的能力	□	□	□

四、数字化资源建设

4.1 数字化教学资源建设与应用情况					
资源来源	资源量(GB)	每年新增(GB/年)	使用频率		
			低	中	高
国家发放			□	□	□
单位购买			□	□	□
自行研发			□	□	□
其他途径			□	□	□
说明:GB 是数据的存储单位,1GB=1024MB					

4.2 数字图书馆的情况	
学校数字图书馆提供的音视频资源	______GB
图片	______GB
文本资源(数字图书、期刊、论文)数量	______册
电子课件数量	______个

4.3 在线测试题库情况	
学校是否建有在线测试题库	□是　□否
如果是,在线测试题库覆盖学科	□数学　□语文　□英语　□物理 □化学　□地理　□生物　□历史 □音体美　□科学　□信息技术 □其他,请说明______
每学期在线测试占测试总数的比例	______%

4.4 学校课程学习网站	
学校拥有的课程学习网站的数量	______个

五、数字化环境建设

5.1 数字化环境建设的基本情况	
学校教学用房总数	______间

5.2 “班班通”情况	
学校是否建有“班班通”	□是　　□否
如果是,学校“班班通”设备包括	□计算机　□长焦投影仪　□短焦投影仪 □交互式电子白板　□资源库　□网络设备 □多媒体一体机(电脑、普通长焦投影一体) □交互式背投电视(尺寸≥60 寸) □交互式平板电视(尺寸≥55 寸) □其他,请说明______
建有“班班通”的教室座位数	______个

5.3 学校计算机建设情况		
	台式计算机数(台)	笔记本电脑数(台)
教师可用		
学生可用		
其他教职工可用		
近 3 年内更新的计算机台数(台)		
连接了局域网的计算机台数(台)		
连接了互联网的计算机台数(台)		

5.4 学校的信息化教室建设情况			
教室类型	座位数(个)	教室类型	座位数(个)
多媒体教室	装有电子白板______	计算机教室	
	装有投影幕布______	语音室	
	装有电视机______	电子备课室	
数字实验室		电子阅览室	

续表

录播教室		微格教室	
采用教学光盘播放模式的教室座位数(个)			
采用卫星教学收视模式的教室座位数(个)			
连接了无线网络的教室座位数(个)			
连接了宽带的教室座位数(个)			
连接了校园局域网的教室座位数(个)			

5.5 校园网建设情况	
校园网出口总带宽(M)	
中心服务器(台)	

5.6 多媒体教学软件应用情况	
计算机教室是否装有多媒体教学软件(如凌波多媒体教学软件)	□是　□否
如果是,多媒体教学软件实现的功能有(可多选)	□屏幕广播　□多频道教学　□屏幕监视 □遥控辅导　□电子黑屏　□远程开关机 □双向对话　□多人会话　□电子画板 □收发文件　□电子签到 □其他,请说明______

5.7 校园广播电视台建设情况	
校园广播的覆盖范围	□教室　□办公楼　□操场　□礼堂　□走廊
校园电视台的配置	□摄像机　□摄录一体机　□麦克风 □音响　□节目定时播放器
校园电视台已具备的功能	□手动录制或自动录制直播内容,并可自动上传到点播平台 □管理员可自由设定播放开始的时间及循环次数 □支持 DVD、AVI、MP3、CD 等各种国际主流视频/音频的播放 □直播时,可调节音视频质量、速度快慢等 □其他,请说明______

六、数字化管理

6.1 数字化管理	
学校是否实现数字化管理	□是　　□否
如果是，数字化管理包括哪些方面：(可多选)	□ 办公管理　□ 科研管理　□ 考评管理 □ 教学管理　□ 排课管理　□ 成绩管理 □ 考试管理　□ 学籍管理　□ 班级管理 □ 图书管理　□ 实验管理　□ 设备管理 □ 后勤管理　□账务管理 □ 其他，请说明：______

6.2 管理人员使用信息化工具进行办公的情况			
使用频率 信息化工具类型	低	中	高
办公软件(Word、Excel 等)	□	□	□
电子邮箱	□	□	□
交流工具(QQ、MSN 等)	□	□	□
社交网络(BBS、博客、维基工具、微博等)	□	□	□
其他	□	□	□

6.3 校园一卡通系统	
学校是否有校园一卡通系统	□是　　□否
如果是，校园一卡通系统具有以下哪些功能：(可多选)	□学生电子考勤　□校园内消费　□图书借阅 □财务管理　□其他，请说明______

6.4 家校互通系统(校讯通、校信通等)	
学校家校互通系统(校讯通、校信通等)具有以下哪些功能(可多选)	□提供家长了解学生在校表现 □提供家长了解学生作业信息 □提供家长与教师间进行互动交流 □提供家长实时了解学生出入学校信息 □提供家长了解学校通知公告等信息 □提供教师了解学生在家表现 □其他，请说明______

6.5 校园安全防护系统	
学校是否有校园安全防护系统	□是　　□否
如果是，校园安全防护系统具有以下哪些功能（可多选）	□视频监控　□电子巡查　□出入控制 □入侵/消防等紧急报警　□紧急广播 □校园安防系统总控

七、保障体制

7.1 学校保障体制的基本情况	
专职负责学校信息化建设、维护、管理的工作人员数	______人
最高职位	________

7.2 校园信息化管理部门	
目前学校负责规划、建设和管理校园信息化的部门是（单选）	□校园信息化建设办公室/委员会等类似的机构 □网络中心/计算中心 □电教中心/教育技术中心 □目前我校没有规划和管理全校信息化发展的专门部门 □其他，请说明______

7.3 信息化保障制度	
学校已有的信息化保障制度包括（可多选）	□明确有校级领导分管数字化校园工作 □制定学校信息化发展规划，并列入全年工作计划 □明确信息化资金投入占学校总投入的比例 □定期对校内人员进行信息化培训 □制定并执行设备维护与更新管理相关规范 □制定并执行应用系统运行与管理相关规范 □制定并执行网络与信息安全机制 □将信息化工作水平纳入学校内部考评制度 □其他，请说明______

7.4 阻止学生接触不良信息的方式	
学校阻止学生接触不良信息的方式(可多选)	□安装(过滤软件/监控软件) □通过(学校网站/学校告示栏)发布消息,向师生传播学校政策 □通过人员(教师/家长/学生/其他员工)监督的方式 □使用内部专用网 □其他,请说明______

7.5 对信息化建设的重视度			
	弱	中	强
您认为学校领导对信息化建设工作的重视程度	□	□	□

7.6 对信息化应用水平的满意度			
	弱	中	强
您对学校目前的信息化应用水平的满意程度	□	□	□

7.7 数字化校园建设中遇到的问题及需求有哪些?(数字化应用、数字化人才培养、数字化资源建设、数字化环境建设、数字化管理、数字化保障体制等方面)
______________________________ ______________________________

问卷到此结束,谢谢您的合作,祝您工作愉快!